公路绿化植物
病虫害防控图谱

屈朝彬　徐志华　王孟章　张少飞　崔士伟

编　著

中国林业出版社

内 容 提 要

　　本书是作者根据长期对公路绿化植物病虫的调查和专题研究并吸收相关科研成果及群众经验编著而成，系统论述了公路绿化植物病虫害的发生特点，可持续发展治理原理和方法，尤其是从理论与实践的结合上论述了公路绿化植物病虫害的生态防控和无公害防控方法。全书收录的近300种常见病虫害，都配有实地拍摄的照片，并用简明文字描述其形态特征、发生规律、生物学特性和防控措施，内容丰富、文图并茂，具有很强的科学创新性和生产实用性，是我国第一部公路绿化植物病虫害防控的生态图谱。本书适于公路规划设计、公路养护管理等部门的管理者、技术人员以及农业植保站、林业森防站、相关大专院校师生参考应用。

图书在版编目（CIP）数据

公路绿化植物病虫害防控图谱／屈朝彬等编著.—北京：中国林业出版社，2008.1
ISBN 978-7-5038-5093-6

Ⅰ.公...　Ⅱ.屈...　Ⅲ.公路－绿化－植物－病虫害防治方法－图谱　Ⅳ.U418.9-64 S436.8-64

中国版本图书馆 CIP 数据核字（2007）第 153486 号

出　　版／中国林业出版社(100009　北京西城区刘海胡同7号)
E-mall:forestbook@163.com　电话：(010)66162880
发　　行／中国林业出版社
制　　版／北京捷艺轩彩印制版技术有限公司
印　　刷／中国科学院印刷厂
版　　次／2008年1月第1版
印　　次／2008年1月第1次
开　　本／215mm×280mm
印　　张／15.5印张
彩色照片／875幅
印　　数／1～2500册
定　　价／180.00元

公路绿化植物
病虫害防控图谱
编审组

编　著：屈朝彬　徐志华　王孟章　张少飞　崔士伟

图片摄影：徐志华　张少飞

审　稿：李传道　南京林业大学教授

李镇宇　北京林业大学教授

前 言

公路绿化是国土绿化及陆地生态体系建设的重要组成部分。改革开放以来，随着公路建设的长足发展，我国的公路绿化工作取得了显著成绩，形成了独具中国特色的公路景观，并为改善公路行车条件和改善沿线生态环境发挥了积极的作用。但病虫的侵害一直是影响公路绿化健康发展的制约因素，特别是近年来，公路绿化应用的植物种类迅速增加，加之全球气候异常与环境污染加重，病虫害与公路绿化的矛盾日趋突出，其危害日趋严重，造成的损失也越来越引起了有关部门的高度重视。

在当前的公路建设与管理工作中，病虫害的防控是相对薄弱的环节。为普及公路绿化病虫害防控知识，进一步提高公路绿化水平，我们根据多年来的病虫害防控经验，结合公路绿化植物病虫害防控专项研究，吸取林业、农业及园林相关研究成果，编著了这本书。本书针对公路系统的行业特点，采用图文并茂的方式，从易读、易懂、易用的角度，介绍了公路绿化病虫害综合防控的相关知识，以便于我们在公路绿化设计中融入预防理念，在绿化施工中采取防控措施，在养护管理时应用治理方法。该书收录了危害公路绿化植物的病、虫近300种，每一物种都有依据实物拍摄的图片，辅以相应的文字介绍，叙述其形态特征、发生规律和预防控制措施等，具有一定的实用价值。如果本书的面世能对从事公路绿化规划设计、管理和养护的人士有所裨益，能为公路绿化事业的健康发展发挥一定的作用，我们将十分欣慰。

本书在编写过程中，参阅了大量文献，得到了相关专业教学、科研、生产等部门许多专家、学者、同仁的热情支持和帮助，谨向他们表示诚挚的谢意。由于受学识和时间所限，书中缺憾、不当、疏漏以及舛误之处，真诚地欢迎读者批评指正。

编著者

2007年12月

目 录

第一篇 概 论

第二篇 常见病害

第三篇　常见害虫

第一篇 概 论

本篇阐述了公路绿化及其病虫害的特点,简要介绍了病虫害的基础知识及预防控制的基本原理和方法,重点论述了通过科学设计、选择树种、精细管护及生物防控等措施进行生态防控公路绿化病虫害的理念和方法。

刘飞 摄

第一章 综 述

第一节 公路绿化概论

公路绿化一般是指在公路范围内进行的绿化活动。广义上可理解为在公路沿线所实施的与公路建设、养护及使用有直接关系的绿化活动，狭义上可理解为在公路用地范围内利用乔木、灌木、草本或藤本植物对可绿化用地进行覆盖或对已有绿化植物进行管护并以此提高公路的使用功能的人为活动。作为行业管理部门，更适用于狭义的概念。

公路绿化是符合我国国情的。我国是一个农业大国，森林资源匮乏，生态基础脆弱。特别是在国民经济高速发展的同时，我国生态环境"局部治理、整体恶化"的趋势并未得到根本扭转。水土流失严重，荒漠化不断扩展，生物多样性遭到破坏。日益恶化的生态环境，给我国的经济和社会发展带来极大危害。改善生态，保护环境，加快林业发展已成为我国人民面向21世纪的一项紧迫而艰巨的任务，成为中华民族谋求生存发展的根本大计之一。我国生态体系是以"点、线、面"为整体进行建设的，而"线"的最主要组成部分是公路，340多万km的公路，遍布全国，以其形成的公

唐山唐港高速公路绿化景观（李英军摄）

路绿化生态防护林,将在生态安全体系中占有非常重要的位置。

公路绿化林木作为国家森林资源的组成部分,具有调节气候、涵养水源、保持水土、改良土壤、减少污染、保护生物多样性等基本功效;就公路而言,又有其特定的防风固沙、滞尘、消除沿线重金属污染的作用,同时还可以起到稳固路基、保护路面、诱导交通、美化和丰富沿线景观的作用,从而提高公路的综合服务功能,恢复在公路建设中被破坏的自然生态,并改善沿线的自然环境,促进人与自然的和谐。在建国初期,公路绿化还具有一定的战备作用。因此,我国历来重视公路绿化工作。

早期的公路绿化工作由于公路技术等级较低,公路绿化的基础也较差,公路绿化仅以乔木进行简单的行列式栽植,部分路段以埋条、插枝的方式进行绿化,到20世纪60年代,公路绿化得到进一步丰富和发展,部分路段绿树成荫,上乔下灌,整齐美观,达到了"晴天不见太阳,小雨不湿衣裳"效果。

改革开放带动公路绿化工作进入一个新的发展时期。公路技术等级提高首先带来公路断面形式的多样化,路面不再是简单的一板两带式一统天下,两板三带、三板四带甚至四板五带式的断面形式应运而生。

深挖高填形成的大量边坡、路堑给公路绿化提出了新的课题。

高等级公路建设形成的互通区与立体交叉也增加了大量的绿化用地。同时,由于高等级公路建设造成的原生植被破坏,要求公路绿化要有更多的环境保护功能,经济社会要求出行条件的提升也赋予了公路绿化要具有一定的人文内涵。

至此,公路绿化的内涵已发生了巨大的变化,公路绿化不仅要起到稳定路基、保护路面的作用,还要体现生态的意识,环保的功能,同时有助于提高公路的综合服务功能,并使之具有文化内涵,与社会主义精神文明和谐发展。

11

公路断面典型形式——三板四带式

高速公路互通区绿化

第二节 公路绿化的特点

时代赋予了公路绿化丰富的内涵,同时也决定了公路绿化具备较多的特性。

(一)服务功能。公路绿化首先是公路建设的附属产物,因此,它必须服务于公路的需要。一是服务于公路本身,有助于延长公路的使用寿命,比如增加路基的稳定性,降低地下水水位,缩小路面的温度变化等;二是服务于道路使用者,使其具有的愉悦、警示、诱导、防眩等功能为司乘人员创造舒适安全的行车环境。

(二)生态功能。公路由于自身的特点,切割自然地貌,引发了严重的公路生态负效应,如气候热岛、能量耗散、景观割裂、生物多样性减少、廊道效应等,使原属整体自然生态系统的生态作用明显降低。公路绿化不可能完全恢复原有的生态功能,但可以起到一定的补救作用。

(三)环保功能。公路建设如因劈山筑路破坏了的自然植被、裸露山体、公路边坡及废弃取土场、弃土场等,以及公路使用还会产生噪音、振动和大量的烟尘等都会给公路沿线环境产生负面影响,通过恢复原有自然植被或营造生态防护林,可产生较明显的环保效果。

(四)复杂性。一是公路点长面广,通过的区域土壤、地质或小气候都有可能发生较大的变化,因此对造林技术、植物选择都会产生较高的要求;二是公路绿化部位的多变,决定了植物品种的复杂多样。

(五)公路绿化是一门新的学科。它隶属于公路交通工程,并具有鲜明特点。它既不同于林业造林的粗犷,也不同于园林艺术的精细;既不以直接经济效益为目的,也不以单纯的品味观赏为目标。它虽与林业与园林有着密切联系,但

公路绿化之园林式绿化

公路绿化之绿色通道

公路绿化之边坡防护

公路绿化之植物防眩

公路绿化之红花绿叶工程

追求的是动态观赏时所表现的一种粗犷大气的美感。

（六）公路绿化存在不可预测因素。公路绿化作为一门新的学科，对公路本身一些影响植物生长的因素尚未深入研究，如高速行驶的汽车所产生的阵风的影响，黑色路面吸收热量产生的高温，汽车尾气的污染等，上述因素对植物生长会造成何等程度的影响，目前尚无定量的研究结果，当前对公路绿化的设计施工中，一般凭经验或借鉴林业、园林领域的一些科研成果。

第三节　病虫害特点

公路绿化区种植的植物，其所处的特殊自然条件和绿化形成过程，决定了病虫害发生的特殊性和危害的严重性。

（一）苗源性病虫害多。良好的公路绿化，尤其是高速公路绿化应具有的遮光防眩、固土护坡、降低噪音、净化空气、美化路容等改善生态环境多种功能，要求的绿化植物种类是多种多样的。一般当地自育的种类不能满足需要，常要在比较大的地域范围内选调苗木，不可避免的带来了原产地的病虫害。如北京地区的圆柏原来没有芽枯病，但近年来已在京石高速公路绿化带普遍发生，个别路段相当严重，有的圆柏绿篱当年已无新梢可出，该病是随苗木调运从南方侵入的。河北的大叶黄杨，过去很少有褐斑病、炭疽病、疮痂病等叶部病害，这些年也因苗木需求量大，本地不能满足，病菌随苗木的大量调进，而在一些路段普遍发生，有的大叶黄杨绿篱因病导致9～10月份叶片几乎落光。我国本土原无北海道黄杨，但随着该树被引进我国，扁枝病也被带进。

（二）寄主主导型的、因树势衰弱、生长不良而引起的病虫害多。这是由公路绿化带特殊的立地条件决定的。如高速公路绿化带常见的杨柳腐烂病、溃疡病，柏树上的双条杉天牛等，都是侵害生长衰弱的植株。而光肩星天牛、青杨天牛、六星吉丁虫等枝干害虫也是长势衰弱、抗性弱的植株易被侵染，受害严重，而生长旺盛的植株则受害较轻或不被侵害。

（三）公路穿越经过的农田、果园、草地、森林病虫害侵入的多。公路绿化带很长，但宽度很窄，不能形成相对稳定的、独立的生态环境，很易被附近病虫侵入。同样，公路绿化带的病虫害也可能成了附近农作物区的侵染源，从而增加了病虫种类的复杂性。但公路绿化带又具有自己的特点，如自控能力差，抵抗力弱等，使病虫害成灾的风险大大增加。例如桑褐翅尺蛾的寄主，文献记载无小叶女贞，但最近发现在河北中南部的干线公路上该虫将整段小叶女贞绿篱的叶片吃光，就是附近桑园的桑褐翅尺蛾侵入公路绿化带而造成的。河北北部某山区原无圆柏，也没有苹果锈病，后因公路绿化引入带有锈病的桧柏作为公路行道树，引发了沿路两侧的苹果桧柏锈病的发生。过去少见紫穗槐被棉蝗危害，但穿越华北平原棉产区的京石、石安高速公路护坡上的紫穗槐近几年棉蝗普遍发生。

(四)病虫害防控质量要求高标准，而作业较为困难。公路绿化的目的是美化、防护。同一种植物受某种病虫危害程度相同，在山野森林里可能不需要防控，而在公路绿化带往往必须防控。公路路线长，树种多样，病虫害种类复杂，车流密度大。无论是调查病虫情，还是组织防控作业，要保证病虫情调查的精度，达到防控作业周到细致，又要保证行车安全和作业人员的安全，而实施空间又有限，病虫害防控作业困难，增加了病虫害防控的成本。

柳树被光肩星天牛危害状

穿越果园的公路绿化带

栽植于寒冷地区的新疆杨

第四节　预防控制的基本原则

公路绿化植物病虫害防控，要在"预防为主，科学控制，依法治理，促进健康"的方针指导下，根据公路绿化植物的生长状况和景观要求，以及病虫害发生发展的特点，综合运用人工、生物、物理、化学等各种方法，将其危害控制在允许的范围内，即不妨碍绿色景观效益发挥的范围内。在预防控制中要遵循如下基本原则：

(一)适地适树，以栽培管理技术措施为主的原则。这是病虫害防控的基础。要根据绿化景观的要求，因地制宜，适地适树(植物)，栽植适合于当地气候、土壤条件生长的

精细管理的公路绿化

绿化植物。加强水、肥、土管理，按照不同花木的习性，合理浇水、施肥、整枝，及时清理病虫叶、枯枝和病株残体，搞好绿化区卫生，促进植株健康生长，以增强抗病虫性，提高绿化植物的观赏性和美化环境的效果。

(二)可持续发展的原则。要从生态学的观点出发，视病虫害预防控制为一个病虫控制系统，在整个公路绿化植物的育苗、栽植、养护等各个环节，强调适地适树，选用抗病虫品种，因植物而宜，培育壮苗，精心栽植，妥善调控绿化植物、病虫和环境(含天敌)三者之间的关系，充分利用绿化植物与绿化植物之间、绿化植物与病虫之间、病虫与病虫、生物与环境之间的相辅相成、相生相克的机制，尽量减少对自然环境的干扰和破坏，压低、控制病虫种群，使其不成灾，促使绿化植物生长愈来愈好。

(三)安全第一的原则。这是由公路绿化的特殊环境，即车流量大，人员活动多而频繁等而决定的。采取任何预防控制措施都应以不污染环境、不妨碍人体健康，保障人身、有益生物和环境的安全为第一。

第二章 病原、害虫及叶螨

第一节 侵染性病原

一、侵染性病原种类

侵染性病原又称寄生性病原，是指以植物为吸取营养对象的寄生生物。主要包括：

(1)真菌，大部分植物病害是由真菌引起的，如杨树腐烂病、毛白杨锈病、榆炭疽病、丁香褐斑病、月季白粉病等；

(2)管毛生物，如月季霜霉病、大叶黄杨疫霉根腐病等都是由这类菌物引起的；

(3)原生生物，引起一些植物的根肿病等；

(4)细菌，悬铃木冠瘿病、核桃细菌性黑斑病、毛白杨冠瘿病、樱花细菌性穿孔病等，都是由细菌引起的；

(5)病毒，常见的植物病毒病害有杨花叶病毒病、泡桐花叶病、月季病毒病等；

(6)类病毒，一些花木的矮缩病、褪绿斑驳病等植物类病毒病害，都可引起很大的经济损失；

(7)植物菌原体，泡桐丛枝病、枣疯病、迎春花丛枝病等都是由植物菌原体引起的重要病害；

(8)线虫，如引起松材线虫病、花木根结线虫病等；

(9)寄生性种子植物，依其对寄主的依赖程度，可分为半寄生和全寄生两类。半寄生种子植物如槲寄生、桑寄生等。全寄生性种子植物如日本菟丝子、啤酒花菟丝子和中国菟丝子等；

(10)藻类，如地衣害和藻斑病等。

二、症 状

叶片、花器、幼果和嫩枝梢上生有白色粉层，后期白色粉层中出现散生的针头大的黑色或黄褐色颗粒，是真菌引起的白粉病。如白粉层后期消失，没有黑色或黄褐色颗粒，而形成黄褐色枯斑的，则为管毛生物引起的霜霉病。

叶上出现锈黄色的粉状物，叶及干上生有黄色的疱状物，内有黄粉，果上生有毛状物，常是真菌引起的锈病。

叶、果和小枝上覆盖一层煤烟状物，抖动时不会脱落，是真菌引起的煤污病。

叶上出现近圆形、多角形、不规则形或具有轮纹的病斑，后期病斑上常出现绒状霉层、黑色小粒点或黏液等病症。根据病斑形状和颜色的不同，可分为角斑病、圆斑病、褐斑病、漆斑病、黑斑病、轮纹病等。其中后期的病斑上有轮生的小黑点，雨后或经露水浸润，病斑上会产生粉红色的黏性物质的为炭疽病类。这些病害主要是真菌引起的。

枝干的皮层发病，病部周围稍隆起，中央的组织坏死并干裂，后期病部出现黑色小点或小的盘状物，多为溃疡病类。

植物的枝干、花、叶、根的各部分，病部细胞坏死，造成组织腐烂解体，并常带各种气味。按病状的颜色、质地等特点又可分为干腐、湿腐、褐腐等，病部后期往往生有黑色小点或金黄色的丝状物，常为腐烂病类。

木本植物根、干部的木质变质解体，按受害木质部的颜色、形状可分为褐腐、白腐等类型，腐朽的后期往往出现大型的真菌繁殖体，这类病害统称为立木腐朽。

木本植物的枝、干或果实上流胶或流脂类，多为真菌引起的侵染性流胶病等。但有时虫伤、机械损伤也可引起流胶、流脂。

植株急剧失水，叶片萎蔫下垂，直至为全株枯死。多为真菌引起的枯萎病、黄萎病或根腐病。如死亡迅速，发病后7～8天即死亡，横切新鲜病茎，能挤压出菌溢则为细菌引起的青枯病。但侵染性萎蔫应与缺水引起的暂时萎蔫和永久萎蔫相区分。

叶片皱缩、变小或肥大，一般为真菌引起的缩叶病，有时病毒也可引起缩叶，如苹果皱叶病。瘿螨也可引起叶片皱缩，如杨皱叶瘿。

枝条的腋芽早发，形成丛枝，多为植物菌原体引起的，有时是真菌引起的，如枫杨丛枝病。

枝干上或根部生出不同形状，大小不一的肿瘤，有时开裂，有时不开裂，多为细菌引起的冠瘿病。如寄主为杨

15

树，仅在枝干上发生，则为真菌引起的枝瘤病。如在根部生有串状肿瘤，则为根结线虫引起的。

叶片上出现不同形状的褪绿斑驳或花叶，多为病毒病害。

侵染性病原引起的病害

土壤盐碱造成的金叶女贞生长不良

树木栽植过密导致生长不良

第二节　非侵染性病原

一、非侵染性病原种类

非侵染性病原又称非寄生性病原，即环境条件不良及植物生理失调，主要有：

（1）水分失调。土壤含水量过高，可致花木烂根、生长不良，诱发寄生性病害或因根部长期缺氧而窒息死亡。如土壤含水量过低，轻则引起花木暂时萎蔫，持续时间长又严重缺水则可使植株干枯死亡。

（2）大气干旱。有时土壤虽不缺水，但由于气温高、风速大，植株地上部分，主要是叶片的水分蒸腾量大于根系从土壤中吸收的水分供应量，叶片常因缺乏水分而自叶尖、叶缘部枯萎。如女贞枯萎病、杨树枯萎病等多种阔叶花木的非侵染性枯萎病。

（3）温度过高或过低。晴天气温过高，空气特别干燥，持续一定的时间，很多花木都会因受到阳光的直接照射而严重灼伤。而冬季温度过低或早春温度回升后又突然降温，秋季突遭寒流侵袭，早霜或晚霜等，花木又常遭冻害。花木接触裸露带电电线，亦可被其灼伤。路边焚烧秸秆可烧伤、烧死绿化植物。

（4）营养物质缺乏或过量。土壤中缺少氮、磷、钾中的任何一种，或缺少一种或几种微量元素，花木都会生长不良。然而如果某种养分过量亦有害，如氮肥过量，常致徒长，抗逆性降低，秋季易遭冻害等。

（5）环境污染对花木的伤害。是大气或土壤中过量有害化学物质造成的。如汽车尾气对植物的伤害，空气中过量的SO_2，可形成酸雨而损伤花木。城市家用液化气大量泄漏较长时间滞留不散，可致花木叶片焦枯甚至脱落。未净化的工业废水浇灌花木、污染土壤，可造成花木叶片枯萎或全株死亡等。而车辆行驶扬起的浮尘，落在植物叶面，也妨碍植物的光合作用。

（6）化学伤害，包括农药害、肥害、除草剂害和盐害等。在防控有害生物引起的病虫害中，施用的农药不对症、药量过大、浓度过高、使用时机不当、方法不合理等，都可对植株造成伤害，甚至死亡。如梅花对氧化乐果很敏感，喷后可引起大量落叶，导致梅树死亡。肥害主要是化学肥料害，一是过量，如施用硫酸铵过量可使土壤板结，不利于植株生长等；二是方法不当，如叶面追肥浓度过高，根施化肥时肥施得不匀，而且浇水不足等，可灼伤叶片或根系，致叶面产生枯斑、脱落，根系被灼伤，严重时全株枯萎。除草剂对花木的伤害,常因不慎将其喷到花木上,致死、致残,也可因喷洒机具中残留的微量除草剂致畸等。盐害的明显例症是北方冬季道路洒盐溶雪,对道旁花木的伤害。

(7)土壤酸碱度不适。不同花木对土壤pH值都有一定的要求, pH值过高或过低,都可致植株生长不良甚至死亡。

(8)机械损伤。在进行养护作业中由于人体本身或操作机械工具不慎、意外事故、故意伤害等对花木造成的折枝、伤皮、损叶等伤害,交通事故、行人、施工机械等对花木的伤害,这不仅妨碍花木形态美,还给侵染性病原的侵入创造了条件。

(9)灾害性天气。如雷电可击伤、击断花木,冰雹可击伤树皮、果实、击断树枝、击落果实和叶片,大雪、雨淞、雾淞可压折树枝或树干,大风可刮断树枝、刮倒花木、刮掉树叶和花朵,长期的定向大风还可使花木偏冠、倾斜等。

二、症 状

叶片、果实、枝、干等处的阳面,有坏死斑,初期水渍状,后期变为黄白色、黄褐色,在竹类的竿上为黑褐色,但表面没有任何形态的病症,多为高温和强光引起的日灼。

植株外围叶片的叶缘大部、全部呈水渍状,阳光照射失水后干枯,呈黄白色或灰白色,枯死部嫩梢亦如此,没有病症,多为遭受0℃以下的低温所致。

植株初期生长速度减慢,进一步发展为叶片打蔫卷曲、扭转、起皱,叶片为青灰色干枯,有的植物叶片过早凋落,严重时导致全株枯死。全面检查,植株上及其周围土壤中无病症发生,多为严重干旱引起。如为涝害,则植株叶片常变黄脱落。

植株生长弱小,木质化程度较高。老叶上出现均一的缺绿现象,缺绿叶片的叶缘仍保持绿色,自叶尖向下发黄呈"V"字形,继而叶片枯死变褐多为缺氮。如氮素过量时,则枝叶徒长,花芽形成困难,落花落果严重,幼树生长停止晚,越冬抗寒性能降低。

植株老叶片发蓝稍带紫色,下部叶片浅赤褐色,部分叶片出现紫色或褐色坏死斑点,叶缘变为紫红色,叶尖枯死,植株生长较差,多为缺磷。

植株老叶片上出现斑驳状缺绿,叶尖褐色,叶缘枯黄,并有许多褐色斑点,有时叶片卷曲皱缩,茎的节间变短,枝条变细,植株生长矮小,多为缺钾。如钾过量时,易在老叶的叶脉间缺绿,叶缘枯黄,果实硬度变小。

植株新叶较正常叶片小,新根粗短、弯曲,尖端死亡,

生长缓慢,严重时枝条枯死或花朵萎缩,多为缺钙。如钙过量则表现缺铁症状。即是叶片发黄,叶脉黄绿色(但主脉仍是正常的绿色),并且症状首先在新叶上出现。严重时,整个叶片变为黄白色,叶缘出现枯斑,逐渐整个叶片焦枯脱落。但新叶脉间缺绿,有时为缺锰引起的,但与缺铁症状不同,应注意区分。

植株的老叶脉间缺绿,而新叶则正常,叶片浅绿色,叶尖褐色,叶缘枯黄并有许多褐色斑点。严重时所有叶片都变成黄色或白色,植株常常过早落叶,则多为缺镁症。

植株叶片缺绿发红或发紫,生长受抑,新叶比老叶上表现较为明显,多为缺硫症。

植株顶芽和附近嫩叶变黑坏死,生长矮化,丧失植物的顶端优势,分枝增多,形成丛枝状。叶片变厚变脆或发生扭曲,生殖发育不良,使果实不规则凹陷,组织坏死,容易形成畸形果,多为缺硼症。如硼过量则表现为缺氮症。

植株首先在老叶上表现脉间缺绿,接着出现白色坏死斑点。节间生长严重受抑,呈现矮化状态,叶片扭曲并特别小,花小不能坐果,果实常呈畸形,严重时植株矮小,生长发育不良,不能形成果实和种子,则多为缺锌症。锌过量表现为缺氮症。

植株最先在新叶上由叶尖沿叶缘逐渐坏死,严重时整个叶片萎蔫并过早凋落,多为缺铜症。如铜过量则也表现为缺氮症。

植株最先出现的老叶叶脉间缺绿和叶缘坏死,植株不能形成花器或花早落,多为缺钼症。

阔叶树叶片边缘和叶脉间产生坏死斑,而主脉一般不受影响,有些植物叶片也可能产生不规则暗棕色坏死区,在坏死区和健康组织之间可能有白色和缺绿组织的区域。针叶树针叶从顶端开始出现水渍斑,逐渐向基部发展,当年生叶比老叶更容易受害。野外表现为发生面积大而普遍,多为二氧化硫害。

植株叶片尖端和边缘出现红棕至黄褐色坏死斑,在坏死区和健康组织之间有1条暗色狭带。针叶树的坏死斑从针叶的顶端开始,逐渐向基部发展,有时叶脉间形成水渍斑,以后逐渐干枯,呈棕色至淡黄褐色,多为氟化物害。

植株叶片黄化甚至褪成白色,针叶顶端严重灼伤,严重时针叶上可形成粉红色斑带,逐渐扩展到顶端,多为光化学烟雾害。

第三节 昆 虫

一、昆虫的外部形态

昆虫是动物中种类最多、数量最大、分布最广的一个类群,有的对植物有害,有的对植物有益。昆虫的体躯明显的分为头、胸、腹3部分,每一部分由若干节组成,成虫有3对足,2对翅。

昆虫的头部有触角、眼和口器等,是昆虫的感觉和取食中心。成虫一般都有复眼1对,成虫和若虫一般还有单眼,比复眼小,其数目为2~3个,少数1个。除极少数种类外,都具有1对触角。触角可分为丝状、刚毛状、念珠状、棒状、锯齿状、锤状、膝状、腮片状、梳齿状、具芒状、环毛状和羽毛状等。

昆虫的口器可分为咀嚼式口器、刺吸式口器、虹吸式口器、舐吸式口器、嚼吸式口器等类型。咀嚼式口器,适于取食固体食物,常造成植物组织或器官的残缺不全,如叶片咬成缺刻、孔洞,或将叶肉吃去,仅留网状叶脉,甚至全

虫—成虫3个虫态的称为不完全变态,如蚜虫、蝗虫、蝼蛄等。

卵,通常为长圆形、肾形,有的呈半球形、桶形、瓶形、纺锤形、球形和扁圆形等。卵通常很小,一般在1~2mm。有的卵单个分散存在,有的是数个或数百个堆集或规则地排列成卵块。

幼虫,昆虫自卵孵出,即进入幼虫期。幼虫每隔一定时间常将旧的表皮蜕去。从卵中孵出的幼虫为第一龄,每蜕一次皮增加一龄。随着一次次蜕皮,虫龄增大,体长、体重也显著增加。

蛹,是完全变态昆虫由幼虫转变成虫过程中所必须经过的一个虫期。昆虫化蛹的场所,一般在树皮下、石缝中、土壤中、卷叶中等地方。

成虫,是昆虫个体发育的最后一个阶段,蛹或若虫完

蝗虫

蜘蛛

鳞翅目害虫的幼虫

部食光,根茎被咬断,茎干、果实、种子被蛀食成孔洞和隧道。一般鳞翅目昆虫的幼虫、鞘翅目昆虫的成虫及幼虫都具有咀嚼式口器。刺吸式口器,适于穿刺植物的组织,吸取植物的汁液为其营养。具有这类口器的害虫如蝉的成虫、蚧壳虫、蚜虫等。

昆虫的足可分为步行足,如步行虫;跳跃足,如蝗虫的后足;捕捉足,如螳螂的前足;开掘足,如华北蝼蛄的前足;携粉足,如蜜蜂的后足;游泳足,如松藻虫的后足。

昆虫的翅上有许多翅脉,不同的昆虫翅脉和质地各有其特点,这是昆虫分类的重要依据。

二、昆虫的生活习性

昆虫一生,其外部形态通常要发生几个很大的变化,这种变化称为变态。要经过卵—幼虫—蛹—成虫4个虫态的称为完全变态。如杨扇舟蛾、小木蠹蛾等。要经过卵—若

成其发育后,脱去蛹壳或若虫蜕去最后一次皮外出成为成虫,这一现象叫羽化。一些昆虫羽化后,即可进行交配产卵,这些成虫,不需取食,如松毛虫、刺蛾等。一些昆虫羽化后,也可立即交配产卵,但仍继续取食,取食后能产更多的卵,如桑天牛等,这种取食,称为补充营养。

昆虫从卵的发育开始,直至成虫又产卵为止,这一发育周期称为一个世代。昆虫一生的经过情形,即各虫期出现和经历的时间称为生活史。昆虫完成一个世代经历时间的长短因种类而异,有些种类1年数代或数十代,有些种类1年或数年至十几年才完成一代。许多昆虫,特别是一年多代的昆虫,各个世代间往往相互重叠,即在同一时间内,可以见到各个虫态并存的情况,以致其世代很难划清。即使是1年1代的昆虫或多年1代的昆虫,由于某些虫期昆虫寿命或发育时间特别长,也可能出现多种复杂的情况。

昆虫对某种"气味"的趋避反应称为趋化性。利用昆虫趋化性,可防控某些害虫。如用糖醋液诱杀地老虎成虫等。

三、昆虫危害特征

不同的害虫对公路绿化植物所造成的危害往往不同,根据不同的危害状常可初步判断害虫的种类。

危害嫩叶、嫩梢,造成叶片不同形状的卷曲、皱缩、褪绿,叶、梢上有许多像蜜一样的、油质状分泌物,多是蚜虫、白粉虱、木虱危害。嫩叶背面形成许多紫褐色斑点,叶片沿主脉折叠,最后干枯,多为蓟马危害。而常把梢、叶缀在一起或缀数叶,幼虫在其中咬食叶片,多为麦蛾、卷叶蛾类的幼虫危害。

枝条萎蔫枯死,嫩梢枯萎,苗木顶梢枯死,多为蝉类、茎蜂、梨小食心虫、梢螟类等危害所致。

嫩叶片发黄、早落,枝条、幼枝受害部位痈肿、龟裂、腐烂,甚至枯死,多为蚧类危害。

叶片呈现密集细小的黄白、灰白、灰黄色点或斑块,多在主脉两侧或全叶。严重时,形成部分或整株焦叶、落叶,多为叶螨或军配虫、蚧壳虫、叶蝉、白粉虱等危害。

把叶片咬成白色透明网状,或咬食叶片,仅留下粗叶脉,或叶片被食光,仅留叶柄,或啃食叶肉,造成缺刻、孔洞,多是鳞翅目的一些种类,如舟蛾、刺蛾、毒蛾、天蛾、尺蛾等,有时是夜蛾危害。而鞘翅目的一些种类,如柳蓝叶甲、茄二十八星瓢虫等的幼虫危害状亦如此。吐丝结网的,多为灯蛾类,如美国白蛾或枯叶蛾类,如天幕毛虫等危害。

嫩枝、叶肉被害,虫体终生负囊,多为袋蛾类、鞘蛾类

幼虫危害。

叶面呈现各种形状的隐纹、隐斑,严重可使叶污黑、焦枯,提早落叶,多为潜叶蛾类、潜叶蝇类、潜叶象甲、潜叶叶甲等危害。

木本植物受害,皮层、韧皮部及边材被蛀食,蛀成不同形状较扁平、整齐的孔道,内充塞蛀屑及虫粪,有的能深入木质部,多为吉丁虫类;蛀食韧皮部及木质部,造成折枝

昆虫咬食后的毛白杨　　　　白三叶受蜗牛危害状

断干的,多为象甲类、长蠹类危害;而蛀食主干及大枝的木质部造成断枝、枯枝,或蛀成不规则的连通坑道,排出大量木屑、虫粪及树液,多为木蠹蛾类、天牛类等危害。

幼苗根际、根部被咬,断面整齐的,多是地老虎幼虫、金针虫、蛴螬等危害,而断面撕裂状,土表有明显的隧道,多为蝼蛄危害。

球果被蛀食,多为花蝇、螟蛾、银蛾等危害。

第四节 叶 螨

一、叶螨的识别

叶螨俗称红蜘蛛,一般在植物的叶片上摄食,直接破坏叶片组织。危害普遍,无论草本、木本、阔叶、针叶、果树、花卉、乔木还是灌木都受其害。螨类的种类很多,体长差别很大,小的不到1mm,大的可达10mm,有害的一般称为叶螨,有益的即捕食害虫的,称为捕食螨。螨类也是"虫"。

叶螨体形微小,体长1mm以下,圆形或卵圆形。雄虫一般较雌虫为小,躯体末端尖削。呈红、褐、绿、黄、黄绿、褐绿等多种体色。这主要随食物种类、食量多少、植物发育阶段和生理状态不同而异。

螨类身体分区不明显,体躯分为前半体和后半体两

部分。前半体包括颚体、前足体,后半体包括足体、末体。

多数叶螨躯体表皮薄而柔软,背板不具几丁质。背毛形状多种,如刚毛状、刮铲状、披针状、叶状、鞭状等。其数目一般不多于16对。腹面具刚毛。末体有生殖孔和肛门。

成螨和若螨有足4对,幼螨足3对。由基节、转节、股节、膝节、胫节和附节组成。

二、叶螨危害特征

螨对绿化植物的危害表现为叶白色和退绿的斑点,严重时白斑连成一片,直至叶片变为黄褐色卷缩脱落,如山楂叶螨、杨柳叶螨等对寄主叶片的危害。应注意将叶螨危害的特征与叶蝉、蚧类的危害相区别。

第三章　病虫害的生态防控

第一节　生态防控的概念

公路绿化植物的病虫害，如菌、虫等都是整个自然生态系统的一个组成部分。在大自然中存在着多种多样的生物，这些生物在"食"与"被食"中形成了相互依存、相互制约、相生相克的关系，相互间形成了"食物链"与"食物网"。就大自然来说，所有生物并无益害之分，它们不过是在环境的物质和能量转换中扮演着不同的角色。每种生物都本能地进行着生存斗争和繁衍，力图扩大其种群。在一定时期内，由于生物之间相生相克和复杂环境的影响，各生物种群间的消长变化维持着动态平衡，表现为没有灾害。但当自然生态系统受到外来异常因素，尤其是人为活动的干扰，破坏了这个平衡，某些生物种群过度增殖，与人类的利益相冲突或与人类竞争某种有限的资源时，就会给人类生产、生活带来危害。就公路绿化植物讲，就形成了病虫害。某种生物的"益"与"害"是可以转化的，其数量过多时可能有害，数量适当时则是"食物链"中的一个重要环节，反而有益。即使是某一种生物的同一种群数量，也常会随着观

乔灌花草合理配植的绿化带（刘飞摄）

乔灌花草复合绿化

察角度的不同而"益""害"有别。

科学的公路绿化植物病虫害防控指导思想，是要充分利用绿化植物、病虫和生态环境间的辩证关系，以适地适树（植物）和林业技术措施为基础，发展公路绿化植物生物群落中不利于病虫害滋生而有利于公路绿化植物健康生长的因素，因地制宜地、经济地运用多种相辅相成的系

统措施,坚持"预防为主,科学防控,依法治理,促进健康"的方针,把病虫控制在不成灾的水平,达到提高公路绿化的社会、生态效益以至经济效益的目的。

所谓生态防控方法,就是利用生物间的相生相克机制,通过调整绿化植物与绿化植物、有害生物与绿化植物、有益生物与有害生物、生物与环境间的相互作用,优化绿化植物的生长条件,促进其健康发展,恶化有害生物的生存环境,抑制其滋生,从而达到病虫害不成灾的目的。

第二节　科学设计

公路绿化的设计工作要充分考虑公路的使用、生态的恢复及环境的保护。从可持续发展的角度来看,制定一个好的比较全面的长远的公路绿化规划,根据规划的目的要求,作出科学的设计,是公路绿化的基础,是生态防控病虫害的第一道防线。公路绿化的目的是提高公路的综合服务功能,恢复在公路建设中被破坏的自然生态,并改善沿线的自然环境,促进人与自然的和谐。公路绿化要达到上述目的,应充分考虑诸多因素。为把病虫害生态防控的理念运用到公路绿化设计之中,在绿化设计中要遵循如下原则:

(一)生物多样性原则。实践证明,树种混栽,乔、灌、草结合,具有如下优点:地上、地下的营养空间利用较充分,较显著改善绿化区的生态环境,防护效益较高,动植物物种较丰富,抗病虫火等自然灾害的能力较强。因此,合理进行乔、灌、藤、草类等绿化植物种类的株间、行间、段间的搭配栽植,是科学绿化的一项重要技术措施,应积极倡导、引导和应用。

(二)物种相生相克原则。自然界中两种或两种以上的植物在一起或临近生长,对植物的生长发育有相互促进的作用或利于防控某种病虫害,这称为植物间的相生(辅)现象。反之,两种植物临近或在一起生长,就生长不良,或易于发生某种病虫害,如将其远离种植,生长就正常,病虫害发生就较轻或不发生,这称为植物间的相克现象。树种(植物、生物)间的相生相克机制在公路绿化设计中应当很好地应用。

(三)多种植物合理配置原则。在公路绿化中,对植物种类进行科学、合理的配置(搭配),尽量避免植物种类单一,是实现绿化目的的必要条件,同时也是达到生态防控的基本条件。

(1)乔、灌、草不同高度植物搭配。如选用臭椿、紫薇隔株栽植,地面种植白三叶,也可毛白杨、黄杨球隔株栽植,地面种植禾草草坪等。这样可分割不同层次的空间,充分利用阳光,实现立体绿化,不呆板而富于变化。

(2)深根性植物与浅根性植物搭配。在种植乔木或灌木,密度又较大时,注意不要都配置浅根性树种或都配置深根性树种,要深、浅根树种搭配种植,以充分利用土壤中

一级公路中央分隔带绿化

彩色绿化

21

的水分和养分。如浅根性的侧柏与深根性的油松、臭椿、黄连木、元宝枫、紫穗槐、黄栌等带状或行间、株间混栽，都是实践证明为很好的配置形式。

（3）喜光与耐荫植物搭配。合理进行这样的搭配，可充分利用空间，促进植物健康生长。对喜光树种，尤其是强喜光树种，应避免被遮荫。如树体高大、遮荫效果好的毛白杨、悬铃木、泡桐、枫杨、鹅掌楸等的树下或临近，不能栽植强喜光树种合欢等。在高大的树下栽植月季等花木，即使能勉强开花，花也不艳。

（4）落叶与常绿树种搭配。实行杨、柳、榆、槐、椿等落叶树与油松、华山松、白皮松、雪松、侧柏、大叶黄杨、女贞等常绿树的路段间、株间、行间等的不同形式的混栽，可以实现四季常青，使公路沿线富有生气和活力。

（5）不同颜色搭配。公路绿化植物色彩的变化，可通过不同植物在不同季节的叶色、花色、枝干色的不同来实现。叶色有紫、黄、绿之分，花色有红、黄、白、紫、蓝之别，而枝条的颜色也有红、黄、绿的不同，对其进行合理搭配，可使公路沿线色彩斑斓绚丽。某一种或几种颜色的条带状配置，有通达流畅之美，而段状配置则显得富于变化，增强对司乘人员的感官刺激，使其兴奋，这在公路通直，沿线树木高低变化不大，景观较单调的情况下尤为重要。

（四）利用自然植被原则。如果公路沿线有较完备的自然植被，应充分予以利用。原有自然植被，已充分溶入当地的生态系统之中，植物配比、食物链构成均具有相对的稳定性。利用原有自然植被，有利于恢复原生生态构成，促进生态系统的稳定，对公路绿化植物病虫害的生态防控具有重要意义。如公路沿线地形复杂，乔灌木群落和覆盖度较好时，充分利用自然植被作为公路绿化的组成部分，以体现自然和谐之美。

高速公路植物防眩与绿色覆盖配合应用

臭椿

悬铃木

铺地柏

云杉

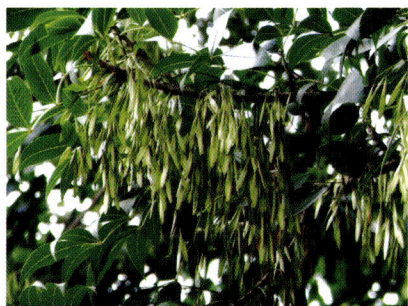

白蜡

第三节 植物选择

一、因路制宜，适地适树

不论乔木、灌木、藤本、草本等植物，都有自己特有的生物学特性，都要求一定的温湿度、土壤和海拔高度、纬度等。为了保证树苗成活并健壮生长，必须根据实际情况，选择适宜的树种。林业生产普遍适用"因地制宜、适地适树"，其基本含义是："使林木生长的造林地环境条件同林木具有的生物学特性和生态学特性相一致，以发挥土地和树木的生产潜力，取得最好的生长量的营林、育林技术。"公路绿化植物选择除考虑立地条件外还要考虑"路"对绿化的需求，并以此来选择进行绿化的乔木、灌木或草本，因此，公路绿化应遵循"因路制宜，适地适树"的基本原则。

"因路制宜，适地适树"是公路绿化成功的关键，是实现良好绿化效果的先决条件，也是实现生态防控病虫害的基础。违背自然规律，只能会事倍功半，对公路绿化而言，可能是百分之百的失败。在河北省较明显的事例是在滨海平原引种的椿树、白蜡树等，由于不能适应中度盐碱土壤而导致生长不良，从而引发了严重病虫害。在树种选择方面，除考虑自然因素外，还要考虑到病虫害的发展与变化。随着全球气候变暖，一些病虫害的危害程度也在加剧。如白榆是北方的乡土树种，耐寒，可耐−40℃低温，耐旱，年降雨量不足200mm的地区能正常生长，耐盐碱，含盐量0.3%以下可以生长。根系发达，抗风、保持水土能力强。对烟尘和氟化氢等有毒气体抗性强。冠大荫浓，树体高大，是世界著名的四大行道树之一。但因榆蓝金花虫的强势暴发，白榆在华北平原已很罕见，只能退守在河北坝上及内

生长于高寒地区的青杨

盐碱路段成功种植的枸杞

紫薇

重瓣榆叶梅

鹅掌楸

南栾

蒙古等高寒地区;再如在20世纪70～80年代,河北大量选用青杨派无性杂交系杨树进行公路绿化,后因青杨天牛的严重危害,给公路绿化造成巨大损失,现在在河北平原上述杂交杨已不多见。但青杨派杨树在河北坝上高寒地区仍有良好的表现。小叶黄杨对SO_2抗性较强,但小叶黄杨中的叶片黄绿而薄的黄绿株型,在同样的酸雨条件下,叶片受害严重,而叶片黑绿而厚的黑绿株型不受害。因此在酸雨危害较严重的地区栽小叶黄杨,要选栽黑绿株型,而不能栽黄绿株型。

二、乡土树种

乡土树种是当地森林生态系统稳定的重要因素,经长期的自然选择,已与当地的立地条件实现了较为完美的衔接,基本能发挥较好的效能。同时,乡土树种种源比较丰富,种苗基地与造林地相距较近,可做到随起随运随栽,减少了包装、贮藏等中间环节,可降低栽植成本,提高成活率。在我国北方,那些生长旺盛,树姿优美而且抗性强的乡土树种更具有改善生态的能力,并且具有地域文化内涵,能突出地方特色,最容易形成独特的北国风光。公路绿化作为管理相对粗放的模式,在绿化树种选择方面,应首选抗病虫害、性状优良的乡土树种。在华北平原,如易县毛白杨、槐树等。这些树种生长好、抗病虫能力强、适应能力强、管理成本低,是公路绿化的基础树种。

三、引进优质良种

丰富多样的植物是合理构建绿地群落和提高绿地生态服务功能和景观功能的基础,合理引进和应用多样化的植物,有利于丰富生物多样性,完善生态结构,体现人与自然的和谐发展。"引种"工作是发展公路绿化事业、提升公路服务功能的重要途径。随着高等级公路的建设和使用,公路绿化的功能日趋复杂,如护坡、地被、防眩、警示等功能要求,使公路绿化对植物种类的需求也越来越多。但植物引种具有很高的科技含量和引种风险,应以科学的理论和技术为基础,不恰当的引种不仅可能导致引种失败和经济损失,

华北平原的乡土树种——易县毛白杨

中华金叶榆

剑麻

重瓣紫叶李

女贞

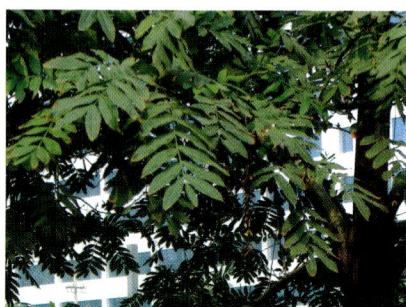

枫杨

更可能产生严重的生态和社会后果,产生诸如有害生物入侵、危害环境、损坏地域绿化特色等后果。公路绿化"引种"工作要慎重,首先要以科技理论作先导,查阅相关植物的生物学特性,比较原产地与引种目的地自然条件的差异;其次要有栽培实验为基础,最重要的是要有实际应用实例为依据。除进行科学研究外,对"引种"植物的选用必须要考察其在当地成功的实例,同时要结合公路的具体特点进行分析对比,方可选用。如果开展引种研究工作,要杜绝盲目引种和推广行为,必须科学论证,进行风险评估,经过规定地点、时间的控制性试验后,才能确定能否推广应用。

四、野生植物利用

野生植物属于乡土树种的范畴,在公路绿化中有非常广阔的应用前景。公路绿化线长面广,地型复杂,气候多变,以河北省为例,有地质复杂的太行山山区,有干旱少雨的坝上高原,有土壤高度盐渍化的海滨平原等,而工程建设又破坏了原有的土壤植被等自然条件。野生植物具有抗干旱、耐盐碱、适应能力强、生命力旺盛等特点,可在各种恶劣的自然环境中正常生长。同时,任何地域都有在当地顽强生存的野生植物群落,筛选出一些品种进行公路绿化和植物防护,不仅是可行的,而且成本较低。如荆条、柽柳、沙棘等。

引种植物——紫叶小檗

野生植物利用——沙棘

野生植物利用——荆条

野生植物利用——柠条

野生植物利用——柽柳

25

第四节　选用抗病虫品种

植物对病虫害的抗性机制主要表现在抗嗜食性、抗性作用和耐害性。林业科技工作者在不断培育抗病抗虫品种，以适应自然，改造环境。公路绿化选用新品种要慎之又慎，特别是转基因植物，首先要通过国家有关部门的审定，同时要在对公路绿化的目标进行分析的基础上了解该植物生物学特性。如转基因741杨，是银白杨、毛白杨等的杂交品种银白杨×(山杨+小叶杨)×毛白杨]；其特性表现为早期生长不快，后期生长迅速；材质优良，木材洁白，无空心、腐心现象；抗鳞翅目害虫，连续5代的饲虫试验稳定；抗盐性黏质土壤；抗寒。适宜种植于河南、河北、北京、天津、山东等地。世纪杨(抗虫杨12号)，属欧洲黑杨派，属转基因无性系。品种特性为速生，年均胸径生长量在3~4cm。抗虫性强，试验害虫对世纪杨的林分危害低于50%，使林分达到有虫无害。可与其他品种混交，具有降低虫害的作用。适宜种植于我国西部、华北、辽宁以及吉林、黑龙江部分地区种植。四倍体刺槐K4 树种，为引种驯化品种。其特性表现为抗旱及抗寒能力强。适宜种植于西北、东北、华北及陕西、江苏、四川等地。河北选育的廊坊杨具有抗旱、耐寒、速生、材质好、干性强、抗光肩星天牛等优点，其4号还耐盐碱，适宜在"三北"地区栽植。

公路边的小叶黄杨绿篱，示小叶黄杨的黄绿株型(左)受酸雨危害严重，而其黑绿株型(右)不受害。

廊坊杨(左)与北京杨(右)的抗虫(光肩星天牛)性对比，示自然状态下廊坊杨基本不受害，而每株北京杨主干上都有多个虫疱。

第五节　精细施工

一、整地与换土

土壤是植物生长发育的基础，不同土壤的物理、化学特性以及它的水、肥、气、热状况对植物的生长发育有着重要的影响。多数公路绿化用地的土壤因公路建设施工已发生了很大变化，一是压实度较高，已不具备土壤的基本结构特征；二是工程废料比例较高，常掺有基底石灰土和碎石沥青水泥等，土壤中已没有足够的肥力保证植物正常生长；三是部分高速公路立交互通区曾作为施工时的料场、预制场地，很难彻底恢复原有土壤的物理、化学性质，非常不利于植物生长。因此，在公路绿化中细致整地和换土是非常必要的。对于仅仅是因施工工程车辆碾压而破坏的土体结构，需要疏松并加入一定的有机质以改善土壤结构，栽植的坑穴要大于普通设计，深度要打透压实层；而工程垃圾及废料太多的绿化用地，必须予以换土。无论是改善被破坏的土体结构，还是换土，坑穴的质量及大小，都对植物以后的健康生长有很大的影响。除按设计确定位置外，应根据根系或土球大小、土质情况来确定坑、穴直径大小(一般应比规定的根系或土球直径大20~30cm)；根据树种根系类别，确定坑、穴的深浅。土质不好的，应加大坑、穴的规格，并将杂物筛出清走；遇石灰渣、炉渣、沥清、混凝土

高速公路需要换土的种植穴

等对树木生长不利的物质,则应将坑、穴径加大1～2倍,并将有害物清运干净后换上好土;挖坑时表土与底土应分开堆放,植树填土时,应先将表土填入坑、穴下部,底土填于上部和作土堰用。

二、苗木选择与检疫

(一)苗木选择。自育或外购苗木,均需讲究质量,要求苗木主干、高低粗细符合要求,树冠和根系完整、无病虫,木质化程度高等。选择苗木应注意以下几点:

(1)避免用重茬苗。因重茬后,土壤养分不均衡,有的树种根系还分泌有毒有害物质,病原菌积累较多,苗木往往带有病原菌,如北京杨的重茬苗,带腐烂病、溃疡病菌的比例是不重茬苗的2～3倍。

(2)不用徒长苗。大肥大水吹起来的苗木,树体营养物质积累不够,木质化程度不高,容易遭受冻害。

(3)宜用经过倒床的苗木。因苗木倒床后,主根被切断,促使根系发达,移植后易于成活。

(二)苗木检疫。要对繁殖材料认真检查,树苗不能带有肿瘤、虫瘿、蛀孔等明显的损伤。不能带有腐烂斑、溃疡斑、轮纹斑、卵块、虫蛹以及活的虫体等,必要时进行人工刮除、药物杀灭、温汤浸种等,保证苗木不带病虫害,严防病虫害随苗木等繁殖材料进入绿化区。

植物检疫是由法定的机构依法对应施检疫的植物及其产品,在原产地、流通过程中及到达新的种植或使用地之后,强制进行是否带有危险性病虫害及其他有害生物疫情的检查、除害处理等安全措施。公路有关部门应主动要求和积极配合搞好检疫工作,自觉、认真地执行检疫法规,以防止危险性病虫随繁殖材料传入本地或传给外地,保障公路绿化植物免受危险性病虫害和其他外来有害生物的

入侵危害,确保植物安全。

三、起 苗

起掘苗木的质量,直接影响树木栽植的成活和以后的绿化效果,拙劣的起掘操作,可以使原优质苗木,由于伤根过多而降级,甚至不能应用。掘苗前的准备工作主要有:

(1)号苗。对初步选中苗圃地的苗木,要再进行一次精选,确保苗木达到设计规格,并选择生长健壮,无病虫害、无机械损伤和树形端正的苗木。

(2)拢冠。对于侧枝低矮的常绿树(如雪松、油松等)、冠丛庞大的灌木,特别是带刺的灌木(如花椒、玫瑰、黄刺玫等),为方便操作,应先用草绳将其冠捆拢,但应注意松紧适度,不要损伤枝条。拢冠的作业可与选苗结合进行。

(3)试掘。在正式掘苗之前,应选数株进行试掘,以便发现问题,采取相应措施。掘苗的根系规格,裸根移落叶灌木,根幅直径可按苗高的1/3控制,带土球移植的常绿树,土球直径可按苗木基径的7倍控制。

四、运苗与假植

苗木的运输与假植质量,也是影响植树成活的重要环节,实验证明"随掘、随运、随栽"对植树成活率最有保障。也就是说,苗木从挖掘到栽好,应争取在最短时间内完成。这样可以减少树根在空气中暴露时间,有利于树木的成活。

五、移栽树木的修剪

修剪的首要目的是保持水分代谢的平衡。为使新植苗能迅速成活和恢复成长,必须对地上部分适当剪去一些枝叶,以减少水分蒸腾,保持上、下部分水分代谢的平衡。其次是培养树形,按照设计要求,使树木长成预想的形态。三是减少伤害,剪除带病虫枝条,可以减少病虫危害。另外疏去一些枝条,可减轻树冠重量,对防止树木倒伏也有一定作用。这对春季多风沙地区的新植树尤为重要。

六、栽 植

(一)绿化季节和栽植时机。最佳季节进行绿化工作是确保成活率和提高保存率的关键,北方的一般绿化季节有春季、秋季和雨季,对公路绿化而言,最佳季节应在春季。因为春季绿化最适合植物生长规律,特别是对落叶类植物,应尽可能选择春季绿化,常绿植物可以选择在雨季进行,如果措施得当,雨季湿度等气候条件合适,也能取得很好的效果。

绿化的时机也很重要。掌握不同树种的特性,选择不同的绿化时机,对绿化成败至关重要。民谚语:"椿栽骨朵儿枣栽芽,杨柳栽在冰凌碴。"这是我国北方劳动人民在长

期生产实践中总结出来的实用经验。在公路绿化实践中，我们发现刺槐、白蜡、紫薇等植物在发芽前夕栽植可以大大提高成活率。

（二）散苗。将树苗按规定（设计图或定点木桩）散放于定植坑、穴边，称为"散苗"。散苗时应注意：

（1）要爱护苗木，轻拿轻放，不得损伤树根、树皮、枝干或土球。

（2）散苗速度应与栽苗速度相适应，边散边栽、散毕栽完，尽量减少树根暴露时间。

（3）用作行道树、绿篱的苗木应事先量好高度将苗木进一步分级，然后散苗，以保证邻近苗木规格大体一致。

（4）对常绿树树形最好的一面，应朝向主要的观赏面。

（三）栽植。散苗后将苗木放入坑内扶直，分层填土，提苗至适合程度、踏实、固定的过程，称为"栽植"。

1. 栽苗的操作方法：

（1）露根乔木大苗的栽植法。一人将树苗放入坑中扶直，另一人用坑边好的表土填入，至一半时，将苗木轻轻提起，使根颈部位与地表相平，使根自然的向下呈舒展状态，然后用脚踏实土壤，或用木棒夯实，继续填土，直到与坑、穴边稍高一些，再有力踏实或夯实一次。最后用土在坑的外缘做好灌水堰。

（2）带土球苗的栽植法。栽植土球苗，须先量好坑的深度与土球高度是否一致，如有差别应及时挖深或填土，绝不可盲目入坑，造成来回搬动土球。土球入坑后应先在

栽植整齐成活良好的行道树

土球底部四周垫少量土，将土球固定，注意使树干直立。然后将包装材料剪开，并尽量取出（易腐烂之包装物可以不取）。随即填入好的表土至坑的一半，用木棍于土地四周夯实，再继续用土填满穴（坑）并夯实，注意不要砸碎土球。最后筑堰。

2. 栽苗的注意事项和要求：

（1）平面位置和高程必须符合设计规定。

（2）树身上、下应垂直。如果树干有弯曲，其弯曲向应顺从绿化带纵的方向。行列式栽植必须保持横平竖直，左右相差最多不超过树干一半。

（3）栽植深度。裸根乔木苗，应较原根颈土痕深5～10cm；灌木应与原土痕齐；带土球苗木比土球顶部深2～3cm。

（4）行列式的植树，应事先栽好"标杆树"，方法是，每隔20株左右。用皮尺量好位置，先栽好一株。然后以这些标杆树为基准，全面开展定植工作。

（5）灌水堰筑完后，将捆拢树冠的草绳解开取下，使枝条舒展。

3. 灌水：

苗木栽植后，无雨天气在24小时之内，必须灌上第一遍水。水要浇透，使土壤充分吸收水分，有利土壤与根系紧密结合，不能浇半截水，尤其对分隔带内植物和草坪，每次浇水一定要浇透。北方干旱地区无雨季节，苗木栽植后10天内，必须连灌3遍水。

（四）扶直封堰

（1）扶直。浇第一遍水渗水后的次日，应检查树苗是否有倒、歪现象，发现后应及时扶直，并用细土将堰内缝隙填严，将苗木固定好。

精栽细植是成活的关键

（2）中耕。水分渗透后，用小锄或铁耙等工具，将土堰内的土表锄松，称"中耕"。中耕可以切断土壤的毛细管，减少水分蒸发，有利保墒。植树后浇三水之间，都应中耕一次。

（3）封堰。浇第三遍水并待水份渗入后，用细土将灌水堰内填平，使封堰土堆稍高地面。土中如果含有砖石杂质等物，应挑拣出来，以免影响下次开堰。华北、西北等地秋季植树，应在树干基部堆成30cm高的土堆，以保持土壤水分，并能保护树根，防止风吹摇动。

（五）科学技术应用

为提高植树成活率，栽植时可应用一些科研成果，如干旱地区绿化可在土壤中加入高分子保水剂以防止重力水失散；使用ABT生根粉可加速植物代谢，增加呼吸强度，提高酶的活性，促进苗木生根，对提高成活率具有显著作用；根据季节和苗木成活难易程度，可采用容器苗栽植。

栽后支撑树干，防止摇动，提高成活率

第六节 管 护

管护工作是保证绿化效果的重要环节。要根据所栽种植物的不同特性，合理进行抚育管理、浇水和施肥，增强抵御病虫害的能力，促其健康生长，以达到预期的景观要求，更好的发挥效益。

一、浇 水

（1）"浇水"的含义。当土壤含水量不能满足植物根系的吸收量，或在地上部分的蒸腾作用耗水量过大的情况下，进行人工补充水分供应的过程，叫"浇水"。

（2）浇水的顺序、季节和时间。浇水可分轻重缓急来进行。对新栽的树木、小苗、灌木、阔叶树需要优先灌水。对去年以前定植的树木、大树、针叶树可后灌。华北、西北地区，冬季少雪，春旱多风，干旱要浇水外，在封冻前要浇透冻水，翌春土壤解冻后浇透解冻水。夏季是树木生长的旺季，需水量很大。但中午阳光直射，天气炎热时，最好不要浇灌温度太低的冷水，以免引起生理干旱。夏季中午，叶面喷水也不好。

（3）水量。对于灌水量应适当掌握。水量太少，使根趋于地表分布，且表土易干燥，起不到抗旱作用。水量太大，

后期管护之精修细剪

土壤中的肥料就会随水流失，甚至在有些地方会由于水分过多的渗入，会把深层的可溶性盐碱因蒸发带到土面上来，造成土壤反碱，会影响树木的长期生长，特别是在北方地势低洼之处，更应注意这个问题。所以最好采取小水灌透的原则，使水分慢慢的渗入土中。

总之，树木因树种习性，不同年龄时期，不同物候期需水不同。不同的气候、土壤条件下，需水量也不同。因此必须根据树木生长需要，因树、因地制宜的进行合理灌溉。

二、施 肥

(一)施肥的意义。公路绿化受条件所限，植物生长一段时间后，土壤的养分就会减低，不能满足树木继续生长的需要。特别是高速公路中央隔离带中绿化植物，几乎是在花盆中生长，土壤中所含的营养元素(如氮、磷、钾以及一些微量元素)急剧下降，若不能及时得到补充，势必造成树木营养不良，影响正常生长发育，甚至衰弱死亡。所以，栽培树木，在定植后要不断给予养分的补充，提高土壤肥力，以满足其生活的需要。肥料以有机肥为主，辅以化肥，注意氮、磷、钾肥和微肥的合理搭配，避免偏施氮肥。

(二)肥料的种类与施法：

(1)基肥。以有机肥为主，是可供较长时期吸收利用的肥料。如粪肥、堆肥、绿肥、饼肥等，经过发酵腐熟后，按一定比例，与细土均匀混合埋施于树的根部，使其逐渐分解，供树吸收之需要。一般基肥的肥效较长，不必每年都施，可以根据需要，隔几年施一次。冬季寒冷地区，基肥以秋施为好；因此时所伤之根容易愈合并促发新根，有利于提高贮藏营养水平。树根有较强的趋肥性，为使树根向深、广处发展，故施基肥要适应深一些，不得浅于40cm；范围常施于树冠投影外缘部位。

(2)追肥。在树木生长季节，根据需要加施速效肥料，促使树木生长的措施，称"追肥"。一般采用根法，按适宜的施肥量，用穴施法把肥料埋于地表下10～20cm处，或肥料施于灌水堰内，然后灌水，供树根吸收。也可用叶面施肥，即将化肥按一定的比例兑水稀释后，用喷雾器喷施于树叶上。每年的生长后期不要追肥，尤其不要追氮肥，以免徒长，遭受冻害。

三、树木的修剪

树木修剪在养护管理中占有重要地位，是关键性的技术措施之一。其作用有促进生长、培养树形、减少伤害、促使开花结果及提高木材生产等作用。

修枝整形要根据每种植物特有的生长、发育和分枝习性，按培育要求，采用不同的修枝整形方法。对乔木要保留尽量大的树冠，在确保行车安全的前提下，确定最低一层分枝的高度。修枝时间以在秋后树液停止流动为宜。修枝时，注意修除病虫枝；同时，要通过修枝创造不利于病虫害生存的条件，如光肩星天牛成虫喜在树干上有枝条庇荫处产卵，所以对易受其危害的杨、柳、榆等，除在冬季修枝外，还应在光肩星天牛成虫产卵之前(华北平原中部为5月底到6月上旬)，认真修除树干上的萌蘖条，防止天牛在树干上产卵，此法可有效降低天牛虫口密度。总的讲，修剪不宜过度，要因树造型，不要强制造型，如将圆柏剪扎成"龙"型、"灯笼"型等，违背了树木的生长特性，可导致树木生长不良甚至死亡，是不可取的。

四、绿化区卫生

保持绿化区的卫生，是防控病虫灾害的一项重要措施。枯枝落叶、植株残体，往往带有病菌和害虫活体，或者是一些病菌或害虫的越冬场所，是当年或翌年病虫害发生的重要来源之一。因此生长季节在绿化区进行养护作业时，剪下的残枝叶、病虫枝叶等不要随手丢弃，应装入塑料袋，携出绿化区外深埋。秋后，要将枯枝、落叶、僵果、植株残体、病残体等彻底清出绿化区，草坪内的枯草以及修剪下的草叶，也应及时清除，集中深埋或高温沤肥。

第七节　混栽(混交)

在自然界中，经常可以发现有一些植物种植在一起时，彼此间相互促进，共同生长。如玫瑰和百合，菜豆和马铃薯，洋葱和胡萝卜，松树和赤杨等；但也有些植物种在一起时，其中某种或几种植物生长受到抑制，甚至死亡。如铃兰对丁香，烟草对桑树，核桃对苹果等。公路绿化中，植物与植物之间同样存在着多种相互作用，亦即植物的生物环境。这种作用的利害关系主要表现为相生、相克和竞争。

一、利用"相生"

相生是植物间共同形成的一种良性生态环境，能减少病虫等自然灾害的威胁。生态条件需要各异的植物种类

乔木混植

高速公路互通区多种植物混交绿化

生长在一起,能充分利用土壤肥力和地面空间;改良土壤,涵养水源,提高土壤肥力;能有效的保护和美化环境;增强对不良环境的抵抗力,相互提供有利的生态条件,从而抑制一些病虫害的发生和危害。生产上可通过树种的混栽来达到这个目的。如臭椿的特殊气味,对光肩星天牛等蛀干害虫有明显的驱避作用。在光肩星天牛危害较严重的地区,应注意选栽臭椿,或将臭椿与杨、榆等树种混栽,以减轻蛀干害虫的危害。

树种混栽能否成功,关键在于树种搭配是否合理。合理选择混栽树种,必须掌握各树种的生物学、生态学特征和它们之间的相互关系及对环境、土壤、养分等的要求,科学搭配。可实行阔叶树与阔叶树混栽,如杨树与刺槐的混栽等;针叶树与针叶树的混栽,如落叶松与云杉的混栽等;针叶树与阔叶树混栽,如侧柏与黄连木、侧柏与臭椿、油松与橡栎混栽等;乔木与灌木混栽,如毛白杨与紫穗槐、油松与紫穗槐混栽等;深根性树种与浅根树种混栽,如油松、侧柏混栽等;还有喜光与耐荫树种混栽,如合欢与丁香、忍冬、锦带花混栽等,都是实践证明为很好的混栽形式。

二、避免"相克"

在选择混栽树种时,柿树与君迁子不能混栽,以免互传角斑病、圆斑病、黑星病等重要病害;苹果与梨不能混栽,以免互传几种重要的病毒病害;圆柏不能与苹果、梨、贴梗海棠等混栽,在经过苹果园、梨园的路段不能栽植桧柏,以免发生桧柏苹果(梨、贴梗海棠)锈病;侧柏、油松不能与枣树混栽,以免叶蝉传染枣疯病;毛白杨、苹果不能与桑、柘、构等树种混栽,在经过桑园的路段也不能栽植毛白杨,以免桑天牛滋生;泡桐、榆等不要与枣、梨、桃混栽,在经过梨园、枣园、桃园的公路路段,也不要栽植泡桐、榆等树木,以免茶翅蝽互传成灾。

三、调整"竞争"

竞争主要是植物间相互争夺光照、土壤水分和养分,同种之间或生态特征较近的异种之间,竞争更为激烈。适当的竞争有利于植物生长,如对阳光的竞争可促进植物的高生长,形成好的干型。过度竞争则导致林分的分化和自然稀疏,绿化区不同树木个体在生长过程中逐渐出现发育不均衡,大小不同,良莠不齐,优劣不等,强者恒强,弱者恒弱。一

乔灌"相生"

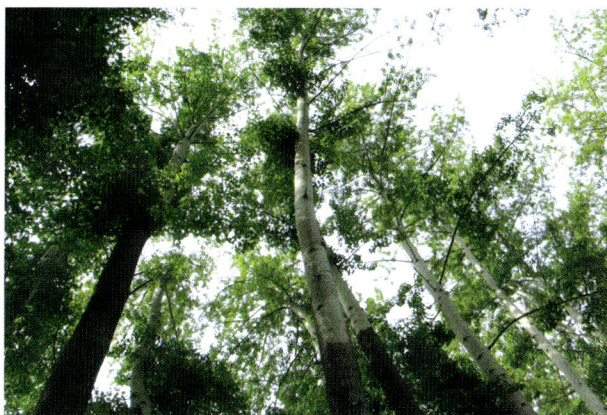
同种竞争

部分生长弱的树木被压,生长不良,极易发生寄主主导型病虫害,如腐烂病、溃疡病、立木腐朽、落针病、青杨天牛等,甚至导致死亡。这种情况在栽植密度较大的或混栽树种搭配不合理的绿化区常会见到,公路绿化中也不鲜见。在不以生产木材为主要目的公路绿化中,避免发生这种情况的途径,除合理搭配混栽树种外,在生产上主要是合理确定栽植密度。其确定的原则是,在保证个体发育的前提下,争取单位面积上栽植更多的树木株数。栽植密度的大小与树种的趋光性、速生性、树冠特征、干形、分枝与自然整枝特性等生物学特性及其他条件等有关。喜光而速生的树种宜稀,如油松、落叶松、杨、刺槐等;耐荫生长慢的树种宜密,如云杉、冷杉等;喜光而自然整枝良好的树种宜稀,如合欢等;干性弯曲、自然整枝不良的宜密,如栎等;树冠开阔的宜稀,如毛白杨、枫杨、马褂木、旱柳、悬铃木、泡桐、雪松等;树冠紧凑的宜密,如廊坊杨4号、箭杆杨等。公路绿化栽植树木,一般采用非抚育间伐型密度,栽植密度宜小。

第八节　防除外来有害生物

外来有害生物,指本地区本没有而是从境外、省外传入的,能对农、林业生产和绿化事业构成严重威胁的植物、昆虫以及致病微生物等。这类生物繁殖能力和生存能力特强,具有适应性广、易于传播、极易成灾、难于控制等特点,从而破坏当地的生物多样性,造成难以治理的生态灾难。如紫茎泽兰、薇甘菊、三裂叶豚草、黄顶菊、大米草等,与当地栽培植物激烈争夺阳光和养分,严重妨碍栽培的目的自养性种子植物的生长,甚至将其他植物大面积扼杀致死。美国白蛾是林木果树的危险性害虫,是重要的国际植物检疫对象之一。自1997年在我国辽宁丹东首次发现以来,虽国家和地方花费巨大的人力、物力、财力积极组织防控,但因其繁殖力强,幼虫能耐饥饿且寄主多达200多种植物,很难控制,现已蔓延至河北、北京、天津等地的多个县。松材线虫引起的松树枯萎病,可侵染油松、黑松、马尾松、白皮松、华山松、雪松等30余种松树,从幼树到几十年生的大树

均可受害,病株从显症起1个月便可全株枯死。病原可通过松褐天牛以及未经灭疫的病株木材远距离传播,是松树的一种毁灭性病害。该病是日本于1972年首次报道,我国于1982年在南京中山陵首次发现,虽积极控制,现仍蔓延到江苏、安徽、广东、浙江、山东、台湾等

美国白蛾

地。因此,要密切注意当地的植物、动物、病原等的区系动态,认真细致的进行调查,一旦发现这类有害生物,应当积极组织控制,严防滋生蔓延,以维护当地的生物多样性,保证公路绿化植物的正常生长。

外来有害植物之黄顶菊,示其大面积连片成灾

高速公路护坡上栽植的地锦(图中绿叶下)被萝藦科的一种植物(图中绿叶者)所严密覆盖

第九节 生物防控

生物防控是利用自然界生物种群之间"食物链"、"食物网"的相互抗衡、制约关系防控病虫害,是综合治理林木灾害的一种重要措施,具有不污染环境,对人、畜安全,不杀伤天敌,在林分中可以持续发挥控制作用等优点。使用生物防控措施是现代林业的重要标志。因此,为了保护生态环境,在我国的林木生物灾害防控中,大力推行生物防控势在必行。我国具有生物防控林木生物灾害的丰富经验,利用病原微生物白僵菌、苏云金杆菌和多角体病毒,天敌昆虫赤眼蜂、花角蚜小蜂、管氏肿腿蜂,以及啄木鸟、灰喜鹊等益鸟防控不同病虫害已经取得明显成效。因此,我们应该创造适合各种天敌生存的环境,逐步用生物防控取代化学防控。生物防控技术可以分为以下几大类:

(一)天敌昆虫的利用。利用赤眼蜂防控松毛虫、管氏肿腿蜂防控青杨天牛和双条杉天牛、花角蚜小蜂防控松突圆蚧、周氏啮小蜂防控美国白蛾、大红瓢虫防控吹绵蚧等都有明显的效果。我国已掌握人工繁殖赤眼蜂、花角蚜小蜂、肿腿蜂、周氏啮小蜂等昆虫的技术,赤眼蜂、花角蚜小蜂等已能工厂化生产。

(二)微生物制剂的应用。白僵菌、苏云金杆菌和核形多角体病毒单独或混合使用防控松树、杨树等树木上的食叶害虫,用木霉菌防控树木根部病害等都有很好的效果。

(三)保护和招引益鸟。啄木鸟、灰喜鹊、猫头鹰等益鸟取食多种害虫,对食叶害虫,特别是难以防控的蛀干害虫均有一定的控制作用。因此,应采取限制使用化学农药等措施保护森林中的鸟类,在林分中设置人工鸟巢招引鸟类。

33

益鸟——北红尾鸲

益鸟——红尾伯劳

益虫——毒蛾绒茧蜂寄生天蛾幼虫

益虫——食蚜蝇取食月季上的蚜虫状

益虫——螳螂

益虫——螽斯

益虫——熊蜂

益虫——蜘蛛捕食害虫叶蜂状

第十节　人工除治

根据病虫害的发生规律和习性,抓住其侵染循环或生活史中的薄弱环节,因地制宜地采取人工、机械、物理等方法控制病菌、害虫的种群数量,使其不成灾。这类方法具有简单可行、经济有效、不污染环境等优点。

一、人工、机械方法

植物病害侵染循环的薄弱环节,一般指病菌的越冬期,尚未大面积扩散的发病初期等。叶部病害的病菌常在落叶中越冬,可采用清扫落叶、结合修剪剪除病芽等方法防控。如毛白杨锈病的病菌在芽鳞中越冬,可于春季树木发芽后,剪除病芽,集中深埋;对杨树炭疽病等叶部病害,秋后清扫落叶,等等,都是有效的防控方法。生长季节,绿化植物少量零星发病时,可结合其他生产作业,随时剪除病叶、病枝、病花,集中深埋。有些病害还可进行刮治和手术治疗。如杨树腐烂病、树木木腐病等,可用利刃刮(挖)除病部,再涂农药消毒保护。

越冬期、蛹期、卵期、低龄幼虫期以及假死性等,都是害虫生活史、生活习性中的薄弱环节。人工捕捉成虫、幼虫、摘除某些害虫的卵块、蛹;利用假死性震落捕杀某些幼虫、成虫;人工挖除入土越冬或化蛹的害虫;人工捕杀天牛成虫,刺杀天牛或木蠹蛾的幼虫;木锤击毙天牛卵;人工剪除植株上带有群集危害尚未分散取食的低龄幼虫的枝叶,对美国白蛾在幼虫3龄前的结网幕危害期,人工剪除网幕等,在一定范围内都是行之有效的防控方法。

二、诱杀和阻隔

诱杀是利用某些害虫对不同气味等的趋性,将其杀死。如一些害虫对糖醋液具有趋性,金缘吉丁虫成虫对新鲜梨木段具有趋性,新鲜牛粪对蝼蛄有明显的引诱性,光肩星天牛喜食糖槭等,都可利用。有的害虫秋季下树潜伏越冬,春季上树危害,或白天下树潜伏,夜晚上树危害,可在树干涂抹毒环,涂黏虫胶,或在树干基部堆放、捆绑杂草诱杀。2年生白花草木樨对黑绒鳃金龟、大灰象、蒙古土象、网目沙潜的引诱力很强,在黑绒鳃金龟危害严重的地区、草坪,可种植白花草木樨诱杀。每亩种植40穴,均匀分布,草木樨比榆叶梅、杨、杏、桑、松等发芽早,黑绒鳃金龟出蛰后首先来取食。当草木樨有50%叶被咬有缺刻时,可每天下午人工捕杀或往草木樨上喷洒农药毒杀。很多昆虫对黑光灯趋性强,虽可诱杀,但"益虫"、"害虫"不分,最好不用,只在进行虫情监测时应用。

阻隔。每种病害或害虫都有其特有的寄主植物。可利用植物带阻隔,即绿化植物混栽(带状、块状),避免单纯大面积栽植某种植物,以控制、减免病虫灾害。树干扎塑料裙防控松毛虫、柳毒蛾等有下树越冬或夜晚上树危害白天下树潜伏习性的害虫等,也是效果好又不污染环境的方法。

另外,进行热处理,利用太阳暴晒、温汤浸种、焚烧等方法,也能有效的杀死土壤、种实等繁殖材料内的病菌和害虫,是有利于寄主生长,效果较为持久,不伤害天敌,不污染环境,能促进生态环境良性循环的好方法,要积极采用。

机动喷药(王国伟摄)

第四章 病虫害的化学防控

目前我国绿化区生态环境较差,时有有害生物暴发成灾。化学防控在控制大面积的突发性病虫害方面仍然具有不可代替的作用。化学农药具有施用方法简单、作用迅速、效果显著等优点,但由于存在不同程度的污染生态环境,对人、畜不安全,伤害有益生物,选择性差和引起害虫抗药性等严重问题,在人们对环境问题日益重视的今天,化学防控应受到严格控制。但只要我们坚持科学用药,合理施药,也能够达到无公害的目的。

第一节 科学用药

所谓科学使用农药,就是在绿化植物病虫害防控中需要施用农药时,正确认识农药的性质、防控对象、寄主种类、植保药械和环境因素,并合理地对其相互关系进行调节控制和运用,从而取得理想的防控效果,达到预期的目的。

一、认真搞好预测预报

病虫情预测预报是根据病虫种群的生物学特性或发生规律、病虫情的动态资料及其与环境的相互关系,采用有效积温、发育进度、物候、经验性温度指标等预测方法,分别对病虫害的发生期、发生量、发生范围和危害程度,作出短期、中期或长期预测。准确、及时的病虫情预测预报,是有计划地搞好绿化植物病虫害防控的科学依据,是有的放矢地防控病虫害的重要措施。公路养护部门要根据预报,及时调查、掌握病虫情况,决定是否采取防控措施和采取什么防控措施,确保病虫不成灾。

二、审慎选药

各种植物施用农药后,在一定时间内或多或少都有部分残留或超量残留在植物体表、果实、籽粒上,有的还能渗透到表皮的蜡质层或组织内部去;某些内吸药剂还可被作物吸收运转到其他部位,使得在收获的产品中不可避免地残留微量或超量的农药,或有毒的代谢产物,久而久之,就有可能危害人及动物的健康。可通过以下方法防止和减少农药残留。

(一)优先选用无机农药(如波尔多液、石硫合剂、硫悬浮剂、硫酸铜、柴油乳剂等)和植物性农药(如除虫菊、狼毒、苦参、烟草、鱼藤等)。这类农药防控病虫害效果好,对环境污染小,害虫不易产生抗药性,选择性又强,要从保护环境,加强生态建设的高度,积极推广使用。

(二)合理使用有机合成农药。有机合成农药可以迅速直接大面积有效压低病虫种群密度;适用对象广泛,防控效果受自然因素影响较小;施药方法灵活、多样,很少受地区等条件限制;有比较多的农药品种可供选择,防控成本也相对较低。但如使用不当,也有病虫易产生抗药性、污染环境、可导致害虫的再猖獗和次要害虫上升为主要害虫以及对整个自然生态系统的不良影响。长期大量使用这些农药,可导致某些地区环境的逐步恶化,某些病虫害可连年大面积成灾。在不得不采用有机合成农药时,一定要尽量减少农药的使用量和使用次数,坚决不用国家已明令禁用的农药。

三、科学用药

(一)对症施药。各种农药的性能不同,防控对象也不同,在使用之前,要仔细阅读农药使用说明书,了解其防控对象、用量和注意事项。选择农药品种必须充分考虑防控对象、植物种类及生育期,做到对症施药,有的放矢,避免误用或错用。如杀菌剂中的硫制剂对白粉病菌有效,而对霜霉病效果不好;铜制剂对霜霉病有效,而对白粉病无效。杀虫剂中的胃毒剂对咀嚼式口器的害虫有效,对刺吸式口器害虫效果不好,内吸剂一般对刺吸式口器的害虫有效,触杀剂对各种口器的害虫都有效。

(二)适时施药。施药时间应当根据有害生物的发育期(抓住其生活史或侵染循环中的薄弱环节)、植物生长进度和农药性质来选择,做到在防控的关键时期,适时用药。对于病害要掌握在发病中心区和病菌侵入寄主之前进行防控;对害虫要掌握在幼虫的低龄时期用药,同时也应尽可能地避开天敌对农药的敏感期,减少对天敌的杀伤。

（三）适量施药。各种防控对象所使用药剂的浓度、剂量，是根据药效试验结果而确定的。农药的施用量应当根据农药的性质和环境因素，参照商品的使用说明书确定用药量，不能随意增减，必要时进行药效试验，否则会造成植物药害或者降低防控效果。

（四）科学混配农药。为提高药效或防止产生抗药性，往往将不同的农药混合使用。混配前必须认真阅读说明书，并在有关技术人员的指导下混配，切忌将不能混用的农药混配到一起，以免降低甚至丧失防控效果。

四、安全用药

（一）防止农药对植物产生药害。合理使用农药可以防控有害生物，促进植物的生长，但如果使用不当，不仅不能发挥药剂的作用，反而会对植物造成不同程度的药害。产生药害的原因很多，主要有药剂、植物和环境条件3个因素，如药剂质量差、不适当的混合、过量，植物对某种农药敏感，施药时间、方法和用药量不当等，均容易产生药害。所以要使用"三证"齐全的农药；不要滥用药，不要随意增加用药量和随意混配农药，高温时不要喷药；初次使用的农药，一定要先进行药效试验，然后再大面积应用。

（二）防止对有益生物的毒害。施用农药，除对有害生物和寄主植物有直接和间接作用外，对周围的生物群落也发生一定的影响，特别是对授粉昆虫、有益动物和微生物，易产生不良的影响。为避免农药对有益生物产生不良后果，可通过两条途径解决，一是选择适当的施药时间、施药量、施药方式等避免对有益生物的毒害，如防控松毛虫，可利用松毛虫幼虫下树越冬或越冬后上树取食的机会，在树干上涂毒环的施药方法，避免或减少对天敌的杀伤；二是应用具有选择性的农药，即对有害生物高效，对有益生物无害的药剂。

（三）防止对人、畜的毒害。多数农药对人、畜都是有害的，因药剂种类不同，毒性大小有所不同，如果应用不当，会造成人、畜中毒事故。在农药生产、运输、贮存及施用过程中，要严格遵守《中华人民共和国农药管理条例》和《农药安全使用规定》，加强对农药的管理，做好农药的运输、保管、配药、施药和施药后的防护和保卫工作，确保人、畜等的安全，防止中毒事故发生。

第二节　常用农药

农药是指用于预防、杀灭危害农林作物及其产品的害虫、害螨、病菌、杂草、线虫等有害生物的无机、有机合成、植物性和微生物制剂以及植物生长调节剂、害虫行为控制剂、农产品保鲜剂和防腐剂等。

一、农药剂型

农药的剂型很多，要根据不同的防控对象、不同的防控时期、不同的环境等因素，选择适宜的剂型，以提高药效，达到防控的目的。

（1）乳油（乳剂）。使用方便，主要供喷雾用，也可配制毒土、浸种或泼浇使用。喷洒时药液能很好地黏附在植物表面，不易被雨水冲刷，残效期较长，成本较高，渗透性强，如使用不当，容易造成药害和人畜中毒。

（2）粉剂。不能加水喷雾施用，一般低浓度粉剂直接做喷粉使用，高浓度粉剂可做拌种、土壤处理或做毒饵等使用。粉剂使用方便、工效高，不受水源限制，用途广泛，但喷粉时易飘移，污染周围环境，不易附着在植物体表，用量大，残效期较短。

（3）可湿性粉剂。主要用于对水喷雾，不可直接喷粉。

其优点是喷洒的雾滴比较细，在植物体表上黏附力较强，施药时受风力影响不大，防控效果比同一农药的粉剂要好，残效期较长。但易沉淀，造成喷洒不匀，影响药效或造成药害。

（4）颗粒剂。使用时沉降性好，飘移性小，残效期长。施用方便，不受水源限制，能使高毒农药低毒化，对施药人员安全。主要用于灌心叶、撒施、点施等。

（5）悬浮剂。主要供常规喷雾，也可以进行低容量喷雾和浸种等。

（6）缓释剂。使用时农药药效缓慢释放，可有效地延长农药有效期，并减轻污染和毒性，用法一般同颗粒剂。

（7）水剂。用时加水稀释到所需的浓度即可喷施。水剂不耐贮藏，易水解失效，湿润性差，附着力弱，但残效期比较长。

（8）水溶剂。即可溶性粉剂，加水即溶解为水剂，可直接进行喷雾，该剂型加工简便，使用方便，药效好，便于包装、运输和贮藏。

（9）种衣剂。即种子包衣处理剂，拌种后能够在种子表面形成一层含有所加农药和其他物质,如微量元素、植物生长调节剂等成分的薄膜。播种后随种子吸水膨胀而缓慢释放出所加的各种成分,起到防病、防虫以及促进生长等作用。

(10)片剂。使用时,吸收空气中的水分发生反应,放出毒气,杀死害虫。

二、杀虫剂和杀螨剂

(1)氧化乐果。又称氧乐果,属高毒杀虫剂,无慢性毒性。具有内吸、触杀和一定的胃毒作用,击倒力快、高效、广谱,具有杀虫、杀螨特点。常用剂型为40%氧化乐果乳油。氧化乐果对抗性蚜虫有很强的毒效,对飞虱、叶蝉、蚧壳虫及其他刺吸式口器害虫有较好防效。在低温下仍能保持杀虫活性,特别适合于防控越冬的蚜虫、螨类、木虱和蚧类。

(2)乐斯本。又称毒死蜱,属中等毒性。对鱼类及其他水生动物毒性较高,对蜜蜂有毒。该药是极广谱杀虫剂,可防治地上及地下害虫。害虫对它基本没有抗药性。主要通过触杀、胃毒及熏蒸3种作用方式控制害虫。对地下害虫防效也很好,控制期长。

(3)溴氰菊酯。又称敌杀死,属中等毒性杀虫剂。对鱼类、水生昆虫等水生生物高毒,对蜜蜂和蚕剧毒,对鸟类毒性较低。杀虫活性高,以触杀和胃毒作用为主,对害虫有一定的驱避与拒食作用,但无内吸和熏蒸作用。杀虫谱广,击倒速度快,尤其对鳞翅目幼虫及蚜虫杀伤力大,但对螨类无效。为神经性毒剂。

(4)高效氯氰菊酯。又称高效灭百可、高效安绿宝、快杀敌。属中等毒性杀虫剂,对鱼、蜜蜂高毒,其杀虫活性约为氯氰菊酯的1~3倍,因此单位面积用量更少,效果更高,具有触杀和胃毒作用,杀虫谱广,药效迅速,对光、热稳定,对某些害虫的卵具有杀伤作用。对有机磷产生抗性的害虫效果良好,但对螨类和盲蝽防控效果差。残效期长。

(5)灭幼脲。又称灭幼脲3号,属低毒杀虫剂,主要是胃毒作用,触杀次之,耐雨水冲刷,在田间降解速度慢,常用剂型为25%灭幼脲3号悬浮剂。适用于防控松毛虫、黏虫、菜青虫、小菜蛾等,对有益生物安全。防控松毛虫、天幕毛虫、舞毒蛾、美国白蛾、毒蛾、黏虫,每亩用25%悬浮剂30~40g,效果良好。使用悬浮剂要摇匀后加水稀释。在害虫发生早期使用,施药后3~4天见效。

(6)除虫脲。又称敌灭灵,属低毒特异性杀虫剂,无蓄积毒性。对蜜蜂、鸟类毒性较低。主要是胃毒作用,抑制昆虫几丁质合成,使幼虫蜕皮时不能形成新表皮,虫体成畸形而死亡。对天敌无害,对害虫杀死缓慢。

(7)烟碱。为植物性杀虫剂,对高等动物高毒,对鱼类等水生生物毒性中等,对家蚕高毒。杀虫活性高,其作用机制是抑制神经组织,使虫体窒息死亡。主要起触杀作用,并有胃毒和熏蒸作用,以及一定的杀卵作用;对植物组织有一定的渗透作用,无内吸作用,速效,残效期短,基本无残留问题,对植物安全、杀虫谱广,对鳞翅目、半翅目、双翅目等多种害虫有效。

(8)川楝素。是从苦楝的果肉和树皮中提取的对昆虫具有拒食活性及抑制昆虫生长发育活性的物质,纯品为白色针状结晶,无嗅、味苦,易溶于有机溶剂。川楝素对多种鳞翅目幼虫有很好的防效。主要作用方式为拒食和胃毒作用。

(9)吡虫啉。属低毒含氮杂环杀虫剂。对鱼和鸟有毒。内吸作用强,药效高,对害虫作用迅速,对植物安全。持效期长。常用剂型为10%、15%吡虫啉可湿性粉剂、10%吡虫啉乳油。适用于防控刺吸式口器害虫,如蚜虫、叶蝉、飞虱、粉虱等。对鞘翅目、双翅目和鳞翅目害虫也有效。由于其优良的内吸性,特别适于种子处理和以颗粒剂使用。叶面喷雾防控黑尾叶蝉、飞虱类、蚜虫类,每亩用10g10%吡虫啉可湿性粉剂兑水喷雾,防效突出。使用剂量小,故在使用时喷药要求均匀。本品对线虫和红蜘蛛无效。

(10)苏云金杆菌。简称Bt,属低毒杀虫剂,对鸡、猪、鱼、蜜蜂的急性和慢性饲料试验未见异常。苏云金杆菌能产生内毒素和外毒素,可致昆虫因饥饿和败血症而死亡。常用剂型为Bt可湿性粉剂(100亿活芽孢/g)、Bt乳剂(100亿孢子/毫升)。可用于防控直翅目、双翅目、鞘翅目、膜翅目,特别是鳞翅目的多种害虫

(11)克螨特。为低毒杀螨剂,对家兔眼睛、皮肤有严重刺激作用,对鱼高毒,对蜜蜂低毒。具有触杀和胃毒作用,无内吸和渗透传导作用。对成螨、若螨有效,杀卵效果差。常用剂型为73%乳油。可用于防控多种植物上的害螨。

(12)双甲脒。又称螨克,广谱杀螨剂,具有触杀、拒食、驱避作用,也有一定的内吸、熏蒸作用。常用剂型20%双甲脒乳油。适用于各类植物的害螨。对同翅目害虫也有较好防效。苹果叶螨、木虱,用20%螨克乳油1000~1500倍液喷雾。不要与碱性农药混合使用。在气温低于25℃以下使用,药效发挥作用较慢,药效较低,高温天晴时使用药效高。在推荐使用浓度范围,一般无药害,对天敌及蜜蜂较安全。若中毒,应速送医院治疗。

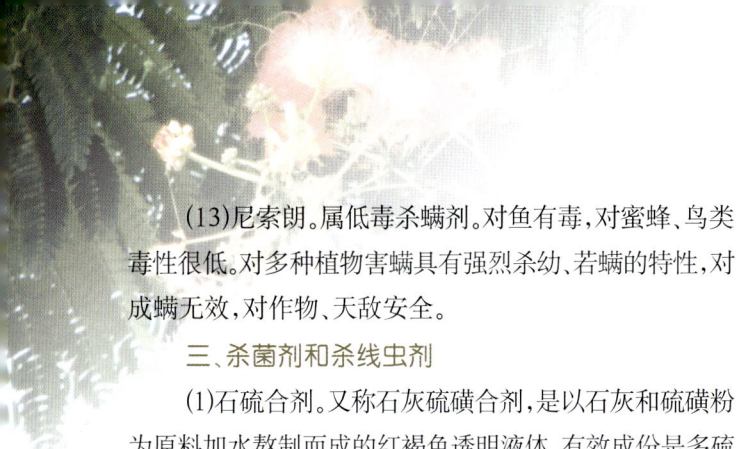

(13)尼索朗。属低毒杀螨剂。对鱼有毒,对蜜蜂、鸟类毒性很低。对多种植物害螨具有强烈杀幼、若螨的特性,对成螨无效,对作物、天敌安全。

三、杀菌剂和杀线虫剂

(1)石硫合剂。又称石灰硫磺合剂,是以石灰和硫磺粉为原料加水熬制而成的红褐色透明液体,有效成份是多硫化钙。是保护性杀菌剂,具有渗透和侵蚀病菌细胞壁的能力,毒性中等。石硫合剂为无机杀菌剂兼杀螨、杀虫剂。可以防控多种病害,尤其对锈病和白粉病最有效。对螨类、蚧壳虫、锈壁虱也有效。

(2)波尔多液。是硫酸铜和石灰乳配制而成的天蓝色胶状悬液,有效成分是碱式硫酸铜。呈碱性,对金属有腐蚀作用。波尔多液是一种广谱保护性杀菌剂,对霜霉病、炭疽病等有效,但对白粉病效果差。

(3)福美双。是一种具保护作用的杀菌剂,抗菌谱广。遇酸易分解,属中等毒性。常用剂型有50%福美双可湿性粉剂。主要用于种子和土壤处理,也可用于喷洒防控一些林木病害,同时对鼠、兔有忌避作用。

(4)多菌灵。又称苯并咪唑44号,是一种高效、低毒内吸性杀菌剂,对许多子囊菌和半知菌有效,对卵菌和细菌引起的病害无效,具有保护和治疗的作用。对酸、碱不稳定,对热较稳定。常用剂型有40%多菌灵悬浮剂、25%、50%可湿性粉剂。用25%可湿性粉剂500倍液防控油松烂皮病、梨黑星病、葡萄白腐病等多种病害。用50%可湿性粉剂25~100倍液涂刷树干,防控杨、核桃烂皮病。

(5)百菌清。是一种非内吸性广谱低毒杀菌剂,对多种真菌病害具有预防作用。没有内吸传导作用,在植物表面有良好的黏着性,不易被雨水等冲刷,一般有效期7~10天。可防治葡萄炭疽病、白粉病,也可防治月季黑斑病、菊花褐斑病等。

(6)甲基硫菌灵。又称甲基托布津,是高效、低毒、广谱性内吸杀菌剂,具有保护和治疗作用。在植物体内转化为多菌灵,影响细胞分裂。剂型有70%可湿性粉剂、50%胶悬剂。可以防控花木白粉病、菌核病、炭疽病、灰霉病、轮纹病等多种真菌病害。

(7)代森锌。是广谱保护性杀菌剂,对植物安全,对人畜低毒,能直接杀死病菌孢子,抑制孢子的发芽,阻止病菌侵入植物体内,但对已侵入植物体内的病原菌丝体的杀伤作用很小,在病害始见期使用,才能取得较好效果。吸湿性强,潮解后逐渐失效。残效期约7天。剂型有80%可湿性粉

剂。对多种病害如霜霉病、炭疽病、黑星病、轮纹病、立枯病、褐斑病、锈病等有效。

(8)代森锰锌。是广谱保护性杀菌剂,遇酸碱易分解,高温时暴露在空气中或受潮易分解,可引起燃烧,对人、畜低毒。

(9)瑞毒霉。又称甲霜灵、甲霜安、阿普隆、雷多米尔,是具有保护、治疗作用的内吸性杀菌剂,属低毒杀菌剂。

(10)粉锈宁。又称三唑酮、百里通,是一种高效、低毒、低残留、持效期长、内吸性强的三唑类杀菌剂,被植物的各部分吸收后,在植物体内传导。对锈病、白粉病具有预防、铲除、治疗、熏蒸等作用。在酸性、碱性条件较稳定,可以与多种杀菌剂、杀虫剂、除草剂混用。

(11)扑海因。又称异菌脲、咪唑霉,是一种广谱触杀性杀菌剂,对葡萄孢属、链孢霉属、核盘霉属、小菌核属等真菌具有较好的杀菌效果,对镰刀菌属、丝核菌属也有效。在碱性条件下不稳定,属低毒杀菌剂。

(12)速克灵。又称腐霉利,该药保护效果很好,持效期长,能阻止病斑发展,在发病前进行保护性使用或在发病初期使用可取得满意效果。内吸性强。在苯并咪唑类药剂效果不好的情况下,使用速克灵可获得高防效。速克灵属低毒杀菌剂。

(13)普力克。又称霜霉威、丙酰胺,是一种新型杀菌剂,内吸性强,根、茎、叶都吸收;如果剂量合适,在喷药后30分钟就能起到保护作用。由于其作用机理与其他杀菌剂不同,与其他药剂无交互抗性。因此,普力克尤其对常用杀菌剂已产生抗药性的病菌非常有效。属低毒杀菌剂。普力克在推荐剂量下,不论使用方法如何,在植物的任何生长期都十分安全,并且对植物根、茎、叶的生长有明显促进作用。普力克不推荐用于防控葡萄霜霉病。

(14)百可得。又称双胍辛烷苯基磺酸盐,是触杀和预防性杀菌剂,主要抑制真菌孢子萌发、芽管伸长、附着胞和菌丝的形成。属低毒杀菌剂。

(15)仙生。是腈菌唑与代森锰锌混配杀菌剂,既有三唑类对黑星病、白粉病的预防和治疗作用,又有代森锰锌对苹果轮纹病、炭疽病、斑点落叶病、梨黑星病、葡萄霜霉病等真菌的预防作用。仙生颗粒极细,附着性强,耐雨水冲刷,可与杀虫剂、杀螨剂等非碱性农药混用。属低毒杀菌剂。

(16)棉隆。又称必速灭、二甲硫嗪,是一种广谱的熏蒸性杀线虫剂,并兼治土壤真菌、地下害虫及杂草,易在土壤及其他基质中扩散,杀线虫作用全面而持久,并能与肥料

混用。该药使用范围广,能防控多种线虫,不会在植物体内残留。属低毒杀线虫剂。常用剂型为98%棉隆微粒剂。能有效地防控危害花木多个属的线虫。此外对土壤害虫、真菌和杂草亦有防治效果。

(17)硫线磷。又称克线丹,是触杀性杀线虫剂,无熏蒸作用。水溶性及在土壤中的移动性较低。被植物吸收后,很快被水解而消失,所以在植物体内残留量很少,是当前较理想的杀线虫剂。属高毒杀线虫剂。

第三节 合理施药

一、常用方法

施药时应以农药的剂型、作物的种类及其生育期选择正确的使用方法和器械,以保证药剂均匀分布在植物或有害生物的表面,达到科学、高效的防控效果。目前常用的施药方法有:

(1)喷雾法。用喷雾器把液体药剂均匀地喷洒在目的植物上,喷洒时要周到、均匀,使药液在植物表面有足够的附着。此法用药少,展着性、均匀性好,药效比较高,但需要有水源,工效低。按单位面积用药液量多少,依次可分为常规喷雾、低容量喷雾、超低容量喷雾。

(2)喷粉法。用喷粉器将粉剂农药均匀地喷洒在目的植物上。此法不需水,工效高,但用药量大,易飘移污染环境。拌种法,将种子与农药按一定的比例混合搅拌,使药剂均匀附在种子表面,用于防控地下害虫和苗期病虫害。

(3)注射法。用注射器将液体农药注入到植物体内,药剂通过输导或挥发杀死有害生物。

(4)毒环法。将农药和稀释剂按一定的比例混合,涂在树干基部,当害虫爬过毒环时接触到药剂而被毒死。也可用毒纸环、毒笔等方法,原理相同。此方法用于防控有上下树习性的害虫。

(5)土壤处理法。将农药施在土壤的不同深度和范围,防控有害生物。此方法持效期长,适宜防控土壤中的有害生物。毒饵法,将农药与饵料及其他添加剂均匀混合制成毒饵,引诱有害生物取食中毒,多用于防控地下害虫和害鼠。

(6)浸渍法。用一定浓度的农药稀释液浸渍种子或苗木,杀死侵入种苗内的有害生物。灌根法,选择有内吸性的药剂,按一定的浓度稀释后,浇灌在植物的根部,通过植物的传导,杀死危害植物干部、叶部的有害生物。

二、常用机具

施用农药取得预期效果,必须采用适宜的植保机械(施药机具)进行施撒(洒)。植保机械的种类很多,按动力来源分,有手动和机动(含机械动力驱动的和半机动的)两大类,按性能分有喷雾器械、喷粉器械、烟雾机(热雾机)、注射机4大类。常用的有:

(1)手动背负式喷雾器。其基本型号是3WB-6,即工农-36型,各地生产的同类型产品的牌号很多。其主要特点是可以持续加压,能保持喷雾器压力的相对稳定,能得到较好的雾化性能。但一次装药液量有限(12.5L)。一般每667m²面积需药液量50L,因此大面积作业时常需多次补加药水。适用于花木苗圃、幼树、植株较低的花灌木等的病虫害防控作业。

(2)担架式机动喷雾机。如工农-36型担架式机动喷雾机,可用小型汽油机或柴油、电力驱动,可配套使用离心泵、往复泵等不同的液泵、混药器与高压喷枪,配合使用,施压和雾化部分是机动的,喷洒作业仍由人工操作。可配备多条喷管并配置多孔喷头和喷枪或用车载,以发挥其高效喷洒机具的威力。其工作效率很高,每分钟的药液排出量可达40L,适用于长距离、树冠高大的行道树的病虫害防控作业。

(3)背负式机动弥雾喷粉机。如3WF-18AC型、3WF-3型、3WF-26型等背负式弥雾喷粉机,是一种由小汽油机提供动力的气力式雾化法的低容量喷洒设备,可以弥雾和低容量喷雾,也可喷粉、撒施颗粒。其喷雾口的风速很大,在无风情况下,喷雾射程可达10~14m。适用于较大面积草坪、花灌木、道路互通区的作业。

(4)烟雾机。如6HY-25型、林达HTM型系列烟雾机(热雾机),是以脉冲式喷气发动机为动力施放烟雾的机械,具有重量轻、操作方便、效率高、烟雾粒径小、穿透力和附着性能极强等优点,适用于较大面积花灌木的病虫害防控,尤以公路边坡、缺乏水源等处功效更为显著。

(5)树干注射机。如徐森6HJ6020型树干注射机,药液通过注射机注入木质部,通过树液流动送达全株。主要用于高大树木的病虫害防控,或治疗缺素症。

第二篇　常见病害

本篇列举了由侵染性病原和非侵染性病原引起的公路绿化植物常见病害140种,阐述了其发病特征、危害规律及生态防控和化学防治措施。

刘飞 摄

1. 一串红花叶病

【寄主植物】一串红。

【危害部位】全株性,主要表现在叶片上。

【症状】被害株叶面表现为浅绿与深绿相间的花叶,或黄与淡绿色斑驳状。叶变小,叶面不平,皱缩,质地变脆,甚至呈现蕨叶状,花枝变短,花朵小,花量少,植株明显矮小。严重影响观赏。

【病原】病毒,黄瓜花叶病毒(CMV),马铃薯Y病毒(PVY)和烟草花叶病毒(TMV)。

【发病规律】CMV寄主广泛,可由多种蚜虫传播。一串红生长季节与蚜虫发生高峰是否一致,是该病严重与否的关键,在一串红生长期蚜虫大发生,则该病往往发生严重。

【防控措施】

①加强栽培管理。一串红性不耐寒,忌霜害,不耐干热,好阳光充足。生长适温为20～25℃。喜肥,要求土壤排水良好。采种植株尽量早播。矮株型结籽少,宜扦插繁殖,于温暖室内留养越冬植株,春季剪取新茎扦插,开花早。以观花为目的的,可用当年播种植株长出的新茎进行扦插,但要注意防曝晒和水涝。当年新株要运用摘心来控制株形、株高和分枝数,一般真叶长出4片时,留2片叶摘心,定株后再根据所需高度和冠幅大小,摘心1～2次。花前注意追施磷肥。生长前期浇水可少,生长后期要保证水份供应,尤其是炎热夏季,更应及时浇水,防止下部叶片脱落。非留种植株应及时剪去开过的花序,以延长花期。

②及时防控蚜虫等刺吸式口器害虫,同时清除一串红栽培区非目的的黄瓜花叶病毒寄主。

③经常检查,发现病株随即拔除销毁。

④病株不作采种用。

1.1 一串红花叶病,示症状Ⅰ

1.3 一串红花叶病,示症状Ⅲ

1.2 一串红花叶病,示症状Ⅱ

2. 一串红疫霉病

【寄主植物】一串红、鸡冠花、菊花等。

【危害部位】茎、枝、叶、花,造成叶、花腐烂。

【症状】病斑常发生于茎和枝上,在距地面20cm以下的茎节或分权处出现水渍状暗绿色不规则斑,并逐渐向上扩展,后期病斑变为黑褐色,在茎顶端或中部出现大块黑色斑,严重时全株变为黑色。叶片、花器被害亦出现水渍状斑。湿度大时病部产生白色霉状物。

【病原】管毛生物,寄生疫霉 *Phytophthora parasitica*。

【发病规律】病原菌以卵孢子、厚垣孢子或菌丝体随病组织在土壤中越

2.1 一串红疫霉病,示症状Ⅰ,湿度大时生出白色霉层

2.2 一串红疫霉病,示症状Ⅱ

冬,厚垣孢子在土壤中可存活多年。一般温度较高,雨水多湿度大的环境易于发病。地势低洼、积水、盆花摆置过密,通风不良常诱发此病,蔓延成灾。温室、大棚内湿度大、通风不良,亦易发病。北方露地花卉7~9月都可发病,温室大棚内冬春亦可发病。

【防控措施】

①加强栽培管理,特别要注意通风透光,雨季注意排水,栽植不要过密,防止湿度过大。

②及时拔除重病株,集中深埋。

③经常检查,于发病初期喷药防控,可选用:25%瑞毒霉可湿性粉剂1800倍液、65%代森锌可湿性粉剂600倍液、75%百菌清可湿性粉剂700倍液、64%杀毒矾可湿性粉剂500倍液等,每10天喷1次,连喷2~3次。

3. 丁香花叶病

【寄主植物】 紫丁香、蓝丁香、毛丁香、北京丁香、小叶丁香等。

【危害部位】 全株性,主要表现在叶片上。

【症状】 病叶的叶脉间生形状不规划、大小不一的褪绿斑。

【病原】 病毒,其类群待定。

【发病规律】 在公路、园林绿化树中零星分布。

【防控措施】

加强苗木检疫,不栽病苗。如公路绿化中追求病态美,可选栽病苗,但要注意控制范围。

4. 丁香疫病

【又名】丁香花斑病。

【寄主植物】 小叶丁香、紫丁香、蓝丁香、北京丁香等。

【危害部位】 叶片、果实。

【症状】 叶片受侵染,可分为4个阶段:①点斑,初病时在灌丛下部叶片上生淡绿斑,不久圆点中心枯死变褐,进而中心变灰白色,死斑周围逆光可见黄色晕环,背光时看不见。②星斗斑,病斑继续发展,由斑的某一处生出一至几条褐色线,常和另外的点斑相连,成为不同的星斗状,有的似蝌蚪。③花斑,星斗斑再发展,线间叶肉坏死而成1个大圆斑,不断向外扩展,形成同心环纹,中心灰白,最后由圆斑周围生出波状纹,有时病斑占叶的一半或更多。④枯焦,严重时全灌丛叶变褐色,干枯卷缩挂在枝上,有的经冬不落,连年受害,植株枯死。

【病原】 细菌,*Pseudomonas syringae* van Hall。

【发病规律】病菌在病部越冬,借雨水传播。苗圃幼苗发病重,成片的丁香比单株发病重。一般多雨年份、地面积水发病重。

【防控措施】

①秋后清除落叶和树上枯叶,集中深埋或高温沤肥。

②发芽前喷洒5°Be石硫合剂或45%晶体石硫合剂30倍液;发芽后喷洒72%农用链霉素可湿性粉剂3000倍液或硫酸链霉素4000倍液、硫酸锌石灰液(硫酸锌1:消石灰4:水240)等,每15天喷1次,连喷2~3次。

③加强栽培管理,及时排水,勿积水,增施有机肥,避免偏施氮肥。

4.1 丁香疫病,示初期病斑

3. 丁香花叶病

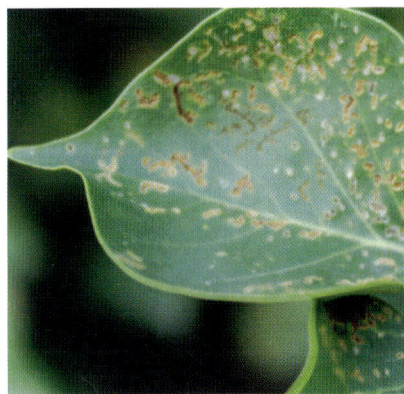

4.2 丁香疫病,示小病斑相连成大病斑

5. 丁香褐斑病

【寄主植物】丁香属植物。

【危害部位】叶片。

【症状】病叶上生褐色斑，圆形或不规则形，大小5～10mm，有时有轮纹，边缘色较深，外缘有晕环，后期有穿孔现象。每叶病斑数可达10个以上。病斑连成一片时，叶片焦枯脱落。

【病原】真菌，半知菌类 *Cercospora macromaculans*（石家庄、南京、上海、武汉）、*C. lilacis*（杭州）。

【发病规律】病菌以子座或菌丝体在病落叶中越冬，翌年5月产生分生孢子，借风雨传播，经伤口或直接侵入，多次再侵染。秋季多雨潮湿病重。病菌有一定的专化性，嫁接在女贞上的丁香，叶片不受侵染。

【防控措施】

①成片栽植时，密度适当，不过密。

②干旱时，地面引水浇灌，避免从树冠上方喷淋。

③发病株数少、病叶少时，于发病早期，全面彻底摘除病叶，集中深埋。

④大面发生时，于发病初期选喷50%多菌灵可湿性粉剂1000倍液、1:1:100波尔多液、35%碱式硫酸铜悬浮剂、25%络氨铜水剂等，每15天喷1次，连喷4～5次。

6. 丁香漆斑病

【又名】丁香黑痣病。

【寄主植物】北京丁香、华北紫丁香、白丁香、红丁香、蓝丁香、毛丁香等。

【危害部位】叶片。

【症状】叶面于夏秋间出现淡黄色圆形斑，后病斑中央形成突出，有光泽的漆黑斑点，似黑漆覆于黄斑表面，周围有黄色圈。病斑直径2～15 mm不等，数个病斑可相连成一个大病斑，一般仍近似圆形。

【病原】真菌，子囊菌门斑痣盘菌 *Rhytisma* sp.。

【发病规律】病原菌子囊盘在子座内形成，并以此在落叶中越冬。翌年5～6月子囊孢子开始成熟、释放，随气流传播，多自叶片气孔侵入。菌丝体在表皮组织内蔓延，破坏表皮细胞壁，致受害叶片出现黄色病斑。随后菌丝体与寄主表皮紧密纠集，形成黑色光亮的盾状子座覆盖于病斑上，并在子座内形成子囊盘，随落叶越冬。湿度大，降水多的年份一般发生较重。

【防控措施】

①发生严重时，于秋后认真清扫落叶，集中深埋或高温沤肥。

②在子囊孢子开始成熟释放期喷药防控，可选喷1:1:200波尔多液、30%王铜悬浮剂、50%多菌灵可湿性粉剂等，每10～15天喷1次，共喷2～3次。

5. 丁香褐斑病

6. 丁香漆斑病

7.3 万寿菊花腐病,示花蕾被害状

7.1 万寿菊花腐病,示花腐中期

7.2 万寿菊花腐病,示花腐后期

7.4 万寿菊花腐病,示花腐后期

44

7. 万寿菊花腐病

【又名】臭芙蓉花腐病。

【寄主植物】万寿菊、孔雀草等多种菊科花卉。

【危害部位】花、茎、叶。

【症状】花染病始于花瓣基部，花瓣变为褐色，逐渐凋萎，花瓣伸展缓慢，花成畸形。随病情发展，一朵花的部分花瓣或全部花瓣变为黑褐色枯死。花蕾腐烂。叶、茎受害，在叶片、叶柄、茎上形成褐色圆形至长椭圆形病斑。后期病斑上可出现黑褐色小粒点状子实体。

【病原】真菌，半知菌类菊花壳二孢*Ascochyta chrysanthemi*。有性世代为子囊菌门的*Mycosphaerella ligulicola*。

【发病规律】病原菌主要以分生孢子器或菌丝体在病株或病残组织内越冬，翌春产生分生孢子，借风雨传播，形成新的侵染。在花圃中，水滴洒溅是传染的主要形式。气温高、湿度大有利于病害的发生。

【防控措施】

①加强园艺管理。万寿菊性喜温暖或高温，生长适温10~30℃。以播种繁殖为主，亦可用扦插繁殖。栽培土宜选富含腐殖质的壤土，排水良好，日照充足。施肥要注意增施磷钾肥，苗高15cm时摘心，以促进分枝多开花。种植密度要合理，不宜过密。花期浇水要自地面浇入，不要采用上方喷淋浇水。

②发现病花及时剪除，集中深埋。

③开花后喷洒70%甲基硫菌灵可湿性粉剂1000倍、25%杀毒矾可湿性粉剂400~500倍液、75%百菌清可湿性粉剂600倍液、12%绿胶铜胶悬剂600倍液等，每10~15天喷药1次，连喷2~3次。

8. 女贞叶斑病

【又名】冬青叶斑病、桢木叶斑病。

【寄主植物】女贞等。

【危害部位】叶片。

【症状】初在叶面生出圆形褐色小点，直径1~2mm，逐渐扩大成直径5~10mm大斑，圆形至椭圆形，生在叶缘则为不规则形。后期病斑边缘有深褐色宽边，中央浅褐色。病斑上有时生有褐色小点，即为病原菌的分生孢子器。

【病原】真菌，半知菌类女贞叶点霉*Phyllosticta ligustri*。

【发病规律】病原菌以分生孢子器在病叶上越夏或越冬，翌春或秋季条件适宜时产生分生孢子进行新的侵染，并可多次进行再侵染。在河北石家庄道路绿化区、公园、城市绿地5月上中旬，女贞叶面上可见许多初期病斑。

【防控措施】

①发病初喷洒1:1:160波尔多液或77%可杀得可湿性粉剂500倍液、84.1%好宝多可湿性粉剂、30%绿得保悬浮剂400倍液、75%百菌清可湿性粉剂700倍液等1~2次，两次间相隔10~15天。

②及时清扫地面落叶，集中深埋或高温沤肥。

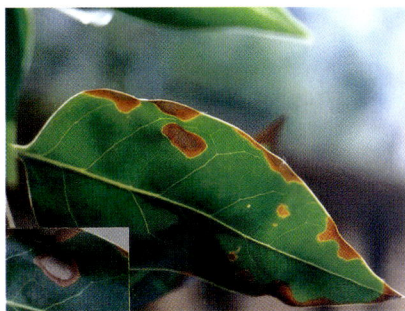

8.女贞叶斑病

9. 大叶黄杨煤污病

【又名】冬青卫矛烟煤病、黑霉病。

【寄主植物】大叶黄杨等多种花木。

【危害部位】叶、嫩梢、枝。

【症状】发病初期，病部点发性灰黑色疏松小霉斑，后继续扩大后，烟煤层增厚，似烟煤状覆盖于叶面上，空气持续干燥时，煤烟层会开裂剥落。

【病原】真菌，子囊菌门的*Capnodium* sp.。

【发病规律】病菌以菌丝体在病株芽鳞内越冬，南方亦可以分生孢子或子囊孢子越冬。翌春孢子借风雨和昆虫传播，多次进行再侵染。使病情不断扩大。蚜虫多的植株或者被蚜虫危害严重的乔木树冠下的植株，发病常重。

【防控措施】

①及时控制蚜虫等刺吸式口器害虫。

②发病初期喷洒0.2~0.3°Be石硫合剂等，视病情连喷2~3次，每10~15天喷1次。

9.大叶黄杨煤污病

10. 大叶黄杨白粉病

【寄主植物】大叶黄杨等。

【危害部位】 主要危害叶片，有时也危害嫩梢，严重时叶片和嫩梢布满白粉，致其扭曲皱缩，妨碍生长，降低观赏价值。

【症状】初发病时，多为嫩叶的正面或嫩梢上散生白色小圆斑，边缘放射状，后病斑逐渐扩大，互相连接成不规则形，严重时整个叶片正面或背面形成边缘不清晰的白色粉层，呈毡状物，擦去白色粉层，可见黄色圆形斑。嫩梢染病，布满白粉并扭曲萎缩，不能正常展叶。

【病原】真菌，黄杨粉孢 *Oidium enomymijaponicae*。

【发病规律】病菌潜伏在芽内，或在温暖场所的病株上越冬。随风雨传播。连阴雨湿度大、背阴、潮湿、阴凉处，有利于该病的发生。夏季30℃以上高温、以及向阳处不利于该病的发生。栽植过密，修剪管理不善的绿篱发病较重，反之则轻。

【防控措施】

①加强管理，及时剪除落叶及受害枝梢，清扫落叶，将其集中深埋。

②定植时，注意密度合理，不要过大。合理浇水，注意通风除湿，防止湿度过大，减少发病的环境条件。

③发病初期，用25%的粉锈宁可湿性粉剂500～1500、50%的多菌灵可湿性500～800倍液或0.2～0.3°Be石硫合剂或70%甲基硫菌灵可湿性粉剂1000倍液等喷洒。10天喷2～3次，效果较好。

11. 大叶黄杨炭疽病

【寄主植物】 大叶黄杨(冬青卫矛)

【危害部位】 叶片，有时嫩梢。

【症状】 多自叶尖、叶缘发病，初为圆形褐色斑点，后渐扩展为不甚规则形浅褐色至深褐色病斑，边缘稍隆起，多有黄色晕圈，病斑上生有许多小黑点，即为病菌的分生孢子盘，常为轮纹状排列，严重时病斑可超过叶片的

1/3～1/2。嫩梢亦可受害。

【病原】 真菌，半知菌类，卫矛炭疽菌 *Colletotrichum giriseum*。

【发病规律】病原菌以菌丝体、分生孢子盘在树上病组织和病落叶上越冬，翌年条件适宜时产生分生孢子，借风雨传播，造成新的侵染。生长季节不断产生分生孢子，扩大病情。在河北中、南部一般6月下旬至9月上旬为病害盛发期。

【防控措施】

①适地适树，加强水、土、肥管理，促进健壮生长，增强抗病性。

②搞好绿化区卫生，生长期病害发生轻时，结合其他病害防控，及时摘除病叶，剪除病枝，集中深埋，不要随意丢弃。

11.2 大叶黄杨炭疽病，症状之二

11.1 大叶黄杨炭疽病，症状之一

11.3 大叶黄杨炭疽病，症状之三

10. 大叶黄杨白粉病

11.4 大叶黄杨炭疽病，症状之四

③发病初期喷洒1:1:100波尔多液、56%靠山水分散粒剂、50%退菌特可湿性粉剂500倍液等，亦可喷洒环保型无毒高脂膜200倍液，效果亦好。

12. 大叶黄杨轮纹病

【又名】冬青卫矛粗皮病。

【寄主植物】大叶黄杨。

【危害部位】枝干、叶片。

【症状】枝干感染，初在皮孔上形成圆形黑褐色扁平瘤状物，直径1～10mm，坚硬，逐渐边缘变为黑褐色隆起，与健康组织界限明显，中央灰白色。很多隆起可相连成不规则形条状病斑。次年病斑中间生黑色小粒点，即为病原的分生孢子器。严重时，病组织翘起如马鞍状，连年危害，许多病斑连在一起，使树皮粗糙，以至无一处好皮。当年生枝条和多年生主干都可受害。叶片感病，正面和背面都可生出直径1～3mm的近圆形黄褐色小突起，进而中间灰白色，边缘隆起呈黑褐色。许多小突起可相连成大块不规则形病斑，严重时叶片很快脱落。

【病原】真菌，大茎点菌*Macrophoma* sp.。

【发病规律】病菌以菌丝体、分生孢子器及子囊壳在被害枝干、叶片上越冬，次年4～5月产生分生孢子，靠风雨传播，自皮孔侵入，扩大病情，7～8月产生的孢子最多，病斑可连续2～3年产生大量分生孢子，造成新的侵染。老弱植株易感病。偏施氮肥，管理不善，过度修剪，水肥不足病情加重，连年严重被害，常造成植株死亡。

【防控措施】

①选栽无病苗，强化管理。合理浇水、施肥，增强树势。科学修剪，不要连年过重修剪。及时清除病死枝和重病株，集中销毁。

②早发现早防控。经常检查，于发病初期喷药。发芽前可于枝干部喷洒5°Be石硫合剂。在生产季节，全株喷洒1:1:100波尔多液、77%可杀得、王铜、50%多菌灵可湿性粉剂、70%甲基硫菌灵可湿性粉剂、50%灭菌丹可湿性粉剂、50%退菌特可湿性粉剂等，视病情连喷2～3次。

12.1 大叶黄杨轮纹病，示主干被害状

12.2 大叶黄杨轮纹病，示二年生枝被害状

12.3 大叶黄杨轮纹病，示主枝被害状

12.4 大叶黄杨轮纹病，示当年生枝被害状

12.5 大叶黄杨轮纹病，示叶被害状

12.6 大叶黄杨轮纹病，示公路绿篱被害枯死状

13. 大叶黄杨疫腐病

【又名】冬青卫矛根腐疫病、大叶黄杨疫霉根腐病。

【寄主植物】大叶黄杨、红瑞木等。

【症状】感病初期叶片失水萎蔫，由绿色渐变至灰绿、灰白色，枝条枯死；地下部分先是毛根变褐腐烂，进而侧根、主根腐烂，木质腐朽，干易折断。在湿度相对较大时，病部可见灰白色菌膜，常见于干基部。

【病原】管毛生物，密色疫霉 *Phytophythora meadii*、棕榈疫霉 *Phytophythora palmirora* 和柑橘褐腐疫霉 *Phytophythora citrophthora*。

【发病规律】病菌以卵孢子随病株残体在土壤中越冬，存活多年。6月后遇连日阴雨，或地下水位高、易积水的地段易发病。立地条件差，水肥不足或栽植地荫蔽长期光照不足，植株生长不良，发病常重，可导致很快死亡。

【防控措施】

①地下水位高、阴湿的地方不要用大叶黄杨作绿篱。干旱瘠薄、立地条件差的地方建大叶黄杨绿篱，要改良土壤，施足基肥，及时浇水，促进植株健壮生长。

②进入雨季可能发病的地区向树干基部喷洒农药保护，可选用1:1:100的波尔多液、95%绿亨1号精品3000倍液、75%百菌清可湿性粉剂500倍液或80%乙磷铝可湿性粉剂400倍液等，每15天喷1次，连喷2～3次。

③对已发病的植株，病情较轻的，在干基部、根部浇灌农药，可选用乙磷铝、百菌清等；如已枯萎死亡的，连根带土挖除，原土坑换无病菌的好土或撒生石灰消毒后补栽健株。

14. 大叶黄杨褐斑病

【又名】大叶黄杨叶斑病。

【寄主植物】大叶黄杨、北海道黄杨。

【危害部位】嫩叶和老叶。

【症状】叶正面出现黄褐色小斑点，后扩大为近圆形或不规则形，直径4～14 mm，中央灰白色，有浅褐色轮纹，边缘稍隆起，深褐色。病斑内密生细小黑色霉点。病斑透过叶背面，仅背面颜色较正面浅。病斑干枯后常与健部裂开，有的可形成穿孔。有些病斑可

13.2 大叶黄杨疫腐病，示病死株根部皮层菌膜及根部木质腐朽状

13.1 大叶黄杨疫腐病，示成株被害枯死状（左为健株）

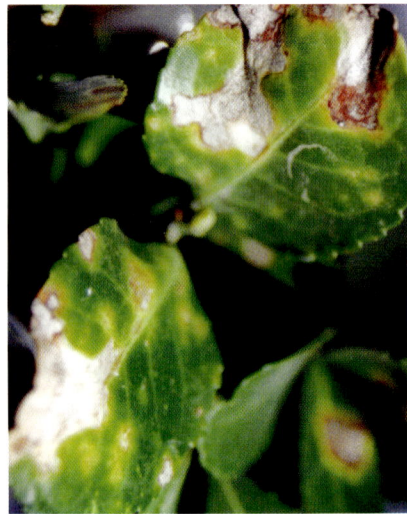
14.1 大叶黄杨褐斑病，示症状Ⅰ

相互相连,形成不规则形较大的病斑。

【病原】真菌,半知菌类坏死假尾孢菌*Pseudocercospora destructiva*。

【发病规律】病原菌以菌丝体或子座在树上病叶和病落叶中越冬,翌春温湿度适宜时产生分生孢子,借风雨传播进行初侵染,在以后的生长季节产生大量分生孢子进行多次再侵染。多雨、潮湿、植株过密通风不良或冬春遭受冻害时,发病往往严重,常造成大量落叶。

【防控措施】

①结合清扫绿化区卫生,于冬春季彻底摘除树上病叶,清扫病落叶,集中深埋。

②发病初期喷洒1∶2∶200波尔多液、77%可杀得可湿性粉剂、56%靠山水分散粒剂、75%百菌清可湿性粉剂1500倍液、65%代森锌可湿性粉剂600倍液、70%甲基硫菌灵可湿性粉剂1000倍液等,每10天喷1次,视病情连喷2～3次。

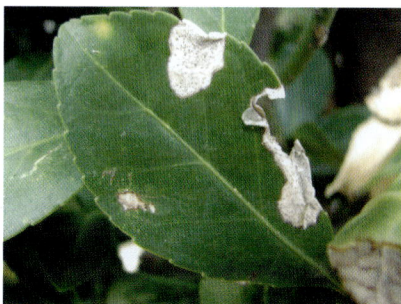

15. 小叶女贞枯萎病

【寄主植物】小叶女贞、金叶女贞、紫荆、大叶黄杨等。

【危害部位】全株性,叶、枝、干全株异常。

【症状】病株常在6～7月份出现叶片萎蔫下垂,先自端部叶片开始,逐渐向下扩展。萎蔫叶片逐渐变褐干枯,相应的枝条枯死,一病株上常有1个或几个枝条枯死,严重时整株枯死。病株初期叶片脱落,皮下木质部表面有黄褐色纵条纹,木质部横切面在髓部和皮层之间维管束部有环状坏死斑,黄褐色,纵切面上则表现为黄褐色坏死条纹。

【病原】真菌,半知菌类镰刀菌*Fusarium* sp.。

【发病规律】病菌以分生孢子、厚垣孢子在病株残体及土壤中越冬,翌年5～6月自根部伤口或直接侵入,顺维管束蔓延至植株顶端。病菌分泌毒素破坏维管束的输导功能,渐致叶枯黄、枝干枯死。一般温度在28℃左右,土壤湿度又较大,利于该病发生蔓延。

【防控措施】

①强调适地适树,选用疏松肥沃、排水良好的中性土壤栽植,合理浇水、施肥,促进健壮生长,增强抗病力。

②发现病株,整株刨除,并用农药消毒土壤,可选用浇灌50%代森铵可湿性粉剂300倍液、50%苯菌灵可湿性粉剂200倍液、50%苯来特可湿性粉剂1000倍液等,浇灌药液量为4kg/m²,3天后补栽健株,刨除的病株作燃料,不要随意丢弃。

49

14.2 大叶黄杨褐斑病,示症状Ⅱ

15.1 小叶女贞枯萎病,示小叶女贞绿篱枯死状

14.3 大叶黄杨褐斑病,示症状Ⅲ

15.2 小叶女贞枯萎病,示干部纵剖面木质部上的黄褐色坏死纵条纹

16. 小叶女贞黄萎病

【又名】小叶水蜡黄萎病。

【寄主植物】 小叶女贞、金叶女贞、黄栌、元宝枫、樱花、紫薇、洋丁香、香椿以及石竹、大丽花、菊、翠菊、芍药、福禄考、金鱼草等。

【危害部位】 全株性，根、干、枝、叶均表现异常。

【症状】 苗木、幼树、成树均可受害。苗木木质化后发病多表现为立枯型症状。幼树及成株发病后，叶片萎蔫、下垂，逐渐干枯、卷缩，枝干枯死，叶片逐渐脱落。有时1～2个或几个枝条表现症状，严重时整株枯死。病株枝、干横断面上有黑褐色的环纹。根、干、枝条的皮下木质部上有黑褐色条纹，纵切则在维管束部位有黑褐色纵条纹。根部皮层变褐腐烂，并形成大量黑褐色小菌核。发病较轻时，病枯枝干的下部于当年还能发出新枝。

【病原】 真菌，半知菌类轮枝孢 *Verticillium* spp.。

【发病规律】病菌以菌丝体、菌核依附病残体或在土壤中越冬，菌核能在潮湿土壤中存活多年。在河北石家庄地区翌年5月下旬开始，借浇水、中耕、地下害虫和病健根的接触传染，自根部伤口或直接侵入至根部维管束，继续向上达干、枝的维管束，分泌的毒素破坏、堵塞导管，哪一枝的导管被破坏，哪一个枝条的叶渐枯萎、枝条枯死。病情发展很快，常造成整段金叶女贞绿篱枯死。病菌生长适温为22℃，30℃仍能生长，湿度较大，多雨、微碱性土壤，土壤中菌量又较多时，病害发生、发展较快。一般7～8月份盛发。在同样的立地和栽培管理条件下，大叶黄杨较小叶女贞、金叶女贞抗病。

【防控措施】

①在连年发病严重的地区，注意选栽抗病树种。

②注意中耕、施肥、浇水，改良土壤，仔细作业，尤其不要对根部造成伤口，积极创造有利于植株生长的条件，促进植株健壮生长。

③发现病株随即彻底挖除，异地深埋，原土坑用70%五氯硝基苯可湿性粉剂6g/m²，对土壤进行消毒，3日后补栽健株。如个别植株发病较轻，可浇灌50%代森铵可湿性粉剂300倍液，浇药液量4kg/m²。也可挖出轻病株根部土壤，每25kg土壤拌70%五氯硝基苯粉500g，拌匀后复原于根部，还可对病土用二溴乙烷等薰蒸消毒。

16.1 小叶女贞黄萎病，示小叶女贞绿篱发病死亡状 I（右侧大叶黄杨未发病）

16.3 小叶女贞黄萎病，示病死株主干纵剖面木质部上的黑褐色坏死条斑

16.2 小叶女贞黄萎病，示小叶女贞绿篱发病死亡状Ⅱ（左侧浓绿者为大叶黄杨）

17. 小叶女贞煤污病

【又名】小叶女贞煤烟病。

【寄主植物】 小叶女贞、金叶女贞、女贞、日本女贞、辽东水蜡等。

【危害部位】 叶片、枝、芽。

【症状】 病部初期散生灰黑色疏松状小霉斑，逐渐扩展，后期似煤烟，铅灰状覆于被害部表面，可相连成片，干旱时可有裂纹。

17. 小叶女贞煤污病

【病原】真菌,半知菌类表丝连球霉*Fumago vagans*。

【发病规律】植株密度过大,绿篱的内部枝叶通风不良,湿度较大,植株生长较弱时,发病常重。树体因自身代谢或有伤口,产生含糖分泌物,或植株上有蚜虫等排泄物时,发生亦重。

【防控措施】

①树木栽植密度要合理,不要过密,保持林内通风透光,加强水肥管理,促进健康生长。

②对绿篱可于发病初期喷药保护,可选用1:2:200波尔多液、可杀得、王铜等,并注意防控蚜虫等刺吸式口器害虫。

18. 五角枫白粉病

【又名】色木槭(地锦槭)白粉病

【寄主植物】五角枫、鸡爪槭、元宝槭、茶条槭、枰叶槭、葛萝槭等。

【危害部位】叶片。

【症状】被害叶片正面初生近圆形白色小粉斑,后逐渐扩大,可相连成不规则形大斑,与其相对应的叶背面失绿变黄。后期白粉斑中生褐色后变为黑褐色的小颗粒,即为病原菌的子囊壳。

【病原】真菌,子囊菌门白粉菌*Sawadaia* sp.。

【发病规律】病原菌以子囊壳依附病残体在落叶中越冬,翌春温湿度条件适宜时释放子囊孢子,借气流传播,扩散至叶片上形成初次侵染,不断产生分生孢子,继续扩大病情。一般植株过密、通风透光不良发病较重。

【防控措施】

①秋后结合浇冬水、施基肥等管理,认真扫清落叶,集中深埋。

②于发病初期喷药,可以选用84.1%好宝多可湿性粉剂、1:1:150波尔多液、56%靠山水分散粒剂、三唑酮可湿性粉剂等。

19. 五叶地锦叶枯病

【寄主植物】地锦等。

【危害部位】叶片。

【症状】发病初期叶片尖端或叶缘局部组织变黄,逐渐变为褐色枯死,不久扩展至整个尖端部位,呈现近半圆形褐色病斑,边缘颜色较深,病健组织交界明显。病斑可逐渐向叶片基部延伸,甚至整个叶片变为褐色,病部干枯后向叶面卷缩,焦枯脱落。

【病原】真菌,半知菌类链隔孢*Alternaria* sp.。

【发病规律】病原菌主要以菌丝体、分生孢子在病落叶上越冬,翌年地锦长出新叶后即开始侵染发病,从5~9月都可形成新的侵染,而以8~9月发病最重。高温、多雨、潮湿有利于病害的发生和蔓延。

【防控措施】

①加强栽培管理,增强抗病性。地锦耐旱、耐寒,向阳、阴处都能生长,对土壤及气候适应性较强,但以肥沃湿润的土壤环境对生长最为有利。播种、扦插、压条均可繁殖。移栽宜于落叶后进行,栽植时剪除过长藤蔓。干旱、炎热天气应浇水,定植后的第1、2年生长季节追2~3次稀液肥,以加速植株生长,枝繁叶茂。

②秋后,清扫绿化区内落叶枯枝,集中深埋或高温沤肥。

③发病初期喷洒1:0.7:200波尔多液等,每隔10~15天喷1次,连喷2~3次。必要时喷洒70%甲基硫菌灵可湿性粉剂800~1000倍液、90%疫霜灵1000倍液、40%多菌灵可湿性粉剂500倍液等。

51

18. 五角枫白粉病

19. 五叶地锦叶枯病

20. 云杉叶锈病

【寄生植物】 雪岭云杉、天山云杉、西伯利亚云杉、丽江云杉、鳞皮云杉、粗枝云杉、油麦吊云杉、林芝云杉等。

【危害部位】 芽、新梢和小球果。

【症状】 主要有2种症状：一是整个幼芽生病，新生出的嫩梢上针叶变为黄色、浅橘黄色，短而粗，病叶上密布橙黄色垫状冬孢子堆或疱状锈子器，病芽似一朵黄花，后病叶变黑枯死。病球果细小，发病期覆有黄粉，后期变黑。另一种是个别2年生叶生病，叶局部变黄，上生疱状锈子器，或橙黄色垫状冬孢子堆。

【病原】 真菌，担子菌门金锈菌属 Chrysomyxa的6种真菌：畸形金锈菌 Ch.deformans和韦尔金锈菌Ch.weirii、喇叭茶金锈菌Ch.ledi、杜鹃花金锈菌Ch.rhododendri、琥珀金锈菌Ch.succinea、疏展金锈菌Ch.expansa。

【发病规律】 分布在新疆的2种病菌为短生活史型，只有冬孢子阶段，以冬孢子和休眠菌丝体在病芽内越冬。春季芽萌动时，病芽先开放是初侵染源。海拔2000m以下比海拔2000m以上发病轻。成年树发病轻，幼树发病重，孤立木发病重。其余4种病菌为长生活史型，转主寄主分别为喇叭茶、杜鹃属植物。

【防控措施】

①春天结合抚育管理剪除病芽，装入塑料袋集中深埋。

②幼树在5月初选喷15%粉锈宁可湿性粉剂300倍液、40%福美胂可湿性粉剂300倍液等，7～10天喷1次，视病情连喷4～5次。

③如有可能，在云杉栽植区周围500～1000m范围内铲除转主寄主，尤其是在主季风方向。

21. 日本樱花花叶病

【寄生植物】 日本樱花、樱花、樱桃、毛山樱桃等。

【危害部位】 全株性。

【症状】 樱花感病后，新梢较健株的为短，尤以秋梢明显，表现为新梢短缩。叶部症状因寄主种类、品种、病毒

20.1 云杉叶锈病，初期被害叶黄色

20.2 云杉叶锈病，后期被害叶黑色

种类、感病程度不同而异,叶片上出现花叶、斑驳、扭曲、卷叶、丛生等,常见的有:网纹型,病叶沿叶脉失绿黄化,整叶呈网纹状。镶边型,病叶的边缘锯齿及其附近组织黄化。斑驳型,病叶上出现大小不等,形状不定,边缘清晰的鲜黄色病斑,后期病斑都常坏死。花叶型,病叶上出现较大块的深绿、浅绿色变,边缘不甚清晰。环斑型,病叶上生鲜黄色环状或近环状纹,环内仍呈绿色。在自然状态下,各类型症状常在同一株上,甚至同一叶上混合发生,重病株叶片变褐坏死、扭曲、皱缩,甚至早落。植株矮小、花少而小、坐果少、果小、成熟期参差不齐等,造成减产,严重时主枝或整株死亡。

【病原】病毒,种类多,主要有樱桃叶斑驳病毒Cherry mottle leaf virus、苹果褪绿叶斑病毒Apple chlorotis leaf spot virus、樱桃锉叶病毒Cherry rasp leaf virus、樱桃扭叶病毒Cherry twisted leaf virus、樱桃小果病毒Cherry little cherry virus、樱桃锈斑驳病毒Cherry rusty mottle virus group、核果坏死环斑病毒Prunus necrotic ringspot virus等。

【发病规律】该病为全株性病害,病毒主要靠嫁接传播,接穗或砧木带毒,都可形成新的病株。病毒常混合侵染,靠蚜虫、叶蝉、线虫、花粉、种子、嫁接传毒。具有前期潜伏、潜伏侵染及高温隐症等特性。

【防控措施】

①加强检疫。拔除病苗、病树销毁。每年至少在苗圃地检查2次(5月、9月),发现病苗随时拔除,严防病苗调运并进入造林地。不调运、不栽植病株。

②加强病树管理。对成年发病较轻的植株加强水肥管理,增施农家肥,适当重剪,增强树势。对丧失开花能力的重病树和未结果的病幼树,及时刨除,改植健树。

③及时防控蚜虫、叶蝉等,并可喷洒花保水剂100～150倍液等。

④药剂防控。春季发病初期,喷洒1.5%植病灵乳剂1000倍液或20%盐酸吗啉胍·铜可湿性粉剂(毒克星,原名病毒A)4000倍液、TS制剂、83增抗剂1000倍液、7.5%克毒灵水剂700倍液、10%病毒王水剂500倍液、3.85%病毒必克可湿性粉剂700倍液等,隔10～15天1次,连喷2～3次。

53

21.2 日本樱花花叶病,示镶边型

21.3 日本樱花花叶病,示条斑、镶边复合型

21.1 日本樱花花叶病,示网纹型

21.4 日本樱花花叶病,示斑驳、镶边复合型

22. 月季叶斑病

【又名】 灰斑病、褐斑病(紫斑病)、大斑病、叶枯病、小斑病,统称叶斑病。

【寄生植物】 月季、山玫瑰、玫瑰、多花蔷薇等蔷薇属多种植物。

【危害部位】 叶片。

【症状和病原】 由不同病原菌引起的病害,症状各异。

灰斑病 病原为真菌,半知菌类尾孢菌 *Cercospora puderi*。叶面,初现黄绿色斑点,后渐扩大成圆形、近圆形或不规则形病斑,直径2~6mm,后期病斑中央变为灰白至灰褐色,边缘褐色至红褐色。空气湿度较大时,病斑表面产生很多灰黑色霉状物。

褐斑病 病原为真菌,半知菌类蔷薇生尾孢 *Cercospora rosicola*。有性世代为子囊菌门蔷薇生球腔菌 *Mycosphaerella rosicola*。主要危害叶片,叶柄、中脉、托叶亦易受害。叶片被害,初现淡紫色小点,逐渐扩大呈圆形病斑,直径1~4mm,中央浅褐至黄褐色,或灰色,边缘紫褐或红褐色,有时病斑周围有一条狭窄的紫色环带。后期病斑上散生许多黑色的小霉点。一个叶片上可有多个病斑,相邻病斑可连合成不规则的大斑。叶背病斑色较浅。

大斑病 病原为真菌,半知菌类蔷薇尾孢 *Cercospora rosae*。症状似褐斑病,但病斑多发生在叶缘处,暗褐色,较大。

叶枯病 病原为真菌,半知菌类蔷薇叶点霉 *Phyllosticta rosarum*。多发生在叶尖或叶缘处。初期叶面出现黄色小点,后迅速向叶内侧扩展,呈不规则形大斑,病部褪绿黄化,进而变褐干枯,严重时叶片可干枯2/3,最后脱落。有时病斑上着生稀疏黑色小点。

小斑病 病原为真菌,半知菌类链格孢 *Alternaria* sp.。多危害嫩叶,初期叶上出现褐色小斑点,周围有紫色晕圈,后病斑逐渐扩大相连,叶片焦枯脱落。

【发病规律】 月季叶斑病的病原菌,多以菌丝体在病落叶上或芽鳞病组织内越冬,有时以子囊壳在病落叶上越冬。翌年温、湿度等条件适宜时,菌丝体产生分生孢子、子囊壳产生子

22.1 月季叶斑病,症状Ⅲ

22.3 月季叶斑病,症状Ⅳ

22.4 月季叶斑病,症状Ⅱ

22.5 月季叶斑病,症状Ⅴ

22.2 月季叶斑病,症状Ⅰ

22.6 月季叶斑病,症状Ⅵ

囊孢子,借风雨或气流传播,从气孔或各种不同类型的伤口侵入寄主叶片。在石家庄、济南市区,5月中旬开始发病,7～9月较严重,10月中旬后渐缓和。通常老叶发病率较高;多雨、潮湿的年份发病常重,干旱年份较轻。

【防控措施】

①防控的关键是清除病源,搞好花园卫生。秋末冬初,结合清园,防寒越冬,彻底清除园内落叶、病叶,连同修剪下来的枝条,运出园外销毁。在生长期发现病叶及时摘除集中深埋销毁。

②合理灌溉。选用沟灌或滴灌,不要用喷灌。必须用喷灌的,应在上午气温升高时进行。

③药剂防控。发病初期喷洒:35%碱式硫酸铜悬浮剂、64.1%可杀得干悬浮剂、75%百菌清800～1000倍液或50%多菌灵800～1000倍液等。

23. 月季灰霉病

【寄生植物】月季等多种花木。

【危害部位】叶、花蕾、花冠、枝。

【症状】叶片受害,初在叶缘或叶尖发生水渍状淡褐色斑点,稍有下陷,后扩大腐烂。花蕾受害,在萼片、花瓣上产生灰黑色病斑,轻者开出畸形花,重者花蕾变褐枯死,不能开放。花开放后染病,轻的部分花瓣变褐枯死,重的整朵花变褐腐败。有时病菌可侵染折花后的枝端,向下蔓延,引起数厘米枝条枯死。受害病部,尤其是花朵,遇潮湿天气,其上长满灰黑色的霉层。

【病原】真菌,半知菌类灰葡萄孢霉*Botrytis cinerea*。

【发病规律】病菌的菌丝体、菌核或分生孢子在病部越冬,翌春产生分生孢子,借风雨传播,自伤口、气孔、皮孔侵入。温暖、湿度大利于发病。凋谢的花和花梗不及时剪除时,这些腐败组织可先染病,成为健康花、叶等的侵染源。凉爽、空气湿度较低的环境不利于病害的发生。

【防控措施】

①清除病部,减少侵染来源。经常检查,发现病花、病叶、病枝及时剪除销毁。花凋谢后,即自花梗下2～3片叶壮芽处剪下,带出圃地集中销毁,不要随地遗弃。

②药剂防控。发病初期喷洒56%靠山水分散粒剂、25%络氨铜水剂、1:1:100波尔多液等,每15天喷洒1次,连续2次。还可选喷:50%多霉灵可湿性粉剂1500～2000倍液、65%抗霉灵可湿性粉剂1500倍液、70甲基硫菌灵超微可湿性粉剂800～1000倍液、50%速克灵可湿性粉剂2000～2500倍液或50%扑海因可湿性粉剂1500倍液等。10天用1次,连续用2～3次。

23.1 月季灰霉病,花蕾被害状

23.3 月季灰霉病,花冠被害状之一(前期)

23.2 月季灰霉病,被害株10月份天气冷凉后新生花蕾仍健康

23.4 月季灰霉病,花冠被害状之二(后期)

24. 月季花叶病

【寄生植物】 月季等蔷薇属植物。

【危害部位】 全株性,主要表现在叶片上。

【症状】 因品种不同症状有所不同,主要表现为:花叶型,叶面散布大小不一,数量不等褪绿斑点;环斑型,叶面分布圆形、椭圆形褪绿黄斑;条斑型,大体沿叶脉形成不甚规则的褪绿黄斑;镶边型,沿叶缘褪绿黄化;混合型,有时花叶与条斑,条斑与环斑等混合发生。感病叶片常表现为不同程度的畸形,有的叶面皱缩,有的叶缘锯齿缺如、叶缘呈波状。严重时植株矮化。

【病原】 病毒,我国已知有:月季花叶病毒Rose mosaic virus(RMV)、苹果花叶病毒Apple mosaic virus(AMV)、南芥菜花叶病毒Arabis mosaic virus(ArMV)。

【发病规律】 植株染病后,全株带毒,终生危害。病毒在寄主活体内越冬,通过病芽、病接穗和带毒砧木传播,在嫁接时传染。远距离传播主要靠繁殖材料的调运。在河北石家庄春季萌芽后即表现症状,4~5月份表现明显,其后减缓,6月下旬至8月高温时节症状潜隐,9~10月凉爽后又较明显。

【防控措施】

①加强检疫。不购买,不栽植病苗。花圃内发现病株及时拔除销毁。

②不从病株上采集繁殖材料。

③及时喷药防控可能传毒的蚜虫等刺吸式口器害虫。

④对珍贵、稀有品种感病后,可用高温(38℃的环境下持续30天)脱毒、茎尖组培法;繁殖无病毒苗木,扩大栽植。

25. 月季黑斑病

【又名】 月季褐斑病。

【寄生植物】 月季、玫瑰、黄刺玫、金樱子等。

【危害部位】 主要侵染月季叶片,亦侵染叶柄、花器和嫩梢。

【症状】 受害叶片,初生紫褐色小点,逐渐扩大成圆形、近圆形或不规则黑褐色病斑,直径2~12mm或更大,边缘有羽状菌丝向外呈放射状;后期,病斑上散生或轮状排列许多黑色疮痂

56

24.1 月季花叶病,示镶边型之一

24.2 月季花叶病,示镶边型之二

24.5 月季花叶病,示环斑型

24.4 月季花叶病,示条斑型

24.3 月季花叶病。示病株。植株下部为4~5月生出的叶片,症状表现明显;上部为6月下旬至8月高温时生出的叶片,症状潜隐

24.6 月季花叶病,示花叶型

状小点，严重时，病斑布满叶面。易感病品种，病斑周围组织，尤其是靠近叶片端部的组织大面积变黄，端部开始枯死，病叶很快脱落。较抗病的品种，叶上病斑常较少，病斑周围组织很少变黄，病叶一般也不脱落。叶柄、花梗和嫩梢感病，病斑多呈长椭圆形，稍隆起，紫褐至黑褐色，边缘无明显的放射性菌丝体。发生在花瓣上为紫红色小斑点，周围组织呈扭曲状。花萼上病斑多呈褐色圆形。

【病原】真菌，半知菌类蔷薇放线孢 *Actinonema rosae*。

【发病规律】病原菌主要以菌丝体在寄主的病茎、芽鳞、病落叶上越冬，以分生孢子在病落叶上越冬。翌春，菌丝体产生的分生孢子和病落叶上的分生孢子为主要初侵染源。分生孢子主要借风雨和溉灌水的溅泼传播，昆虫和园艺工具亦可传播。病害的远距离传播主要靠病苗的调运。侵染的最适条件为19～21℃，叶面连续保持水滴。病菌可直接侵入。在北方，当雨季到来早，降雨量大而次数多，空气湿度大时，发病时间则早，而且蔓延快；反之则轻。在石家庄地区，一般5月中下旬开始发病，6月下旬至9月为发病盛期，11月上中旬停止发展。晴天多雾，有露水，相对湿度在85%以上的地区和年份，潮湿冷凉地，雨后闷热，植株过密，偏施氮肥，植株生长嫩弱，多次连续采用上方喷淋水灌溉等，发病往往严重。多雨地区，如冬季严寒，夏季炎热，可抑制病害流行。嫩叶较老叶易感病。我国现有栽培品种虽抗病性有差异，但几乎全部感病。感病严重的品种有红旗、春、南海、香看、洛神、十全十美等；较抗病的有天粉纳、伊斯贝尔、葵花向阳、蓝月、黑千层、明星等；高度抗病的有粉太平、白骑士、青连学士等；国外报道，高抗品种有大卫汤姆森、巴巴刘尼、克罗纳多、光叶月季等；易感品种有香水月季及其杂种、杂种长春月季、得克萨斯黄等。

【防控措施】

①秋后彻底清除园内落叶，修剪病枝，集中园外销毁。早春发芽前对植株和地面喷洒1次3°Be石硫合剂或75%百菌清600倍液等，再于地面覆盖一层肥土。生长期发现病叶、病梢及时摘除。花谢后及时剪除花梗。这些植株病残体都应集中销毁，不要遗弃在园内。

②采用滴灌或沟灌，直接将水浇入土壤内，尽量不要使用喷灌。如使用喷灌，应于上午气温上升时进行。合理密植，保持株间通风透光。施足底肥，增施有机肥，叶面喷洒0.1%硼酸钠或0.1%硫酸锌等。

③药剂防控。发病初期开始喷药，可选用25%络氨铜水剂、75%百菌清1000倍液、70%甲基硫菌灵、50%多菌灵等，每15天喷洒1次，连喷2～3次。

25.3 月季黑斑病，示易感病品种症状 Ⅱ

25.1 月季黑斑病

25.2 月季黑斑病，示易感病品种症状 Ⅰ

26. 月季枝枯病

【又名】月季烂皮病。

【寄生植物】蔷薇、月季等。

【症状】侵染月季的枝条或茎部，初期出现紫红色的小斑点，随后病斑逐渐扩大，边缘紫红色至红褐色，中央部分灰白色至浅褐色，病部略隆起并纵裂，潮湿时病部散生许多黑色小粒点。病部边缘紫红至红褐色与健部绿色对比明显。严重时病斑环绕枝或茎一周，可致病部以上部分枯死。

【病原】真菌，半知菌类蔷薇小壳霉Coniothyrium fuckelii。

【发病规律】病菌以菌丝体和分生孢子器在寄主病部组织越冬，翌春条件适宜时产生分生孢子，借风雨传播，从各种伤口，如修剪、嫁接、风折、虫蛀以及田间作业碰撞等伤口侵入。一般枝、茎部伤口多，养护管理不善，过度修剪，植株长势衰弱等发病常严重。

【防控措施】

①强化栽培管理。注意施肥，选用有机肥，避免偏施氮肥。每次花后，结合剪除花梗，剪除病枝和伤残枝并集中销毁。剪枝应在晴天进行。冬季防寒前，应彻底剪除病枝、枯枝，亦集中销毁。

②药剂防控。大面积栽植，生长期发病严重时，可选喷：77%可杀得可湿性粉剂、50%退菌特可湿性粉剂800倍液、50%多菌灵可湿性粉剂800～1000倍液等。每次修枝后，立即喷洒1:1:100波尔多液等，以保护伤口。

27. 火炬树枯萎病

【寄生植物】火炬树等。

【危害部位】全株性，叶萎蔫，全株死亡。

【症状】全株性病害，外观可见叶片首先萎蔫下垂，逐渐青枯变干，后变为黄褐色，可较长时间不脱落。全株表现上述症状，也可一侧枝条表现。病枝干纵剖面，可见木质部变为褐色，皮下变为褐色，有的枝干分泌黄色液体，经风后变为黑色(外黑里黄)，皮孔肿胀，生出分生孢子座和大量分生孢子。枝干横断面，可见边材呈黄褐色。皮孔肿胀部位翌年现出溃疡斑。根部皮层变为褐腐状。

【病原】真菌，半知菌类镰刀菌Fusarium sp.。

【发病规律】病菌在病株内或依附病残体在土壤中越冬，为主要的侵染源，也可种子带菌。自根部伤口或枝干伤口、剪口侵入。6～8月为发病高峰期，当年移植苗以及定植后3～4年的幼树都可发病，以当年移植苗受害较重。该病多为苗木带病，但由于苗圃水肥条件较好，发病较轻或不发病。苗木出圃后因伤根、失水、栽植后缓苗期内，水养分供应不及时，抵抗力弱，以致发病。此时期内虽能发出新枝，但因根部皮层腐烂，常导致全株死亡。当年新植苗栽植过深根系缺氧、浇水过多、地势低洼排水不良、根部伤口多等，都可引起植株抵抗力弱而发病。苗圃连

27.1 火炬树枯萎病，示病死株枝干纵剖面

26.1 月季枝枯病，示症状 I

26.2 月季枝枯病，示症状 II

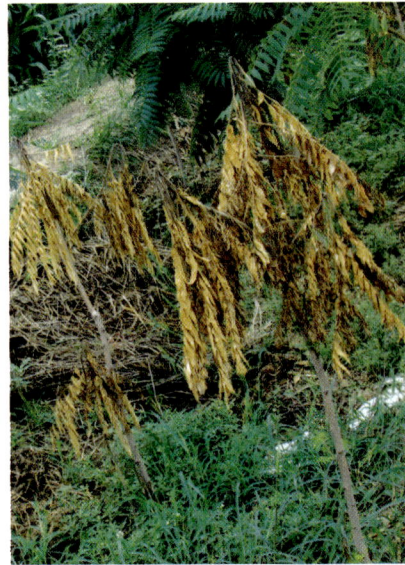

27.2 火炬树枯萎病，示病株全株死亡状

作,遭受冻害,湿度过大等,发病也常重。

【防控措施】

①苗圃地选用疏松肥沃排水良好的沙质土壤,避免使用低洼、排水不良、黏重的土壤,并要轮作,控制浇水,防止浇水过量。田间作业时,防止伤根。

②栽植地要排水良好,不能积水,苗木蘸带药泥浆,可用50%多菌灵200倍液加入适量黄土配制,亦可用50%苯菌灵可湿性粉剂200倍液、50%苯来得800倍液等浸根15分钟,然后栽植,发病初期可浇灌上述药液。

28. 火炬树黄萎病

【寄生植物】 火炬树、黄栌等。

【危害部位】 全株性,叶、枝干、根均异常。

【症状】 幼树、成树均可受害。病株初期叶片萎蔫、下垂,开始时经浇水、过夜尚可恢复,逐渐不可恢复,叶片干枯、卷缩,枝干枯死,叶片先是挂在树上,逐渐脱落。有时部分枝条表现症状,严重时全株死亡。病枝干根部的

皮下木质部上有黑色条纹,纵切面则在维管束部位有黑褐色条纹。病枝干的横断面上有黑褐色环纹。根部皮层变褐腐烂,并形成很多黑褐色小菌核。发病较轻的植株、病枯枝下部当年还可发出新枝。

【病原】 真菌,半知菌类轮枝孢 *Verticillium* spp.。

【发病规律】 病原菌的菌核、菌丝附着于病残体或在土壤中越冬,借中耕、浇水、地下害虫、流水以及病健根接触传染,自根部伤口或直接侵入维管束。在河北石家庄地区,5月份即可发病,病情发展很快,7月份盛发,常致路旁连片火炬树死亡。土壤微酸性、多雨,湿度较大,土壤中病原菌积累又多时,病害发生较重。绿化区积水常诱发

该病严重发生,致植株很快死亡。

【防控措施】

①在发病严重的路段,注意选栽抗病树种,不要栽植易感病树种。

②绿化区土壤要疏松肥沃、排水良好,中耕、施肥时仔细作业,避免根部造成伤口。

③发现病株连根挖除,异地深埋处理,原土坑用五氯硝基苯粉消毒,用量为6g/m²,3日后补栽新株。对发病轻的植株可浇灌50%代森铵可湿性粉剂300倍液等,用药液量为4kg/m²。

28.1 火炬树黄萎病,示病死株主干纵剖面木质部的黑褐色坏死线

28.2 火炬树黄萎病,示水渍诱发黄萎病致路边火炬树死亡状

27.3 火炬树枯萎病,示病株左侧枝死亡,而右侧枝仍存活

29. 毛白杨锈病

【又名】白杨叶锈病。

【寄生植物】毛白杨等多种白杨派树种。

【危害部位】幼苗及幼树的叶、芽及嫩梢。

【症状】冬芽被害后轻的可正常展叶，嫩叶正、反两面上有少量夏孢子堆；重的芽上布满黄色粉堆，形似一束黄色绣球花，不能正常展叶，病芽不久即枯死。叶片被害后，形成黄色小斑点，以后叶背可见散生的黄色夏孢子堆，圆形，直径2～3mm，严重时夏孢子堆可联成大块，受害部位叶背面隆起。受害叶提早脱落。叶柄和嫩枝被害后，病斑呈长椭圆形或条状，严重时嫩枝枯死。

【病原】真菌，担子菌门圆痂夏孢锈菌*Uredo tholopsora*；杨栅锈菌*Melampsora rostrupii*，转主寄主为山靛属*Mercurialis*植物；马格栅锈菌*Melampsora magnusiana*，转主寄主为白屈菜属*Chelidonium*及紫堇属*Corydalis*植物。

【发病规律】病菌以菌丝体在冬芽内越冬，翌年发芽时，越冬菌丝体发育形成夏孢子堆，成为初侵染源。在落叶上越冬的夏孢子，翌春萌发率急剧下降，失去生命力，对侵染作用不大。夏孢子必须与水滴接触才能萌发，萌发的最适温度为15～20℃，过高过低均不适宜。夏孢子在整个生长期可反复侵染，但以春末和夏初嫩枝叶多病害发展最快，5～6月形成第一次高峰，盛夏7～8月份随着枝叶老化病害减轻，8月下旬后病害又有增加，到11月中下旬停止发展。病害的潜育期为5～18天。该病多侵染1～5年生幼苗和幼树，10年以上大树很少发病。品种不同抗病力不同，河北毛白杨较抗病，其次是截叶毛白杨和小叶毛白杨，河南毛白杨和箭杆毛白杨最易感病。

【防控措施】

①因地制宜选栽抗病品种。

②做好病情调查测报工作。每年秋季调查苗圃和绿化区幼树的发病率和严重程度，凡发病率高而严重的地

29.1 毛白杨锈病，示叶片被害状

29.2 毛白杨锈病，示叶背面夏孢子堆

29.3 毛白杨锈病，示新梢被害状

方，列为翌春防控重点。

③剪除病芽病梢。结合春季修剪或其他管理，除去枝条上部的病芽病梢，装入袋中集中深埋。

④发病初期期选喷0.5°Be石硫合剂、95%敌锈钠300～500倍液或1:2:100波尔多液、84.1%好宝多可湿性粉剂等，每10天喷1次，视病情连喷2～3次。

30. 北海道黄杨疮痂病

【寄生植物】北海道黄杨、大叶黄杨。

【危害部位】主要危害叶片，严重时叶柄、新梢亦受害。

【症状】受害叶面初生紫红色小斑点，逐渐扩大为直径1～3mm圆形至椭圆形病斑，中央凹陷，浅褐色，边缘木栓化隆起呈红褐色，易从隆起的外缘开裂脱落，形成穿孔。每个叶上往往有多个病斑，有时数个病斑可相连，病斑上生有1～2个小黑点，即为病原菌的分生孢子盘。

【病原】真菌，半知菌类茄圆孢 *Sphaceloma euonymi-japonici*。

【发病规律】病菌以菌丝体或子座在病组织中越冬。翌年产生分生孢子，借风雨传播，生长季节不断产生分生孢子，扩大侵染，严重时可造成落叶。一般上年病原积累多，管理粗放，植株密度大，通风透光不良，发病严重。石家庄地区新病叶6月上中旬出现，8～9月为盛发期，10月上旬停止发展。

【防控措施】

①结合其他管理，认真清除病叶、病枝以及地面枯枝落叶，集中深埋。

②强化管理，合理施肥、浇水，科学修剪，促进健壮生长，增强抗病性。

③发病初期喷药1:1:100波尔多液、25%络氨铜水剂、77%可杀得可湿性粉剂、50%退菌特可湿性粉剂等，每10天喷1次，视病情连喷2～3次。

31. 白蜡白粉病

【寄生植物】白蜡、小叶白蜡等梣属植物的苗木和幼树。

【危害部位】叶片。

【症状】在叶面覆盖不规则状白粉层，后期在白粉层间出现由黄变黑的小颗粒，即为病原菌的子囊壳。

【病原】真菌，子囊菌门梣钩丝壳菌 *Uncinula fraxini*。

【发病规律】病原以成熟的子囊壳在病落叶上越冬，翌年生长季节散出子囊孢子，侵染新叶，产生白粉状分生孢子，进行多次再侵染。一般下部叶片较上部的发病重，枝条稠密通风不良的树林及湿度大的夏、秋季往往发病亦重。

【防控措施】

①发病期喷洒0.2～0.3°Be石硫合剂或硫悬浮剂、50%退菌特可湿性粉剂1000倍液、1:1:100波尔多液、20%粉锈宁可湿性粉剂1500倍液、75%百菌清可湿性粉剂600倍液等。

②冬季扫集落叶，集中深埋。

61

30.1 北海道黄杨疮痂病，示其与褐斑病混合发生状

30.2 北海道黄杨疮痂病，示病斑后期穿孔

31. 白蜡白粉病

32. 玉兰褐斑病

【又名】广玉兰斑点病。

【寄生植物】广玉兰等。

【危害部位】叶片。

【症状】病叶表面最初出现淡褐色或黄色小点,后扩大为圆形或不规则形病斑,直径5~13mm,边缘深褐色,中央灰白色,其上着生许多黑色霉点。病斑间可相互融合成不定形大型坏死斑,斑的边缘深褐至黑褐色,中央灰白色,其上不规则散生许多黑色霉点,严重时导致落叶。

【病原】真菌,半知菌类木兰叶点菌*Phyllosticta yugokwa*。

【发病规律】病原菌以菌丝体在病叶和病落叶上越冬,翌春气温适宜时,产生分生孢子借风雨传播,进行侵染危害。生长季节可进行多次再侵染,一般夏季开始发病,7月下旬至9月危害较严重。

【防控措施】

①加强栽培管理,增强抗性。玉兰喜光,较耐寒,稍耐干旱,不耐积水。适生于肥沃、深厚、湿润的地方,中性、酸性土均能生长。播种、嫁接、分蘖、压条、插条等法均可繁殖。栽植时间以萌动前为好。除施基肥外,花前追施磷、钾肥为主,花后施以复合肥。夏季高温季节需适当庇荫,灌溉保墒,雨季注意排水,防治积水。注意整形修剪,除去不必要的徒长枝、重叠枝和基部萌蘖,以利通风透光,促进花芽分化。

②玉兰栽植区,都应及时清除落叶,低矮植株、苗圃要经常检查,发现病叶及时摘除。清除的落叶及病叶要集中深埋,不要随便遗弃。

③于夏季发病初期喷洒:56%靠山水分散粒剂、25%铬氨铜水剂、1:1:100波尔多液等保护性杀菌剂。其后视病情再选喷50%甲基硫菌灵可湿性粉剂800倍液或75%百菌清可湿性粉剂800~1000倍液等,1~3次,每隔10~15天喷1次,即可控制病情。

32.1 玉兰褐斑病,病斑放大

32.2 玉兰褐斑病,中期病斑

32.3 玉兰褐斑病,初期病斑

33. 玉兰黑斑病

【寄生植物】广玉兰等。

【危害部位】叶。

【症状】发病初期在叶缘或叶面上出现黑紫色小斑,后逐渐扩展为圆形或不规则形大斑。病斑边缘黑褐色,其宽度约2~3mm,中间灰白色,潮湿时斑上密生许多青褐色绒毛状的粉堆,即病原菌的分生孢子梗和分生孢子。

【病原】真菌,半知菌类链格孢*Alternaria* sp.。

【发病规律】病原菌以菌丝体在树上病叶或地面病落叶上越冬,翌春产生大量分生孢子,随风雨传播,形成新的侵染。在广州,1月份有零星发病,

33.玉兰黑斑病,示后期大型病斑

2~3月病情较重,4月份温度升至25℃以上,病斑上的子实体老化收缩,产孢量减少,5月份停止发病。在河北石家庄市区,5月初开始发病,6月上中旬病情继续发展,6月下旬至8月中下旬停止发展,9月上中旬病情又扩大,有大量孢子形成,10月中下旬发病停止。

【防控措施】

①加强栽培管理,增强树势,提高抗病力。选用疏松肥沃排水良好的土壤,施用充分腐熟的饼肥,及时松土、

62

浇水,北方注意防霜冻害。

②及时清除地面落叶,剪除树上重病叶,集中深埋。

③发病初期,喷洒1:1:160波尔多液或0.3~0.5°Be石硫合剂、77%可杀得可湿性粉剂、30%王铜悬浮剂、25%络氨铜水剂、50%退菌特可湿性粉剂600~800倍液、75%百菌清可湿性粉剂800倍液、70%甲基硫菌灵可湿性粉剂1000倍液等,每隔10~15天喷1次,连喷2~3次。

34. 石竹病毒病

【寄生植物】石竹等。

【危害部位】全株性。

【症状】病株节间缩短,枝短叶小,呈萎缩状,叶面有褪绿的条斑或条纹。花少而小。病株较健株明显矮小。

【病原】病毒(Virus),其类群待定。

【发病规律】该病在花圃零星分布,可能通过汁液和蚜虫传播。

【防控措施】

①加强检疫。发现病株即行销毁,不购买、不栽植病株,以防扩散蔓延。

②及时防控蚜虫等刺吸式口器害虫。

34.石竹病毒病,右下示病株,左上为健株

35. 龙爪槐炭疽病

【寄生植物】龙爪槐。

【危害部位】叶片。

【症状】感病叶片上生出近圆形病斑,中部淡褐色,边缘紫褐色,有轮纹。病斑常发生于叶缘和叶尖,每片叶上可有1至多个病斑,后期病斑上生有黑色小粒点,即为病原菌的分生孢子盘。

【病原】真菌,半知菌类刺盘孢菌 *Colletotrichum* sp.。

【发病规律】病原菌在落地病叶内越冬,翌春产生分生孢子进行初侵染。在生长季节多次进行再侵染,以8~9月发病较重。植株缺乏肥水,临近建筑物,太阳辐射过强,生长衰弱,发病常重。

【防控措施】

①入冬后彻底清扫地面落叶,集中深埋或高温沤肥。加强栽培管理,适时浇水、松土、施肥。增强树体抗病性。

②发病初期喷洒1:2:200波尔多液,每10~15天喷1次,共喷2~3次。亦可喷洒75%百菌清可湿性粉剂800倍液、50%混杀硫悬浮剂500倍液或70%甲基硫菌灵可湿性粉剂等。

36. 竹丛枝病

【又名】竹扫帚病、雀巢病。

【寄生植物】淡竹、刚竹、苦竹、哺鸡竹、蜀竹、麻竹、四川毛竹等,以刚竹被害最重。

【危害部位】枝条。

【症状】初期少数枝条发病,春天病枝延伸成多节细弱的蔓枝,枝上叶小呈鳞片状,节间短,侧枝丛生呈鸟巢状,或成团下垂。每年4~6月间,病枝梢端叶鞘内产生白色米粒状物,大小

约5~8mm×1~3mm。有时在9~10月间,新生出的病枝梢端的叶鞘内亦生白色米粒状物。病株数年内从少数枝条发病渐发展到全部枝条,最后全株枯死。

【病原】真菌,子囊菌门竹丛枝瘤座菌 *Balansia take*。

【发病规律】可能为接触传播。病株常从个别枝条开始发病,及早剪除病枝,常不再病。竹林发病常由点及片,有时从多年生老病竹的竹鞭上长出矮小细弱的小枝丛生的嫩竹。抚育管理不良,生长细弱,4年生以上的竹林,林缘和日照强的地方,易发病。

【防控措施】

①对服务区和互交区栽植的竹丛,要及时砍伐老竹,压土施肥,促进

35.龙爪槐炭疽病

36.竹丛枝病

新竹生长。

②发现病竹及早砍除,老病竹连竹鞭挖除。

③新植竹时不在有病竹林内挖母竹用于栽植。

37. 竹叶锈病

【寄生植物】毛竹、淡竹、刚竹等。

【危害部位】叶片。

【症状】在竹叶上沿叶脉生出数条褐色小点，呈线状排列，严重时成一片褐色，妨碍光合使用。

【病原】真菌，担子菌门柄锈菌 Puccinia sp.。

【防控措施】严重时可喷洒20%粉锈宁可湿性粉剂2000倍液、95%敌锈钠300～500倍液等，每10天喷1次，视病情连喷2～3次。

38. 合欢枯萎病

【寄生植物】合欢。

【危害部位】全株性，主要表现在叶、枝干。

【症状】苗木、幼树及多年生大树均可受害。病株夏季叶片萎蔫、下垂、变干并萎缩，病叶有时仍为绿色或发黄，严重时叶片脱落，树木枯死。此时，病株的根部已变褐或枯死，病株边材变为褐色，其典型变色是茎干横切面边材上有一褐色环，纵切面木质部变为褐色。夏末或秋季病树干和枝条皮孔肿胀，其中产生分生孢子座及大量分生孢子，有的树干分泌黑色液体，后期干上的病部形成不能愈合的溃疡斑。

【病原】真菌，半知菌类尖孢镰刀菌一变种 Fusarium oxysporum f.sp. perniciosum。

【发病规律】病原菌存在于土壤中，以土壤带菌传染为主，其次为种子带菌，从伤口、剪口或从根部伤口或从根部直接侵入。6～8月为发病高峰期。1～2年生苗木发病轻，4～5年生发病常重，大树连年发病，可致整段公路绿化区内的合欢死亡。一般连作地块、浇水次数多，湿度大、洼地以及遭受冻害发病常重。

【防控措施】

①强化栽培措施，搞好土壤处理和种子消毒，注意换茬轮作。选用排水良好的地块以及沙壤土栽植。

②药剂选择：土壤处理可用50%苯菌灵可湿性粉剂200倍液、5%代森铵可湿性粉剂300倍液、50%苯来特可湿性粉剂1000倍液等浇灌根部，用药液量为4kg/m²。种子消毒可用50%多菌灵可湿性粉剂600倍液等浸种，或用50%多菌灵可湿性粉剂200倍液和成泥浆，用于苗木栽植前蘸根，亦可用上述药液中的一种涂抹伤口。

③施用石灰、尿素；中耕时避免损伤苗根，尽量减少修枝造成伤口；及时清除病苗，集中销毁。

39. 红瑞木根腐病

【又名】红瑞木疫腐病。

【寄生植物】红瑞木等。

【危害部位】根部。

【症状】发病初期，病株叶片萎蔫，由绿色逐渐变为灰绿色，枝条枯死；地下部分先是毛根变褐腐烂，进而侧根腐烂，木质腐朽，全株死亡，根易折断。在湿度较大时，病部可见白色菌丝层，以根颈部较常见。

【病原】管毛生物，疫霉 Phytophythora sp.。

【发病规律】病原物以卵孢子随病株残体在土壤中越冬，可存活多年。6月后阴雨连绵，或地下水位高，易积水，或立地条件差，植株生长不良发病常重，可造成植株很快死亡。

【防控措施】

①改良土壤,施有机肥,加强管理,促进健康生长,增强植株抗病性。

②6月中下旬,在可能发病时向树干基部喷药保护,可选喷1∶1∶100波尔多液、80%乙磷铝可湿性粉剂等,每10～15天喷1次,连喷2～3次。

③对病株病情较轻的,在干基部、根部浇灌百菌清或乙磷铝药液等;如已枯死,应连根带土壤挖除,换无菌好土或撒生石灰消毒后补栽健株。

40. 杨灰斑病

【又名】 黑脖子、杨棒盘孢溃疡病。

【寄生植物】 杨。

【危害部位】 叶片和嫩梢。

【症状】 从小苗到大树都可受害,以苗期和幼树受害严重。叶片发病,初生水渍状病斑,很快变灰褐色,后在灰斑上生出许多小黑点,有时连片,即病菌的分生孢子堆。幼苗的嫩梢发病后,叶片和嫩梢全部死亡变黑,因嫩梢未木质化而折断下垂,故称"黑脖子"。在折断处休眠芽常萌发出多个新梢而呈多头状。

【病原】 真菌,子囊菌门东北球腔菌*Mycosphaerella mandshurica*,无性世代为半知菌类杨棒盘孢菌*Coryneum populinum*。

【发病规律】 以分生孢子在落叶上越冬,为翌春的初侵染源,随风雨传播,落在新叶上,萌发后,由气孔或表皮细胞缝隙侵入寄主组织。潜育期5～15天。发病后2天即可形成新的分生孢子,1年内多次再侵染。病害流行因地区、气温、树种不同而异。有些地区每年发生2次高峰,5月下旬和7月初。有的地区发病较晚,7月发病,8月进入高峰,9月末停止发病。降雨多、空气湿度大的年份病害往往严重。1年生苗木发病最重,2～3年生次之,幼树发病较轻,大树虽有发生但受害不大。小叶杨、中东杨、哈青杨、山杨、小青杨、钻天杨、青杨、箭杆杨都易感病,黑杨、大青杨次之,加杨较抗病,新疆杨、银白杨不感病。

【防控措施】

①在发病严重地区,注意选栽抗病杨树品种。

②加强苗圃管理,育苗不要过密,叶片过密时可打去下部3～5片,逐步打高,以便通风降湿。新育苗尽量远离大苗区。

③对幼树及时剪除病叶病梢,集中深埋。清除苗圃周围大树上的萌蘖条,秋后将落叶和病梢清理深埋。

④在发病初期5月和6月份喷洒80%代森锌可湿性粉剂500～700倍液或1∶1∶125～170波尔多液,每15天喷1次,连喷3～4次;或喷洒70%甲基硫菌灵可湿性粉剂600倍液、50%多菌灵可湿性粉剂600倍液、10%双效灵可湿性粉剂100倍液等,每15天喷1次,连喷3～4次。

38.2 合欢枯萎病,示干后期形成大型溃疡斑,全株死亡

40.杨灰斑病,示新梢被害状

39.红瑞木根腐病

41. 杨花叶病毒病

【寄生植物】 美洲黑杨、念珠杨、黑杨、莱比锡杨、健杨、意214杨、沙兰杨、毛果杨等。

【危害部位】 全株性,主要表现在叶上。

【症状】 6月上中旬病株下部叶片上出现点状褪绿,常聚集为不规则少量橘黄色斑点。到9月,从下部到中上部叶呈明显症状:叶缘褪色发焦,沿叶脉为晕状,叶脉透明,小支脉出现橘黄色线纹,或叶面布有橘黄色斑点;主、侧脉出现紫红色坏死枯斑;叶片皱缩、变厚、硬、小,甚至畸形,早落;叶柄上可见紫红或黑色坏死斑,叶柄基部稍隆起。顶梢和嫩茎皮层常破裂,严重时枝条变形,分枝处产生枯枝,植株明显生长不良。高温时叶部隐症。本病叶部症状呈橘黄色线纹或斑点,而普通花叶病叶部症状呈浓淡相间的花叶或斑驳,应注意区别。

【病原】 病毒,花叶病毒PMV香石竹潜隐病毒群*Carnation latent virus*。

【发病规律】 杨树体内系统感染,所有组织都受侵染。病毒耐高温,致死温度75~80℃,稀释终点1×10^{-4},体外存活时间不超过7天。主要靠无性繁殖、嫁接传染,汁液摩擦接种能使一些杨树发病,远距离传播主要靠繁殖材料的调运。

【防控措施】

①从无病母树上采条育苗,严禁栽植病苗。

②严格检疫,严禁从疫区或疫情发生区调运苗木、插条等繁殖材料进入非疫区。销毁带病繁殖材料。

41.1 杨花叶病毒病,示新叶被害后卷缩

41.2 杨花叶病毒病,示叶被害状

42. 杨轮纹斑病

【寄生植物】 新疆杨、群众杨、钻天杨、箭杆杨等。

【危害部位】 叶片。

【症状】 叶面生大小不等的不规则形褐色斑,边缘隆起,外缘有轮纹,中央色较淡,成丛着生黑色霉状物。

【病原】 真菌,半知菌类目细链隔孢菌*Alternaria tenuis*。

【发病规律】 病菌寄生性较弱,除直接侵入危害叶片外,常发生于其他寄生性和非寄生性叶斑病的病斑上。生长后期危害加重,湿度大、通风不良的绿化区易发生。

【防控措施】

①合理密植,及时修枝、抹芽,避免造成湿热的小气候。

②及时清除病叶集中深埋。秋后扫除落叶,集中高温沤肥。

③喷药保护。发病初期选喷65%代森锌可湿性粉剂300~500倍液、1:2:150波尔多液、77%可杀得可湿性粉剂、40%福美胂可湿性粉剂500~1000倍液等,每10天喷1次,连喷3次。

42.1 杨轮纹斑病,示叶背面

42.2 杨轮纹斑病,示叶正面

43. 杨枝瘤病

【寄生植物】苦杨、柔毛杨、密叶杨、毛果杨、欧洲山杨、箭杆杨等。

【危害部位】树干和枝条。

【症状】受害枝条首先在芽痕及分枝处出现隆肿，随枝条的生长而膨大成串珠状。瘤状突起往往密集着生，互相连接。主干上肿瘤多不规则，直径约3～4cm，有时呈扁平而粗糙的节疤状。大枝上肿瘤呈单生的球形、纺锤形或串生成念珠状。小枝及某些1～2年生苗木发病后，肿瘤比茎的粗度增加4～7cm。受害严重的枝条和树干布满肿瘤，皮层开裂，小枝丛生，树干歪曲，甚至干枯死亡。

【病原】真菌，半知菌类肿瘤壳梭孢 *Diplodia tumefaciens*。

【发病规律】病菌以分生孢子器在寄主肿瘤皮层中越冬，翌春释放分生孢子，借风雨传播，从皮层裂缝、皮孔、芽痕等自然孔口和伤口入侵。主要危害形成层，使其细胞分裂加剧，不木质化，组织疏松。干枯后皮层出现许多空洞。在新疆额尔齐斯河流域河谷次生林，此病仅危害青杨派树种，相邻的银白杨、银灰杨、黑杨及其杂交杨均不被感染。

【防控措施】

①在重病区，注意选栽抗病树种。

②严格检疫，不从疫区调苗，防止病枝、病苗进入非疫区。

③经常检查，发现病株及时伐除。

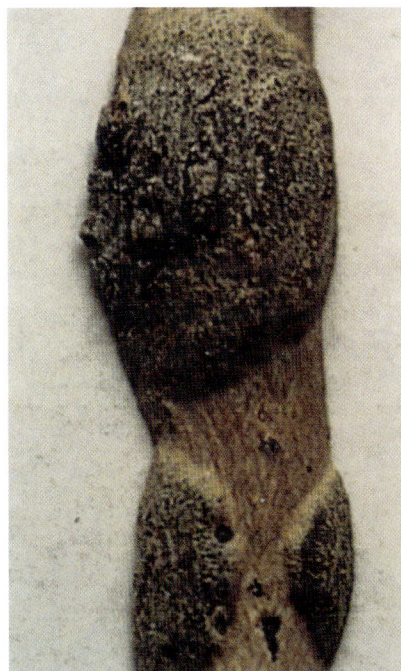

43.3 杨枝瘤病，示大枝被害状Ⅰ

67

43.1 杨枝瘤病，示小枝被害状

43.2 杨枝瘤病，示主干被害状

43.4 杨枝瘤病，示大枝被害状Ⅱ

44. 杨柳立木腐朽病

【又名】白色心材腐朽病、心腐病

【寄生植物】杨、柳、水曲柳、榆、刺槐、槭、栎等阔叶树，甚至针叶树。

【危害部位】树干，多为树干中部和基部。

【症状】危害活立木、枯立木，在树干上生出大型子实体。子实体有的无柄，叠生于树干伤口处，软木栓质，干后木质，淡黄褐色至灰黄色，无环纹，边缘薄或厚，基部下延紧贴树干。子实体有时有柄，大型，1年生，伞状。子实体着生部位木质部形成海绵状白色腐朽，腐朽初期木质部呈黄白色至黄褐色，较心材原色为深，腐朽部位逐年扩大，后期变为淡黄白色至白色，木质部形成轮裂，材质变松软在轮裂缝隙中常形成片状或较厚的块状洁白色菌膜。

【病原】真菌，担子菌门的 *Funaria trogii*、*Fomes* sp.以及伞菌科Agaricaceae的两种等。

【发病规律】菌以菌丝体在病部木质部越冬，在木质部内不断蔓延，翌年温湿度适宜时生出子实体，散发担孢子，自冻伤、虫伤、日灼、机械伤等伤口侵入。一般树龄较大，立地条件差，长势衰弱，不合理修枝，树体伤口多的发病较重，严重时全株死亡。

【防控措施】

①选栽适于当地生长的树种，并实行树种混栽，并加强管理，科学栽植，合理施肥、浇水、修枝，增强树势。

②经常检查，发现树干上生出子实体及时挖除，将子实体集中深埋，并在病腐部注入1%硫酸铜液消毒。

③每年在5～6月份以及入冬前对树干涂白保护。

45. 杨炭疽病

【寄生植物】杨、木槿、银杏、木兰、女贞、柳、杉、樟、泡桐、山核桃、七叶树、葡萄等。

【危害部位】叶片和枝条。

【症状】叶片被害，初期在叶片背面出现水渍状、针头大小的斑点，在叶片正面相应处失绿，随即出现小黑斑，病斑逐渐扩大，病斑轮廓明显沿叶缘及叶脉发展较快。病斑呈淡褐色，直径

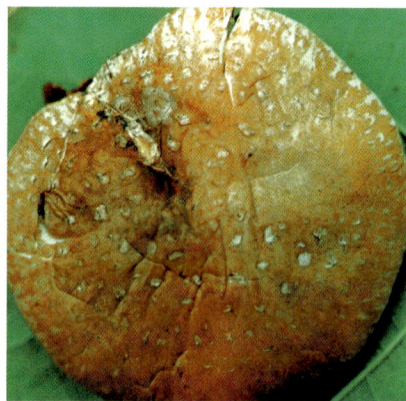

44.2 杨柳立木腐朽病，示主干上子实体背面

44.3 杨柳立木腐朽病，示主干上子实体腹面

44.1 杨柳立木腐朽病，示杨树主干上生出多个子实体

一般3~10mm,在毛白杨叶上可形成达叶片1/4~2/5,受叶脉限制的大型病斑块;后期中央灰白色,上生小黑点,湿度大时可涌出黏状粉红色的分生孢子堆,毛白杨叶正面表皮常破裂。枝梢受害初期病斑呈黄褐色,梭形,长5~20mm,中部下陷,灰白色,边缘隆起,病斑纵向发展,长度可达30~50mm,当横向发展绕枝一周后,病斑以上枝梢枯死。后期在病斑中产生圆形、黑色、针头般大小的分生孢子盘,6月分生孢子盘发展成为子座,在子座内产生子囊壳。

【病原】真菌,子囊菌门围小丛壳菌*Glomerella cingulata*,无性世代为半知菌类胶孢炭疽菌*Colletotrichnm gloeosporioides*。

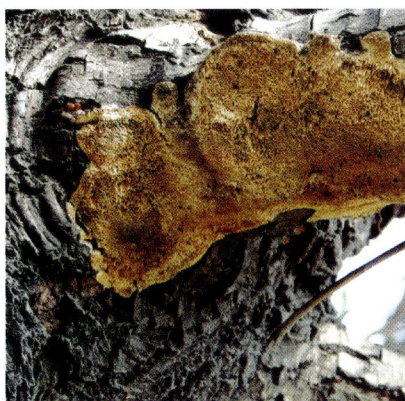

44.4 杨柳立木腐朽病,示杨树主枝上的子实体

【发病规律】病原菌以菌丝体和分生孢子盘在上一年病枝的组织上越冬,翌年3~4月开始在分生孢子盘中产生分生孢子,经风雨传播,自伤口、气孔或皮孔侵入,形成初次侵染,旧病斑附近的叶片首先被侵染。6月枝上的分生孢子盘停止产生分生孢子,并发育成子座,然后开始形成子囊壳。子囊壳半埋于子座中,7月后子囊孢子陆续成熟,释放出来侵染枝叶。病原菌的分生孢子和子囊孢子外部均带有一层胶质,每逢风雨交加之后,新病斑即大量出现。孢子借水滴反溅、风力或昆虫传播,远距离传播主要是随苗木的调运。一般5月开始发病,7月为盛发期。分生孢子萌发适温为20~25℃,孢子萌发的最高温度为35℃。子囊孢子萌发的适温范围较广,在30~35℃仍有较高的萌发率,致死温度为40℃。潜育期,7月份在毛白杨叶上为2~5天,枝条上为7~8天。一般在5~7月降雨量大、降雨频率高的年份发病常重,干旱少雨则发病较轻。另外,苗木或大树密度过高,通风透光不良,气温又高亦有利于该病的发生和蔓延。

【防控措施】

① 结合冬季抚育管理,剪除树上枯枝、病枝,彻底清扫地面枯枝落叶,集中高温沤肥或深埋。

② 早春树木发芽前喷洒2°Be石硫合剂。发病初期喷1:1:100波尔多液,或选喷:50%退菌特可湿性粉剂800~1000倍液、50%敌菌灵可湿性粉剂500倍液、75%百菌清可湿性粉剂600倍液等。每15天喷1次,视病情连喷2~3次。

45.1 杨炭疽病,示症状 I

44.5 杨柳立木腐朽病,示病菌子实体

44.6 杨柳立木腐朽病,示病菌子实体

45.2 杨炭疽病,示症状 II

46. 杨根朽病

【又名】杨蜜环菌根朽病、假蜜环菌根朽病。

【寄生植物】杨、苹果等。

【危害部位】根。

【症状】严重被感染的树木，地上部分常表现为叶部发育受阻，叶形变小，枝叶稀疏，或树叶变黄、早落，有时枝条枯死，甚至整株枯死。在皮层和木质部之间常有白色至淡黄色扇形菌膜，在病根皮层内、根表及附近土壤中可见深褐色至黑色的根状菌索。病根的边材和心材都腐朽，初期表现为暗淡的水渍状，渐呈暗褐色，后期腐朽部分呈白色或淡黄色，海绵状，边缘有黑色线纹。夏秋高温多雨季节，病树根际部附近地面常丛生蜜黄色蘑菇状子实体。

【病原】真菌，担子菌门败育假蜜环菌 *Armillariella tabescens* 和小蜜环菌 *A. mellea*。

【发病规律】病菌以菌丝体、菌索在病根部或残留在土壤中越冬。菌索在土壤中蔓延，寄生性弱，当病健根接触，菌索顶端分泌胶质黏附后，产生小分枝直接或自伤口侵入健根。亦可以从子实体上产生担孢子，气流传播，落在树木伐桩或枯死大枝上，遇适宜条件萌发，长出菌丝体侵入根部发病。遭受干旱、冻害、害虫及其他病害影响而衰弱的树木较易感染该病。积水、砂质土壤和肥水条件较差时发病常较重。健杨易感病，沙兰杨次之。I-69、I-72、I-214、毛白杨为抗病品种。

【防治方法】

①加强栽培管理。地下水位高或有积水的绿化区要及时挖沟排水，增施有机肥，合理修剪，注意病虫害防控，增强树势。

②经常检查，发现病死、濒死株或无治疗价值的病株要连根刨除，病株集中销毁。病穴用五氯酚钠150倍液、福尔马林100倍液或二硫化碳等浇灌。

③对发病较轻的珍稀品种可治疗，方法：挖开根际土壤，由主根、侧根至支根，逐步找出发病点。如一整根发病，要从基部锯除，并将所属的细根彻底清除；如主、侧根上只有少数病斑或支根发病，要仔细将病斑刮除。伤口须消毒，可用1%～2%硫酸铜溶液、5～10°Be石硫合剂、五氯酚钠250～300倍液、50%多菌灵可湿性粉剂500倍液、50%退菌特可湿性粉剂200倍液等喷布或涂抹，再涂以波尔多浆等保护，然后覆以无病土或配置药土（50%五氯硝基苯粉剂与新土以1:50比例混合），均匀覆于根部，10年生大树用药量为0.25kg/株。

46.1 杨根朽病，示病根木质部表面菌索和白色菌膜

46.2 杨根朽病，示毛白杨干基部已干缩的子实体丛

46.3 杨根朽病，示根部腐朽后木质部的黑色线纹

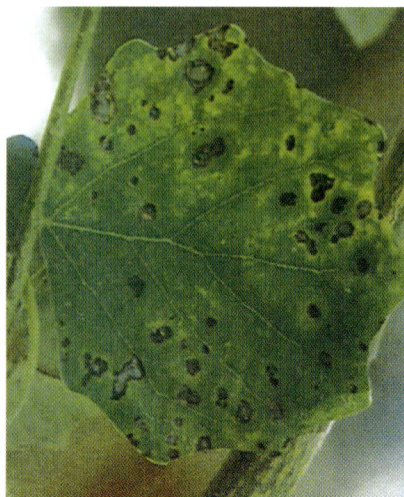

47.1 杨斑枯病，示新疆杨叶被害状 I

70

47. 杨斑枯病

【寄生植物】 毛白杨、胡杨、新疆杨、箭杆杨等多种杨树，以前两种受害最重。

【危害部位】 主要侵染叶片，严重时侵染叶柄和嫩梢。

【症状】 在叶片上的病斑特点因寄主和病原不同常有差异。一般最初在叶正面出现褐色圆形小斑，后渐扩大为多角形或不规则形，直径2～10mm，中央灰白色或淡褐色，有宽而明显的褐色边缘。斑内散生或轮生许多小黑点，为病菌的分生孢子器。在叶背无毛的叶片上，背面有病斑和小黑点，叶背面有毛的叶片上，病斑则不明显。1个病叶上可生数十个病斑，并可相互连成大斑，叶片变黄，干枯早落。

【病原】 真菌，半知菌类杨生壳针孢*Septoria populicola*和杨壳针孢*S. populi*。

【发病规律】 病菌在病叶内越冬，分生孢子或子囊孢子为翌春初侵染源。夏季的分生孢子进行多次再侵染。下部叶片先发病，渐向上蔓延。幼树发病较晚。夏秋多雨、高温，苗木、幼树栽植过密，利于病害蔓延。河北毛白杨和小叶毛白杨较抗病，而河南的箭杆毛白杨易感病。

【防控措施】

①在发病严重地区，注意选栽抗病速生品系。

②晚秋扫集落叶集中深埋或高温沤肥，8～9月摘除苗木下部病叶，铲除杂草。

③7～8月发病初期喷洒1:2:200波尔多液、25%络氨铜水剂、65%代森锌可湿性粉剂500倍液等，每15天喷1次，视病情，连喷2～3次。

48. 杨煤污病

【又名】 煤烟病、黑粉病、黑霉病。

【寄生植物】 杨、旱柳、垂柳、栾、榆、火炬树、柑橘、油茶、蒙古栎、青冈栎、紫椴、榛、毛榛、蔷薇、蒙古锦鸡儿、水曲柳、白蜡、华北紫丁香、黄杨等。

【危害部位】 主要为叶片，严重时也危害枝、花芽、叶柄等。

【症状】 发病初期，病部散生灰黑色疏松状小煤斑，后期似煤烟、铅灰状物附于被害部表面，相连成片，妨碍光合作用，衰弱枝势，有碍观瞻。

【病原】 真菌，半知菌类表丝联球霉*Fumago vagans*。1980年在河北易县西陵行宫栾树上采到其有性世代*Capnodium salicinum*。

【发病规律】 当树体被蔽荫，空气湿度大，植株过密，通风不良，土壤瘠薄，生长较弱时，发病往往较重。当树体受蚜虫等危害产生粪便及其他分泌物，或树体自身代谢遭破坏产生含糖分泌物时，均诱发该病发生。

【防控措施】

①树木栽植密度合理，不过密，注意通风透光，促进林木正常生长。

②发病初期选喷1:2:240波尔多液或56%靠山水分散粒剂、35%碱式硫酸铜悬浮剂等2～3次。有蚜虫发生时，释放瓢虫或喷洒40%氧化乐果乳油等防控蚜虫等害虫。

48.2 杨煤污病，示枝干树皮上的黑色霉污

47.2 杨斑枯病，示新疆杨叶被害状Ⅱ

48.1 杨煤污病，示叶被害状

48.3 杨煤污病，示叶片被害状

49. 杨溃疡病

【寄生植物】 杨、柳、核桃、刺槐、苹果、梧桐等。

【危害部位】 大树和幼树的主干、主枝。

【症状】 初期在皮孔边缘形成小泡状溃疡斑，圆形，极小。随后，小泡变大鼓起，大小不等，泡内充满褐色液体，破裂后液体流出，遇空气变为铁锈色。继而病斑干缩下陷，中间有一纵裂小缝。后期病斑上有针头状小黑点，即为病原菌的分生孢子器。秋季在病斑上形成子囊腔。一般光皮树种水泡明显，粗皮树种仅皮下变褐、腐烂，可流出铁锈色液体。

【病原】 真菌，半知菌类聚生小穴壳菌*Dothiorella gregaria*，有性世代为子囊菌门茶藨子葡萄座腔菌*Botryosphaeria ribis*。

【发病规律】 病菌在枝干的病斑内越冬，产生分生孢子器和分生孢子，为当年主要侵染源。子囊孢子在侵染中远不如分生孢子重要。潜育期10～30天。分生孢子成活期60～90天，萌发适温13～38℃。河北4月上旬开始发病，长江流域3月下旬开始发病。发病高峰期，河北5月底至6月，长江流域4～5月，随后减缓，9～10月稍有发展，随后停止。冬季温度高，发病早，反之则迟。干旱瘠薄地、公路行道树、移植苗、树势弱的发病重。加杨、沙兰杨、健杨、波兰15A、Ⅰ-214杨抗病，而大关杨、北京杨、青杨等发病重。同一病株，阳面病斑较阴面多。

【防控措施】

①该病是典型的寄主主导型病害，防控的根本是增强寄主的抗病性。要因地制宜选栽抗病树种，加强经营管理，科学施肥、浇水，促进健壮生长。

②加强出圃苗木检查，不栽病苗。

③起苗后及时假植、运输、栽植，减少定植前的水分散失。栽后立即浇水，缩短缓苗期。或起苗后立即将根部浸入水中24小时，栽前根部蘸生根粉。

④干旱缺水地区植树，可剪除大部分枝条或适当截干。

⑤在发病高峰的4～5月及8月初，主干上喷洒2∶2∶100波尔多液、30%王铜悬浮剂或30%福美胂可湿性粉剂40倍液、40%多菌灵可湿性粉剂50倍液、70%甲基硫菌灵可湿性粉剂100倍液等。发现病斑后，树干涂抹浓度为10%的碱水（碳酸钠）等。

50. 杨腐烂病

【又名】 烂皮病。

【寄生植物】 各种杨树，以及旱柳、榆、板栗、槭、樱、桑、接骨木、木槿、花楸等。

【危害部位】 干、枝。

【症状】 表现为干腐和枯梢。干腐型主要发生在主干、大枝及树干分叉处。初期为暗褐色水肿状斑，皮层腐烂变软，后失水干缩下陷，有时龟裂，病斑有明显的黑褐色边缘。当病斑绕树干一周时，病斑以上部分死亡。皮层腐烂后，纤维分离如麻状，易剥离，木质部边材亦变色。撕开腐烂皮层有酒糟味。以后病斑上生出针头状小黑点，即病原的分生孢子器。潮湿或雨后，自小黑点内挤出橘黄色、黄色或橙黄色胶质卷丝状物或胶质堆状物，即为病原的分生孢子角。在前一年死枝的病

49.杨溃疡病，A.水泡；B.水泡破裂流出锈色液体；C.后期的溃疡斑

50.1 杨腐烂病，示病菌孢子角

50.2 杨腐烂病，示分生孢子角

50.3 杨腐烂病，示毛白杨干基部症状

部常形成一些小黑点，为病原菌的子囊壳。枯梢型是小枝发病，迅速枯死，无明显溃疡症状。

【病原】真菌，子囊菌门污黑腐皮壳菌 *Valsa sordida*，无性世代为半知菌类金黄壳囊孢菌 *Cytospora chrysosperma*。

【发病规律】病菌以子囊壳、分生孢子器、菌丝体在寄主病部越冬。分生孢子器4～9月均能形成，以5～6月产生最多。分生孢子角5月中旬大量产生，雨后或潮湿天气更多。分生孢子借风、雨、昆虫传播，自伤口或死组织侵入。有性世代在前一年的死枝上常见，在冀中平原病枝上子囊壳成熟期在5月以后，子囊孢子在雨后大量散放，靠风力传播，从伤口侵入，过冬后显症状。该病只侵害生长衰弱的树木，行道树、防护林、人工林发病常严重。其发生与树种、树龄、密度、方位等有密切关系。银白杨、胡杨最抗病，廊坊杨、箭杆杨、小叶杨、加杨、钻天杨较抗病，北京杨、唐柳、小青杨易感病。栽植后缓苗慢的受害重。郁闭度0.7以下的片林、绿化区的被压木、防护林的边行、

受冻害、干旱、风沙、冰雹、沥涝等危害生长势弱的树木易发病。

【防控措施】

①增强树势是根本措施。注意选栽抗病、抗寒、耐旱品系。不在坡梁沙地、盐碱地栽杨树。栽后及时浇水，防止干旱。修枝做到勤、弱、合理、适时，剪口平滑。

②及时清除生长弱的树木及重病株，修下的树枝要清理运出绿化区。

③以杨树为主的公路绿化带，在大风地区要在迎风面行外栽小灌木保护。

④经常检查，发现病斑及时治疗。用刀划破病斑，喷涂10%双效灵10倍液或10%碱水(碳酸钠)、843康复剂3倍液、50%琥珀酸铜10倍液、10%蒽油乳剂、0.1%升汞液、5°Be 石硫合剂等。

51. 沙枣褐斑病

【寄生植物】大沙枣、尖果沙枣。

【危害部位】叶片。

【症状】 危害沙枣(尖果沙枣、大沙枣)幼苗、幼树及成树的叶，引起叶

片早落，植株生长衰弱，甚至幼苗死亡。发病初期在叶面产生褐色或黄褐色圆形或不规则形的小斑点，后逐渐扩大，病斑常相互愈合，上面散生小黑点，即病菌分生孢子器。叶背面因密生白毛，仅显不清晰的褐斑。

【病原】真菌，半知菌类沙枣壳针孢 *Septoria argyrea*。

【发病规律】病菌主要以分生孢子器在病落叶上越冬，翌年新叶萌发不久开始释放分生孢子，借风雨传播，侵染危害。每次降雨或灌水后常出现1次侵染，7～8月份为发病盛期。苗木密度过大、通风差、高湿多雨等，发病常较重。

【防控措施】

①秋后清扫落叶，集中深埋或高温沤肥。

51.沙枣褐斑病

②发病前喷洒1:1:100波尔多液或50%代森锌可湿性粉剂250倍液、75%百菌清可湿性粉剂600倍液等，每10～15天喷1次，视病情连喷2～3次。

50.4 杨腐烂病,示分生孢子聚集成胶堆状

50.5 杨腐烂病,示黑色小点分生孢子器

52. 沙枣白粉病

【寄生植物】 沙枣等。

【危害部位】 叶片。

【症状】 发病初期在叶背上出现边缘不甚明显的病斑,有时病斑相连成片。后从病斑上长出疏松的白霉,并向四周蔓延,霉层加厚成白毡状。最后从白霉层中生出许多黑色小圆球状物,病叶干枯早落。

【病原】 真菌,子囊菌门胡颓子内丝白粉菌 *Leveillulaelae agnacearum*。

【发病规律】 病菌以闭囊壳在落叶上越冬,翌年放射出子囊孢子,借风雨传播,7~8月为发病盛期。植株过密,浇水多,不通风的沙枣林发病重。

【防控措施】

①发病初期选喷:硫磺粉,施药量为每60株大树1kg,或喷洒0.3~0.5°Be石硫合剂、50%苯菌灵可湿性粉剂1500倍液、20%三唑酮乳油2000倍液、50%甲基硫菌灵可湿性粉剂900倍液等。

②秋末清扫落叶,集中深埋。

52.1 沙枣白粉病,示叶部被害状

52.2 沙枣白粉病,示后期病叶上的闭囊壳

53. 花木盐害

【寄生植物】 大叶黄杨、油松、紫薇、紫叶李、侧柏、毛白杨等公路绿化植物。

【危害部位】 全株性,根、茎、叶都受害。

【症状和病因】 受害花木,翌春开始发芽吐绿后即开始表现症状,一般阔叶树比针叶树表现快。阔叶树如路边的黄杨绿篱,严重的叶片脱落,小枝由绿色变为灰褐色,不能发芽,表皮粗糙不光滑,根系变褐枯死;受害轻时上部能吐出新叶,但下部枝叶枯死。紫薇受害,重者不能发芽,皮层皱缩,全株枯死,轻者上部虽能发芽,但下部枝条枯死,花量明显减少。侧柏受害后针叶由绿变为苍白色,很快枯死。油松受害后,轻者枝条前端针叶枯黄一半,重者全部针叶枯黄而死。盐害与寄生性病原引起的病害在症状表现上的明显区别是:一是突发性,受害花木在短时间内突然大量枯死;二是地段性,在某一段道路两侧的绿篱、树木都不同程度受害。病因:发病路段在冬雪日有洒盐(Nacl)史。

【发病规律】 一般冬季雪日洒盐水的浓度越高,次数越多,对花木的危害性越大。道路同一侧的花木,临近快车道的比远离快车道的受害重。大地解冻后,很快大量用水浇灌花木的,比不浇水、少浇水的受害轻。

【防控措施】

①根本措施是改进清雪、溶雪方法,最好用机械、物理的清雪、溶雪方法,不要采用洒盐水法,以减免对环境的污染。可试用"绿邦"等溶雪剂,以减轻对花木的伤害和对环境的污染。

②建立严格的清理路面积雪责任制,要在责任路段用人工的或机械的(如吹雪机)方法及时清理积雪。

③如只能用洒盐水法溶雪,可于洒盐水时加强管理,在道路两旁设挡盐雪板,防止盐雪水溅到花木上;清理的盐雪要及时运走,禁止将其堆积在路边绿化区内。

④如花木已受盐污染,要迅速用清水冲洗和浇灌,并加强花木养护,增

53.花木盐害,示道边大叶黄杨绿篱被害后枝条枯死断带状

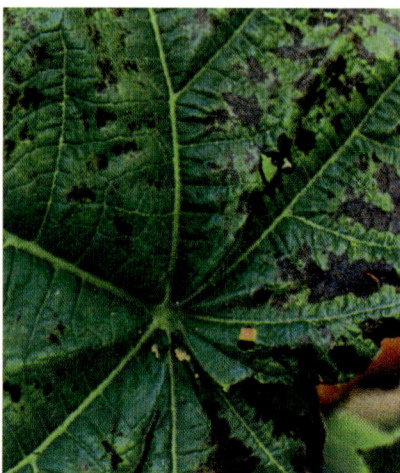
54.1 花木酸性雨害,示初期症状(泡桐)

施有机肥,浇足返青水,以减轻灾害,尽快恢复长势。

54. 花木酸性雨害

【寄生植物】 多种绿化植物。

【危害部位】 全株性,主要表现在新梢、叶片。

【症状和病因】 酸性雨指大量二氧化硫的烟气在大气中逐渐氧化成酸性氧化物后,再与大气中的水气结合成雾状的硫酸,并随雨水一起降落下来。它是大气遭受污染的一种表现。酸雨中还可有硝酸、盐酸等酸性物质,成分复杂。其危害是可使土壤酸化,腐蚀建筑物,妨碍动植物生长和人体健康。酸性雨害和二氧化硫害是紧密相连的。在空气一定量水气的情况下,二氧化硫越多,酸性雨的浓度越大。高浓度的酸性雨对绿化植物产生急性危害。酸根侵入植物体后,首先破坏气孔周围的细胞,然后扩大到海绵组织,进而栅栏组织。它破坏叶绿体,使叶脉之间及叶缘部分失绿,继而组织脱水,叶片焦枯,使树叶早落,新梢枯死。酸性雨浓度较低时,树叶受害部分的细胞失去绿色,渐变为浅褐色或白色。酸性雨对植物的伤害,除了表现对叶片的明显伤害外,还有不可见的生理功能的受阻,如非还原糖减少等。

【发病规律】 各类机动车辆、发电、钢铁、焦化及有色金属冶炼厂、石油加工、石油化工和化肥等工厂的锅炉、家庭取暖设备等,都能排放二氧化硫,公路等车流量大、上述工厂多而集中的地方,危害的面积往往较大而严重。树木在气温高、相对湿度大、土壤湿润的条件下,易受害;中午气温高,光照强,受害较重;早晨和日落后气温低,光照弱,受害较轻;夏季比秋季受害重;具有抗旱形态的树木对二氧化硫的抗性较强。

【防控措施】

①加强环境监测,周围空气中二氧化硫的浓度应控制在0.1mg/m³以下。

②在易受酸性雨危害的路段和地区,应因地制宜选栽对二氧化硫抗性较强的树种,如花曲柳、桑、忍冬、柽柳、旱柳、大叶黄杨、海桐、女贞、夹竹桃、臭椿、榆、苦楝、槐、白蜡、紫穗槐、牵牛、凤仙花、金盏菊、玉兰、万寿菊、结缕草、野牛草等,不要栽植抗性较弱的小叶黄杨、枫杨、美青杨、榆叶梅、云杉、油松、山槐、泡桐、河南桧、垂柳、鸡冠花、一串红、矮牵牛等。

54.4 花木酸性雨害,示小叶黄杨被害状

54.5 花木酸性雨害,示小叶黄杨被害状

54.2 花木酸性雨害,示中期症状(泡桐)

54.3 花木酸性雨害,示河南桧绿篱被害状之一

54.6 花木酸性雨害,示河南桧绿篱被害状之二

55. 花木霜冻害

【寄生植物】多种绿化植物。

【危害部位】全株性，以叶、嫩梢表现明显。

【症状和病因】 北方多见。霜冻是指温度下降到一定临界值使花木在生长期受到冻害的现象，霜冻常伴随寒流而发生。霜冻主要发生在春季，对露地播种的草花、发芽早的木本花卉危害较大。秋季的早霜冻对河北承德及张家口、山西雁北及吕梁、宁夏、甘肃、内蒙古、辽宁、吉林、黑龙江的晚秋生长的花木也有一定的危害。霜冻可使叶缘、叶片、嫩梢被冻死、焦枯；花木没有展开的嫩叶叶缘被冻伤，待叶生长后，叶片呈皱缩状不能展开，形成皱叶；秋季徒长没有木质化的花木可被整株冻死。

【发病规律】春季霜冻来的愈晚、秋季早霜冻来的愈早，温度愈低，持续时间愈长，对花木的伤害愈大。地势高低与受害轻重亦有一定关系，一般"春冻梁，秋冻洼"。

【防控措施】

强化管理。对绿化植物后秋要控水控肥，促进木质化，增强抗冻性。受霜冻后注意浇水施肥管理，尽快恢复长势。

56. 迎春丛枝病

【寄生植物】迎春等。

【危害部位】全株性。

【症状】病株矮小，节间缩短，腋芽早发，抽出的枝条呈丛生状，当年生长量较正常枝明显减少。叶小，叶柄短，花小而量少，病重植株不能开花。

【病原】植物菌原体(MLO)。

【发病规律】全株带病，病株均为全株显症。可借扦插、压条、分株法繁殖而传播。远距离传播主要靠带病苗木的运输。病株在绿化区分布常呈团状，表现为某一片病株较多，也可能为根部接触传染或昆虫、土壤线虫等传染。

55.1 花木霜冻害，示五叶地锦嫩叶被害，展开后皱缩状

55.3 花木霜冻害，示玉兰嫩叶被害，展开后皱缩状

55.4 花木霜冻害，示君迁子苗被早霜危害状

55.2 花木霜冻害，示紫茉莉被早霜危害状

56.1 迎春丛枝病，示病株

【防控措施】

①加强产地检疫和调运检疫。生长季节经常检查，发现病株即行拔除销毁，不引进、调运病苗，严防扩散蔓延。

②从无病健株上采集插穗扦插和进行压条、分根繁殖。不自病株上采集繁殖材料。

57. 侧柏叶枯病

【寄生植物】　侧柏。

【危害部位】　鳞叶、幼嫩新梢。

【症状】幼苗或大树均可受害。病菌侵染当年生鳞叶，常同时侵染幼嫩细枝，一并枯死脱落。受害鳞叶多由先端渐向下枯黄，或从鳞叶中部、基部首先失绿向全叶发展，然后迅速变褐色枯黄，在细枝上则呈段斑状。鳞叶被侵染后，当年不出现症状，于翌年2月底3月初迅速出现叶枯，6月中旬前后在枯死鳞叶和细枝上产生黑色颗粒状物，遇潮湿天气吸水膨胀呈橄榄色杯状物，即病菌的子囊盘。树冠下部往往发病较重，当年秋梢已错过发病期，枯黄甚少。侧柏严重受害后，鳞叶凋枯，似火烧状，病枝叶大批脱落，往往在树干上或枝条上再萌发出一丛丛新的小枝叶，称为"树胡子"，连年危害，病株枯死。

【病原】真菌，子囊菌门侧柏绿胶杯菌*Chloroscypha platycladus*。

【发病规律】病菌以菌丝体在被侵染的叶片、嫩枝中越冬，翌年6月在枯死部位产生黑色颗粒状子实体，并释放子囊孢子侵入当年新萌发叶片，进行新的侵染，7月上旬基本停止侵染。孢子侵染叶片后需经冬季至翌年3月初方出现症状，1年侵染1次。病害首先在立地条件差、土层浅薄的地段发生，随树龄增加病情严重。病害的发生与坡向、坡位无明显关系。其发生和严重程度与6月份的气温和降雨量呈紧密的正相关，与冬季的温度和降水量呈不十分显著的负相关，一般6月份高温、高湿、降雨量大，冬季寒冷干燥，翌年病情严重，反之病情轻。根据气象因子，结合孢子捕捉，可初步预测1年病害发生状况。

【防控措施】

①强化栽培技术管理。侧柏为温带树种，能适应干冷及暖湿的气候。对土壤要求不严，在向阳干燥瘠薄的山坡和石缝中均能生长。喜光，但幼苗幼树能耐庇荫。浅根性，侧根、须根发达，抗风力弱。萌芽力强，耐修剪。对SO_2、烟尘抗性差。可因地制宜选栽。海拔1000m以下，春秋雨三季均可栽植。注意松土、除草施肥，适度修剪，增强树势，增加抗病性。

②发病初期喷药，可选用40%多菌灵可湿性粉剂、40%百菌清可湿性粉剂500倍液等，每7～10天喷1次，连喷2～3次。

57.2 侧柏叶枯病，示被害新梢

56.2 迎春丛枝病，示病枝

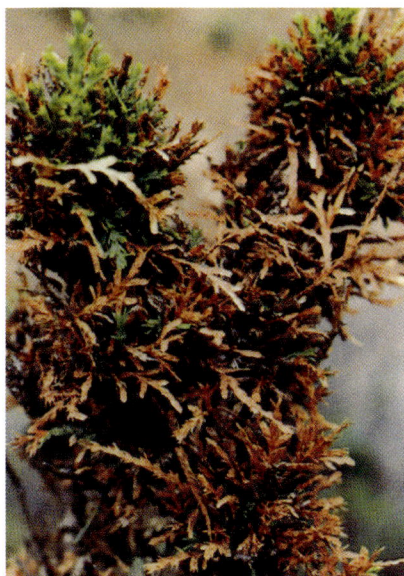
57.1 侧柏叶枯病，示侧柏连年被害成"胡子树"

58. 刺槐枝枯病

【又名】烂皮病。

【寄生植物】刺槐、槐等。

【危害部位】枝、干。

【症状】 侵染衰弱的幼树枝、干部，在冻伤、日灼伤等伤损的死组织或干枝干梢上亦有发生。病部密生疮状黑粒体，即病菌的分生孢子器。逢阴雨或空气湿度大时，分生孢子器于顶部突破表皮层，露出黑色的壳口，挤出大量分生孢子。菌丝体继续上下蔓延，以至整个枝干部长满疮状黑粒体。亦侵染叶片和幼茎。

【病原】真菌，半知菌类槐生大茎点菌*Macrophoma sophoricola*。

【发病规律】 病菌以成熟的分生孢子器在枯枝上越冬，为翌年初侵染源。分生孢子借风雨传播，生长季节多次再侵染。树势衰弱，伤口多的植株发病重。

【防控措施】

①刺槐为温带树种，喜光，不耐庇荫。对土壤适应性较强，能耐0.3%以下的盐碱，在疏松肥沃、土层深厚的地方生长良好，对水分敏感，在水分充足的地方生长快。久旱不雨则叶易早落，甚至死亡。在风口生长不良，萌芽、萌蘖力强。可因地制宜选栽。加强水肥管理，增强树势，是防病根本措施。

②注意幼林抚育，及时清除病弱木，修除病枝，集中销毁，或做薪柴，不要随地丢弃。

59. 刺槐白粉病

【寄生植物】刺槐等。

【危害部位】叶片。

【症状】 被害叶片上初期散生点状白粉斑，后白粉层逐渐增多并扩大连片，甚至布满整个叶面，这些白粉层即病原菌的菌丝体和分生孢子。发病后期，白粉层中出现黄褐色至黑褐色小粒点，即病原菌的子囊壳，严重时叶片早落。叶片的正面和背面都生有白粉层和子囊壳。

【病原】真菌，子囊菌门叉丝白粉菌*Microsphaera* sp.。

【发病规律】 病原菌以子囊壳在病落叶上越冬，翌年4～5月产生子囊孢子，经气流传播至叶面上，萌发后自气孔侵入，进行初侵染。生长季节产生分生孢子，多次再侵染，病斑逐渐扩展。干旱的年份，有大树遮荫、光照不良的环境发病常重。

【防控措施】

①刺槐为阳性树种，喜光照，不耐庇荫。在土层深厚、疏松、肥沃湿润的沙土、沙壤土生长良好，也较耐瘠薄干旱，水分过多，则易根腐，要因地制宜选栽。并要加强管理，秋后认真清扫落叶，集中深埋。

②发病初期喷洒1:1:100波尔多液或0.3～0.5°Be石硫合剂，或选喷15%粉锈宁可湿性粉剂400倍液、15%羟锈宁可湿性粉剂500倍液等。

59.2 刺槐白粉病，示后期白粉层中黑色子囊壳

58.刺槐枝枯病

59.1 刺槐白粉病，示中期叶面布满白粉层

60. 松落针病

【寄生植物】 油松、樟子松、红松、白皮松、华山松、马尾松、新疆五针松、赤松、黑松、黄山松、大别山五针松、海南五针松、云南松、思茅松、高山松、乔松、湿地松、火炬松等二针松和五针松。

【危害部位】 通常侵害2年生针叶，有时1年生的亦被害。

【症状】 症状因树种和病原不同而略有差异，一般初为很小的黄斑点或段斑，至晚秋变黄脱落。翌春在落叶上产生典型后期症状，即先在落叶上出现纤细黑色或褐色横线，将针叶分为若干段，在二横线间产生长约0.2～0.5mm的黑色或褐色长椭圆形或圆形小点，即病菌的分生孢子器。此后产生较大黑色或灰色椭圆形的突起粒点，长约0.3～2.0 mm，有油漆光泽，中间有一条纵裂缝，即子囊果。因病原种类不同，有的针叶上横线纹较多，有的少或缺如，产生子实体的数量和大小亦不同。此外，有的病叶枯死而不脱落，并于其上产生子实体；有的针叶仅上部感病枯死，亦产生子实体，下部仍保持绿色。幼树和大树均可受害，造成针叶枯黄早落，影响生长，严重时濒于死亡。

【病原】 真菌，子囊菌门散斑壳菌 *Lophodermium* spp.，主要有松针散斑壳 *L.pinastri*，危害油松、樟子松、马尾松等；针叶树散斑壳 *L.conigenum*，危害赤松、黑松、黄山松、思茅松、马尾松等；大散斑壳 *L.maximum*，寄主红松；白皮松散斑壳 *L.pini bungeanae*，寄主白皮松；新疆五针松散斑壳 *L. pini sibiricum* 寄主新疆五针松；云南散斑壳 *L.yunnanease*，寄主思茅松。

【发病规律】 病菌多数种以菌丝体或子囊盘在落地针叶上越冬，有的在树上针叶上越冬，翌年3～4月间形成子囊果发育成熟，4～5月间产生子囊孢子。遇雨或潮湿条件，子囊果吸水膨胀放射出子囊孢子，借气流传播，从气孔侵入，潜育期30～60天以上。一般侵染2年生针叶，后期可侵染当年针叶。一般无再次侵染。该病发生与气象因子、树龄和树木生长状况密切相关，子囊孢子飞散和侵入的最适日均温25℃，相对湿度90%以上。在子囊孢子放射期，如持续阴雨，降雨量又大，则抑制孢子飞散。幼林发病率高，易成灾，20年生以上大树较少发病。一般栽植密度大的较密度小的、树冠下部针叶较中上部针叶、被压木较生长旺盛木、高海拔较低海拔、高山迎风面比背风面往往发病重。绿化区干旱、土壤瘠薄，病虫害严重，抚育管理不善，常发病严重。地势低洼，苗木过密，通风不良的圃地，发病亦重。路边栽植的以及高速公路服务区地面硬化后挖坑栽植的松树，一般发病较重。

【防控措施】

①注意松树与其他阔叶树混栽，避免栽植大片松树纯林。

②加强经营管理。及时防治病虫害，伐除生长衰弱或濒死木、被压木，修除重病株的下层枝，每年秋后清扫树下落叶集中深埋。

③在春夏子囊孢子散发高峰期之前喷洒1:1:100波尔多液或50%退菌特可湿性粉剂500～800倍液、70%敌克松可湿性粉剂500～800倍液、65%代森锌可湿性粉剂500倍液、45%代森铵可湿性粉剂200～300倍液等。

60.1 松落针病，示油松被害状

60.2 松落针病，示樟子松被害状

60.3 松落针病，示油松松针被害状

60.4 松落针病，示华山松被害状

61. 松干白腐病

【又名】针叶树心材白色窝状腐朽。

【寄生植物】几乎危害所有针叶树，以松属、云杉属、落叶松属受害最甚，个别阔叶树如槭、山楂、纸皮白桦等亦常受害。

【危害部位】干部的心材及边材。

【症状】病菌主要通过伤口、断枝及死枝桩侵入立木干部，形成白色中央心材腐朽，严重时危及活的边材。腐朽初期，因树种不同心材变为淡紫、红褐、粉红等不同颜色，此阶段木材仍坚韧，有时渗出树脂。后期心材呈现出许多白色枣核形或纺锤形的小孔洞，蚁窝状，有时形成空心。腐朽常集中在树干中、下部，有时较高。该病对材积的毁坏力大于其他立木腐朽。

【病原】真菌，担子菌门松木层孔菌*Phellinus pini*。

【发病规律】该病的发生与立地条件、树龄等关系密切，连年持续发展。立地条件较干燥的地方比潮湿的发病率低，树木的感病率和腐朽材积，均随树龄平均直径的增加而增加。在相同条件下，树龄愈大发病率愈高，主要危害老龄树。

【防控措施】

①加强抚育管理，促进健壮生长，是防控立木腐朽的基本方法。应根据不同的立地条件为每一树种确定合理的栽植密度，实行定向培育。对老龄树及时更新。

②保持绿化区卫生，及时清除病腐木、蠹虫危害木、枯立木、倒木、风折木、大枝桠、衰老木等，及时清除病腐木上的病菌子实体。

③加强经营管理。适当修枝，伤口要平滑，并涂药保护。珍贵松树干部腐朽后，可施手术，挖去腐朽部分连同0.5cm左右的好组织，然后涂5%的硫酸铜液或1:1:10的波尔多液、3%氟化钠液、10°Be石硫合剂、40%福美胂可湿性粉剂100倍液或托福油膏等消毒，再涂一层不透水的油灰，配方为：松脂80：动物油5：变性醇10：赭石粉5。为防树洞积水，用高标号水泥将洞填补平。

④注意树体保护，避免虫伤、兽伤、机械伤等。

62. 构树花叶病

【寄生植物】构树。

【危害部位】全株性，主要表现在叶上。

【症状】叶面出现颜色深浅不一、大小不等的褪绿斑块。病株较矮小。

【病原】病毒，其类群待定。

【发病规律】多表现在基部萌蘖条、新梢的上半部的叶片上，9～10月份的新叶症状表现明显，6月下旬至8月的高温季节症状不明显。

【防控措施】

①及时防控刺吸式口器害虫，防止进一步蔓延扩大。

②发现病株即拔除销毁。不从病株上采种。

63. 油松枯枝病

【又名】松烂皮病、松垂枝病、松软枝病、松枯梢病。

【寄生植物】油松、赤松、黑松、红松、樟子松、云南松以及火炬松、海岸松、欧洲黑松、小干松、窄果松等松属

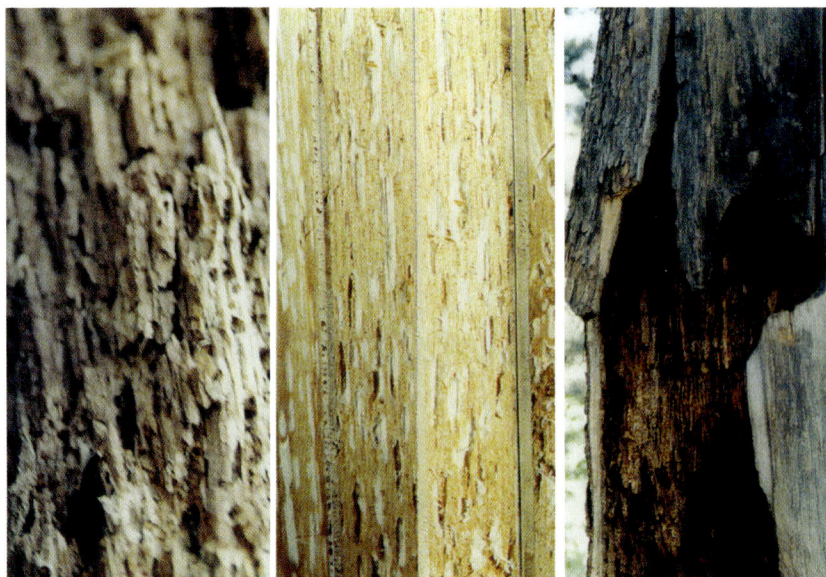

61.1 松干白腐病，示油松心材被害状

61.2 松干白腐病，示红松白腐木材纵剖面

61.3 松干白腐病，示油松活立木被害后心材腐朽状

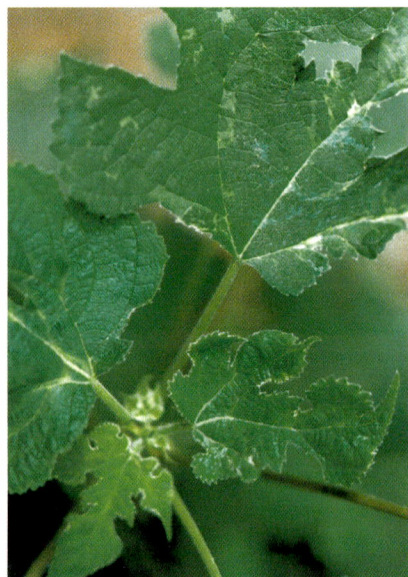

62.构树花叶病

树种。

【症状】 侵染2～10年生枝干皮部，严重时亦侵染干基部引起溃疡。小枝、侧枝及干上发病初期，与健者相比无明显变化。后随病情发展，病部以上有松针时，松针变黄绿色至灰绿色，以至褐色、红褐色。此时病枝干因失水而明显皱缩。若侧枝发病，则向下垂曲；小枝发病，则显示枯枝状；主干发病，开始时流脂，病皮渐干缩下陷，流脂加剧。不久病枝干部渐生细裂纹，从中生出灰褐至黄褐色子实体，1至数个成簇，逐渐发育长大后色深，遇雨展开呈盘状，干燥后紧缩变黑，其边缘由两侧或3个方向向中心卷曲。

【病原】真菌，子囊菌门铁锈薄盘菌Cenangium ferruginosum 和 Cenangium abietis。另外，在我国北方引起松枝枯死的原因尚有2种，一是Valsa kunzei侵染，在山东、河北侵染油松枝、干皮层，自树冠下部第一、二轮个别枝开始发病，逐渐蔓延到主干，当病斑环绕树干一周，引起松树变黄枯死。中、后期皮层内渐变为褐色至暗褐色，并生有扁圆形子座，后突破木栓层出现不太明显的小黑点，空气湿度大时，自黑色小点挤出褐色丝状体，即为分生孢子角。二是干旱，长期干旱造成油松、赤松等枯死，后期树皮干缩、枝干上没有盘状或小黑点状子实体，这些在诊断中应注意。

【发病规律】病原菌为森林习居菌，常生存于松树下层侧枝上，分解松枝上的死皮，促进天然整枝。但当树体因受旱、涝、冻、虫、密度过大或土壤瘠薄，导致生长衰弱时，病菌便侵染衰弱的枝干皮层，引起烂皮症状。本症多发生于4年生以上的树木枝干上，以菌丝体越冬，翌年春出现松针枯萎症状，3～4月间生出子囊盘，5～6月散发孢子，风力传播，水湿条件下萌发，自伤口侵入，越冬后显症状。

【防控措施】

①加强管理，增强树势，是防控该病的根本性措施。要适地适树造林，合理修枝抚育，"三北"地区特别注意防旱，发现病株、枯立木及时清除。及时防控松大蚜、松干蚧、松毛虫等害虫。

②在病菌孢子散发期喷洒1:1:100波尔多液或77%可杀得可湿性粉剂400倍液等，每15天喷1次，连喷3～4次。或用松焦油等涂干。

64. 爬山虎褐斑病

【寄生植物】 爬山虎、五叶地锦等。

【危害部位】叶片。

【症状】受害叶片上出现圆至椭圆形褐色病斑，直径3～8mm，边缘暗紫褐色，潮湿条件下，在叶背面病斑处生出墨绿色绒毛层，每个叶片上可生出1至多个病斑。

【病原】 真菌，半知菌类芽枝霉Cladosporium sp.。

【发病规律】 病原菌以菌丝体和分生孢子在病落叶上越冬，翌春产生

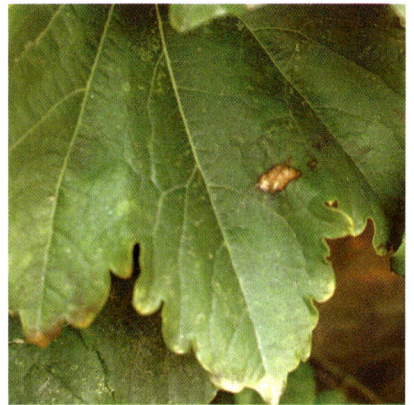

64.爬山虎褐斑病

分生孢子，借风雨传播，形成新的侵染。建筑物墙壁上的爬行虎，以下部叶片发病较多，上部较少。一般发病较轻。

【防控措施】

①入冬落叶后，彻底清除挂在树上的和落地的枯叶，集中深埋或高温沤肥。

②发病严重时喷药防控，可选用50%甲基硫菌灵可湿性粉剂600～1000倍液、50%农利灵可湿性粉剂800倍液等。

81

63.1 油松枯枝病，示树冠上枯死的枝条

63.2 油松枯枝病，示枯枝皮层细裂缝中生出的子实体

65. 玫瑰白粉病

【寄生植物】 玫瑰、蔷薇等。

【危害部位】 花器、叶和嫩梢等。

【症状】 花蕾受害覆盖白色霉层，花萼、花瓣皱缩，轻的开花畸形，重的不能开花。早春嫩叶、嫩梢被害布满白色霉层，节间缩短，叶皱缩反卷，逐渐干枯。气温升高后叶片被害，开始出现褪绿黄斑，继而出现白色霉层，扩大为圆形或不规则形的白粉斑，严重时白粉斑连接成片。

【病原】 真菌，半知菌类粉孢霉 *Oidium* sp.。

【发病规律】 病菌主要以菌丝体在感病植株的休眠芽内越冬，有的地区可以子囊壳越冬，翌春产生分生孢子或子囊孢子，随风雨或气流传播，自气孔或皮孔侵入。在冀南平原5～6月和9～10月发病较重，而在昆明5～10月发病均较重。一般温暖湿润的气候利于该病的发生和流行。植株过密，通风不良，偏施氮肥，磷、钾钯缺乏等，则有利于发病。

【防控措施】

①加强栽培管理。玫瑰喜光，耐寒，耐旱，适生于背风向阳，排水良好，疏松肥沃的沙壤土，中性或稍偏碱亦可。忌积水。秋后挖沟施有机肥，封土浇水，促发新枝。及时剪去枯萎老干，分蘖过多时注意分植。生长季节每半月浇1次稀肥。花后及时剪除枯萎花朵，促其增加开花次数；秋后重剪，每个枝条基部仅留4～5个壮芽。

②在生长季节，尤其是早春经常检查，发现病嫩梢、病叶及时剪除，集中深埋。

③发病初期选喷56%靠山水分散粒剂、64.1%可杀得干悬浮剂、25%粉锈宁可湿性粉剂1500倍液、20%粉锈宁乳油2000倍液、75%甲基硫菌灵可湿性粉剂600倍液等，每隔7～10天喷1次，连喷2～3次。

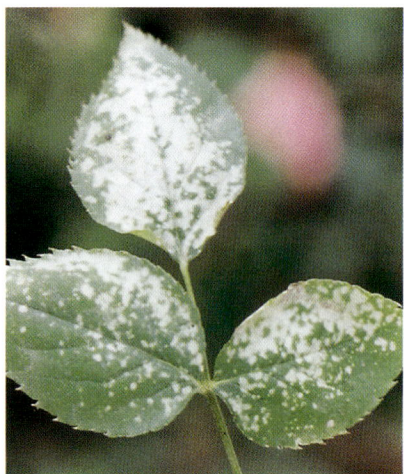

65. 玫瑰白粉病，示病叶

66. 金银花白粉病

【又名】 忍冬白粉病、山银花白粉病。

【寄生植物】 金银花、金银木、锦带花、樱桃忍冬、海仙花、忍冬、五台忍冬、金花忍冬等。

【危害部位】 叶、茎、花。

【症状】 主要危害叶片，有时危害茎和花。叶片被害初现白色小点，后扩展为白色粉斑，后期整个叶片可布满白粉层，严重时叶发黄变形甚至脱落。茎受害生不规则形白粉斑。花受害扭曲，严重时脱落。发病后期各白粉斑中均散生深褐色球形小黑点，即为病原菌的子囊壳。

【病原】 真菌，忍冬叉丝壳 *Microsphaera lonicerae*。

【发病规律】 病菌以子囊壳在病残体上越冬，次年子囊壳释放子囊孢子进行初侵染，发病后病部多次产生分生孢子进行再侵染，扩大病情。温暖湿润或定植密度大，株间荫蔽易发病。偏施氮肥，忽晴忽雨，发病常重。

【防控措施】

①加强栽培管理。合理确定栽植密度，不要过密。注意修剪，增加通风透光性。增施农家肥，防止偏施氮肥。

66. 金银花白粉病

67.1 金银花梢枯病，症状 I

②发病初期喷药防控。可选用15%粉锈宁可湿性粉剂2000倍液、50%胶体硫200倍液、50%苯菌灵可湿性粉剂1500倍液、50%甲基硫菌灵可湿性粉剂1000倍液等。每10~15天喷1次，连喷2~3次。

67. 金银花梢枯病

【寄生植物】金银花等。

【危害部位】当年生新枝嫩梢。

【症状】当年生新枝发病初期嫩梢失水萎蔫下垂，病斑不明显，其后严重失水呈现黄褐至黑褐色枯死，直立，并生有许多小黑点，即为病原菌的分生孢子器。如嫩梢发病快，嫩芽未展叶即发病枯死呈鼠粪状。

【病原】真菌，半知菌类茎点霉 *Phoma* sp.。

【发病规律】病菌以菌丝体、分生孢子器在病组织内越冬，次年产生大量分生孢子，借风、雨传播侵染嫩梢，生长季节多次进行再侵染。7~9月上旬田间都可见到新病梢。植株摘心、短截后形成的二次枝亦发病，植株的阳面、阴面以及大树荫下的嫩梢都不能幸免。

【防控措施】

①适时施肥、浇水，增强树势。

②结合田间管理，发现病梢，即将其剪除(连同病梢下2cm健枝)，集中深埋。

③发病初期开始喷药，可选用1:1:100的波尔多液、77%可杀得可湿性粉剂、64%杀毒矾可湿性粉剂500倍液、70%甲基硫菌灵可湿性粉剂1000倍液等，隔10~15天喷1次，连喷2~3次。

68. 金银花斑点落叶病

【又名】忍冬斑点落叶病。

【寄生植物】金银花等。

【危害部位】叶片。

【症状】感病叶片，初期在叶尖、叶缘，有时在叶面上出现数个失绿的淡黄色小点，并逐渐增多，相互联结，进而自叶缘变为褐色，外圈为黄色，并逐渐扩大，数个褐斑相连，整个叶片很快变为黄褐色脱落。

【病原】真菌，半知菌类链格孢 *Alternaria* sp.。

【发病规律】病菌以菌丝体在病落叶上或植株上病叶越冬，翌春温湿度适宜时产生分生孢子，借雨水、气流传播，从气孔侵入，在生长季节植株上都可见到不同发病阶段的病叶，10月下旬仍可造成落叶。春季雨水多，夏季阴雨连绵，秋季阴湿，发病常重。

【防控措施】

①及时清除落叶，发病轻时摘除植株上的病叶，集中深埋。每年清扫落叶的次数视发病情况而定，但每年至少在初冬应清扫1次。

②药剂防控。发病初期喷洒1:2:200波尔多液或绿得保胶悬剂、77%可杀得、75%百菌清可湿性粉剂800倍液、36%甲基硫菌灵悬浮剂600倍液等，每15天喷1次，视病情共喷2~3次。应于花后喷药。

68.1 金银花斑点落叶病，示初期病斑

67.2 金银花梢枯病，症状Ⅱ

68.2 金银花斑点落叶病，示中期病斑

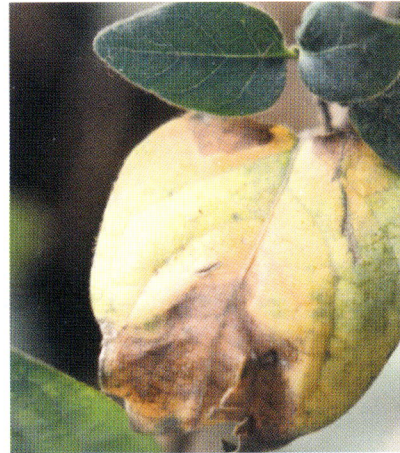

68.3 金银花斑点落叶病，示后期病斑

69. 青杨锈病

【又名】 落叶松杨锈病。

【寄生植物】 落叶松、青杨。

【危害部位】 叶。

【症状】 危害幼苗、幼树和大树的叶片，降低光合作用强度，影响生长，严重时可提前1～3个月落叶。苗期受害最重。春天在落叶松针叶上先出现浅黄色小点，即病菌的性孢子器及蜜滴。几天后其对面长出半球形橘黄色小疱，即为病菌的锈子器，有时几个连成一条。受害针叶局部变黄，逐渐干枯。在杨叶上，叶背先长出半球形橘黄色小疱，即夏孢子堆。夏末在叶正面生出稍隆起的不规则斑，初为铁锈色，后变为暗褐色，为病菌的冬孢子堆。严重时，冬孢子堆相联成片，甚至布满叶面。

【病原】 真菌，担子菌门落叶松杨栅锈菌Melampsora laricipopulina。

【发病规律】 病菌为转主寄生长循环型，以冬孢子堆在杨树病落叶上越冬，翌春冬孢子萌发产生担孢子，借气流传播到落叶松叶上，萌发后穿透表皮或从气孔侵入，7～12天长出性孢子器，很快生出锈孢子器。锈孢子不再侵染落叶松，借气流飞落到杨叶上，萌发后从气孔或穿透表皮侵入，5～8天长出夏孢子堆。夏孢子多次产生和再侵染，从而加重病情。夏末长出冬孢子堆，随病叶落地越冬。各类型孢子萌发均需100%的相对湿度，而冬孢子需经凉水浸泡后再置上述高湿下才能萌发。孢子萌发的最适、最低、最高温度，冬孢子分别为13～18℃、6℃、20℃，担孢子和锈孢子分别为15～18℃、5℃、25℃，夏孢子分别为18～20℃、5℃、30℃。所以，在生长季节，病情与湿度密切相关。多雨的年份和地区，生长密集，通风不良的潮湿环境，病情较重。杨树的不同派别及其杂交种，抗病性各异。青杨派高度感病，黑杨派抗病至高度抗病，白杨派免疫。杂交种中含有青杨派亲本的，感病性增加；含有黑杨派亲本的，抗病性提高；而以白杨派为亲本的，基本上不感病。

【防控措施】

①严重发病区，注意选栽抗病杨树品系。

②于发病初期选喷50%多菌灵可湿性粉剂500倍液、80%代森锌可湿性粉剂500倍液、70%甲基硫菌灵可湿性粉剂1000倍液、0.3°Be石硫合剂、粉锈宁、敌锈钠等。

70. 鸢尾叶枯病

【寄生植物】 鸢尾、西班牙鸢尾、德国鸢尾等。

【危害部位】 叶片。

【症状】 侵染叶片，自叶尖部开始发病，逐步蔓延，致叶端部枯死，枯死部分有深褐色轮纹，严重时可致大部分叶甚至全叶枯死。病株除刚生出的新叶，几乎每个叶片都发病。

【病原】 真菌，半知菌类炭疽菌Virmicularia sp.。

【发病规律】 病原菌在病株残体内越冬，在河北石家庄地区翌年4月中旬露地植株即开始发病。管理不善，水肥失调，尤其是窝风，通风不良，利于发病。

【防控措施】

①加强管理。鸢尾喜向阳，耐半荫，耐寒性强。宜栽植于排水良好而适度湿润的钙质土壤。8～9月间完成花芽分化，春季萌发较早，根茎先端的顶

69. 青杨锈病，示叶背面橘黄色夏孢子堆

芽生长开花。分株繁殖,栽植穴要施基肥,栽植不宜过深,根茎的上部宜露出土表。生长期注意浇水,保持土壤湿润。花后地下部分休眠应暂停浇水。每年春季在植株一侧施一次骨粉或腐熟堆肥即可。秋后彻底清洁花圃,剪除枯死、病死茎叶;生长季节发现少量病叶,可将病部连同部分健叶一并剪去,集中深埋。

②发病初期喷洒84.1%好宝多可湿性粉剂、50%退菌特可湿性粉剂等。

71. 枸杞白粉病

【寄生植物】枸杞。

【危害部位】叶片和嫩梢。

【症状】　叶片被害,叶两面生近圆形白粉状霉斑,后渐扩大至整个叶片被白粉覆盖,叶片皱缩。叶柄、嫩梢被害,亦生白色霉层,严重时新叶卷缩不能伸展。9月下旬后白粉层中生出许多褐色至黑褐色小颗点,即为病原菌的子囊壳。

【病原】真菌,子囊菌门多孢穆氏节丝壳 *Arthrocladiella mougeotii* var *polysporae*。

【发病规律】病原菌越冬态,北方以子囊壳随病残体在地面越冬,翌年放射出子囊孢子进行初侵染;南方以菌丝体在寄主上或有时产生子囊壳越冬。田间发病后病部产生分生孢子,通过风雨传播,多次进行再侵染。在温湿度适宜的条件下,分生孢子萌发直接自寄生表皮细胞侵入。枝叶过密、通风透光不良或毗邻高大乔木、墙体受庇荫而光照不好等,发病常重。

【防控措施】

①枸杞应栽植于土壤疏松肥沃、排水良好、地势开阔、光照良好的地方。定植不要过密,及时疏除过密枝条,保证树体通风透光良好。秋末冬初,结合修剪、耕翻、施基肥等田间管理,彻底清除绿化区落叶、病残体,集中深埋。

②农药防控。春季发芽前喷1°Be石硫合剂或15%粉锈宁1000倍液。发病初期喷洒1:1:200波尔多液、王铜等,每10天喷1次,连喷2～3次;或选喷70%甲基硫菌灵可湿性粉剂800～900倍液、15%粉锈宁可湿性粉剂2000倍液、50%硫悬浮剂300倍液、0.3～0.5°Be石硫合剂、40%晶体石硫合剂300倍液、60%防霉宝2号水溶性粉剂1000倍液、30%碱式硫酸铜(绿得宝)350倍液、40%福星乳油1000倍液等,隔10～15天喷1次,视病情连喷2～3次。果实采收前20天停止用药。

71.1　枸杞白粉病,示白粉病与瘿螨害复合侵染叶片状

70. 鸢尾叶枯病

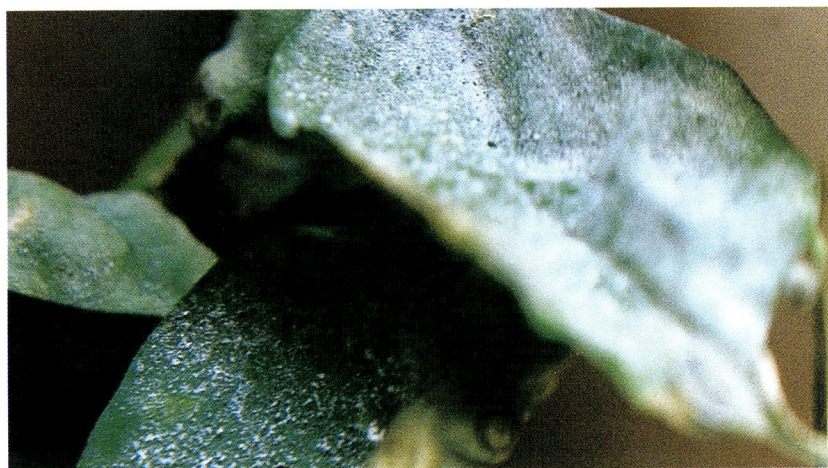

71.2　枸杞白粉病

72. 枸杞炭疽病

【又名】枸杞黑果病。

【寄生植物】枸杞。

【危害部位】果实、花器、叶和嫩枝，而以果实受害最重。

【症状】叶片受害，叶尖或叶缘出现半圆形的褐色斑，后扩大变黑，在潮湿条件下，病斑呈湿腐状，表面出现橘红色黏滴状小点，即病原菌的分生孢子堆。花蕾、花受害，初期都出现小黑点或不规则形黑斑，严重时病斑扩展使整个花蕾、花变黑坏死。青果受害初期出现小黑点或不规则形黑斑，扩展后变黑坏死。后失水凹陷，上生有不明显的小突起，其余健康部位仍可变红，

但质量降低，在阴雨天或田间湿度较大的条件下，病斑扩展迅速，2～3天即可蔓延到全果，表面出现无数橘红色胶状小点，即病原菌的分生孢子堆。严重时整株花枯萎，果实变黑，植株大量落叶。

【病原】真菌，半知菌类胶孢炭疽菌 Colletotrichum gloeosporioides，其有性世代为子囊菌门围小丛壳菌 Glomerella cingulata。

【发病规律】病原菌以菌丝体和分生孢子在树上病果和地面病残果上越冬。翌春温湿度适宜时，主要靠雨水把黏结在一起的分生孢子溅击开后，传播到花、蕾及果上，经伤口或直接侵入，潜育期4～6天。田间发病后，病部产生分生孢子，借风雨传播，多次再侵染。一般高温多雨的年份和季节发病重，扩展快，呈大雨大高峰，小雨小高峰态势。果面有水膜利于孢子萌发，无雨时孢子在夜间果面有水膜或有露滴时萌发。干旱年份或干旱无雨季节发病轻，扩展慢。靠近稻田、沟、渠的，或灌水多而勤的枸杞绿化地，易发病。叶形大、叶色深、叶肉厚的品种，如大麻

叶、大青叶、宁杞2号等较抗病；而叶形小、叶色淡、叶肉薄的品种常易感染。

【防控措施】

①加强栽培管理，增强抗病性。枸杞喜光，喜充足的肥水，较耐寒、耐旱、耐盐碱，萌蘖力强。要科学管理，合理修剪和排灌。冬季剪除病枝、病果，清除地面病残体，集中深埋，并结合深翻园地，增施腐熟的有机肥。6月雨季到来之前再清理1次树体和地面的病残体。夏季控制肥水，雨季及时排水降湿，发病期禁止大水漫灌，防止积水。栽植不要过密，疏除过密枝条，注意通风透光。

②注意防控蚜虫、螨类等其他病虫害。

③在果实发病初期喷洒1：1：160～200波尔多液或77%可杀得1～2次，每隔10天喷1次；或选喷：50%退菌特可湿性粉剂800倍液、50%炭疽福美可湿性粉剂500倍液、45%复方百菌清500倍液、40%灭菌丹可湿性粉剂300倍液、50%苯菌灵可湿性粉剂1500倍液、25%炭特灵可湿性粉剂500倍液、64%杀毒矾可湿性粉剂500倍液等。柑

72.1 枸杞炭疽病，示病叶

72.2 枸杞炭疽病，示病果

73.1 枸杞瘿螨病，示病叶正面

73.2 枸杞瘿螨病，示被害青果

橘叶炭疽菌、红麻炭疽菌对该病病原有颉颃作用，又无污染，可于发病初期喷洒试用。

73. 枸杞瘿螨病

【寄生植物】枸杞。

【危害部位】叶片、花蕾、幼果、果柄和嫩梢。

【症状】叶被害，初在叶面产生绿色隆起近圆形的小点，渐扩大成黄色至淡黄褐色瘿瘤，叶两面都可见隆起，大小约为 $4.0\sim7.5mm\times2.4\sim3.6mm$，后变为紫黑色，严重时1个叶片上可有 $20\sim30$ 个大小不等的瘿瘤。严重时果面、嫩梢、果柄上亦布满瘿瘤，使组织畸形，后期病部枯萎，造成早期落叶、落果。

【病原】节肢动物，蛛形纲蜱螨目大瘤瘿螨 Aceria macrodonis。

【发病规律】大瘤瘿螨1年发生10多代，以老熟雌成螨在 $1\sim2$ 年生枝条的芽鳞内或枝条缝隙内越冬，翌春枸杞展叶时，出蛰移至新叶上产卵。刚孵化的幼螨即钻入枸杞幼嫩组织内，刺激组织异常增生逐渐形成瘿瘤。从5月上中旬起，瘿瘤迅速增大，至5月下旬，老瘿瘤内的当年成螨陆续爬出，扩展到新叶上危害。此时为新梢盛发期，新梢、叶上、幼果上出现大量虫瘿，形成当年出瘿成螨的第1个危害高峰。其后大量落叶，螨口下降。8月上中旬或稍后，形成第2个成螨危害高峰，但没有第1个高峰明显。当气温低于5℃时，成螨开始越冬，大瘤瘿螨除自体移动扩散，蚜虫和木虱亦可将其携带传播，远距离扩散蔓延，主要是随苗木、接穗的调运。宁杞1号（代号73002）较大麻叶抗病。

【防控措施】

①新栽枸杞，严格检疫，选栽无病丰产较抗病的优质品种苗木。

②发芽前，结合其他病虫害防控，喷洒3°Be石硫合剂或45%晶体石硫合剂1次，这是防控该病的关键性1次药，要细致周到喷洒。并在生长期经常检查，及时剪除病叶、病梢、病果，集中深埋。

③对病重绿化区于生长季节喷药防控，应抓住越冬成螨出蛰高峰和当年成螨出瘿瘤2个高峰的有利时机喷药防控，可选喷40%氧化乐果乳油1000倍液、80%敌敌畏乳油1000倍液、20%速灭杀丁乳油3000倍液、40%硫胶悬剂300倍液、40%杀蚜素（加0.1%肥皂粉）400倍液、25%三唑环锡3000倍液等，每次成螨出瘿高峰时喷 $1\sim2$ 次。

73.5 枸杞瘿螨病，示病叶背面

73.3 枸杞瘿螨病，示被害成熟果

73.4 枸杞瘿螨病，示严重受害的病叶

73.6 枸杞瘿螨病，示严重受害的嫩梢

74. 柏芽枯病

【寄生植物】铅笔柏、圆柏、地柏、龙柏、鹿角柏、真柏、河南桧、柏木等。

【危害部位】幼苗及成树的嫩芽。

【症状】前期被害嫩芽呈扭曲状，生长停滞；后期嫩芽由里向外枯萎，黑色干僵，如鼠粪粒状，并脱落。顶芽受害，刺激腋芽萌发，刚萌发的腋芽又受害，如此反复，形成无主梢的秃头或多头丛生状，削弱长势，严重时1～3cm的嫩芽全部枯萎。遇高温高湿天气，导致次生真菌的侵染而引起枯梢。

【病原】节肢动物，蜘蛛纲桧三毛瘿螨Trisetacus juniperinus。

【发病规律】以成螨，有时以卵，聚集于受害轻的芽鳞基部内侧越冬，翌春日均气温10℃时成螨开始活动，在芽内取食。在越冬芽枯萎之前，成螨转移到新萌发的嫩芽内继续取食，并产卵其中。25℃时，卵约经5天孵化。初孵若螨群集危害，成螨既群集又分散，高温时多分散。增殖温度15～25℃，可承受零下15℃的低温。长时间高湿不利于瘿螨生活。1年内有两个增殖高峰，恰与寄主春梢、秋梢旺盛生长期相一致。桧三毛瘿螨以爬行作为主要转移方式，成螨亦可弹跳转移，但扩散速度都很慢。苗木调运是远距离传播的主要方式。刺状针叶型的地柏、桧柏、河南桧等受害重，而鳞状针叶型的龙柏、柏木等则受害轻。同一寄主甚至同一植株上亦是刺状针叶型较鳞状针叶型受害重。

【防控措施】

①防治时间，在整个发病期，以瘿螨大量增殖的前夕，即4月下旬至5月上旬、8月中下旬为最好。

②选喷40%氧化乐果乳油1000倍液、20%蚜螨灵2000倍液等。亦可用40%氧化乐果乳油20倍液涂干。

75. 柳烂皮病

【又名】腐烂病。

【寄生植物】旱柳、垂柳。

【危害部位】枝干。

【症状】侵染柳的枝干，造成枝枯，严重时整株死亡。皮层腐烂，死皮上有小黑点，春季生有橘黄色丝状物或橘黄色胶块，即病原菌的分生孢子角（堆）。

【病原】真菌，子囊菌门柳腐皮壳菌Valsa salicina。

【发病规律】病菌以子囊壳、分生孢子器、菌丝体在寄主病部越冬。分生孢子器4～9月均可形成，以5～6月产生最多。华北平原北部，分生孢子角在5月中下旬大量产生，雨后或潮湿天气更多。分生孢子借风、雨、昆虫传播，自伤口或死组织侵入。有性世代在上一年的死枝上可见。子囊孢子在雨后大量散放，借风雨传播，从伤口侵入。生长不良的行道树、周围地面硬化的树木、被压木、林缘木，以及受冻害、干旱、风沙、冰雹等害生长衰弱的树木，发病常重。

【防控措施】

①加强管理，增强树势。注意适地适树。公路绿化栽植的柳树，要注意松土浇水，防止干旱和地面板结。

②经常检查，发现病斑及时治疗。用刀刮除病斑，并涂10%碱水(碳酸钠)

75.1 柳烂皮病，示分生孢子聚集呈胶堆状

75.2 柳烂皮病，示分生孢子角

74.1 柏芽枯病，示铅笔柏被害状

74.2 柏芽枯病，示河南桧被害状

液或843康复剂3倍液、40%福美胂可湿性粉剂100倍液等。

76. 柳锈病

【寄生植物】旱柳、垂柳、沙柳等。

【危害部位】叶片和花序。

【症状】叶片被害,背面生有黄色粉堆;花序被害后肥肿,上生黄粉,黄粉飞散后,花序变为黄褐色,不能结籽。

【病原】真菌,担子菌门栅锈菌 *Melampsora* spp.。

【发病规律】病原菌在病枝的芽内越冬。城镇公园水塘旁、公路绿化区水沟边生长的柳树常发病。

【防控措施】发病严重,妨碍观赏和生长时可选喷粉锈宁、萎锈灵、羟锈宁等,每10天喷1次,视病情连喷2～3次。

77. 柳煤污病

【又名】柳烟煤病

【寄生植物】旱柳、垂柳、金丝柳、火炬树、杨、榆、栾、蔷薇、锦鸡儿、白蜡、丁香、大叶黄杨、小叶黄杨等。

【危害部位】叶片、芽、枝条。

【症状】受害株的叶片、芽、枝条表面生不规则的、煤烟状斑,严重时可连成一片,妨碍光合作用,有碍观瞻。

【病原】真菌,半知菌类表丝连球菌 *Fumago vagans*。

【发病规律】湿度大,通风不良,或临近水源,花木丛生,土壤瘠薄,生长衰弱等,都易发病。而遭受蚜虫危害或遭受其他刺激,导致树体分泌物多时,亦诱发该病。

【防控措施】

①强调适地适树,加强栽培管理。根据不同的树种以及不同的绿化景观要求,确定合理的栽植密度,注意通风透光,促进植株健壮生长,创造不利于病害发生的条件。

②于发病初期选喷77%可杀得可湿性粉剂500倍液、0.3～0.5°Be石硫合剂、1:2:240波尔多液等,每10天喷1次,视病情连喷2～3次。

③蚜虫等刺吸式口器害虫发生严重时,采取生物的或化学的方法及时防控蚜虫。

89

76.1 柳锈病,示叶片症状

76.2 柳锈病,示花序被害状

77. 柳煤污病,示垂柳被害状

78. 柳瘿螨害

【寄主植物】柳。

【危害部位】叶片和嫩梢。

【症状】被害叶面呈现2mm左右的紫红至桃红色瘿瘤。嫩梢被害，叶片变小，节间和花序缩短，呈现绣球状畸形，大小不等，由几厘米至十几厘米。

【病原】节肢动物，蛛形纲柳瘿螨Eriophyes tetanothrix（危害叶片），Eriophyes sp.（危害嫩梢）。

【发病规律】以成螨在1～2年生枝条的芽鳞内越冬，或在枝条皮层缝隙中越冬，翌春柳树放叶时开始活动，侵入新叶或嫩梢组织内产卵。随后，卵孵化为幼螨，在组织内取食，刺激组织畸变，形成虫瘿。幼螨发育为成螨后，爬出病组织，重复侵染。1年发生多代，6～8月是发病盛期，10月下旬成螨开始越冬。

【防控措施】

①5月中下旬和8月上旬选喷20%螨克乳油1500倍液、50%阿波罗悬浮剂5000倍液、40%乐果乳油1000倍液或50%久效磷乳油1000倍液、80%敌敌畏乳油和40%乐果乳油(1:1)混合2000倍液等，每10天喷1次，连喷2次。

②及时剪除病枝、病叶，集中深埋。

79. 柳癌肿病

【寄主植物】旱柳、小美旱杨等。

【危害部位】主干、枝条。

【症状】在河北固安，5月上旬，枝干上出现土黄色水渍状病斑，周边有黑色宽带。随后，病部凹陷、纵裂，边缘微肿。6月初，溃疡斑边缘隆起肿大，木质部裸露。随树干增粗，病斑逐年扩大，呈梭形。枝干各部位均可发病，距地表1m左右的主干发病尤多。5年生柳树枝溃疡斑可达8.0cm×6.5cm。6月初在凹陷部出现白色菌丝层，随后产生子实体，常呈同心环状排列，初为红色，成熟后橘红色，后期变为黑色。

【病原】真菌，半知菌类瘤座孢Tubercularia sp.。

【发病规律】病菌以菌丝体及子座在病部越冬，翌年4月底5月初放出分生孢子，自伤口侵入。多危害2年生以上的枝干及枝条，水肥条件差、夏季干旱的地块、行道树、风沙地、防护林的迎风面、柳树杆子林采杆过度长势弱，遭冻害及受牲畜危害的柳树，发病常较严重。

【防控措施】

①加强检疫，严禁病区苗木运往无病区，不栽病苗。

②发现病苗病枝及时清除。

③加强保护，防止枝干产生各种伤口。

④药剂防控。发病初期，树干喷洒5°Be石硫合剂，生长季节喷洒1:1:100波尔多液、25%络氨铜水剂、56%靠山水分散粒剂或50%甲基硫菌灵可湿性粉剂200倍液等。

80. 美人蕉疫病

【又名】美人蕉疫腐病。

【寄主植物】美人蕉等多种花卉。

【危害部位】叶片。

【症状】常自叶缘发病，在叶缘、叶尖形成不规则形的褐色斑。湿度大、温度高时病部呈湿腐状，低湿干燥时呈浅褐色干枯状。

【病原】管毛生物，疫霉菌Phytophthora sp.。

78.1 柳瘿螨害，示叶被害状

78.2 柳瘿螨害，示新梢被害状

79.1 柳癌肿病，示2年生柳杆林被害状

90

【发病规律】病菌的菌丝体或厚垣孢子、卵孢子随病组织在土壤中越冬。翌年温、湿度适宜时产生孢子囊，随灌溉水、雨水进行传播。温度较高、雨水大、植株过密、通风不良的环境，发病往往严重。尤其是7～8月份如遇连阴天，又闷热，通风不良，该病易发生和流行，病情发展迅速，5～7天叶片即可大部烂光。

【防控措施】

①搞好园艺管理。美人蕉性健壮，适应性强，具有一定耐寒力。喜暖热气候及阳光充足的环境。几乎不择土壤，而以湿润肥沃的深厚壤土为好。吸收有毒气体和对有害气体的抗性均较强。应施足底肥，生长前期经常松土锄草，开花前结合浇水施稀薄液肥2～3次。开花后的花茎要及时剪去，以促抽新茎，开出新花。秋霜后，剪去地上部分，挖出根茎，室内晾1～2天后，沙藏于室内，保持5℃左右不要受热、受冻、受水渍。在温暖地区可不挖出根茎，稍加保护即可露地越冬。采用分株法繁殖。

②秋霜后及时清除园圃内的枯死茎叶和地面落叶，集中深埋或高温沤肥。生长季节及时剪除近地面叶片，以保持空气流通，并防病菌侵染。

③发病初期喷药防控，可选用50%灭菌丹可湿性粉剂700倍液、25%甲霜灵可湿性粉剂500倍。

81. 美人蕉花叶病

【寄主植物】美人蕉。

【危害部位】全株性，叶片表现明显。

【症状】感病植株叶片上产生与叶脉平行的黄绿相间的条纹，严重时叶缘的黄色条纹相互连接，甚至叶片内卷、畸形、枯死。植株矮小，开花小而少，花瓣形成杂色。

【病原】病毒，黄瓜花叶病毒（CMV）。

【发病规律】美人蕉带毒母株是病毒传播的重要来源，分株繁殖是重要的扩散途径，田间通过蚜虫传播。病毒在蚜虫体内有效时间不超过4小时，桃蚜、玉米蚜等蚜虫在健株上吸食1分钟即可带毒，再在健株上吸食1分钟即可将病毒传给健株。汁液接触，如病、健株接触磨擦，田间作业等造成伤口

亦可传毒。美人蕉的品种间的抗病性有一定的差异，红花美人蕉抗病性较强，而法国美人蕉、粉叶美人蕉、普通美人蕉等较易感病。

【防控措施】

①注意选栽红花美人蕉等抗病性较强品种。强化栽培管理，促进健壮生长，增强抗病性。

②发现病株及时连根茎拔除深埋或高温沤肥。

③精选无病毒健康母株的根茎作为繁殖材料。带毒根茎不得繁殖。

④及时防控各种蚜虫。

81. 美人蕉花叶病

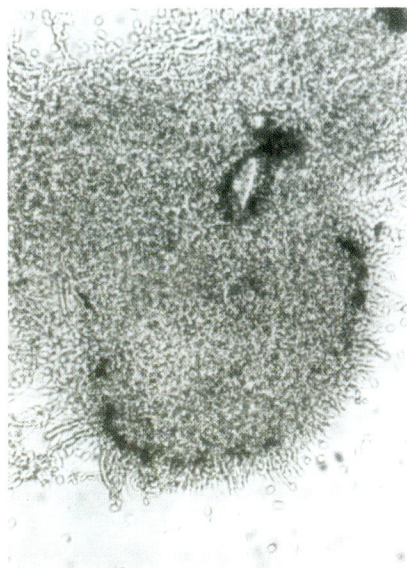

82. 树木风害

【受害植物及发生规律】各种花木都可受害,可造成叶片破碎脱落、落花、落果、折枝、断梢,甚至连根拔起。一般迎风雨、林缘、孤立木受害较重,浅根性树及木材纤维短的树种受害亦常重。

【防控措施】 在常遭风灾的地区,对珍惜树木、苗圃等要营造防护林带。行道树要选栽深根性、木材纤维长、抗风性强的树种,不要选栽易风折、风倒的木纤维短的及浅根性树种。

83. 树木地衣害

【寄主植物】杏、栗、杨、云杉、侧柏、落叶松、杉等多种针阔叶树。

【危害部位】枝干、叶片。

【症状和病原】地衣Lichens是植物界的一门,是真菌和藻类共生的植物。组成地衣的真菌多数是子囊菌,少数是担子菌;藻类常是蓝藻和单细胞绿藻。藻类制造有机物,真菌则吸收水分并包被藻体,两者以互利的方式相组合,具有一定的形态、结构,产生一类特殊的化学物质。寄生于寄主枝干、叶片上,依外部形态可分为壳状、叶状、枝状和胶质状四大类。

【发病规律】地衣能生活在多种环境中,阴湿、干旱、寒冷、高山寒漠等条件下均能生长,以营养体在寄主枝干、叶片或裸岩上越冬,翌春分裂成碎片进行繁殖,经风雨传播到寄主的枝干或叶片上形成侵染;亦以含有菌和藻成分的芽孢子经风雨传播。

【防控措施】

①地衣对自然环境有重要影响,是大气污染的指示植物。有地衣生长的地方,一般大气污染较小,要注意保护此类环境。

②对受地衣侵害严重的绿化树木,可用竹片等将其刮除,集中深埋,并在枝干上喷洒3~5°Be石硫合剂等,不要大面积广泛用药。

82.1 树木风害,示悬铃木侧枝风折状

82.2 树木风害,示悬铃木侧枝折断状

82.3 树木风害,示三倍体毛白杨的枝被风刮折断状

82.4 树木风害,示苹果叶被害状

82.5 树木风害,示金银木被害状

82.6 树木风害,示香椿叶被害状

83.1 树木地衣害,示枝状地衣 I

84. 树木槲寄生害

【寄主植物】杨、榆、柳、板栗、桦、胡桃、枫杨、栎、梨、李、苹果、赤杨、椴等。

【危害部位】枝、干。

【症状】在其枝上寄生常绿小灌木。树木被寄生后，部分水分和无机盐被夺走，并有毒害作用，因此发芽晚，落叶早；不开花或开花迟；不结果或早落果；木质部纹理被破坏，树势衰弱，可导致腐朽，严重时，枝条或整株枯死。嫩枝被害初期稍肿大，后长成瘤状，因寄生物吸根的延伸，可形成鸡腿状长瘤。

【病原】种子植物，桑寄生科槲寄生 *Viscum coloratum*。

【发病规律】槲寄生植物为多年生常绿小灌木，每年产生大量种子，种子主要靠鸟类传播。其浆果成熟期多在冬季，正值其他植物无叶无果休眠，麻雀、乌鸦、斑鸠、土画眉等鸟类食料较缺，就食此浆果。浆果内果皮木质化，外有一层白色物质极黏，有保护种子功能，种子即使经过鸟类消化道，排出后仍有生活能力。种子经鸟嘴吐出或随粪便排出，靠种子外黏性物质，附着在寄主树皮上，遇适宜温湿度，即萌发形成吸盘，以初生吸根钻入寄主枝条皮层达木质部。从种子萌发到钻入皮层约需10天。其后生出次生吸根，与寄主输导组织相连，吸收寄主的水分和无机盐，形成胚叶，发展茎叶部分。

【防控措施】连年砍除病枝，砍除时间在种子成熟前。槲寄生全株可入药，可将除害与药用相结合。

84.1 树木槲寄生害，示榆树被害状

83.3 树木地衣害，示山杏被害状

84.2 树木槲寄生害，示被害柳枝纵剖面

83.2 树木地衣害，示枝状地衣Ⅱ

83.4 树木地衣害，示危害叶状地衣

84.3 树木槲寄生害，示槲寄生植株(红色为果)

93

85. 树木侵染性流胶病

【又名】 疣皮病、瘤皮病。

【寄主植物】 桃花、樱花、紫叶李、杏、梅、榆叶梅、香椿、花椒等。

【危害部位】 枝、干、果实。

【症状】 新枝染病，以皮孔为中心树皮隆起，出现直径1～4mm的疣，其上散生针头状小黑点，即病菌分生孢子器。在大枝及树干上，树皮表面龟裂，粗糙。后瘤皮开裂陆续溢出树脂，透明、柔软状。树脂与空气接触后，由黄白色变成褐色、红褐色至茶褐色硬胶块。病部易被腐生菌侵染，使皮层和木质部变褐腐朽，树势衰弱，叶片变黄，严重时全株枯死。果实发病，由果核内分泌黄色胶质，溢出果面，病部硬化，有时龟裂，严重影响桃果品质和产量。

【病原】 真菌，子囊菌门腔菌纲格孢腔菌目茶藨子葡萄座腔菌*Botryosphaeria ribis*，无性世代为半知菌类*Dothiorella gregaria*。

【发病规律】 以菌丝体和分生孢子器在被害枝干部越冬，翌年3月下旬至4月中旬产生分生孢子，借风雨传播，从皮孔、伤口侵入。1年中有两个发病高峰，分别在5～6月和8～9月。当气温15℃左右时，病部即可渗出胶液，随气温上升，树体流胶点增多。一般直立生长的枝干基部以上部位受害严重，侧生枝干向地表的一面重于向上的部位，枝干分杈处受害亦重；土质瘠薄，肥水不足，负载量大，均可诱发该病。黄桃系统较白桃系统易感病。

【防控措施】

①结合冬剪，清除被害枝梢。低洼积水地注意开沟排涝。增施有机肥及磷、钾肥。控制树体负载量。

②在桃花休眠期，即在桃树萌芽前用抗菌剂102的100倍液涂刷病斑。开花前刮去胶块，再用50%退菌特50g+5%硫悬浮剂250g混合涂抹。

③在桃花生长期，从5～6月，喷洒50%多菌灵可湿性粉剂800倍液或50%混杀硫悬浮剂500倍液、50%苯菌灵可湿性粉剂1500倍液、70%甲基硫菌灵超微可湿性粉剂1000倍液等。每15天喷1次，共喷3～4次。

85.1 树木侵染性流胶病，示紫叶李主干流胶状

85.2 树木侵染性流胶病

85.3 树木侵染性流胶病

85.4 树木侵染性流胶病

85.5 树木侵染性流胶病，示香椿主干流胶状

86. 树木非侵染性流胶病

【又名】生理性流胶病。

【寄主植物】 桃花、紫叶李、樱花、榆叶梅、杏等多种花木。

【危害部位】主要危害主干和主枝桠杈处,小枝条、果实也可被害。

【症状】枝干受害初期病部稍肿胀,早春树液开始流动时,从病部流出半透明黄色树胶,尤其雨后流胶现象更为严重。流出的树胶与空气接触后,变为红褐色,胶冻状,干燥后变为红褐至茶褐色的坚硬胶块。病部易被腐生菌侵染,使皮层和木质部变褐腐烂,致树势衰弱,叶片变黄、变小,严重时,枝干或全株枯死。果实发病,果面溢出黄色胶质,病部硬化,发育不良。

【病因】 非寄生性。①霜害、冻害、病虫害、雹害及机械损害造成的伤口,引起流胶。②施肥不当,修剪过重,结果过多,栽植过深,土壤粘重,土壤酸碱度不适等原因,引起树体生理失调,而导致流胶。

【发病规律】一般4~10月间,雨季,特别是长期干旱后偶降暴雨,流胶病常严重。一般树龄大的桃树较幼龄树流胶严重。果实流胶与虫害有关,蟓象危害严重的,果实流胶严重。砂壤土和含砾质的壤土栽培的桃树较粘壤土和肥沃土栽培的发病少。

【防控措施】

①桃园增施有机肥,低洼积水地注意排水,盐碱地注意挖沟排盐,合理修剪,减少枝干伤口,避免连作。

②及时防治天牛、吉丁虫、蚧壳虫、蟓象、腐烂病等病虫害,冬春季树干涂白。

③花后和新梢生长期各喷1次浓度为0.2%~0.3%的比久(B9)溶液,抑制生长,也可喷洒0.01%~0.1%矮壮素,促进枝条早成熟。

85.6 树木侵染性流胶病

86.1 树木非侵染性流胶病,示香椿主干被害流胶状

86.3 树木非侵染性流胶病,示杏树流出的胶体后期龟裂状

86.4 树木非侵染性流胶病,示桃树主干被害状

85.7 树木侵染性流胶病,示桃树枝干被害状

86.2 树木非侵染性流胶病,示杏树流胶初期

87. 树木冠瘿病

【又名】根癌病、根头癌肿病。

【寄主植物】61科140属,含针、阔叶树木和草本植物计300多种,以杨柳科、蔷薇科受害最重。

【危害部位】苗木、幼树、大树都可受害,主要发生于根颈处,以及主根、侧根、主干、枝条上。

【症状】苗木感病后发育受阻,生长缓慢,植株矮小,严重时叶片萎蔫,早衰,甚至死亡。大树受害,树势衰弱,生长不良,提前落叶,树龄缩短。主干受害降低材质及工艺价值。受害处形成大小不等、形状各异的瘤,开始近圆形,淡黄色,表面光滑,质地柔软,渐变为褐色至深褐色,质地坚硬,表面粗糙龟裂。瘤内组织紊乱。后期肿瘤开放式破裂,坏死,不能愈合。受害株上的瘤数多少不一,当瘤环树干一周、表皮龟裂变褐色时,植株上部死亡。

【病原】细菌,癌肿野杆菌 *Agro-bacterium tumefacieus*。

【发病规律】病原在癌瘤组织的皮层内或土壤中越冬,在土壤中存活2年以下。借灌溉水、雨水、嫁接工具、机具、地下害虫等传播,苗木调运是远距离传播的主要途径。从伤口侵入,潜育期几周至1年以上。碱性、黏重、排水不良的土壤比酸性、砂壤、排水良好的土壤发病重。芽接比切接发病轻。根部伤口多少与发病率成正比,伤口愈多发病愈重。毛白杨比加杨、钻天杨发病

87.1 树木冠瘿病,示葡萄蔓被害状

87.2 树木冠瘿病,示沙枣干被害状

87.3 树木冠瘿病,示圆柏主干和侧干上的后期肿瘤

87.4 树木冠瘿病,示悬铃木被害状

87.5 树木冠瘿病,示桂花嫁接口被害状

87.6 树木冠瘿病,示苹果主干被害状(后期)

87.7 树木冠瘿病,示杏树初期瘤体(下)和中期瘤体(上)

87.8 树木冠瘿病,示合欢干被害状

87.9 树木冠瘿病,示垂柳症状

87.10 树木冠瘿病,示杏树后期瘤体

87.11 树木冠瘿病,示悬铃木主干被害状

87.12 树木冠瘿病,示槐树病株

重,沙兰杨、大关杨很少发病。

【防控措施】

①严格苗木检疫。发现病苗烧毁。可疑病苗用0.1%高锰酸钾溶液或1%硫酸铜溶液浸泡10分钟后用清水冲洗干净,然后栽植。无病区不从疫区引种,认真检查,不栽病苗。

②选用未感染根癌病、土壤疏松、排水良好的砂壤土育苗。如圃地已被污染,用不感病树种轮作或用硫酸亚铁、硫磺粉75～225kg/hm²进行土壤消毒。

③加强栽培管理,注意圃地卫生。起苗后清除土壤内植株残根;从无病母树上采接穗并适当提高采穗部位;中耕时防止伤根;及时防控地下害虫;嫁接尽量用芽接法,嫁接工具在75%酒精中浸15分钟消毒;增施有机肥如绿肥等;珍贵苗木花卉早期发现癌瘤后,用利刀将其切除,然后用1%硫酸铜溶液、2%石灰水或50倍抗菌剂402溶液消毒切口,再涂波尔多液保护,切下的瘤烧掉。发病初期用甲醇50:冰醋酸25:碘片12混合液或木醇80:二硝基邻甲酚钠20的混合液,涂抹肿瘤数次,瘤可消除。

④生物防治。利用根癌病菌的邻近菌种不致病的放射土壤杆菌 *Agrobacterium radiobacter* K84制剂,用水稀释为1×10^6单位/ml的浓度,用于浸种、浸根、浸插条。

87.13 树木冠瘿病,示蜡梅被害状

87.14 树木冠瘿病,碧桃根部瘤体

87.15 树木冠瘿病,示君迁子症状

87.16 树木冠瘿病,示楸树被害状

87.17 树木冠瘿病,示柿树被害状

87.18 树木冠瘿病,示苹果树干初期症状

87.19 树木冠瘿病,示梨树根部被害状

87.20 树木冠瘿病,示臭椿主干新生出的瘤体

87.21 树木冠瘿病,示高速公路服务区金丝柳症状

87.22 树木冠瘿病,示桑树干的初期肿瘤

87.23 树木冠瘿病,示桃树嫁接口被害状

87.24 树木冠瘿病,示月季侧根上生出的大肿瘤

87.25 树木冠瘿病,示杨树干基瘤体

87.26 树木冠瘿病,示毛刺槐嫁接口癌肿

87.27 树木冠瘿病,示核桃主干被害状

87.28 树木冠瘿病,示月季病株根颈部的大型肿瘤

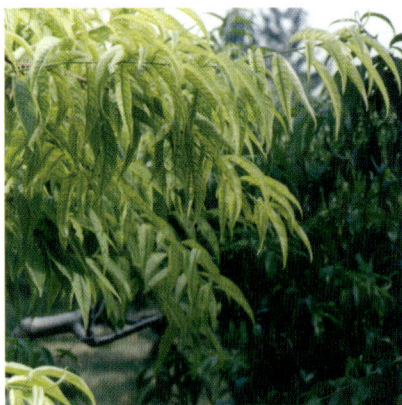

88. 树木缺铁症

【又名】 黄化病、黄叶病、白叶病、褪绿症。

【寄主植物】 刺槐、悬铃木、杨、枣、月季、花椒、山楂、桃花、梨、苹果、葡萄、栗等多种阔叶树以及针叶树。

【危害部位】 全株性,主要表现在叶片。

【症状】 阔叶树叶片易显症,尤其是新梢顶端叶片。初期叶色变黄,叶脉仍保持绿色,致叶片呈绿色网纹状,旺盛生长期症状尤明显,新梢顶端新生叶,除主脉、中脉外,全部变为黄白色或黄绿色。严重时,顶端至枝条下部叶片全部失绿变黄,叶片自叶尖、叶缘变褐枯死。新梢顶端枯死,呈枯梢状,

影响树木正常发育,导致树势衰弱,易遭冻害及其他病害。针叶树受害,针叶亦黄化。

【病因】 非寄生性,缺铁(Fe)。铁元素参与叶绿素的合成,又是呼吸酶的成分,在植物体内难转移,故缺铁症状多自新梢顶端幼嫩叶开始。

【发病规律】 该病常见于盐碱土及钙质土地区。一般土壤中不缺铁,但在盐碱较重的土壤中,可溶性二价铁转化为三价铁而不易被植物吸收利用,致表现缺铁。一切加重土壤盐碱化程度的因素,如天气干旱,水分蒸发,盐分上升到土壤表层;低洼地地下水位高,盐分积于地表;土壤黏重排水不良等,都易发生该病。一般双子叶植物比单子叶植物更易表现缺铁症。阔叶

88.1 树木缺铁症,示桃花被害状(右为健株)

88.2 树木缺铁症,示苹果被害状

88.4 树木缺铁症,示紫薇被害状,症状 I

88.6 树木缺铁症,示紫薇被害状,症状 II

88.3 树木缺铁症,示杨树被害状

88.5 树木缺铁症,示月季被害状

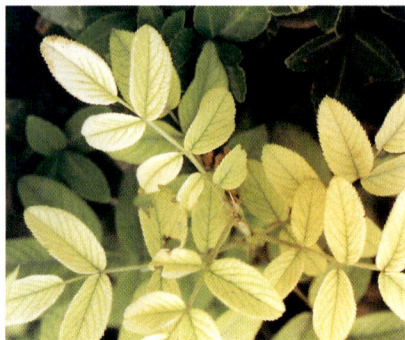

88.7 树木缺铁症,示黄玫瑰被害状

树受害较常见。

【防控措施】

①因地因树制宜选用土壤肥沃、pH值低于7、排水良好的壤土植树。

②盐碱土地区注意改土治碱。种植绿肥，间作豆科植物，增施有机肥；挖沟排水，掺砂改黏，灌水压碱等。

③于发病初期补充铁素。发芽前，树冠喷洒0.3%～0.5%硫酸亚铁溶液，或硫酸亚铁1∶硫酸铜1∶石灰2.5∶水360的混合液；用树干注射器向树干内注射硫酸亚铁或柠檬酸铁1000～2000倍液，或硫酸亚铁200倍液加入硫酸锌200倍液，用前试验剂量，以防药害；根施硫酸亚铁1份与腐熟有机肥5份混合均匀，每株2.5～5.0kg，或在土壤中施用螯合铁。生长季节；喷0.1%～

0.2%的硫酸亚铁溶液或柠檬酸铁溶液，每20天喷1次，共喷3次；或在顶部1～3片叶开始失绿时，喷黄腐酸二胺铁200倍液或0.5%尿素加入0.3%硫酸亚铁混合液或FCU复合铁肥（即0.25%FeSO$_4$＋0.05%柠檬酸＋0.1%尿素）等，10天后喷第二次。

88.14 树木缺铁症，示月季被害状

88.11 树木缺铁症，示圆柏被害状

88.15 树木缺铁症，示华北落叶松被害状

88.8 树木缺铁症，示山楂叶被害状

88.9 树木缺铁症，示紫薇被害状，症状Ⅲ

88.12 树木缺铁症，示梨叶被害状

88.16 树木缺铁症，示大叶黄杨被害状

88.10 树木缺铁症，示葡萄叶被害状

88.13 树木缺铁症，示枣被害状

88.17 树木缺铁症，示桃花叶被害状（后期叶缘焦枯）

89. 树木普通裂褶菌木腐病

【又名】边材腐朽病。

【寄主植物】 女贞、槐、合欢、火炬树、接骨木、杨、柳、榆、桦、蒙古栎、苹果、山桃、赤杨、槭、枫、椴、松等多种针阔叶树。

【危害部位】 主干、主枝伤损部的边材，以及枯立木、倒木、伐桩等。

【症状】 被害木质部的症状，因树种而异。杨树等软材阔叶树，腐朽初期变色不明显，后期呈白色腐朽，散生不规则的黑色线纹。硬材阔叶树和针叶树，腐朽初期变色较明显，呈褐色或茶褐色，后期常呈褐、棕、赭等杂色腐朽。被害边材向下凹陷，外部长满小型覆瓦状子实体。

【病原】 真菌，担子菌门普通裂褶菌Schizophyllum commune。

【发病规律】 病菌以菌丝体在被害木质部越冬，当温度上升至7～9℃时开始活动。在干燥条件下，子实体收缩起保护作用。遇适宜温湿度，子实体表面绒毛迅速吸水，数小时即可释放孢子传播蔓延。温度16～24℃时蔓延较迅速，自各种伤口侵入危害。

【防控措施】

①根据不同树种的不同特性，科学管理，加强树体保护，防止冷冻、日灼、人、畜、机械、病虫等损伤，合理修枝，注意浇水施肥，增强树势。修枝伤口涂1%硫酸铜液、煤焦油或波尔多液等保护。

②发现子实体后，立即连同树皮刮除深埋，并在病部涂1%硫酸铜液，或向病部注入硫化铜150～200倍液等治疗。

③对公路绿化树木实行树干涂白，每年进行2次，5～6月及9月各1次。

89.5 树木普通裂褶菌木腐病，示花椒枝被害状

89.1 树木普通裂褶菌木腐病，示杨树主干上的子实体

89.3 树木普通裂褶菌木腐病，示女贞主干被害状

89.6 树木普通裂褶菌木腐病，示杏树干部被害状

89.2 树木普通裂褶菌木腐病，示桑树修枝剪口被害状

89.4 树木普通裂褶菌木腐病，示槐树枝被害状

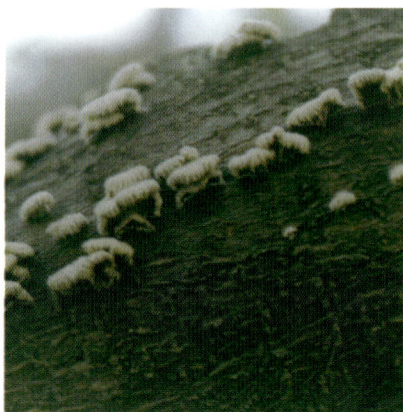

89.7 树木普通裂褶菌木腐病，示桑树侧枝被害状

90. 胡杨锈病

【寄主植物】 胡杨、小叶胡杨、灰杨。

【危害部位】 叶片、芽和嫩枝。

【症状】 发病初期叶片上出现黄绿色小圆点,渐扩大并变为黄白色,随后圆点中央呈现橘黄色小疱,其表面破裂散发出橘黄色粉,严重时整叶枯黄脱落。病芽在早春萌叶时,表面覆盖橘黄色粉,展出的叶片皱缩。有病嫩枝弯曲,上面覆盖橘黄色粉,病枝缢缩枯死。

【病原】 真菌,担子菌门粉被栅锈菌*Melampsora pruinosae*。

【发病规律】 没发现中间寄主。病菌在芽鳞内和枝条的病斑上越冬。病芽是初侵染源。新疆塔里木盆地的塔里木河流域胡杨林,4月上旬病芽展叶时即出现夏孢子堆,5月初散发出夏孢子,病害流行。7～9月是发病盛期。9月下旬树木生长后期,夏孢子堆的下面或附近,形成冬孢子堆。苗木发病率与其密度成正比,密度大发病率高。浇水次数多或降水量大的年份发病重。地势低洼排水不良处和河谷发病最重。

【防控措施】

①苗圃地距胡杨片林、大苗区1000 m以上。

②当年苗,自第一片真叶起,经常检查,及时拔除病、弱苗,适当间苗。2年生以上苗,增施磷、钾肥,及时修剪苗木下部枝条,保持苗床通风透光。适量浇水,绿化区不积水。

③早春展叶后摘除病芽,并将其装入塑料袋中集中深埋,不要边摘边丢。

④出现病芽后喷药,选用15%粉锈宁300倍液、萎锈灵200倍液、敌锈钠50～100倍液、羟锈宁有效成分450g/hm²等,每7～10天喷药1次,视病情连喷3～4次。

89.8 树木普通裂褶菌木腐朽,示合欢被害状

90.胡杨锈病

89.9 树木普通裂褶菌木腐病,示火炬树被害状

89.10 树木普通裂褶菌木腐病,示核桃枝被害状

91. 珍珠梅叶斑病

【寄主植物】 珍珠梅、华北珍珠梅、星毛珍珠梅等。

【危害部位】 叶片。

【症状】 被害叶面出现圆形或不规则形褐斑，叶背面相对应的病斑上散生暗褐色至黑褐色霉点，即病原菌的分生孢子梗和分生孢子。

【病原】 真菌，半知菌类后藤尾孢 *Cercospora gotoana*。

【发病规律】 病菌以成熟的分生孢子和分生孢子梗基在落地病叶上越冬，是翌年的初传染源。一般7～8月中下旬发病较重。

【防控措施】

①秋后认真清扫树下落叶，集中深埋或高温沤肥，减少侵染源。

②发病初期选喷1:1:100波尔多液、84.1%好宝多可湿性粉剂、56%铜大师水分散粒剂、50%多菌灵可湿性粉剂350倍液等，每10天喷1次，视病情连喷2～3次。

91.珍珠梅叶斑病

92. 草坪腐霉菌枯萎病

【又名】 油斑病、絮状疫病。

【寄主植物】 细弱剪股颖、草地早熟禾、高羊茅、紫羊茅、葡匐剪股颖、细叶羊茅、粗茎早熟禾、多年生黑麦草、意大利黑麦草、红顶草等冷季型和狗牙根等暖季型草坪草。

【危害部位】 芽、苗、成株的各个部位。

【症状】 种子萌发和出土过程中被害，出现芽腐、苗腐和幼苗猝倒。幼根近尖端部分出现褐色湿腐。成株受害，一般自叶尖向下枯萎或自叶鞘基部向上呈水渍状枯萎，病斑青灰色，后期病斑边缘变为棕红色。根部受害，有的产生褐色腐烂斑，根系发育不良，全株生长迟缓，分蘖减少，下部叶片变黄或变褐，草坪稀疏；有的根系外形正常，无明显腐烂现象或仅轻微变色，但次生根的吸水机能被破坏，高温炎热时，病株失水死亡，成块草坪可在数日内枯死。高温高湿条件下，导致根部、根颈部、茎、叶变褐腐烂，在草坪上突然出现直径2～5cm的圆形黄褐色枯草斑（或称斑秃），病株水渍状变暗绿色腐烂，手摸之有油腻感，紧贴地面倒伏。继续发展直径可达10～50cm，圆形或不规则形。在雨后清晨或晚上有露水或空气湿度大时，倒伏在地面的病株上可见一层白色或紫灰色的絮状物，在枯草斑的外缘也能见到类似的絮状物，即为病原菌的菌丝体。太阳出来直接照射，空气干燥时，白色或紫灰色絮状物迅速消失。在剪草较高的草坪上，枯草斑较大，形状不规则，多个相邻枯草斑可汇合成形状不规则的大枯草斑。枯草区常分布于草坪低湿地区或水道两旁，有时沿剪草机或其他农机作业路线呈长条形分布。在低湿积雪地区，由于积雪覆盖，排水不良，草坪草也可严重受害。

【病原】 管毛生物，卵菌瓜果腐霉 *Pythium aphanidermatum*、终极腐霉 *Pythium ultimum*、禾谷腐霉 *Pythium graminicola*、群结腐霉 *Pythiummyriotylum*、禾根腐霉 *Pythium arrhenomanes* 等。

【发病规律】 病原为习居土壤，

腐生性很强，以菌丝体和卵孢子依附于病株残体或在土壤中或同时存在这两种介质上越冬。在适宜条件下，卵孢子萌发产生游动孢子囊和游动孢子，游动孢子形成休止孢子后萌发产生芽管和侵染菌丝，侵入禾草的各个部位。卵孢子萌发也可直接生成芽管和侵染菌丝。在整个生长季节，可产生大量菌丝体及无性繁殖器官孢囊梗和孢子囊，形成多次再侵染。病菌传播的主要方式有：孢子在植株和土壤表面水中游动；随灌溉水和雨水传播；用带菌的水灌溉草坪；带菌土壤或带菌植株残体随园艺作业机具和人员而传播；带病草坪草的远距离调运等。高温高湿最适宜病原菌的侵染。潮湿的土壤和叶面水膜是该病发生的必要条件。白天最高气温30℃以上，夜间最低气温高于20℃，大气相对湿度高于90%，且持续14小时以上，或者连阴雨，该病常大发生。在高氮肥下生长茂盛稠密的草坪最易感病，碱性土壤比酸性土壤发病重。因腐霉菌种类不同，该病多发生于高温条件下(29.4～35.0℃)，但有时在温度11～21℃最活跃而侵染喜凉的冷季型草。草坪草多不抗该病，而以多年生黑麦草最易感，大部分改良狗牙根品种较抗或较耐该病。

【防控措施】

①良好的立地条件，是防控该病的根本。草坪建植前要平整土地，黏重、沙性大、建筑垃圾多、碱性等土壤要进行改良，使土壤比较深厚、疏松，建立良好的排、灌水设施，降低地下水位，防止积水。要保证草坪空气流通，避免周围环境郁蔽气流不通畅。

②科学管护。水分管理，要采用滴灌、喷灌，控制灌水量，减少灌水次数，减少10～15cm深根层土壤的含水量，降低草坪小气候相对湿度。灌水时间要在晴天8:00～12:00进行，避免在阴天、傍晚以后灌水。灌水要灌透。提倡春，秋季均衡施肥，注意增施有机肥和磷、钾肥，避免偏施氮肥。不要过多过频剪草，剪草不要过低，一般保持5～6cm为宜。高温潮湿，叶面有水，特别是植株发病叶面有明显菌丝时，不要剪草，以免病菌传播。

③讲究卫生。注意清除草坪的枯草层，使枯草层厚度不要超过2cm。剪下的碎叶要及时清出草坪外深埋。有病草坪与无病健康草坪，不要共用一个剪草机，如只能共用，应先剪健康草坪再剪有病草坪，或剪完病草坪后对刀具、机轮消毒后再剪健康草坪。操作剪草机人员应在鞋底上套塑料袋，剪完一片草坪后换用新塑料袋。

④不同草种品种混播建坪。在北京地区提倡以草地早熟禾为主适当混以高羊茅、黑麦草的不同草种混合播种，或不同品种的草地早熟禾混合播种。

⑤药剂防控。新建草坪，实行药剂拌种或种子包衣，可选用：甲基立枯灵，粉锈宁，杀毒矾，灭霉灵等，用药量一般为种子重量的0.3%。土壤消毒可选用甲基立枯灵、敌克松等。对成坪草坪，早期防控，控制初期病情是关键，搞好病情监测，在高温高湿季节到来之前及时喷洒杀菌剂，可选用：70%代森锰锌可湿性粉剂500倍液、90%乙膦铝可湿性粉剂500倍液以及甲霜灵、杀毒矾、甲霜灵锰锌等，每10～15天喷1次，视病情连用2～3次。

92.1 草坪腐霉菌枯萎病，示早春积雪融化后低温状态下的白色絮状菌丝体Ⅰ

92.2 草坪腐霉菌枯萎病，示低温下的白色絮状菌丝体Ⅱ

93. 草坪斑枯病

【又名】 草坪夏季斑病、草坪夏季环斑病、草坪夏季斑枯病。

【寄主植物】 草地早熟禾、羊茅、匍匐剪股颖、多年生黑麦草等多种冷季型草坪草。

【危害部位】 根部。

【症状】 草坪上出现大小不等、不规则形的枯斑，在草地早熟禾上，夏初草坪初现环形、生长较慢、瘦弱的小斑块，后草株褪绿变成枯黄色，或出现枯萎的圆形斑块，直径约3～8cm，斑块继续扩大至直径40～80cm不等的圆形。在白天气温28～35℃，夜晚高于20℃的持续高温天气下，病叶迅速从灰绿色变成枯黄色，多个枯草斑块相

互连结，而形成大面积不规则形枯草斑。在剪股颖和早熟禾混播的草坪，圆形枯斑直径可达30cm。在一般的绿地草坪上，开始时出现弥散性的黄色或枯黄色小斑，易与高温逆境、昆虫危害及其他一些病害的症状相混淆，应注意区别。受该病危害的草株根部、根冠部和根状茎呈黑褐色，后期维管束也变为褐色，外皮层腐烂，整株死亡。检查潮湿环境下的这些病组织，可见网状稀疏的深褐色至黑色的外生菌丝。

【病原】 真菌，*Magnaporthe poae*。

【发病规律】 病原菌以菌丝体在植物的病残体和多年生的寄主组织中越冬。病原菌在21～35℃温度范围均可侵染，而以28℃为最适。暮春5cm土

层温度达到18.3℃时病菌开始侵染根的外皮层细胞，随着温度回升，病菌可沿着植株根部、根冠和匍匐茎的生长在植株间蔓延，每周可达3cm。在炎热多雨的天气，大量降雨或暴雨之后又遇高温，病害开始显症并很快蔓延扩展，造成草坪出现大小不等的枯斑，并不断扩大，可一直持续到初秋，枯斑内枯草不能恢复，在下一个生长季节枯斑依然明显。该病在高温而潮湿的年份和排水不良、土壤紧实的草坪发病较重，其中高温在病害发生过程中起着重要作用。使用砷酸盐除草剂、速效氮肥和某些传导性杀菌剂，可以加快症状的出现。而较低的修剪高度、频繁的浅层灌溉等养护措施，往往使草坪发病更为严重。过高、过低的土壤pH值是通过影响草坪草的生长而对病害的发生起作用的。该病的传播方式，一是通过剪草机械，二是草皮的移植运输。草坪中以草地早熟禾受害最重。

【防控措施】

①选用抗病草种(品种)或将其混合种植，是防控该病最经济有效的方法之一。不同草种间的抗病性差异，由高至低依次为：多年生黑麦草＞高羊茅＞匍匐剪股颖＞硬羊茅＞草地早熟禾。可因地制宜的选用。

②科学养护，以减轻逆境和促进根系发育。剪草高度应不低于5～6cm，特别是在高温期。施用硫磺包衣的尿素或硫铵等缓释氮肥，增施磷钾肥。在保证不致干旱的前提下，要深灌，尽量减少灌溉次数，注意疏松土壤，并打孔、疏草、通风、改善排水条件。

③化学防控。农药拌种、种子包衣和土壤处理，可选用灭霉灵、乙膦铝、杀毒矾、绿亨1号、代森锰锌、甲基硫菌灵、移栽灵等。成坪草坪应于暮

93.1 草坪夏季斑枯病，示草坪被害状 I

93.2 草坪夏季斑枯病，示草坪被害状 II

春、夏初5cm土层温度18～20℃时开始用药，可选用64%杀毒矾可湿性粉剂、95%绿亨1号、70%代森锰锌可湿性粉剂、50%灭霉灵可湿性粉剂、50%乙膦铝可湿性粉剂、70%甲基硫菌灵可湿性粉剂等，常规浓度喷雾，药液量300ml/m²，或用药液泼浇，将药液喷到植株根颈部，视病情用药2～3次，间隔15天左右。

94. 草坪锈病

【又名】 草坪黄粉病。

【寄主植物】 早熟禾、匍匐冰草、鸭茅、剪股颖、雀麦、冰草、亚冰草、黑麦草、羊茅、鸭茅、多年生黑麦草等几十种禾草。

【危害部位】 叶片、叶鞘或茎秆。

【症状与病原】 在发病部位上生成黄色至铁锈色的夏孢子堆和黑色的冬孢子堆，与之相对应的叶片背面失绿变为黄白色，被该病严重侵染的草坪远看为黄色。依据不同病原菌侵染部位的不同，可分为：条锈病，病原菌为真菌，担子菌门条形柄锈菌 *Puccinia striiformis*；叶锈病，病原菌为隐匿柄锈菌 *Puccinia recondita*；杆锈病，病原菌为禾柄锈菌 *Puccinia graminis*；冠锈病，病原菌为禾冠柄锈菌 *Puccinia coronata*。

【发病规律】 病原菌为专性寄生菌，主要以夏孢子在草坪禾草或其他禾本科寄主上存活，完成周年循环，而性孢子、锈孢子、冬孢子、担孢子在侵染中作用不大。在禾草周年存活地区，锈菌的菌丝体和夏孢子在禾草病部越冬。在禾草不能周年存活地区，锈菌不能越冬，只能翌春由越冬地区随气流传来的夏孢子而引起新的侵染。在发病区，气流、雨滴迸溅草坪作

业等都可传播。在气温20～30℃、叶面有水膜的条件下，夏孢子方能萌发，由气孔或直接穿透表皮侵入，潜伏期约6～10天，在生长期内，夏孢子可多次进行再侵染，从而扩大病情。每年5～11月锈病都有不同程度的发生，不同草坪禾草对不同锈病的抗病性不同，水肥充足、管理得当、生长健壮的草坪对锈病的抗性较强，而草坪草过密、降水多而频繁、光照不足、偏施氮肥、土壤碱性大、修剪过度过频等遭受逆境而致草坪衰弱生长不良时，则易感染锈病并造成重大损失。

【防控措施】

①加强栽培管理，选种抗病草种及品种并合理混播。草地早熟禾、结缕草、狗牙根、多年生黑麦草等品种具有较强的抗病性。改良型品种锈病发生严重，而一些普遍型草坪草，如普通狗牙根、普通多年生黑麦草、普通草地早熟禾等，则不发病或发病较轻。可将几种改良型品种混合种植。种植前注意合理选地、整地、增施磷、钾肥，避免偏施氮肥。要在晴天上午灌水，不要在阴天、傍晚灌水。发现病害后早剪草，应于夏孢子形成释放前修剪，以剪除病叶，并将剪下的残叶集中深埋或高温沤肥。草坪周围适当减少高大乔木，以利通风透光。

②发病初期喷洒农药，可选用20%粉锈宁乳油2000倍液、25%粉锈宁可湿性粉剂2500倍液、30%百科乳油1000倍液、12.5%速保利可湿性粉剂1800倍液等。

94.草坪锈病

95. 草坪白粉病

【寄主植物】狗牙根、草地早熟禾、细叶羊茅、匍匐剪股颖、鸭茅等多种禾草。

【危害部位】叶片、叶鞘、茎秆和穗部。

【症状】受害草皮呈灰白色，像是撒了一层白面粉。受害叶片上出现1～2mm大小的褪绿斑点，正面较多；以后逐渐扩大成近圆形、椭圆形、长椭圆形绒絮状霉斑，初为白色，渐变为灰白、灰褐色。霉斑表面生有一层粉状分生孢子，后期霉斑中生出褐色至黑色的小粒点，即为病原菌的子囊壳。随着病情的发展，感病叶片逐渐萎黄。

【病原】真菌，子囊菌门禾布氏白粉菌 *Blumeria graminis*。

【发病规律】病原菌以菌丝体或子囊壳在病株体内或体表越冬，亦可以子囊壳在病残体中越冬。翌春，菌丝体产生分生孢子，子囊壳释放出子囊孢子，借气流传播，在春夏之交侵染禾草，并不断引起再侵染，扩大病情。当感病草种种植在荫蔽或空气流通不畅的地方，凉爽（15～22℃）、潮湿以及多云、阴天的气象条件，则有利于病害的发生和流行；偏施氮肥则加重病情。同一草种或品种，生长在光照充足的地方比荫蔽、低光照的地方，发病明显较轻。粗茎早熟禾、多年生黑麦草、早熟禾及草地早熟禾的Nugget和Bensun两个品种比较抗病。

【防控措施】

①选用抗病草种和品种并混合种植。常用草坪草中，以早熟禾、细叶羊茅、狗牙根最易感病，在发病严重地区应避免选用。

②科学管护。控制合理的种植密度、不要过密；适时修剪，不要留茬过高；增施磷钾肥，控制氮肥施用量；合理灌水，不要过干过湿，忽干忽湿；注意草坪周围乔、灌木的选择和修剪，保证草坪冠层的通风透光。

③喷药防控。可选用25%粉锈宁可湿性粉剂1500倍液、12.5%速保利可湿性粉剂2000倍液、50%退菌特可湿性粉剂1000倍液、70%甲基硫菌灵可湿性粉剂1300倍液、25%多菌灵可湿性粉剂500倍液等，发病初期开始喷洒，每10～15天施药1次，连施2～3次。

95. 草坪白粉病

96. 草坪黑粉病

【寄主植物】早熟禾、剪股颖、鸭茅、梯牧草、细叶羊茅、黑麦草等多种草坪草。

【危害部位】叶和花序。

【症状和病原】侵染草坪的黑粉病因症状类型不同主要有以下几种：

条黑粉病 病原为真菌，担子菌门条形黑粉菌 *Ustilago striiformis*。单株病草在草坪上零星分布或形成大面积斑块。病叶卷曲，并在叶片和叶鞘上出现沿叶脉平行的长条形冬孢子堆，稍隆起。最初白色，渐变为灰白色至黑色，成熟后孢子堆破裂，散出大量黑色烟灰状孢子。严重病株叶片卷曲并从顶向下碎裂，甚至整个植株死亡。新发病的草坪，病株零星分布，症状很难发现，数年后方变得明显。重病区，一般发生在4年生以上的草坪。

秆黑粉病 病原为冰草秆黑粉菌 *Urocystis agropyri*。症状与条黑粉病基本相同。

疱黑粉病（叶黑粉病） 病原为鸭茅叶黑粉菌 *Entyloma dactylidis*。病叶背面有黑色椭圆形疱斑，即冬孢子堆，长度不大于2mm，疱斑周围褪绿，严重时整个叶片褪绿变为近白色。冬孢子堆始终埋在寄主叶表皮下，表皮不破裂，而引起表皮皱曲或形成疱状物。从远处看，发病草坪呈黄绿色。黑粉病侵染花序，致整个花序变为黑色烟灰状，种实被破坏。

【发病规律】黑粉病大多为系统性侵染（疱黑粉病为局部性侵染）。病原菌以冬孢子在种子、土壤、病叶和病残体中越冬。有的病菌还可以菌丝体在多年生草的冠、叶、茎节上越冬。休眠的冬孢子在种子和土壤中可存活3～4年。通过风、水、种子或带病土壤、病残体等的移动传播。翌春条件适宜时，冬孢子萌发产生担子和担孢子。担孢子萌发形成侵染菌丝，自幼苗的胚芽鞘或成株的根状茎、匍匐茎或冠部侵入，在体内系统扩展至整个存活期，并不断形成冬孢子扩大侵染。枯草层过厚、酸性土壤有利于病情发展。炎热、干旱的夏季或干燥、寒冷的冬季常致草坪大面积枯死。禾草种间抗病性有一定的差异，如条黑粉病在草地早熟禾上发病最重，偶尔在剪股颖、黑麦草、羊茅上发病，而结缕草和狗牙根上未见发病。

【防控措施】

①科学管理水肥土。建坪前细致整地，捡除石块、树根、杂草，整理成疏松、肥沃、深厚的土壤，排水良好不积水。根据建坪的景观要求，选种抗病性较强的草种、品种或草皮卷，混种或更新为以改良型草地早熟禾为主的草坪，有较好的防病效果。适当浅播，避免深播，尽量缩短出苗期，氮磷钾肥合理搭配施用，增施磷钾肥，避免偏施氮肥。播种时施用硫铵等速效化肥做种肥，以促进幼苗早出土，减少侵染机会。提倡施用酵素菌沤制的堆肥或腐熟的有机肥。浇深水、透水，避免土壤干旱。

②药剂拌种。播种建坪时，可选用种子重量0.3%的75%萎锈灵可湿性粉剂、种子重量0.08%～0.1%的20%三唑酮乳油、种子重量0.2%的40%拌种双可湿性粉剂、种子重量0.2%的50%多菌灵可湿性粉剂等，搅拌均匀后堆闷6小时，可防控多种黑粉病。

③发病初期喷药防控，可喷洒20%三唑酮乳油1800倍液或25%百理通可湿性粉剂2000倍液等。

96.1 草坪黑粉病，示秋季晨露中的草坪被害景观

96.2 草坪黑粉病，示单株草坪草被害状

97. 草坪褐斑病

【又名】 草坪禾草丝核菌综合症、立枯丝核疫病。

【寄主植物】 所有草坪禾草。

【危害部位】 植株的叶、叶鞘、茎。

【症状】 因草种类型(冷季型或暖季型)、品种组合、养护管理水平(修剪高度、次数)、气象条件、立地条件以及病原菌株系等的不同,而症状变化很大。一般感病草坪会出现由枯草形成的环状或近似环状的斑秃,也可能在整片草坪内出现枯草斑,或仅在斑秃内出现枯草斑。病害严重和反复流行时,茎也会死亡。单株受害,叶鞘及叶上生褐色梭形、长条形病斑,多数长5~10mm,有的40mm以上,严重时病斑可绕茎一圈。初期病斑青灰色水渍状,边缘红褐色,后期病斑黑褐色;严重时整叶水渍状腐烂,整个病茎基部变褐色或枯黄色,病株分蘖多枯死。连续几天降雨出现低温不利于病害发展时,叶鞘病斑上常生有红褐色不规则形菌核,易脱落。在潮湿条件下,叶鞘及叶片的病部生稀疏的褐色菌丝。草坪受害,出现近圆形枯草斑,其直径从十多厘米至2m不等。条件适宜时病情发展迅速,枯草圈内病草初呈污绿色,很快变为褐色。在暖湿条件下,枯草圈的外缘有暗绿色至灰褐色的浸润性边缘,是由萎蔫的新病株组成,称为"烟圈"。有"烟圈"是病害处于发展蔓延期的象征。当叶片干枯时"烟圈"消失。由于枯草斑中心的病株较边缘病株恢复得快,结果枯草斑就呈现出了环状或称"蛙眼"状,即中央绿色,四周为枯黄色。若病株散生于草坪中时,无明显的枯草圈出现。由不同的病原侵染不同季型草坪,症状表现往往不同。但以剪股颖和早熟禾受害最重。

【病原】 真菌,半知菌类,茄丝核菌*Rhizoctonia solani*、禾谷丝核菌*Rhizoctonia cerealis*、稻枯斑丝核菌*Rhizoctonia oryzae*、玉米丝核菌*Rhizoctonia zeae*。

【发病规律】 病原菌为弱寄生菌,习居土壤,主要以土壤传播。以菌

97.1 草坪褐斑病,示叶斑Ⅰ

97.2 草坪褐斑病,示叶斑Ⅱ

97.3 草坪褐斑病,示叶斑Ⅲ

108

核或以菌丝体依附植株残体渡过不良环境，菌核最适的侵染和发病温度为21～32℃。当气温升至30℃，同时空气湿度很高，夜间温度高于20℃时，病菌明显侵染叶片和其他部位。自叶、叶鞘或根部的伤口、气孔或直接穿透表皮侵入叶片。该病为流行性很强的病害，早期只有几个叶片或几株草受害，一旦条件适宜，加上没有及时防控，病害会迅速蔓延，造成大片禾草受害，特别是修剪很低的草坪等。老草坪枯草层较厚，菌量大；偏施氮肥，植株生长旺盛，组织柔嫩；地势低洼潮湿，排水不良，田间郁蔽，通风不良，湿度大；冬季低温，禾草受冻；灌水时机和灌水量不当等因素，都利于病害的发生和流行。目前，无抗病品种，但品种间的抗病性有明显差异，其抗病性由大到小依次为：粗茎早熟禾＞早熟禾＞草地早熟禾＞高羊茅＞多年生黑麦草＞加拿大早熟禾＞小糠草＞匍匐剪股颖和细剪股颖。

【防控措施】

①科学管护草坪。合理施肥，保持氮、磷、钾肥的适当比例，特别强调要有足够的磷、钾肥，从高温高湿季节到来之前起直至整个高温高湿期间，少施最好不施氮肥，适当增施磷、钾肥。科学灌水，防止大水漫灌和积水，特别强调避免傍晚浇水。枯斑出现初期，可于早晨尽早除去露水。改善通风透光条件，降低田间湿度。草坪过密要适当打孔疏草，及时修剪，以利透风通光，但夏季剪草不要过低。

②枯草层、病残体和修剪下的残草，要及时清除。因地制宜选植相对抗病草种。

③选育抗病草种。

④新建草坪药剂防控。种子包衣或拌种，可选用粉锈宁、灭霉灵、消菌灵、拌种双、杀毒矾等。包衣和拌种剂量视药剂种类和草种不同而异，50%灭霉灵可湿性粉剂则为种子重的0.2%～0.3%。亦可采用毒土覆盖法，即用20%甲基立枯磷乳油1000倍液或50%拌种双粉剂与50倍的细土拌匀做成毒土，覆盖播下的种子，上面再覆土。

⑤成坪草坪药剂防控。早期防控，是该病药剂防控的关键。第1次用药时间，石家庄地区可在4月中旬，北京地区在5月初。可选喷70%代森锰锌可湿性粉剂、70%甲基硫菌灵可湿性粉剂、75%百菌清可湿性粉剂、50%灭霉灵可湿性粉剂、3%井冈霉素水剂、25%三唑酮可湿性粉剂、20%甲基立枯磷乳油、15%恶霉灵水剂等。亦可选用上述药剂中的一种，用灌根法或泼浇法控制发病中心。在褐斑病与腐霉枯萎病混合发生时，可用72.2%普力克水剂800倍液加50%福美双800倍液喷淋。用药次数，视病情而定，一般不应少于3次，每次相隔10～15天。

97.4 草坪褐斑病，示枯草形成的环状斑秃

97.5 草坪褐斑病，示草坪中的被害草及环状斑秃

98. 草坪镰刀菌枯萎病

【又名】 草坪镰刀菌枯萎综合症。

【寄主植物】早熟禾、羊茅、剪股颖等多种草坪草。

【危害部位】 根、茎、叶。

【症状】 该病可造成草坪草苗枯、根腐、颈基腐、叶斑、叶腐、匍匐茎和根状茎腐烂等症状。幼苗出土前后种子和根被侵染，受害较轻时，种仁和根表出现褐色斑，幼苗黄瘦，发育不良，严重时造成烂芽和苗枯；在新建草坪上引起幼苗立枯和猝倒。成株叶片受害，病叶上最初多自叶尖向下或自叶鞘基部向上出现水渍状暗绿色斑，后变为枯黄色至褐色，病斑边缘褐色

98.1 草坪镰刀菌枯萎病，示成株叶片被害状，初期病叶自叶尖向下变褐枯黄

98.2 草坪镰刀菌枯萎病，示草坪被害景观

至红褐色，外围枯黄色。湿度大时，病部生有白色至淡红色菌丝体和分生孢子团。草坪上的症状，初现淡绿色小斑块，随后迅速变黄，在高温干旱的天气条件下，病草枯死变为枯黄色，而形成圆形或不规则形枯草斑，直径20～30cm。当湿度大时，病草的茎基部和冠部可出现白色至粉红色的菌丝体和大量的分生孢子团。在温暖潮湿的天气条件下，可造成大面积草坪均匀发生叶部病斑。叶部病斑主要发生在老叶和叶鞘上（首先侵染叶尖），不规则形，初为水渍状墨绿色，后变为枯黄色至褐色，病斑边缘褐色至红褐色，外围枯黄色。三年生以上草地早熟禾被该病侵染后枯草斑近圆形、新月形、条形，直径可达1m。在冷凉高湿季节，镰刀菌可单独或与雪腐捷氏霉复合侵染，在草坪被积雪或其他覆盖物覆盖时，造成叶片枯萎或草株死亡，在草坪上形成枯斑；而在没有积雪等覆盖物的情况下，在草坪上造成弥散的枯萎，引起草株的叶枯或雪腐。

【病原】 真菌，半知菌类黄色镰刀菌*Fusarium culmorum*、禾谷镰刀菌*Fusarium graminearum*、燕麦镰刀菌*Fusarium avenaceum*、木贼镰刀菌*Fusarium eguiseti*、异孢镰刀菌

98.3 草坪镰刀菌枯萎病，示老叶被害状

Fusarium heterosporum、梨孢镰刀菌*Fusarium poae*等。

【发病规律】 病原菌以菌丝体在病草和病残体上越冬，有些种还可以厚垣孢子在土壤中或土壤表面的枯草层中越冬。厚垣孢子可随病残体在土中存活2年以上，在9℃的干燥土壤中可存活8年多。病土、病残体和带菌种子是该病初侵染主要来源。春天湿度和营养条件适宜时，病菌迅速生长，产生大量分生孢子。分生孢子随气流传播，不断进行再侵染，导致草株大量出现叶斑或冠腐和根腐。高温和干旱有利于冠腐和根腐的发生，尤其是仲夏高温、阳光直射的阳坡上。土壤含水量过高或过低均利于镰刀菌枯萎病的发生，干旱后长期高温或枯草层温度过高时发病尤重。春、夏季过多或不平衡使用氮肥，草的高度修剪过低，土壤表面枯草层过厚，pH值高于7或低于5等都有利于该病的发生。长期高温则有利于叶斑症状的出现。冠腐、根腐、叶斑、冷湿季节的雪腐、叶腐等症状，可在任何龄期的草坪上发生。

【防控措施】

①因地制宜选种抗病草种或品种。不同草种的抗病性由高到低依次为：剪股颖＞草地早熟禾＞羊茅。注意

98.4 草坪镰刀菌枯萎病，示老叶上的不规则形病斑，边缘褐色至红褐色，外缘枯黄色

选用草地早熟禾与羊茅、黑麦草等混播。

②用种子建坪时，尽量选用无病种子，并进行药剂拌种或种子包衣，农药可选用：灭霉灵、乙膦铝、杀毒矾、绿亨1号、代森锰锌、甲基硫菌灵等，用药量为种子重量的0.3%。

③科学管理。重施秋肥，轻施春肥，增施有机肥和磷、钾肥，控制氮肥用量。及时清理枯草层，使其厚度不超过2cm。草坪剪草高度不应低于5cm，土壤pH值保持6～7。减少灌溉次数，控制灌水量，保证草坪不干不湿，浇水要浇透。夏季炎热时，中午应喷水降温。

④发病初期喷药防控，可选用多菌灵、杀毒矾、甲基硫菌灵、灭霉灵等，视病情喷药2～3次，相隔15～20天。

99. 草坪蘑菇圈

【又名】仙人圈、仙环病。

【寄主植物】多种草坪草。

【危害部位】根。

【症状】春季和夏初潮湿草坪上出现半径几厘米到几米、几十米的环形或弧形深绿色圈，圈带宽11～20cm，圈上禾草生长旺盛，称为蘑菇圈，圈内禾草瘦弱、休眠或枯死。有时在死草圈内会生出次生旺草圈。多个蘑菇圈可相互交错重叠。夏末秋初雨后或灌溉后蘑菇圈上可生出不同类型的蘑菇。土壤干旱时，特别是秋季，最外圈旺长的草圈可能消失（草死亡），而内圈的草旺长。

【病原】真菌，担子菌门的多种，主要有硬柄小皮伞*Marasmius oreades*、红顶环柄菇*Lepiota gracilenta*、马勃菌*Lycoperdon* sp.、硬皮马勃菌*Scleroderma* sp.、杯伞菌*Clitocybe* sp.、口蘑*Tricholoma* sp.等。

【发病规律】引起蘑菇圈的真菌均为土壤习居腐生的真菌。在条件适宜的情况下，蘑菇圈逐年向外扩展。枯草层厚、浅灌溉、浅施肥、干旱有利于病害的发生。而砂壤土、肥料缺乏和水分不足的草坪，病害发生常重。

【防控措施】

①强化草坪管理。浇水要浇透，保持土壤剖面处于湿润状态。要深施肥，特别要施足基肥。清除枯草层，防止病原菌滋生。及时铲除杂草。

②早发现早采取措施防控。可采用更换病土，填补未被污染的净土；将草坪移走后用溴甲烷或甲醛薰蒸消毒土壤；打孔浇灌百菌清、灭菌丹、苯来特、萎锈宁、甲基硫菌灵等杀菌剂药液；发现蘑菇立即采摘，并在其周围1m的范围打孔灌浇杀菌药液。

99.2 草坪蘑菇圈，示口蘑子实体

99.1 草坪蘑菇圈，示子实体

99.3 草坪蘑菇圈，红顶环柄菇子实体

100. 贴梗海棠锈病

【又名】 铁脚海棠锈病、贴梗海棠赤星病、羊胡子、皱皮木瓜锈病。

【寄主植物】 贴梗海棠、垂丝海棠、木瓜、山楂、棠梨等。

【危害部位】 叶片、叶柄、新梢、果实和果柄。

【症状】 叶片受害，初在叶正面产生橙黄色、圆形、有光泽的小斑点，1~2个至几十个不等。后渐扩大为近圆形的病斑，在病斑中央产生几个黄色小点，后黄色小点变为针头般大小黑色颗粒，即性孢子器。其叶背面相对应处产生10多根灰白色丝状物，即为锈孢子器。8~9月间锈子器产生黄褐色粉状物，即为锈孢子。发病严重时，病叶满树，叶片凹凸不平，枯黄早期脱落。叶柄染病，初期病部橙黄色肿大，生丝状物，后变黑干枯，叶片早落。果实受害处凹陷，上有多根丝状物。果梗、新梢受害症状与叶片上的相似。病原菌的转主寄主为圆柏、龙柏、花叶柏、鹿角柏、铺地柏、蜀柏等，在其小枝上生成指甲大小、球形菌瘿，翌春继续发育突破表皮形成红褐色鸡冠状冬孢子角，吸水膨胀后呈橙黄色，舌状胶质体，即冬孢子堆。

【病原】 真菌，担子菌门梨胶锈菌 *Gymnosporangium haraeanum*。

【发病规律】 病原菌以菌丝体在圆柏等的小枝病部越冬。翌春产生冬孢子角。冬孢子成熟后吸水胶化。冬孢子萌发产生担孢子，随风飞散。自贴梗海棠发芽、展叶到花瓣凋落、幼果形成期间，担孢子散落在嫩叶、新梢、幼果上，在适宜的条件下萌发，自气孔或直接自表皮侵入。当温度为15℃左右，有水滴的情况下，担孢子1小时即可完成侵入，经7~12天表现症状，20~30天形成锈孢子器，约经10天产生锈孢子，开始释放。8~9月份锈孢子传播到圆柏等上侵染新梢，形成菌瘿，随后菌瘿以上的新梢枯死。病菌不进行再次侵染。

【防控措施】

①在规划设计时，贴梗海棠附近不要配置圆柏等。不要在已栽植大量贴梗海棠的地方栽植圆柏等转主寄主，也不要在已有大量圆柏等转主寄主的地方栽植贴梗海棠。在已发病的贴梗海棠栽植区，最好彻底清除圆柏等。

②在冬春季节，结合修剪，剪除圆柏等转主寄主上的菌瘿和冬孢子角，然后再于冬孢子角吸水膨胀胶化前，开始喷洒50%硫悬浮剂400倍液、15%三唑酮可湿性粉剂1000倍液或2°Be石硫合剂等，每10天喷1次，共喷2~3次。

③于贴梗海棠展叶期喷药防控，可选用1:2:200波尔多液、77%可杀得可湿性粉剂500倍液、50%退菌特可湿性粉剂800倍液、20%萎锈灵可湿性粉剂400倍液、25%多菌灵可湿性粉剂500倍液、65%代森锌可湿性粉剂600倍液等，每10~15天喷1次，共喷2~3次。

100.1 贴梗海棠锈病，示翌春小枝上的菌瘿发育成孢子角吸水膨胀

100.2 贴梗海棠锈病，示圆柏小枝被害枯死状

100.3 贴梗海棠锈病，示秋季圆柏小枝上的菌瘿

101. 栾树白粉病

【又名】 灯笼树白粉病。

【寄主植物】 栾树等。

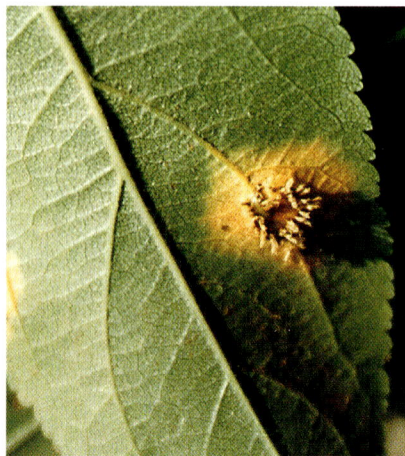
100.4 贴梗海棠锈病，示叶片上的锈孢子器

【危害部位】叶片。

【症状】叶片背面初生白色小粉斑，逐渐扩大，可蔓延至整个叶背面，秋后白粉层中生出黑褐色小粒点，即为病原菌的子囊壳。

【病原】真菌，子囊菌门白粉菌 *Erysiphe* sp.。

【发病规律】病原菌以子囊壳在病落叶上越冬，翌春树木放叶期释放出子囊孢子，进行初次侵染。生长期多次产生分生孢子，逐渐扩大传染。病菌较耐旱，对湿度的适生范围广，但分生孢子在水中和水面不能萌发。所以干旱的年份往往发生严重。

【防控措施】

①秋季落叶后在可能的范围内彻底清扫落叶，将其集中深埋或高温沤肥，是防控该病的根本措施。

②在发生严重时，可于春季子囊孢子释放初期(放叶期)喷药保护，可选喷1:1:100波尔多液、56%靠山水分散粒剂等，每10～15天喷1次，连喷2～3次。或于病害发生初期选喷百菌清、60%防霉宝2号水溶性粉剂、20%三唑酮乳油、5%乐比耕可湿性粉剂、4%福星乳油等，每10～15天喷1次，连喷2～3次。

102. 桑黑斑病

【又名】桑细菌性黑枯病、桑叶细菌病、桑烂头病、桑叶细菌病。

【寄主植物】桑、龙爪桑。

【危害部位】芽、新梢及嫩叶。

【症状】被害叶面产生近圆形、多角形半透明斑点，后扩大为黄褐色至暗褐色，周围有晕圈。病斑可相连成大斑，干燥时病斑中间破裂形成穿孔。叶脉、叶柄和枝条被害，形成黑褐色细长条斑。芽和嫩梢被害后变为黑褐色枯死。

【病原】细菌，丁香假单胞杆菌桑致病变种 *Pseudomonas mori*。

【发病规律】病菌在枝梢病组织内越冬，翌春桑发芽展叶时开始侵染，借风雨和昆虫传播，经自然孔口和伤口侵入。雨季发病重。品种不同抗病性不同。

【防控措施】

①购苗时严格检疫，不栽带病植株。

②因地制宜选栽剑持桑、湖桑13号、197号、199号、荷叶桑、荷叶白、农桑8号、农桑18号、南1号、梨叶桑、黑鲁桑等抗病品种。

③风口上不要栽桑。土壤酸性不要太强。合理施肥灌溉，注意增施磷、钾肥，不偏施氮肥和栽植过密。

④结合修剪经常检查，发现病梢后，自病部下10cm处剪除，集中深埋，不要随地丢弃，尤其不能丢在桑林内，并喷洒1:0.7:100波尔多液、14%络氨铜水剂300倍液等。

⑤发病初期即对嫩梢、嫩叶喷药：可选用0.05%～0.1%链霉素或0.05%土霉素药液等，每10天喷1次，连喷2～3次。如喷洒0.1%的铜氨液(硫酸铜1:12%氨水10:水1000)可预防该病。用50%多菌灵可湿性粉剂或50%甲基硫菌灵可湿性粉剂1000倍液等喷洒，再用500倍液灌根，可抑制该病扩展。

102.1 桑黑斑病，示叶片被害初期

101.栾树白粉病

102.2 桑黑斑病，示叶片被害后期穿孔状

102.3 桑黑斑病，示嫩梢被害枯死状

103. 桑污叶病

【又名】 桑煤污病、烟霉病。

【寄主植物】 桑等多种树木。

【危害部位】 叶片及嫩枝。

【症状】 发病初期，叶面散生稀疏灰黑色霉斑，逐渐扩大成不规则长条状、块状大霉病，严重时布满全叶。

【病原】 细菌，半知菌类小煤炱菌 *Meliola* sp.。

【发病规律】 植株生长过密，通风不良，长势弱时，发生常重。当植株遭受蚜虫、介壳虫等刺吸式口器害虫危害时，亦诱发该病发生。

【防控措施】

①合理密植，不要过密，及时修剪、浇水、施肥，促进健壮生长。

②适时防控蚜虫等刺吸式口器害虫。

③发病严重时，可于6～9月选喷84.1%好宝多可湿性粉剂、1:2:240波尔多液等，2～3次。

104. 桑萎缩病

【又名】 桑疯病、瘿桑、塔桑、猫耳朵等。

【寄主植物】 桑。

【危害部位】 全株性，表现在叶、芽、嫩梢等。

【症状】 全株感染系统性病害。症状可分为3种类型。黄化型：发病轻的，枝条顶端叶缩小变薄，叶脉变细，稍向背面卷缩，叶色黄化，腋芽早发。进而叶形更加缩小，叶片向背面更加卷缩，色黄质粗，节间变短，叶序混乱，侧枝多而细小。发病重的，叶瘦小呈猫耳状，腋芽不断萌发，细枝丛生如帚状。花叶型：叶缩小，向上卷曲，同一病枝上的叶有的表现症状，有的不表现症状。叶常有半边无缺刻，侧脉黄禄相间，质地粗糙。叶背叶脉变褐色，其上生疣状或棘状突起，后期明显。尚能结果，腋芽早发，枝条细短。病株可多年不死，但易受冻害。萎缩型：病叶缩小，叶面皱缩或不皱缩。裂叶品种的叶片逐渐变为圆形。叶色稍黄，后黄化。叶片质地硬脆，不结果。腋芽早发，枝条瘦小，叶序较乱，节间变短，侧枝较多。经数年后整株死亡。

【病原】 黄化型和萎缩型是植物

103.桑污叶病

104.1 桑萎缩病，示症状 I

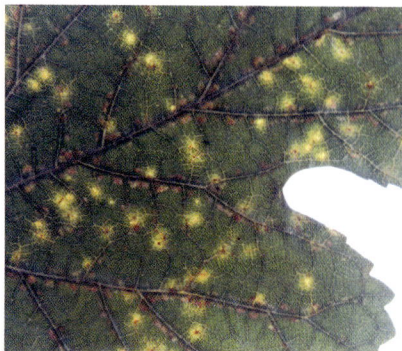
104.2 桑萎缩病，示症状 II

104.3 桑萎缩病，示症状 III

菌原体(MLO)或其与病毒复合侵染所致，花叶型是MyRSV等多种病毒引起。

【发病规律】病原均在植株体内越冬。前者通过嫁接传染和媒介昆虫菱纹叶蝉传染。健砧接病穗的传染率与剪取接穗的时间关系极大，5～10月剪取的接穗，嫁接传染率几乎达100%，12月至翌年4月采的接穗嫁接几乎不传染。前者主要通过病接穗和病砧木传播扩大危害，主要为嫁接传染。

【防控措施】

①强化检疫。不自疫区引进繁殖材料。绿化区内发现病株及时刨除。

②培育无病苗木，不栽病苗。因地制宜选栽抗病品种，如选792、育2、

育237、团头荷叶白、湖桑199、桐乡青、伦敦40等。

③加强栽培管理。及时施肥浇水，增施有机肥和磷钾肥，防止偏施氮肥，增强树体抗病性。

④及时防控菱纹叶蝉等刺吸式口器害虫。

⑤治疗。以土霉素1000单位/ml液注入树体，对黄化型病株有一定疗效；或以硫脲嘧啶100单位/ml于夏伐前喷雾。

105. 臭椿枝枯病

【寄主植物】臭椿。

【危害部位】枝、干。

【症状】侵染臭椿枝干，幼树及

几十年生大树都可受害，引起枝枯。病皮上生出许多黑色小疣粒，似鸡皮疙瘩状，即病原菌的分生孢子器，遇雨潮湿天气，从其上溢出橘黄色丝状物，即为分生孢子角，有时为胶堆状。当病斑环绕枝干一周时，其上部死亡，翌年从下部生出新枝，新枝又受害，下部又生出新枝，大树连年受害，则树冠主枝不明显，树势明显衰弱。

【病原】真菌，子囊菌门黑腐皮壳菌Valsa sp.。

【发病规律】病菌以菌丝体、子囊壳、分生孢子器在寄主病部越冬。分生孢子器4～9月均能形成，在冀中平原，分生孢子角5月中下旬大量产生。分生孢子借风、雨、昆虫传播，自伤口侵入。该病仅侵害生长衰弱的树木。立地条件差的行道树，遭受冻害、干旱、风沙、冰雹等危害生长势弱的树木易发病。

【防控措施】

①臭椿深根性，主根明显，侧根发达。耐干旱、瘠薄，但不耐水湿，能耐0.6%以下的盐碱土。喜光，有一定的耐寒性，对土壤适应能力较强，抗光肩星天牛。对SO_2、烟尘的抗性较强。可因地制宜栽植。宜植苗造林，春、秋雨季均可，关键要适时和深栽。春季带干造林，宜迟不宜早，在干旱地区埋土深度超过根颈15cm，湿润地区埋土深度超过根颈5cm。注意水肥管理，促进健康生长，增强抗病性。

②及时清除生长衰弱的树木及病枝，并将其清出绿化区外销毁。

104.4 桑萎缩病，示症状Ⅳ

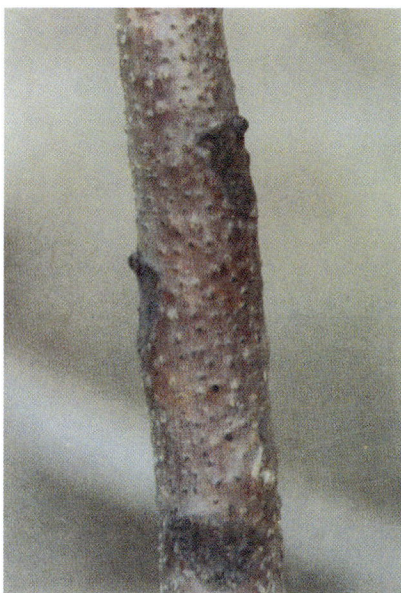
105.臭椿枝枯病，示病菌孢子角

104.5 桑萎缩病，症状Ⅴ

104.6 桑萎缩病，示症状Ⅵ

106. 臭椿花叶病

【寄主植物】臭椿。

【危害部位】全株性，主要表现在叶片上。

【症状】系统性侵染，臭椿叶面上呈现大小不一、颜色深浅不同的褪绿斑块，叶面略显不平，秋后长出的新叶较老叶表现明显，病株较矮小。

【病原】病毒，其类群待定。

【发病规律】病株全株叶片表现症状。可能为刺吸式口器害虫传播。

【防控措施】

①发现病株即拔除销毁，不从病株上采种，防止扩散蔓延。

②注意防控斑衣蜡蝉、蚜虫等刺吸式口器害虫。

107. 桃树木腐病

【寄主植物】白碧桃、红碧桃、洒金桃等。

【危害部位】枝干。

【症状】在被害植株的主干、侧枝上群聚或散生舌状、平铺状等大型子实体，受害处木质部形成不太明显的白色边材腐朽。

【病原】真菌，担子菌门卧孔菌 *Poria* sp.、香栓菌 *Trametes* sp.、普通裂褶菌 *Schizophyllum commune*、彩绒革盖菌 *Coriolus versicolar*、暗黄层孔菌 *Fonles farrus* 等。

【发病规律】病菌以菌丝体在寄主病部木质部越冬。在病部生出子实体，在适宜的条件下产生担孢子，风雨传播，从虫伤、机械伤、冰雹伤等不同的伤口侵入。老龄桃花、管理不善树势衰弱或遭受冻害、冰雹灾害、枝干害虫严重等植株，发病常重，往往主干比侧枝受害较重。

【防控措施】

①强化管理，增强树势，是治本措施。桃花喜光、喜温暖气候，较耐寒，忌水淹和盐碱土。应选栽于地势较开阔，光照充足，疏松肥沃而排水良好的土壤，于早春或秋季落叶后栽植，穴内施足底肥，栽植深度以到原土痕即可，不宜栽植过深。每年冬季施1次基肥，生长季节追肥2～3次，天旱勤浇水，但不能积水、过湿。修剪以疏枝为主，多整为自然开心型。及时防控天牛、吉丁虫、叶蝉等枝干害虫。

106.1 臭椿花叶病，示症状 I

106.2 臭椿花叶病，示症状 II

107.4 桃树木腐病，示病菌子实体

107.1 桃树木腐病，示普通裂褶菌子实体

107.2 桃树木腐病，示普通裂褶菌子实体

107.3 桃树木腐病，示彩绒革盖菌子实体

107.5 桃树木腐病，示香栓菌子实体

②加强保护，防止产生各种伤口，对伤口可涂1%硫酸铜液消毒，再涂波尔多浆等保护。

③经常检查，发现枝、干上病菌产生的子实体即将其刮除，并挖去腐朽木质，涂煤焦油消毒保护，对较大的树洞可用消石灰与水合成糊状堵塞。并对病树增施肥水，促进树势恢复。

108. 银杏叶枯病

【寄主植物】银杏。

【危害部位】叶片。

【症状】幼苗至大树的叶片均可受害。发病初期叶片先端局部组织变黄，逐渐变褐枯死，不久扩展至整个先端部位，呈现褐色至红褐色病斑。病斑边缘波状，颜色较深，病健交界明显，其外缘有时还有宽窄不等的鲜黄色线带。随后，病斑逐渐向叶基部延伸，直至整个叶片变为褐色至灰褐色，焦枯脱落。9～10月份在苗木或大树基部萌条的叶片产生若干不规则的褪色斑点，中心褐色。这些斑点虽不明显扩大，但常与延伸的叶缘斑相结合。发病期病斑上可见多种黑色至灰绿色毛绒状或黑色小点状的病原菌子实体。病株叶片8月初即先后脱落，严重时叶片落光，果实瘦小，造成减产，品质下降，妨碍绿化效果。

【病原】真菌，半知菌类链格孢菌*Alternaria alternata*、子囊菌门围小丛壳菌*Glomerella cingulata*和半知菌类银杏盘多毛孢菌*Pestalotia ginkgo*。

【发病规律】病原菌以菌丝体、孢子在染病落叶上越冬。翌年条件适宜时，6月初，苗木即开始发病，大树于7月开始发病，8～9月为发病盛期，到10月，发病较缓慢。苗木染病率高于大树，雌树染病率高于雄树。起苗时伤根，定植时窝根以及土壤瘠薄板结使植株生长不良，均易引起发病。土壤积水造成根系腐烂亦导致发病早而严重。一般施基肥的较施追肥的发病轻；冬季施肥的较春季施肥的发病轻。银杏与大豆、蚕豆间作发病较轻，与水杉混栽或距水杉林近的发病重，反之，则较轻。

【防控措施】

①强化栽培管理。银杏虽适应性强，酸性土、钙质土、中性土均能生长，但深厚肥沃，排水良好的土壤生长最好，不耐瘠薄，过分潮湿和盐分太重的土壤。喜光，抗旱性较强，不耐水涝。要因地制宜的选栽并进行相应的技术管理。

②秋后，认真清扫落叶，集中深埋或高温沤肥。

③加强管理，增强树势。冬季施基肥。注意排水，避免绿化区积水。银杏不要与水杉混栽，银杏苗圃、绿化区应距水杉林500m以上。提高苗木栽植质量，缩短缓苗期。适当控制雌株的结果量，防止负载量过大削弱树势。

④发病前喷洒甲基硫菌灵等杀菌剂。发病期自6月上旬起喷施40%多菌灵胶悬剂500倍液或90%疫霜灵1000倍液等，每隔10～15天喷1次，共喷3次。

117

107.6 桃树木腐病，示卧孔菌子实体

107.7 桃树木腐病，示子实体

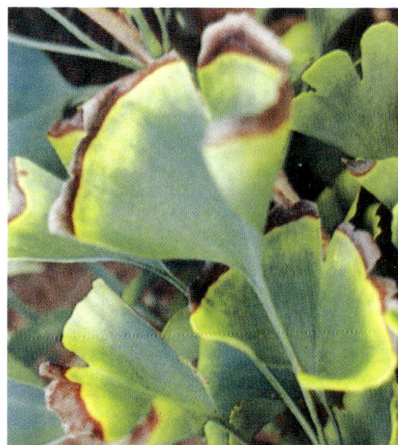

108.银杏叶枯病

109. 铅笔柏梢枯病

【又名】铅笔柏疫病。

【寄主植物】铅笔柏、蜀桧1~3年生苗木。

【危害部位】叶和嫩茎。

【症状】 先侵染小侧枝,然后扩展到主茎上,造成局部或全株枯死。初期在嫩梢上出现溃疡斑,逐渐扩展围绕嫩梢,病斑周围针叶失绿迅速枯黄,继而皮层腐烂,整梢枯死,病斑向下蔓延,数天内可致全株死亡,尤其是1年生幼苗。被害嫩梢病部初呈淡紫色,后变为灰白色。在灰白色病斑和周围枯死的针叶上可见黑色小颗粒状的子实体,遇阴雨天气在子实体部位,可见奶油色孢子堆或卷须状孢子角,干后变

脆,此种症状称为嫩梢枯萎型,主要发生在铅笔柏生长期。另一种症状半枯型,危害2年生以上移植苗,发生在初春苗木萌动时,上半部整段枯黄,在上年新梢上可见灰白色病斑及黑粒状子实体。

【病原】 真菌,半知菌类圆柏拟茎点菌 *Phomopsis juniperovora*。

【发病规律】 病菌以菌丝体在病株及其残体上越冬,翌年3~4月在病部形成黑色分生孢子器突破表皮,遇阴雨天气出现乳白状的孢子堆或卷须状孢子角,经雨水飞溅,主要自伤口或直接穿过嫩茎表皮侵染幼嫩新梢,菌丝体亦可侵染,此为初侵染。5月中旬被害新梢始见子实体,下旬为盛期,此时正值春梢旺盛生长期,分生孢子多

次再侵染,到10月渐停。病害的发生与树种类型关系密切,在感病树种中,针叶为蓝绿色的刺状针叶类型易感病且严重,而绿色鳞状针叶类型感病较轻。该病有明显的点、块状发病中心,后期普遍感染。病害的流行主要取决于降雨量和雨日天数。发病高峰在6~7月上旬的梅雨季节,其后如降雨量多,阴雨连绵,可再次流行;如天气干旱,则发展缓慢。同一苗圃内,低洼潮湿或积水的地段较排水良好的发病重。苗木密度大,空气相对湿度高,施氮肥过多,新梢徒长,组织幼嫩易造成伤口等,往往发病重。

【防控措施】

①苗圃远离柏科等寄主,避免在重茬地、低洼潮湿和排水不良的地块

109.1 铅笔柏梢枯病,示新梢被害状

109.2 铅笔柏梢枯病,示大面积枯死状(戴雨生图)

育苗。控制苗木密度,注意降低苗床湿度。控制氮肥用量,避免苗木徒长。

②苗木生长期定期喷药。当年生苗木,喷药从6月中旬开始,尤应重视8~9月的喷药。2年生以上苗木,5月初开始喷药。可用40%灭菌威可湿性粉剂、40%多菌灵可湿性粉剂、40%甲基硫菌灵胶悬剂500倍液等,每10天喷药1次,连用3次。

③发病初期,及时检查,发现发病中心,即拔除病苗。对2年生以上的苗木应在晴天将病部连同一段健部剪掉,集中深埋。

④加强检疫,不调入、不栽植病苗。

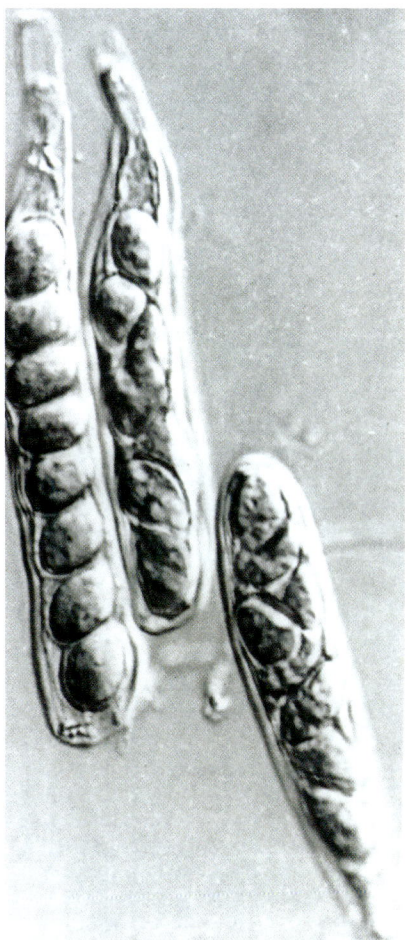

109.3 侧柏叶枯病,示病菌的子囊和子囊孢子(显微照片)

110. 雪松根腐病

【寄主植物】雪松等

【危害部位】根部。

【症状】雪松幼树、大树均可受害。受害根上初生近圆形褐色小斑,逐渐扩大,病斑相连,致根部皮层变为褐色而腐烂。随着根系坏死,地上部分表现为叶变黄,新梢停止生长,逐渐整株树叶变黄,全株枯死。发病较轻时,叶发黄,新梢生长很少,可几年不死,但全株萎黄,严重生长不良。

【病原】真菌,半知菌类茄腐镰孢霉Fusarium solani、尖镰孢霉Fusarium oxysporum。

【发病规律】病原菌以菌丝体在病部越冬,翌年温度回升时开始侵染。病健根接触、雨水、灌溉水以及田间作业等都可传染。一般地势低洼、排水不良,以及土壤碱性大等,都有利于病害的发生。特别是北方引种区,如苗圃地含盐量高,地势低洼积水,大树移植后缓苗期长,浇水过多,水又碱性大,常诱发该病而造成树木死亡。

110.雪松根腐病,示须根枯死状

【防控措施】

①雪松适宜在我国年降水量600~1000mm左右的暖湿带至中亚热带地区生长。抗寒性较强,大苗可耐-25℃的较短期的低温,但对湿热气候适应能力较差,常生长不良。较喜光,幼树稍耐庇荫,大树要求充足的上方光照。对土壤要求不严,在疏松肥沃的土壤上生长最好。也能在黏重的黄土、土壤瘠薄、岩石裸露地上生长。酸性、微碱性土亦可适应,但低洼积水和地下水位过高的地方,生长不良,甚至死亡。抗烟能力差,在嫩叶期如空气中有二氧化硫又湿度大,叶常枯萎,甚至全株死亡。浅根性,易风倒,可根据当地情况,因地制宜选栽。

②强化水、肥管理,浇水不要过多,尤其不能积水,要保证栽植地排水良好,注意增施钾、磷肥,避免偏施氮肥。

③发病初期,可结合树体管理,浇灌1%的硫酸铜液或2%~3%的硫酸亚铁液,施以草木灰或施钾肥或浇灌35%福·甲可湿性粉剂800倍液、50%根腐灵可湿性粉剂800倍液、30%苯噻氰乳油1000倍液等。对病重株、死亡株连根铲除,原土穴选浇上述一种药液3天后补栽健株。

111. 菟丝子害

【又名】 无根草、菟丝、无叶藤、金叶藤、黄丝等。

【寄主植物】 一串红、菊花、含羞草、望江南、丁香、刺槐等。

【危害部位】 植株的幼苗、幼树。

【症状】 受害植株被橙黄色、黄白色或红褐色细丝缠绕，细丝柔软，随处生有吸盘附着寄主，附着处产生缢痕。幼苗被害后生长衰弱，甚至枯死。3年生以上木本花卉受害，生长衰弱，严重受害的局部枝条可枯死。

【病原】 种子植物，旋花科日本菟丝子 *Cuscuta japonica*、中国菟丝子 *Cuscuta chinensis*、啤酒花菟丝子 *Cuscuta lupuliformis*、南方菟丝子 *Cuscuta austraris*。

【发病规律】 菟丝子以种子在土壤中越冬，翌年初夏萌发生出幼苗，长至10cm左右时顶端开始旋转，碰到寄主即将其缠绕，很快生出吸根与寄主紧密结合，后根及茎即枯死而与土壤脱离，依靠吸根直接吸取寄主的营养维持生活。产生吸根后的幼茎不断延长分枝，向周围缠绕，与寄主接触处不断形成吸根并延长分枝，形成一篷无根的黄色藤。菟丝子叶退化或无，夏秋开花，花白色，细小，常簇生于茎侧；蒴果扁球形，种子细小，黑色；没有叶绿素，自体不能制造营养物质。管理粗放的草坪、路旁花池、花圃、林木苗圃以及土壤潮湿处，菟丝子多发生。

【防控措施】

①强化栽培管理。在施肥、浇水、松土时，发现菟丝子即将其茎人工捡除，并将缠绕在寄主茎上的吸根除净。严重受害已无培养价值的草本寄主连根拔除。拔除的寄主不要用于喂牲畜。捡除的菟丝子茎及严重受害寄主，应集中深埋，不要在花圃随地抛弃。严重受害的花圃，翌春深翻，深埋其种子。

②药剂防控。菟丝子幼苗出土期，地面喷施40%地乐安1500倍液。在危害期，用树枝条打断菟丝子茎，再喷洒"鲁保1号"生物制剂，浓度为活孢子3000万个/ml水，用量为30L/hm²，雨后、阴天或傍晚喷洒，每7天1次，共喷2~3次。

120

111.1 菟丝子害，示危害状

111.2 菟丝子害，示中国菟丝子危害状

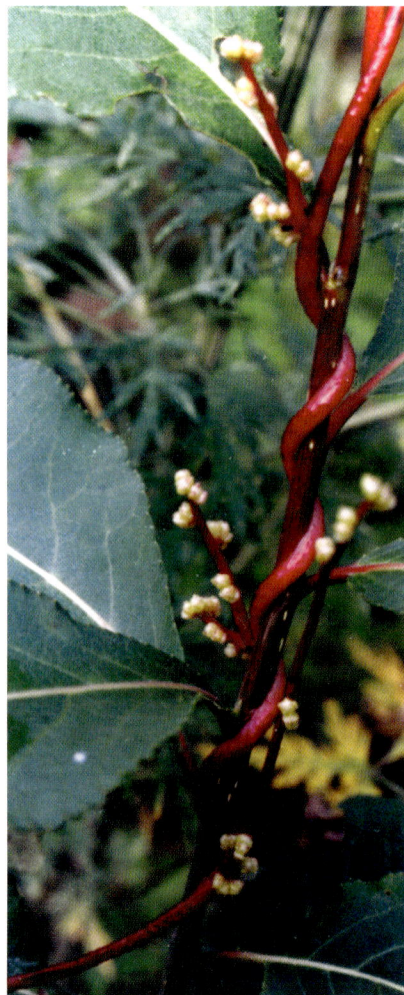
111.3 菟丝子害，示日本菟丝子危害杨树状

112. 黄花夹竹桃花叶病

【又名】酒杯花花叶病。

【寄主植物】 黄花夹竹桃、夹竹桃等。

【危害部位】 全株性,主要表现在叶片上。

【症状】叶面产生不规则的褪绿黄斑,斑的大小不一,可相连成大斑或不相连,叶面不平,尤其是叶缘起伏似波浪状。7~8月间高温季节症状表现不明显。病株节间缩短。

【病原】 病毒(Virus),其类群待定。

【发病规律】 病株带病毒,刺吸式口器昆虫传播。零星分布。

【防控措施】

①加强检疫。苗圃地发现病株后即拔除销毁。不调运、不购买、不栽植病株。

②不从病株上采集繁殖材料进行繁殖。

③栽培区注意防挖蚜虫等刺吸式口器害虫。

111.4 菟丝子害,示日本菟丝子危害枣树状

111.5 菟丝子害,示越年被害状(寄主酸枣)

112.黄花夹竹桃花叶病,左图为病叶,右图为健株、健叶

111.6 菟丝子害,示啤酒花菟丝子危害紫丁香

113. 紫叶李细菌性穿孔病

【又名】穿孔病。

【寄主植物】紫叶李、杏、桃、日本樱花、梅等。

【危害部位】叶片、枝梢、果实。

【症状】叶上初生水渍状小点，后渐扩大为圆形或不规则形、黑褐色斑点，直径2mm左右，周围有水渍状晕圈，边缘有裂纹，最后脱落穿孔，孔的边缘不整齐。枝上有春季溃疡斑和夏季溃疡斑两种，前者发生在前一年夏天已被侵染发病的枝条上，病斑暗褐色小疱疹状，后者于夏末发生在当年嫩枝上，暗褐色圆形水渍状，稍凹陷，潮湿时，其上溢出黄白色黏液。

【病原】细菌，甘蓝黑腐黄单孢菌桃穿孔致病型 *Xanthomonas campestris* pv. *pruni*。

【发病规律】病原菌在枝条皮层病组织内越冬，翌春开始活动。李树开花前后，病菌自病组织溢出，借风、雨、昆虫等传播，经叶片气孔、枝条的芽痕、果实皮孔等自然孔口侵入。一般温度适宜，雨水频繁或多雾季节发病重。夏季干旱、大暴雨时易将病原冲到地面，不利病害蔓延。李园地势低洼、通风透光差、偏施氮肥、树势弱等，发病常重。

【防控措施】

①加强李树管理。避免偏施氮肥。结合修剪，修除病枝，扫除落叶，集中深埋。

②在进行公路绿化设计时，避免将紫叶李与桃、杏、梅、樱桃等混栽。

③喷药保护。发芽前喷5°Be石硫合剂或45%晶体石硫合剂45倍液、1:1:100波尔多液、30%绿得保胶悬剂400～500倍液。发芽后喷洒机油乳剂10:代森锰锌1:水500的混合液或72%农用链霉素可溶性粉剂3000倍液。亦可选用硫酸锌石灰液(硫酸锌1:消石灰4:水240)，每15天喷1次，喷2～3次。

113.紫叶李细菌性穿孔病，示叶片被害状

114. 紫茉莉黑斑病

【又名】指甲花褐斑病、粉豆花褐斑病。

【寄主植物】紫茉莉等。

【危害部位】叶、花、茎。

【症状】幼苗和成株的均可受害。受害叶初现褐色小斑点，逐渐扩展为不规则形大褐斑，斑上有轮纹，随着斑点扩大，叶片很快枯黄脱落。花器受害，花瓣上产生褐色不规则斑，逐渐皱缩干枯。茎部发病，出现纵向发展的褐色条斑。幼苗被害，呈立枯病状，倒伏或不倒伏。后期病部产生灰黑色霉状物，潮湿天气尤为明显。

【病原】真菌，半知菌类链格孢 *Alternaria* sp.。

【发病规律】病原菌以分生孢子在病叶病茎等病残体上越冬，种子可带菌。孢子借风雨传播。在高温高湿的环境条件下，发病常重。

【防控措施】

①秋后彻底清除园圃内枯死植株及地面落叶，集中深埋或高温沤肥。

②强化栽培管理。选用疏松肥沃排水良好，光照充足的地方种植。注意通风透光，不要过密。发病严重的地区实行轮作，避免连作。建立无病采种区，不要自病株上采种。

③播种前，用种子重量0.2%的40%拌种双可湿性粉剂或种子重量0.2%的50%多菌灵可湿性粉剂等拌种，搅拌均匀密闭堆闷6小时后再播种。

④发病初期喷药，可选用77%可杀得可湿性粉剂、70%代森锰锌可湿性粉剂5000倍液、75%百菌清可湿性粉剂800倍液等。

114.紫茉莉黑斑病

115. 紫荆叶枯病

【寄主植物】紫荆等。

【危害部位】叶片。

【症状】叶上病斑初为褐色,圆形,多集于边缘,随后病斑连片扩展成不规则形大斑,严重时叶片大部、甚至全部变为褐色枯死。后期病部组织上产生黑色小点。

【病原】真菌,半知菌类叶点霉 *Phyllosticta* sp.。

【发病规律】病原菌以菌丝体或分生孢子器在病落叶上越冬。翌春产生分生孢子,借风雨传播,侵染紫荆新叶,在河北石家庄市区5月中旬即可见到病叶。植株过密,通风不良,发病常重。

【防控措施】

①秋后彻底清扫落叶,集中深埋,是治本措施。

②于发病初期喷洒1:1:200波尔多液,或77%可杀得可湿性粉剂等,每10~15天喷1次,共喷2~3次。或选喷:50%甲基硫菌灵可湿性粉剂1000倍液、50%多菌灵可湿性粉剂1000倍液、65%代森锌可湿性粉剂500倍液等,视病情喷洒2~3次,每次相隔10天。

116. 紫荆角斑病

【寄主植物】紫荆等。

【危害部位】叶片。

【症状和病原】叶片上病斑发展受叶脉限制,呈多角形,黄褐色至红褐色,后期遇潮湿天气,病斑上都可产生黑褐色小霉点。病斑可相互连接成大片,造成叶片枯死、早落。病斑有2型,病原为半知菌类的真菌:大斑型,病斑直径5~15mm,紫荆集束尾孢霉 *Cercospora chionea* 引起;小斑型,病斑直径1~6mm,紫荆粗尾孢霉 *Cercospora cercidicola*。有性世代为子囊菌门紫荆小球壳菌 *Mycosphaerella cercidicola*。

【发病规律】病原菌以菌丝体和子座在病落叶上越冬。翌春温湿度适宜时,产生分生孢子,借风雨传播,侵染发病。多自植株下部叶片开始发生,逐渐向上部叶片蔓延。雨水多的年份发病常重。一般7月份以后开始发病,9月上旬为盛期,秋季多雨湿度大,气温高,病斑扩展较快,常互相连接成片,引起叶片枯死、早落。

【防控措施】

①秋后彻底清扫落叶,集中深埋。

②4月中旬开始,喷洒64.1%可杀得干悬浮剂,1:1:200波尔多液等,每15天喷1次,视病情连喷3次。

117. 紫荆白粉病

【寄主植物】紫荆。

【危害部位】叶片。

【症状】受害叶面初生白色圆形粉斑,后逐渐扩大连成一片。后期白粉层中生褐色小粒点,即为病原菌的子囊壳。

【病原】真菌,子囊菌门白粉菌 *Erysiphe* sp.。

【发病规律】病菌以子囊壳随病落叶越冬,翌年释放子囊孢子扩散至叶面形成初侵染,生长季节不断产生分生孢子,不断加重病情,植株密度过大,透光通风不良,常有利发病。

【防控措施】

①于秋季落叶后,结合其他管理措施清扫落叶枯枝,集中深埋或高温沤肥。

②发病初期喷药保护,可选用77%可杀得可湿性粉剂、1:1:150波尔多液、三唑酮等,每10天喷1次,视病情连喷2~3次。

123

115.紫荆叶枯病

116.紫荆角斑病

117.紫荆白粉病

118. 紫荆枯萎病

【寄主植物】 紫荆、菊花、翠菊、石竹、唐菖蒲等。

【危害部位】 全株性。

【症状】病株多在6~7月份雨季出现叶片萎蔫下垂,先自端部叶片开始,逐渐向下扩展,萎蔫叶片失水后变为黄褐色干缩,继而整个植株枯死。病株后期叶片脱落,皮下木质部表面有黄褐色纵条纹;茎部横切面在髓部和皮层之间维管束部有黄褐色轮状坏死斑,纵切面则有黄褐色坏死条纹。一丛紫荆往往先自1~2株萎蔫枯黄,逐渐发展到全丛枯黄死亡。

【病原】 真菌,半知菌类镰刀菌 *Fusarium* sp.。

【发病规律】 病原菌以分生孢子及厚垣孢子在病株残体及土壤中越冬,翌年5~6月份病菌自根部侵入,沿根、茎的木质部维管束向上蔓延,可到达树木顶端,病菌毒素破坏维管束的输导功能,致使叶片很快萎蔫枯黄。一般在土壤湿度较大,温度在28℃左右时,有利于该病的发生蔓延。圃地苗木和定植后1~3年的幼树易感病。

【防控措施】

①加强水肥管理,增强植株抗病性,尤其是对新栽植的幼树,除选栽于疏松肥沃排水良好的土壤中,还应科学浇水、施肥,尽量缩短缓苗期,促进健壮生长,增强对病害的抵抗力。

②发现病株后整丛刨除,并用50%苯菌灵可湿性粉剂200倍液灌浇土壤进行消毒,或浇灌5%代森铵可湿性粉剂300倍液、50%苯来特可湿性粉剂1000倍液等,浇灌药液量为4kg/m²,3天后补栽健株。刨除的病株丛作燃料或切碎后高温沤肥。

119. 紫荆枝枯病

【寄主植物】 紫荆等。

【危害部位】 枝条。

【症状】 受害枝条,初期为小溃疡斑,后逐渐扩大,病部凹陷,病斑中部黑褐色,病枝木质部变黑。如溃疡斑绕枝1周,病部以上枝条枯死,叶片萎蔫,后期病斑边缘开裂,小枝溃疡斑边缘开裂不明显。

【病原】 真菌,子囊菌门葡萄座腔菌 *Botryosphaeria dothidea*。

【发病规律】 病菌以菌丝体、子囊壳在溃疡斑内越冬,翌年温湿度适宜时继续侵染危害。

【防控措施】

①剪除病枝。结合修剪等园艺作业进行检查,发现病枝,即自病斑下部3cm处剪除烧毁,不要堆积在花木附近。伤口涂抹1%硫酸铜液或50%苯来特可湿性粉剂2500倍液等消毒。

②发病季节,喷洒30%王铜悬浮剂、1:1:200波尔多液等2~3次,每隔15天喷1次。

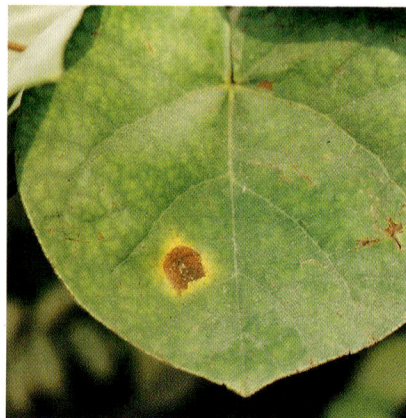

124

118. 紫荆枯萎病

119. 紫荆枝枯病

120. 紫荆褐斑病

120. 紫荆褐斑病

【又名】满枝红褐斑病。

【寄主植物】紫荆等。

【危害部位】叶片。

【症状】紫荆叶片上出现圆形或不甚规则形病斑,黄褐色至深红褐色,直径6～15mm,每片叶上可生1至多个病斑,相邻病斑可相互连结形成更大的病斑。

【病原】真菌,半知菌类壳小圆孢菌 *Coniothyrium* sp.。

【发病规律】病原菌以菌丝体、分生孢子器或分生孢子在病叶或随病叶在土壤中越冬。翌年春夏之间条件适宜时,产生新的分生孢子,靠风雨传播,直接穿过表皮或自伤口侵入,发病后产生新的分生孢子器和分生孢子,在生长期进行多次再侵染,扩大危害。高湿、多雨、高温、冰雹害以及管理粗放、植株过密、通透性不良等,都有利于病害的发生和蔓延。

【防控措施】

①加强栽培管理,增强抗病性。合理密植,注意修剪,及时剪除徒长枝、过密枝,保持良好的通风透光;增施有机肥,改良土壤,及时防控其他病虫害,冬前施足底肥,浇足越冬水。

②秋季落叶后,结合冬前管理,彻底清理落叶、枯枝和杂草,剪除树上枯枝及病虫枝,集中深埋或高温沤肥。

③于发病初期喷洒1:1:200波尔多液1～2次,或选喷75%百菌清可湿性粉剂500～800倍液、50%退菌特可湿性粉剂800～1000倍液、50%福美双可湿性粉剂800倍液、50%混杀硫悬浮剂500倍液、70%甲基硫菌灵超微可湿性粉剂1000倍液、50%苯菌灵可湿性粉剂1500倍液等。视病情,连喷1～3次,每次相隔10～15天。

121. 紫薇白粉病

【又名】百日红(满堂红)白粉病。

【寄主植物】紫薇等。

【危害部位】叶片、嫩梢和花蕾。

【症状】叶片感病后,初现白色小粉斑,逐渐扩大为圆形或不规则形褪色斑,有的连成一片,上面布满白色粉层。嫩叶被害后常扭曲皱缩,并枯黄脱落。嫩梢感病,致其畸形,上面布满白色粉层。花感病,其上布满白色粉层,花穗畸形,花蕾不能开放,严重感病的花瓣呈萎蔫状,并早落。

【病原】真菌,子囊菌门南方钩丝壳菌 *Uncinula austroliana*。

【发病规律】病原菌以菌丝体在病株休眠芽内或以子囊壳在病部越冬,翌春产生分生孢子或子囊孢子,借气流传播,侵染新梢和新叶,再侵染花器。一般4～5月间开始发病,6月中下旬较重,高温的7～8月份较轻,入秋后又趋严重。秋季白粉层中产生黑色小点粒。栽植地闷热、湿度大、植株过密、通风透光不良有利于发病,组织幼嫩时发病常重。一般下部萌生的新条易感病,嫩叶较老叶易感病。

【防控措施】

①加强园艺管理。栽植密度适当,不宜过密,以利通风透光。适当修剪,使树冠枝条疏密有度。剪除成树基部萌蘖条。

②生长季节剪除病梢、病叶,入冬后彻底清扫病落叶,集中深埋。

③病重地区,于早春树液开始流动前喷洒1～3°Be石硫合剂1次。发病初期选喷:1:1:100波尔多液、77%可杀得可湿性粉剂、15%粉锈宁可湿性粉剂1000倍液、70%甲基硫菌灵可湿性粉剂1000倍液、80%代森锌可湿性粉剂500倍液等,每10～15天喷1次,视病情喷洒2～3次。

125

121.2 紫薇白粉病,示花蕾、花被害状

121.1 紫薇白粉病,示新梢、叶被害状

122. 紫薇煤污病

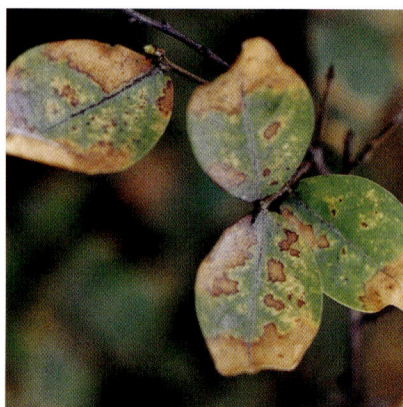

【又名】烟煤病。

【寄主植物】紫薇等。

【危害部位】叶、嫩梢、枝干。

【症状】在叶片新梢等病部先出现油渍状液，阳光下呈明亮点，继而出现暗褐色小霉斑。霉斑进一步扩大为不规则形，甚至在叶片、新梢上布满煤烟状物。煤烟状物可在枝条上多年连续滋生蔓延，以至枝干上也布有煤烟状物。

【病原】真菌，子囊菌门煤炱菌 *Capnodium* sp.。

【发病规律】病原菌以菌丝体、分生孢子和子囊孢子在植株病部和落地病叶上越冬。翌年寄主的叶、枝、梢等表面出现紫薇绒蚧、紫薇长斑蚜等刺吸式口器害虫的排泄物、蜜露和植物渗出液时，分生孢子和子囊孢子最易在这些地方萌发生长。1年内多次进行再侵染。一般蚧、蚜等刺吸式口器害虫大量繁殖危害盛期的6～9月，加之温度高、湿度大，有利于病害的发生。植株生于大树荫下，通风透光不良时发病常重。

【防控措施】

①栽植密度适当，不宜过密。尤其是不要将紫薇栽植紧邻其他大树或大树荫下。适当修剪，保持足够的光照和良好的通风。

②及时防控蚧、蚜等刺吸式口器害虫。可选喷50%杀螟松乳油1200倍液、40%氧化乐果乳油1000倍液、80%敌敌畏乳油1500倍液、50%三硫磷乳油1500倍液等。还可用松脂合剂15倍液防控蚧虫。

123. 紫薇褐斑病

【寄主植物】紫薇等。

【危害部位】叶片。

【症状】感病初期叶片出现针头状小点，后逐渐扩大为圆形、近圆形至不规则形病斑，直径2～10mm，几个病斑可相连成更大的斑，紫褐色至褐色。病斑的正面和背面生有灰黑色小霉点，天气潮湿时最明显。

【病原】真菌，半知菌类千屈菜尾孢菌 *Cercospora lythracearum*。

【发病规律】病原菌以菌丝体在植株病叶上或随病落叶在土壤中越冬。植株下部叶较上部叶发病重。温度高、湿度大的7～8月份有利于病害的发生和流行。

【防控措施】

①加强栽培管理，增强抗病性。紫薇喜光，喜温暖气候，有一定耐旱力，不甚耐寒。宜栽植于肥沃、湿润而排水良好的石灰性土壤中，不宜长时间渍水。大苗移栽需带土球。在生长期要经常保持土壤湿润，早春施基肥，5～6月施追肥，促进花芽膨大，以保证后秋多开花。冬季整形修剪，剪除徒长枝，重叠过密枝，使枝条分布均匀，冠形完整。栽植不宜过密，注意通风透光。

②秋后彻底清除花圃落叶。于发病初期摘除病叶，将其集中深埋或高温沤肥。

③大面积发生时喷药防控，可选用1:1:100波尔多液、75%百菌清可湿性粉剂600～800倍液、50%多菌灵可湿性粉剂500倍液、65%代森锌可湿性粉剂500倍液等，每隔10～15天施药1次，连施2～3次。

124. 紫藤花叶病

【寄主植物】紫藤等。

【危害部位】全株性。

【症状】叶面出现大小不等的褪绿黄色至浅黄色斑块，春季出叶后至6月上旬以前症状较明显，7～8月新叶症状不明显，9月凉爽后症状又比较明显。病株新叶全部发病。

【病原】病毒，其类群待定。

【发病规律】紫藤栽培区有零星发生。系统性侵染的病害。靠扦插、压条、分蘖繁殖传播。种子可能不带病毒。

【防控措施】

①加强紫藤栽培管理，增强抗病性。紫藤喜光略耐荫，应植于避风向阳、排水良好、肥沃湿润的土壤，微酸微碱性均可。较耐旱而畏水淹。栽后为使花繁枝茂，应注意施肥、松土、锄草、修枝等管理工作。早春萌发前，可施过

122.紫薇煤污病

123.紫薇褐斑病

磷酸钙，草木灰等磷、钾肥，生长期追肥2～3次。开花后将花枝留5～6个芽短截，并剪除细弱枝蔓，以促进花芽的形成。注意延长枝不要短截。

②注意防控蚜虫等刺吸式口器害虫。

③繁殖材料要从无病健株上采集，不从病株上采取。

125. 阔叶树紫纹羽病

【寄主植物】 杨、柳、刺槐、桑、苹果、梨等多种阔叶树。

【危害部位】 根部。

【症状】 病根表面生丝缕状紫褐色或暗紫色的菌丝，逐渐连结成带状和网状菌丝束，菌丝束在根部蔓延。随着病情发展，病根表面色泽由鲜黄转变为褐色至黑色，布满菌丝束，皮层腐烂，皮层和木质部分离。菌丝束向树干扩展，主干基部形成较厚的丝绒状紫褐色菌丝膜。枯死的病树易连根拔起，根部只剩下不易腐烂的木质部。地上部分，初呈缺肥状，生长缓慢，病株逐步衰弱，枝细叶小，叶色发黄，下部叶先脱落，枝梢停止生长，芽、叶枯萎，最后整株枯死。

【病原】 真菌，担子菌门紫纹羽卷担子菌 *Helicobasidium purpureum*。

【发病规律】 病菌以菌索及菌核在土壤中越冬越夏。靠根部接触、菌索延伸或担子孢子传播。水流及农具接触也能传染。病株是远距离传播的主要途径。病害在园林苗圃和绿化区内由发病中心逐渐向四周蔓延。常发生在沙地、壤土或低洼积水处。

【防控措施】

①严格检疫，禁止病区苗木调入，不栽病苗。对怀疑带病苗木要消毒。病苗用25%多菌灵500倍液浸根30分钟，或用45℃温水浸根20～30分钟，可杀灭病菌。

②加强栽培管理。适时浇水，施入腐熟有机肥，增强生长势。

124.1 紫藤花叶病,示症状Ⅰ

124.2 紫藤花叶病,示症状Ⅱ

125. 阔叶树紫纹羽病,示病死毛白杨苗干基部菌膜

126.阔叶树非侵染性枯萎病

【又名】 萎蔫病、叶枯病、枯斑病。

【寄主植物】 紫薇、杨、榆、悬铃木等多种阔叶树。

【危害部位】 全株性,主要表现在叶片上。

【症状和病因】 病因多,如干旱、风害、日灼、盐碱、冻拔、水害及各种机械损伤等,常见的有:①早春严重干旱,地下冻土层尚未解冻,地上部水分大量蒸发,植物出现水分失调或严重脱水现象,轻的放叶晚,叶片瘦小发黄,叶片边缘或叶脉间局部干枯,凋萎,甚至早期脱落;重者未展叶就枯萎致死。②夏季酷热,特别是干热风,周围地面碳化,太阳辐射强烈,使植株枝叶水分大量蒸发,体内水分失调,轻者枝叶暂时萎蔫,重者叶片自叶缘向内逐渐变黄枯死,甚至造成植株死亡。③盐碱地带,土壤中可溶性盐类如碳酸钠、氯化钠、硫酸钠等积累过多,渗透压大,使植物根部吸水困难,也常引起上述症状。

【发病规律】 干旱酷热持续时间长、土壤中可溶性盐类含量高,植株受害则重,反之则轻。不同树种对不良环境抗性不同,栎、胡杨、小叶杨等较抗风沙干旱耐瘠薄,枸杞、胡杨、沙枣、榆、柽柳、刺槐、紫穗槐等则较耐盐碱。

【防控措施】

①因地制宜地选栽抗性较强树种。

②要针对不同情况分别采取措施。因酷热、干旱引起的,可引水灌溉。因蒸腾强烈而引起的,可从上方喷淋浇水。盐碱地区,可挖沟引水灌溉洗盐碱,松土或覆盖表土,防止盐分上升;亦可栽刺槐、紫穗槐等改良土壤。

127.阔叶树带化病

【又名】 树木龙头病、扁枝病。

【寄主植物】 北海道黄杨、女贞、紫穗槐、火炬树、槐、苹果、桑等。

【危害部位】 全株性,主要表现在当年生枝条上。

【症状】 当年生枝条顶端60～80cm发病,病枝侧扁,越向端部越甚,

126.1 阔叶树非侵染性枯萎病,示紫薇被害状

126.2 阔叶树非侵染性枯萎病,示悬铃木被害状(上部健叶为雨季生出的新叶

126.3 阔叶树非侵染性枯萎病,示女贞被害状

126.4 阔叶树非侵染性枯萎病,示杨树叶被害状

126.5 阔叶树非侵染性枯萎病,示紫薇叶片被害状

并渐向一侧弯曲呈龙头状。有时扭曲、撕裂。有时伐桩的萌蘗条亦表现此状。病部叶间缩短，叶变小而密集，早黄易脱落，翌年顶梢枯死。有时病部仅侧扁不向一侧弯曲或分成两半呈叉状。

【病原】　病毒，其类群待定。

【发病规律】　苗圃、林间零星分布。一棵树上常多根条发病。

【防控措施】

①发现病株后将整株刨除销毁。

②加强检疫，不栽病株。

③不以病株作砧木，不自病株上采集繁殖材料。

127.1　阔叶树带化病，示紫穗槐症状

127.2　阔叶树带化病，示苹果树枝带化状

127.3　阔叶树带化病，示槐树新枝梢扁卷呈龙头状

127.4　阔叶树带化病，示桑树枝条带化状

127.5　阔叶树带化病，北海道黄杨症状Ⅰ

127.6　阔叶树带化病，北海道黄杨症状Ⅱ

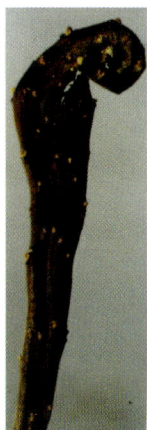
127.7　阔叶树带化病，示火炬树症状Ⅰ

127.8　阔叶树带化病，示火炬树症状Ⅱ

127.9　阔叶树带化病，示槐树症状

127.10　阔叶树带化病，示女贞症状

127.11　阔叶树带化病，示槐树苗圃内苗木被害状

128. 阔叶树破腹病

【又名】冻癌。

【寄主植物】杨、悬铃木、苹果等。

【危害部位】树干、主枝。

【症状】 主要危害树干，有时危害主枝。常自树干平滑处及皮孔处开裂，皮层先裂，裂缝可深达木质部。翌春树萌动后，自伤口流出树液，干后呈锈色。树势壮被害轻时可自然愈合。一般裂缝逐年加深加长，有时长达3～4m，不断流出树液。被害状：一为开放型，冻裂后愈伤组织逐年向外翻裂，不能愈合；二为开裂型，愈伤组织不向外翻裂，木质部开裂深而长。被害后影响树木生长，诱发烂皮病、白腐病、红心病，严重影响木材工艺价值。

【病因】 非寄生性，冰点以下的低温。

【发病规律】晚秋或早春天气骤然变冷变暖，昼夜温差大时易发病。常发生在树干西南面、南面。秋季土壤水分过多，树木生长过快，木质部含水量高时易发生。在同一段行道树，裂缝常发生在同一方位。受害程度还取决于品种的抗寒性和立地条件，一般乡土树种，生长健康的植株，受害较轻；新引种的对土壤、气候条件不适应的受害往往较重。

【防控措施】

①因地制宜选栽适于当地生长的耐寒品种。

②注意树种混栽，避免树种单一。

130

128.1 阔叶树破腹病，示毛白杨主干被害状

128.2 阔叶树破腹病，示悬铃木被害状（开裂型）

128.3 阔叶树破腹病，示新疆杨被害状（开放型）

③在寒冷地区，对易受害树种，冬季到来之前在树干1.5～2.0 m高以下涂白，或用草包裹。

④林地排水，防止积水。

⑤品种北移时考虑其适生范围和耐寒性。

129. 阔叶树膏药病

【又名】灰色膏药病。

【寄主植物】桑、杏、山杏、梅等。

【危害部位】枝、干。

【症状】 树干或枝条上形成圆形、椭圆形或不规则形的菌膜组织，贴附于树皮上。菌膜组织直径可达7～12cm或更大，初呈灰白、浅褐或褐色，后转紫褐、黄褐或暗褐色；有的呈天鹅绒状，边缘色较淡，中部常有龟裂纹；有的后期干缩，逐渐剥落，整个菌膜好像中医用的膏药，故名。如严重发生，可引起小枝衰弱，甚至死亡。

【病原】 真菌，担子菌门茂物隔担耳菌*Septobasidium bogoriensi*.

【发病规律】病菌以菌丝膜在枝干上越冬，翌年5～6月形成担孢子进行传播。该病发生与介壳虫关系密切，病菌以介壳虫分泌物为养料，介壳虫常由菌膜覆盖而得到保护。介壳虫爬行还可携带病菌孢子而传播蔓延。桑林土壤黏重，排水不良、桑树过密、透风透光不良等易发病。林冠下的零星桑树也易发病。

【防控措施】

①桑林密度合理，不要过密，及时整枝修剪，以利通风透光，加强水肥土管理，增强树势。

②防控介壳虫，涂刷或喷洒5～15倍柴油乳剂（柴油10：肥皂0.25：水5）、1～3°Be石硫合剂或20%石灰乳等。

③刮除菌膜，并喷洒波尔多液或20%石灰乳等。

129.1 阔叶树膏药病，示杏树症状Ⅰ

129.2 阔叶树膏药病，示杏树症状Ⅱ

129.3 阔叶树膏药病，示桑树枝被害状

130. 榆叶梅黑斑病

【又名】 小桃红黑斑病、榆叶梅轮斑病。

【寄主植物】 榆叶梅等。

【危害部位】 叶片。

【症状】 叶受害后病斑近圆形，有时病斑发展受叶脉限制呈不规则形，多个病斑还可相连成大斑块。病斑褐色，上面生有黑褐色霉状物，空气湿度大时更明显。

【病原】 真菌，半知菌类链格孢 *Alternaria* sp.。

【发病规律】 病原菌以菌丝体在病落叶、芽鳞中越冬，翌春产生分生孢子，借气流、雨水传播，自气孔侵入，进行新的侵染。生长季节多次进行再侵

130. 榆叶梅黑斑病

染。主要侵染发生在夏秋季节，而以秋季发生较为普遍。受害严重的叶片，可导致早落。

【防控措施】

①加强栽培管理。榆叶梅喜阳光充足的环境条件，对土壤要求不严，但以中性至微碱性较肥沃而疏松的沙质壤土为好。耐寒、耐旱能力很强，忌沥涝。每年春季花后要追肥，施以厩肥、饼肥为主的有机肥或复合化肥，生长期再追肥1~2次。冬前施足基肥，浇足越冬水，注意冬剪，剪除徒长枝；如花

芽过多，可对花枝适当短截。

②入冬后彻底清扫花园苗圃内落叶枯枝，集中深埋或高温沤肥。

③花前15天喷洒3°Be石硫合剂1次。发病初期喷洒1:1:200波尔多液1~2次，或选喷30%绿得保胶悬剂30~50倍液、70%甲基硫菌灵可湿性粉剂1000倍液、80%代森锌可湿性粉剂700倍液、70%代森锰锌可湿性粉剂400~600倍液、75%百菌清可湿性粉剂800倍液、50%多菌灵可湿性粉剂600倍液等。

131. 榆炭疽病

【又名】 榆黑斑病。

【寄主植物】 榆树。

【危害部位】 叶片。

【症状】 多发生在叶片上，从早春新叶展开期起，直至晚秋都有发生。被害初期于叶片表面形成近圆形或不规则形的褪色小斑。病斑多发生在叶片边缘，扩大后，病斑上生有黑色隆起小点，略成轮纹状排列，雨后上面生出黄色卷须状的分生孢子角。9月中旬至11月在病斑上形成圆形突起的小点，

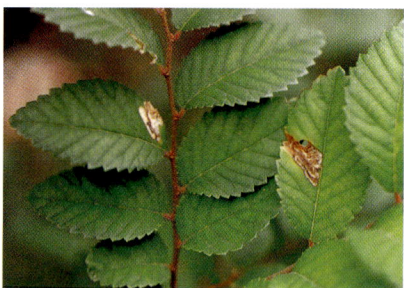

131.1 榆炭疽病，示症状Ⅰ

密集成疮痂状，为病菌的子囊壳。

【病原】 真菌，子囊菌门榆大原氏日规壳菌 *Gnomonia oharana*，榆日规壳菌 *Gnomonia ulmea*。

【发病规律】 病菌子囊壳于10~11月成熟，子囊壳即在落地病叶中越冬，翌年产生子囊孢子，借风传播，进行初次侵染。

【防控措施】

①绿化区内，秋后彻底清扫落叶，集中深埋。

②生长季节发病严重时喷药防控，可选喷77%可杀得可湿性粉剂、84.1%好宝多可湿性粉剂、1:2:200波尔多液等，每10天喷1次，连喷2~3次；或喷50%退菌特可湿性粉剂800~1000倍液等，每10天喷1次，连喷2~3次。

131.2 榆炭疽病，示症状Ⅱ

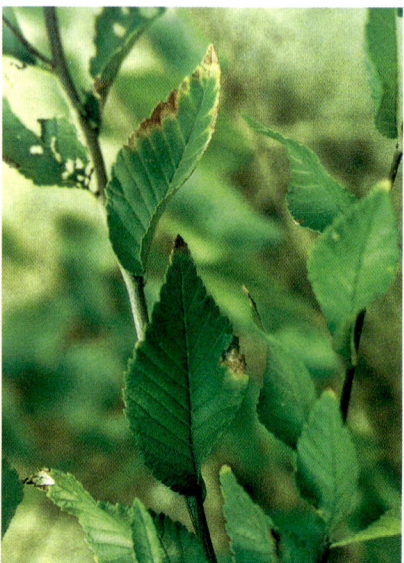

131.3 榆炭疽病，示症状Ⅲ

132. 槐树干锈病

【又名】槐锈瘤病。

【寄主植物】槐树。

【危害部位】枝、干。

【症状】槐树苗木、幼树、大树的枝、干都可受害。在病枝上形成近似纺锤形瘿瘤。瘤上的树皮粗糙纵裂,裂缝中长有黑褐色粉状物,即病原菌的冬孢子堆。病瘤以上枝条逐渐枯死。干部瘿瘤与枝上相似。在北方由于温度较低,生长期较短,苗木发病后,病情发展较慢,发病后7~8年,瘤以上枝干不死,但树势明显衰弱,导致立木腐朽病菌的寄生。叶柄和叶背面长有黄褐色粉状物,即病原菌的夏孢子堆。

【病原】真菌,担子菌门槐干单孢锈菌 *Uromyces truncicola*。

【发病规律】病菌为同主寄生。病菌在病瘤内越冬,瘤为多年生,在寄主内存活多年,连年危害。

【防控措施】

①严格检疫,不栽带病苗木。

②经常检查,发现枝上瘿瘤及时剪除,幼苗、幼树干上发现瘿瘤后连根拔除销毁。

③药剂治疗。对发病较轻的植株,刮去瘤外部粗皮层,用松焦油、5°Be石硫合剂或不脱酚洗油涂刷病部,每年4、6、8月份各涂1次,连续涂刷2年。也可用0.03%的内疗素注射于病皮下,于4月下旬起每半月注射1次,连续注射3次。

133. 槐树立木腐朽

【寄主植物】槐、杨、柳、桑、刺槐、李、杏等。

【危害部位】枝、干。

【症状】危害寄主活立木的枝干、倒木、伐桩,在被害处着生大型子实体,引起木材褐色腐朽,导致主枝或全株死亡。

【病原】真菌,担子菌门毛木耳 *Auricularia polytricha*、苹果木层孔菌 *Phellinus pomaceus*。

【发病规律】子实体散发的担孢子自树体伤口侵入,温湿度适宜时萌发。菌丝体在木质部内连年蔓延,外部长出新鲜子实体。伤口多、愈合不好、树势弱的发病常重。

【防控措施】

①因地制宜选栽适于当地气候、土壤条件生长的树种,分别不同树种的特性。加强管理、促进健壮生长。注意树体保护,防止产生各种损伤。

②冬、春季修枝,切口要平滑以利愈合。对行道树较大的修枝伤口,涂抹波尔多液、1%硫酸铜液等保护。

133

132.槐树干锈病,示槐树主干上的肿瘤(下部)

133.1 槐树立木腐朽,示毛木耳子实体

133.2 槐树立木腐朽,示苹果木层孔菌子实体

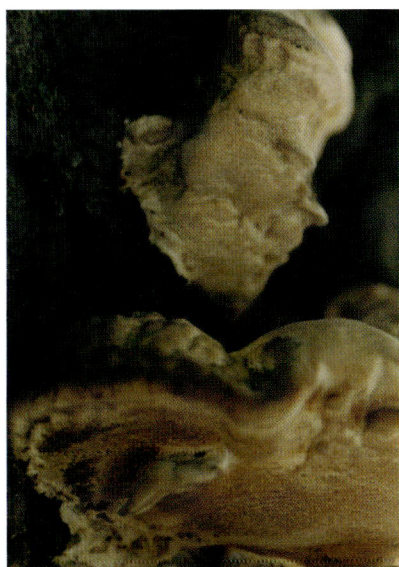

133.3 槐树立木腐朽,示槐树主干上的层孔菌子实

134. 槐树烂皮病

【寄主植物】槐树、龙爪槐。

【危害部位】枝、干。

【症状和病原】其症状分两种类型，由两种不同的真菌引起。由半知菌类聚生小穴壳菌Dothiorella gregaria引起的，病斑初呈圆形，淡黄褐色，边缘紫红色或紫黑色，发展迅速，病斑可长达20cm以上，可环割树干或树枝，其上部枯死。后期病部形成许多小黑点，即病菌的分生孢子器，病部下陷或开裂，四周很少产生愈伤组织，翌年有复发现象。由半知菌类三隔镰孢菌Fusarium tricinatum引起的，病斑初呈浅黄褐色，近圆形，渐发展为梭形，长1～2cm。较大病斑中央稍凹陷，软腐，有酒糟味，呈典型的湿腐状。病斑可环割主干而使上部枝枯死。后期在病斑中央出现橘红色分生孢子堆。如病斑未环割树干，则病部当年能愈合，且以后一般无复发现象。个别病斑当年愈合不好，翌年可向四周继续扩展。烂皮病严重时引起幼苗和幼树枯死以及大树枝枯。

【发病规律】镰刀菌引起的烂皮病约于3月初开始发生，3月中旬至4月末为发病盛期，5～6月产生孢子座。在自然情况下未见发生再侵染，6～7月一般停止发展，并形成愈伤组织。小穴壳菌引起的烂皮病比前者发生稍晚，孢子自叶痕、皮孔、断枝、残桩、修剪伤口、虫伤、死芽等处侵入，潜育期约30天。当树皮膨胀度小于85%时，枝条上的溃疡斑急剧增多，60%时最多，再失水则枝条枯死。

【防控措施】

①槐树为温带树种，稍耐荫，适生于湿润、深厚、肥沃、排水良好的沙质壤土。石灰性及含盐量0.15%的轻度盐碱土上也能正常生长。但在过于干旱、瘠薄、多风的地方很难生长高大。在低洼积水处生长不良，甚至落叶死亡。对二氧化硫、氯气、氯化氢及烟尘等的抗性较强，是北方行道树的优良树种，可因地制宜选栽。大苗移植时，注意施基肥，并要养根、养干、除蘖、防虫。加强土、肥、水管理，特别注意浇水，保持树皮含水量以增强抗病性。

②经常检查，及时剪除病枯枝，伤口涂抹0.1%浓度的升汞液、1%硫酸铜液或多菌灵液等。

③发病初期喷洒40%乙磷铝可湿性粉剂、70%甲基硫菌灵可湿性粉剂、40%多菌灵可湿性粉剂等。也可用25%瑞毒霉可湿性粉剂300倍液加适量黄土敷于病部。

134.槐树烂皮病，示枝枯型

135. 槐树褐斑病

【又名】槐树叶斑病。

【寄主植物】槐树。

【危害部位】叶片。

【症状】危害槐树的老叶和嫩叶产生病斑，初为直径1～2mm圆形黄斑，后继续扩大，为直径3～12mm近圆形大斑，边缘褐色，外镶黄色细边，中间灰白色，后期其上密生小黑点，继而可形成穿孔。发生于叶缘的病斑常呈不规则形，每叶病斑数由3～5到10多个不等。严重时引起早期落叶。

【病原】真菌，半知菌类假尾孢菌Pseudocercospora sp.。

【发病规律】病原菌在落地的病叶上越冬，翌春产生分生孢子进行初

135.1 槐树褐斑病，示症状 I

侵染,白气孔或直接侵入。在整个生长期多次产生分生孢子多次再侵染,扩大病情。多雨、潮湿、植株过密、通风不良,植株生长势弱,或者是靠近发生叶斑病严重的大叶黄杨时,发病往往严重。

【防控措施】

①秋后认真清扫绿化区内的落叶,集中深埋或高温沤肥。

②发病初期喷洒25%络氨铜水剂、56%靠山水分散粒剂、1:2:200波尔多液等保护性杀菌剂,或选喷65%代森锌可湿性粉剂600倍液、50%多菌灵可湿性粉剂800~1000倍液、70%甲基硫菌灵可湿性粉剂1000倍液、80%代森锌可湿性粉剂800倍液。

136. 槭漆斑病

【又名】槭黑痣病。

【寄主植物】元宝枫、五角枫、鸡爪枫、红枫、三角枫、银槭等。

【危害部位】叶片。

【症状】受害叶片上,生大型漆斑。初为淡黄色大型圆形斑点,不久在病斑中央形成突出并有光泽的黑色斑点,黑漆斑部位增厚,像黑漆覆盖在黄斑表面,周围有黄色的边。病斑直径5~14mm,每叶1至多个斑不等。

【病原】真菌,子囊菌门槭斑痣盘菌 *Rhytisma acerinum*。

【发病规律】病菌子囊盘在子座中形成,并以此在病落叶中越冬。一般情况下,翌年5~6月子囊孢子开始成熟,随气流传播,在叶片上萌发后多从气孔侵入。菌丝在表皮组织内蔓延,破坏表皮细胞的细胞壁,故受害叶发生黄色病斑。随之菌丝体与寄主表皮紧密纠集,形成黑色具有光泽的盾状子座覆盖于病斑上,并在子座内形成子囊盘,随落叶越冬。其无性世代在侵染中意义不大。一般降水多,湿度大的年份发生较普遍。

【防控措施】

①强化绿化区管理,于秋冬季节,扫除落叶集中深埋。

②上年发病严重的绿化区,可于翌年4~5月间子囊孢子开始成熟、释放之前喷洒25%络氨铜水剂、30%王铜悬浮剂、1:1:200波尔多液或50%多菌灵可湿性粉剂800倍液等。

135

135.2 槐树褐斑病,示症状Ⅱ

136.槭漆斑病

135.3 槐树褐斑病,示症状Ⅲ

137. 碧桃花腐病

【又名】碧桃褐腐病。

【寄主植物】碧桃、桃花等核果类花木。

【危害部位】花、叶。

【症状】花受侵染后，初在花瓣端部及雄蕊产生褐色水渍状小斑点，后逐渐扩展至全花变为褐色而枯萎。空气湿度大时，病花很快腐烂，表面生有灰色霉层；如空气干燥则病花萎垂干枯，残留枝上，经久不脱落。有时叶亦受害，自叶尖或叶缘变褐腐烂，空气湿度大时亦产生灰色霉层。

【病原】真菌，半知菌类灰丛梗孢霉*Monilia cinerea*。

【发病规律】病原菌主要以菌丝

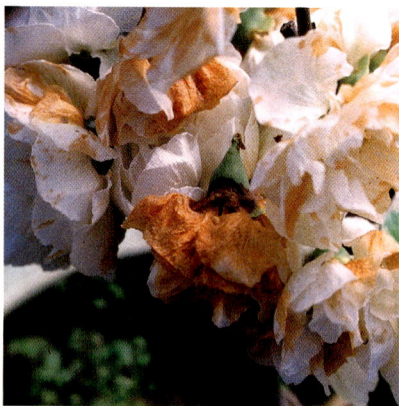

137.碧桃花腐病

体在病花、病叶等处越冬，翌春产生分生孢子，借风雨或昆虫传播，借气孔、皮孔等自然孔口以及虫害伤口侵入危害。花期如低温、多雨发病常重。

【防控措施】

①加强栽培措施，增强抗病性。碧桃喜光、耐旱，不耐水湿，喜温暖气候，亦较耐寒，当极端低温达 −12℃的地区仍可露地栽培。适生于肥沃而排水良好的土壤。秋季落叶后或早春均可栽植。栽植不宜过深，栽植穴施足底肥，带土球栽植。修剪以疏枝为主。

夏季追肥1~2次，初冬结合修剪施有机肥作基肥。

②发现病花、病叶及时摘除；同时搞好绿化区卫生，及时清扫落叶、枯枝。

③如前1年发病较重，可于花前喷洒1次45%晶体石硫合剂30倍液，初花期喷洒1次80%代森锌可湿性粉剂600倍液，花后喷洒1次50%扑海因可湿性粉剂1500倍液等。

138. 蜀葵枯斑病

【又名】蜀葵褐斑病。

【寄主植物】蜀葵。

【危害部位】叶片。

【症状】叶面病斑主要有2种类

138.1 蜀葵枯斑病，示叶片症状 I

型：①圆形或近圆形，多发生于叶片中间部分，直径3~10mm，灰白色，边缘褐色，后期病斑上散生小黑点。②多发生于叶尖或叶缘，病部初为淡褐色小点，后渐扩大为被侧脉相隔的近似三角形大斑，有的在叶缘呈不规则形斑，灰白色，边缘褐色。后期病斑上散生小黑点，病斑破裂。

【病原】真菌，半知菌类蜀葵褐斑叶点霉*Phyllosticta althaeina*和蜀葵叶点霉*Phyllosticta pucciniospila*。

【发病规律】病原菌以菌丝体或

分生孢子器在病落叶上越冬，翌春产生分生孢子，借风雨传播，侵染叶片，每年5~10月都可发病。一般水、肥管理失调，缺肥，水分供应不足，植株生长不良，发病常重。下部老叶较上部叶片发病多。

【防控措施】

①加强栽培管理。蜀葵为多年生草本，常作2年生栽培。喜阳光，耐寒性较强，在北京一带可露地越冬。对土壤要求不严，但喜土层深厚，肥沃湿润富含腐殖质的土壤。播种或分株繁殖，夏、秋采种后即播，如春播翌年才可开花。能自播繁衍。分株宜在秋凉后至翌春抽茎前进行。生长期适宜追液肥，花蕾形成后再追肥1次，春前花茎抽出后进行摘心，促进分枝，使植株矮化、花

138.2 蜀葵枯斑病，示叶片症状 II

多。花后植株在距根颈15cm处剪断，老根可萌发新芽。多年生衰老植株，应挖除另植新苗，或挖起分株更新，促进复壮。采种应于分果片中部发黑、边缘泛黄时进行，过迟则自行散落。

②园圃卫生。秋季花后彻底清除修剪下的枯枝落叶，捡净根颈处残叶，集中深埋。

③发病初期，喷洒50%多菌灵可湿性粉剂1000倍液、65%代森锌可湿性粉剂500倍液等，2~3次，每次相隔10~15天。

139. 蜡梅叶斑病

【又名】黄梅花(香梅)叶斑病。

【寄主植物】蜡梅。

【危害部位】叶片和嫩枝。

【症状】叶片受害，多侵染叶尖和叶缘，初为褐色小斑点，后逐渐扩展为半圆形、近圆形大斑，继续发展可相互连接成自叶缘叶尖向叶片中部延伸的不规则大斑，病斑边缘明显。后期病斑中部呈灰白色，并产生许多黑色小颗粒，即为病原菌的分生孢子器。嫩梢受害，初为长椭圆形褐色小斑，逐渐扩展，当病斑包围嫩梢后，则以上部分枯死，秋季病斑上产生许多黑色小斑，即为病原菌的分生孢子器。

【病原】真菌，半知菌类蜡梅叶点霉 *Phyllosticta chimonathi*。

【发病规律】病原菌以菌丝体及分生孢子器在病叶和病枯枝中越冬，翌年蜡梅展叶时产生分生孢子，随气流传播，侵染嫩叶，形成初侵染。随后产生分生孢子器和分生孢子，扩大侵染，5～6月发展较快，病原菌从侵染到产生分生孢子器仅需30天左右。在生长期内，病原菌多次进行再侵染，使病情迅速扩展，进入8月，病株的叶片可被全部侵染。气温高，管理不善，树势衰弱，病情常重。

【防控措施】

①加强栽培管理，增强抗病性。蜡梅性喜阳，略耐荫，喜温暖，较耐寒。冬季气温不低于−15℃即可露地栽植安全越冬，适应性强。要求疏松、深厚及排水良好的中性和微酸性沙质壤土，忌黏土和盐碱土。甚耐干旱，忌土壤积水。要选栽于干燥、背风向阳处。可用分株、嫁接、播种法繁殖。

②搞好花圃卫生，入冬后清扫地面落叶、枯枝、杂草，剪除树上枯枝，集中深埋、高温沤肥或作燃料；并耕翻圃地，施足底肥，浇好越冬水。

③药剂防控：发病初期开始喷洒1:1:160波尔多液等保护剂，每隔15天喷1次，视病情共喷2～4次。亦可选喷50%多菌灵可湿性粉剂800～1000倍液、65%代森锌可湿性粉剂500倍液等。

140. 蜡梅萎缩病

【又名】蜡梅病毒病。

【寄主植物】蜡梅。

【危害部位】全株性。

【症状】病株新梢生长量较正常少。叶片小而皱缩，气温高时有隐症现象。严重时只孕蕾不开花，甚至不孕蕾。

【病原】病毒，其类群待定。

【发病规律】嫁接可染病。生物传毒介体不明。

【防控措施】强化检疫措施，发现病株即拔除销毁，不从病株上采集繁殖材料。不栽植病株。

138.3 蜀葵枯斑病，示植株病状

139.蜡梅叶斑病

140.蜡梅萎缩病，示下部正常叶为6、7月生长，上部皱缩叶为秋梢

第三篇　常见害虫

本篇列举了危害公路绿化植物常见害虫、螨类等120种，阐述了其危害特征、危害规律及生态防控和化学防治措施。

1. 三点盲蝽

【学名】 昆虫，半翅目三点盲蝽 *Adelphocoris fasciaticollis*。

【寄主植物】 一串红、鸡冠花、枸杞等。

【危害部位】 叶、花。

【形态特征】

成虫 体长约7mm，黄褐色。触角与体等长。前胸背板紫色，后缘具1个黑横纹，前缘具2个黑斑，小盾片及2个楔片具3个明显的黄绿色三角形斑。

卵 茄形，长约1.2mm，浅黄色。

若虫 黄绿色，密被黑色细毛，触角第2～4节基部淡青色。有赭红色斑点，翅芽末端黑色达腹部第4节。

【生物学特性】 1年3代，以卵在寄主附近的杨、柳、榆、刺槐、杏等树皮缝内越冬。卵的发育起点温度为8℃，有效积温为188℃。幼虫发育起点为7℃，有效积温为273℃。越冬卵在4～5月间开始孵化，若虫共5龄。成虫多在晚间产卵，卵多产于叶片与叶柄相连处，以及叶柄和主脉附近。第3代有世代重叠现象。

【防控措施】

①越冬卵近孵化时，清除花圃附近杂草，并在越冬寄主上喷洒40%氧化乐果乳油1500倍液、50%倍氰松乳油1500倍液等。

②在成虫、若虫期选喷80%敌敌畏乳油1000倍液、50%马拉硫磷乳油1500倍液、50%三硫磷乳油2000倍液、40%乐果乳油1000倍液、50%杀螟松乳油1000倍液、25%速灭威可湿性粉剂400倍液等。

2. 大叶黄杨茎蜂

【学名】 昆虫，膜翅目茎蜂科 *Cephidae* 的一种，种名待定。

【寄主植物】 大叶黄杨。

【危害部位】 1～2年生茎。

【形态特征】幼虫老熟时体长约22mm，头部黄褐色，体乳白色，足不发达。

【生物学特性】 在石家庄市6～7月可见幼虫危害，钻蛀大叶黄杨1～2年生茎，造成茎、叶枯萎死亡。

【防控措施】 结合管理，生长季节经常检查，发现萎蔫枯死的枝条，将其连同部分没被蛀空的健枝剪除，杀死蛀道内的幼虫或蛹。

3. 大灰象

【又名】 大灰象甲。

【学名】 昆虫，鞘翅目大灰象 *Sympiezomias velatus*。

【寄主植物】 草坪草、杨、柳、榆、刺槐、紫穗槐、核桃、槐树、板栗、桑等。

【危害部位】 草坪草、树木幼苗。

1.2 三点盲蝽，示成虫与枸杞负泥虫混合发生危害枸杞叶片、嫩梢状

1.1 三点盲蝽，示成虫危害一串红状

1.3 三点盲蝽，示成虫危害鸡冠花状

2.1 大叶黄杨茎蜂，示受害枯死的茎

【形态特征】

成虫　雄虫体长7.3~9.5mm，宽3.2~4.3mm；雌虫体长8.0~12.1mm，宽3.9~5.2mm。体壁黑色，被覆土褐色和金黄色鳞片。雄虫宽卵形，雌虫肥胖椭圆形。喙和头密被金黄鳞片。喙短粗，长略大于宽，背面平。触角膝状。前胸背板宽大于长，两侧略突，满布颗粒，中沟细，中沟两侧被稀的金黄色鳞片，呈暗色中纹，其外方为淡色纵带。小盾片不发达。鞘翅雄虫宽卵形，雌虫椭圆形。各足密被鳞片和短毛，胫节端部毛密而长，前足胫节内侧有小齿一列。

卵　长径1mm，短径0.4mm。长椭圆形，初产时乳白色，近孵化时乳黄色。

幼虫　老熟幼虫体长14mm，乳白色，头部米黄色，上颚先端有2齿，后方有钝齿。内唇前缘有4对齿状突起，中央有3对齿状小突起。

蛹　体长9~10mm，乳黄色。复眼黑色，头顶及腹背疏生刚毛，尾端向腹面弯曲，其末两侧各具1刺。

【生物学特性】在辽宁、河北2年1代，以成虫和幼虫越冬。在河北石家庄地区，3月中下旬越冬成虫出蛰危害。5月上旬幼虫出现，10中下旬幼虫越冬，翌年5月上旬开始化蛹，9月上中旬成虫仍在草坪取食危害。成虫不能飞翔，畏冷和高温，春季温度较低时，潜伏于土缝或植株下，多于10：00后开始取食，盛夏多在10：00前及15：00以后出来活动，大暑前后成虫多离开地表爬至枝干、叶的背荫处。成虫有隐避性和假死性。成虫喜食幼嫩多汁幼苗、嫩芽和叶片，虽个体食量不大，但因群集危害，常致幼苗死亡，草坪叶片损失严重。成虫产卵于叶片折合处。幼虫孵化落地后迅速爬行，入土取食仅食腐殖质和毛根。幼虫于土壤深处作土室越冬，亦在土室中化蛹。天敌有猎蝽、寄生蜂等。

【防控措施】

①草坪以及苗圃内大灰象发生严重时，可用2亿孢子/ml的白僵菌灌根，1年灌2次，分别于5月下旬和9月上旬。亦可用药液灌根，可选用90%敌百虫晶体、50%辛硫磷乳油、80%敌敌畏乳油1000倍液等，1年2次，以防控越冬幼虫和当年孵化的幼虫。

②定植后树苗，于春季大灰象成虫出蛰爬上树苗啃食幼芽前，用毒纸条缠于苗干上，毒杀上树取食幼芽的成虫。

3．大灰象

2.2　大叶黄杨茎蜂，示受害枝条

4. 大扁头蟋

【又名】棺头蟋蟀。

【学名】昆虫，直翅目大扁头蟋 *Loxoblemmus doenitzi*。

【寄主植物】多种禾本科草坪草和花木。

【危害部位】叶、根。

【形态特征】成虫体长１６～１９mm，黑褐色。头畸形，颜面倾斜而平，雌颜面略平，雄颜面形成明显向两侧突出的侧瓣，三角形，超过复眼，从腹面观将复眼全部遮住。触角第1节明显突起。前胸背板横长方形，前缘中央微凹，后缘直。足黄褐色，并散有不规则黑斑；后足第1跗节背面有沟及2列锯状的刺。

【生物学特性】河北中南部1年1代。7～8月成虫大量出现。若虫、成虫白天在草丛荫凉处活动。

【防控措施】

①因地制宜在早春或秋后精细耕翻土壤。

②清除绿化区及其附近的杂草，创造不利于成、若虫活动栖息的场所。

③撒毒饵、毒土毒杀成虫和若虫。

4.1 大扁头蟋，示成虫栖息于草坪中

4.2 大扁头蟋，示雌成虫形态

5. 大蓑蛾

【又名】大袋蛾、大皮虫、避债蛾、布袋虫。

【学名】昆虫，鳞翅目袋蛾科大蓑蛾 *Cryptothelea variegate*。

【寄主植物】蜡梅、梅花、月季、蔷薇、向日葵、牡丹、海棠、雪松、木槿、丁香、蜀葵、美人蕉、山茶、银柳、六月雪、杜鹃、泡桐、悬铃木、重阳木、麻栎、扁柏、白榆、刺槐、垂柳、苹果、梨、桃、枣、核桃、香樟、桉、茶、葡萄、柿、杏、紫叶李。

【危害部位】幼虫咬食叶片以及茎干表皮。

【形态特征】

成虫 雌体长23～36mm，肥大，淡黄色或乳白色，翅、足均退化，触角很小，头部小，淡赤褐色，胸部背中央有1条褐色纵脊，外生殖器发达。雄体长15～20mm，翅展26～35mm，体褐色，有淡色纵纹。前翅红褐色，有黑色和棕色斑纹；后翅黑褐色，略带红褐色。

卵 初产时乳白色，渐变为棕黄色，椭圆形，长0.8～1.0mm。

幼虫 雌性老熟幼虫体长25～40mm，粗肥，头部赤褐色，头顶有环状斑，胸部背板骨化，亚背线、气门上线附近有大型赤褐色斑，腹部黑褐色。雄性老熟幼虫体长18～25mm，头黄褐色，中央有1个白色"八"字形纹，胸部灰黄褐色，背侧亦有2条褐色纵斑，腹部黄褐色。幼虫藏于虫囊内，虫囊纺锤形。雄囊的下部较细，雌囊的下部则较粗大。

蛹 雌体长28～32mm，赤褐色，头、胸附器均退化。雄体长１８～24mm，暗褐色，第3～5腹节背面前缘各有1横列小齿。

【生物学特性】江淮地区1年1代，华南1年2代，均以老熟幼虫在虫囊中越冬。在河北南部翌年4月下旬至7月上旬化蛹，5月中旬为化蛹盛期。5月下旬至7月上旬为成虫羽化期，盛期在6月上旬，6月上旬至7月底为幼虫孵化期，6月中旬为盛孵期。10月中下旬老熟幼虫封囊越冬。成虫产卵于蛹壳内，幼虫期210～240天。幼虫孵化滞留蛹壳内2天左右后，爬出母囊，吐丝下垂，以胸足在枝干爬行，即吐丝缀碎叶作囊，将虫体隐于其中。随虫体增大，撕开囊壁，扩建囊袋。幼虫自身负袋爬行传播，将头部伸出袋外取食。老熟幼虫于囊袋内化蛹，羽化后，雌成虫产卵于蛹壳内。幼虫趋向于阳光较充足的枝条上活动危害，林缘较林内多，树冠外部枝条较内膛枝多。幼虫喜食悬铃木、泡桐、黄连木等，不喜食香椿、合欢、梓、槐、女贞、无患子、喜树、苦楝等。天敌种类多，幼虫期有蜘蛛、蚂蚁瓢虫、人袋蛾杆状病毒、家蚕追寄蝇、伞裙追寄蝇、红尾追寄蝇、四斑尼尔寄蝇、鸟类等。

【防控措施】

①在大袋蛾发生严重的地区，注意选栽其不喜食的树种。

②摘除虫囊。结合修枝整形等园艺技术管理，随时剪除虫囊，以冬季剪除越冬虫囊为好。

③幼虫危害期，喷洒100亿活孢子/ml青虫菌200倍液，或选喷以下药剂：20%氰马乳油2000倍液、2.5%功夫乳油3000倍液、20%速灭杀丁乳油3500倍液、80%敌敌畏乳油1500倍液、40%氧化乐果乳油1500倍液等。

④冬季采集虫囊放于天敌保护器内，春季悬挂于花木间。

6. 小地老虎

【又名】 土蚕、地蚕、切根虫、黑地蚕、黑土蚕。

【学名】 昆虫，鳞翅目小地老虎 *Agrotis ypsilon*。

【寄主植物】 多种草坪草、花卉、

5. 大蓑蛾，示越年袋囊状

林木、果树等绿化植物。

【危害部位】 幼虫取食幼苗茎基部，将其咬伤或咬断。

【形态特征】

成　虫　体长21～23mm，翅展48～50mm。头胸部褐色至黑褐色。前翅棕褐色，前缘区暗黑，基线、内线黑色双线波浪形；剑纹小，暗褐色黑边；环纹小，扁圆形，黑边；肾纹黑边，外侧中部有一楔形黑纹伸至外线；中线黑色波浪形；外线双线黑色锯齿形；亚端线微白，锯齿形；端线为1列黑点。后翅污白。

卵　扁圆形，直径0.5mm，高0.3mm。初产时黄色，后变暗。

幼　虫　老熟幼虫体长37～47mm，体色暗褐。头部褐色，有不规则的黑色网纹，冠缝极短。体表粗糙，布满大小不均相互分离的稍隆起的颗粒，背线、亚背线及气门线黑褐色。每个腹节背板上有2对毛片，前小，后大。臀板黄褐色，有深褐色纵纹2条。

蛹　体长18～24mm。腹部4～7节背面有粗大点刻，腹末有短刺1对。

【生物学特性】 年发生代数，广东、广西等地6～7代，长江以南4～5代，黄河以南至长江4代，长城以南至黄河以北3代，长城以北2～3代，在南亚热带地区无越冬现象，在长江以南以幼虫或蛹越冬。在长江以北越冬虫态尚不明确。各地均以第1代幼虫危害严重。在华北中南部5月中下旬至6月上旬是第1代幼虫危害盛期，夜间危害，白昼潜伏。幼虫共6龄，3龄前在地面、杂草或寄主幼嫩部位取食；3龄以后食量大增，白天潜伏在表土中，夜间出来危害。老熟幼虫有假死性。成虫对黑光灯、糖醋液趋性较强，夜间交尾产卵，卵多产于5cm以下矮小杂草上，尤以贴近地面的叶背和嫩茎上为多。卵

散产或成堆产，每雌产卵800～1000粒。该虫喜温暖潮湿的条件，发育最适温为13～25℃，在低洼内涝、雨水充足、常年灌溉区等土壤疏松、团粒结构好的壤土地带适于发生。

【防控措施】

①早春清除草坪、花圃及其周围杂草。

②搞好预测预报，适时开展防控。

③采用糖醋液、发酵变酸的水果甘薯、毒饵、新鲜泡桐叶等诱杀成虫或幼虫。

④关键是抓好第一代幼虫1～3龄期的防控，可选用灭幼脲3号、速灭杀丁、敌百虫等多种杀虫剂。

6.1 小地老虎，示幼虫

6.2 小地老虎，示成虫展翅状

7. 小木蠹蛾

【又名】 小线角木蠹蛾。

【学名】 昆虫，鳞翅目木蠹蛾科小木蠹蛾 *Holcocerus insularis*。

【寄主植物】 白蜡、构树、丁香、白榆、槐、银杏、柳、麻栎、苹果、白玉兰、悬铃木、元宝枫、海棠等。

【危害部位】 钻蛀树干、树枝皮层、韧皮部、木质部，形成不规则隧道。

【形态特征】

成虫 灰褐色。雌虫体长18～28mm，翅展36～55mm；雄虫体长14～25mm，翅展31～46mm。雌、雄触角均为线状。头顶毛丛鼠灰色，胸背部暗红褐色。

卵 圆形，初产时灰乳白色，后为暗褐色，卵壳表面有许多纵横碎纹。

幼虫 老龄幼虫体长30～38mm。胸、腹部背面浅红色，腹面黄白色。头部褐色，前胸背板具深褐色斑纹。

蛹 纺锤形，暗褐色。雌体长16～34mm，雄体长14～28mm。

【生物学特性】 在河北石家庄、山东济南2年1代，幼虫2次越冬，跨3个年度。少数为1年1代，幼虫越冬1次，跨2个年度。成虫初见期6月上旬，盛期为6月下旬至7月中旬。当年初孵幼虫始于6月上旬，7月上中旬为盛期。越冬后出蛰幼虫于5月上旬开始在树干蛀道内化蛹，5月下旬至6月下旬为盛期。成虫白天藏于树洞、根际草丛及枝梢处静伏不动，夜间活动。成虫产卵部位多在树皮裂缝、伤痕、洞孔边缘及旧排粪孔附近等处。卵期9～21天。初孵幼虫有群集性。幼虫孵化后先取食卵壳，然后蛀入皮层、韧皮部，3龄以后向木质部钻蛀。蛀入髓心的幼虫向上、下及周围侵害，形成不规则隧道。

【防控措施】

①行道树应注意树种混栽，避免长距离树种单一。秋冬季修枝，伤口要平滑，以利愈合，不要在成虫产卵前修枝。

②化学防控。对尚未蛀入树干内的初孵幼虫可喷洒40%氧化乐果乳油1500倍液、2.5%溴氰菊酯4000倍液等毒杀之。对已蛀入干内的中、老龄幼虫，可用兽用注射器向蛀孔内注入80%敌敌畏乳油400倍液、20%杀灭菊酯乳油500倍液等，或用磷化铝片塞入虫孔(每孔0.15g)或用磷化锌毒签插入虫孔效果亦好。

7.2 小木蠹蛾，示幼虫

7.4 小木蠹蛾，示成虫羽化后一半蛹皮留在羽化孔内，一半在孔外

7.1 小木蠹蛾，示主干上的幼虫排粪

7.3 小木蠹蛾，示槐树主干上的成虫羽化孔

7.5 小木蠹蛾，示槐树主干被害风折状

144

8. 小青花金龟

【又名】小青花潜、银花金龟、小青金龟子。

【学名】昆虫,鞘翅目小青花金龟 *Oxycetonia jucunda*。

【寄主植物】月季、桃花、梅花、紫叶李、山楂、杏、海棠、葡萄、榆、杨、栎、波斯菊、刺槐、菊芋、紫穗槐、合欢、无花果、大丽花、万寿菊等。

【危害部位】花器、嫩叶、果实。

【形态特征】

成虫 体长12mm左右。暗绿色,有青、紫色闪光。头较长,眼突出。前胸背板近梯形,两侧各有白斑1个,小盾片三角形,末端稍锐。鞘翅有白斑7个,臀板横列4个白斑。腹部侧缘各节后端具白斑。

卵 椭圆形,长约1.7mm,宽约1.2mm。初产为乳白色,渐变为淡黄色。

幼虫 老熟幼虫体长34mm,头宽3.0mm,乳白色,头部棕褐色或暗褐色。

蛹 裸蛹,长约14mm,初淡黄白色,后变为橙黄色。

【生物学特性】1年1代,以幼虫、蛹或成虫在土中越冬。翌年4～6月上旬成虫出现,集中食害花瓣、花蕊和柱头。多在晴天10:00～16:00危害,傍晚成虫入土潜伏或在树上过夜。产卵于腐殖质土中、杂草、落叶下,6～7月幼虫出现。老熟幼虫化蛹于浅土层。成虫飞翔力强,具假死性。风雨天和低温时常栖息在花上不动。其取食和活动场所随寄主花期出现而变化,频繁转移。

【防控措施】

①大面积发生的成虫盛期,采用联防联控,按照花木花期的不同,组织跟踪追杀成虫。

②利用成虫假死性,震落捕杀成虫。

③药剂防控:在成虫发生期选喷50%对硫磷微胶囊剂2000倍液、50%马拉硫磷乳油1500倍液、50%速灭威可湿性粉剂500倍液、50%辛硫磷乳油1000倍液等,每10天喷1次,视虫情喷洒2～3次。

8.1 小青花金龟,示危害唇形花科花开状

8.3 小青花金龟,示成虫危害菊芋

8.4 小青花金龟,示危害月季花器状

8.2 小青花金龟,示成虫形态

9. 小豆长喙天蛾

【又名】 小豆日天蛾、茜草天蛾、燕尾天蛾、蓬雀天蛾、蜂雀天蛾、凤雀天蛾、小星天蛾。

【学名】 昆虫，鳞翅目小豆长喙天蛾 *Macroglossum stellatarum*。

【寄主植物】 孔雀草、茜草、石竹及一些豆科花卉。

【危害部位】 叶片。

【形态特征】 成虫体长25～30mm，翅展48～50mm。触角棒状，末节细长，下唇须及胸部腹面白色，头及胸部背面灰褐色。前翅灰褐色，内线及中线弯曲棕黑色，外线不甚明显，中室上有一黑色小点，外缘色较深，缘毛棕黄色。后翅橙黄色，外缘和基部暗褐色。翅反面前大半暗褐色，后小半橙色。腹部暗灰色，两侧有白色及黑色斑，末端毛丛黑色如雀尾。

【生物学特性】 在北京地区1年2～3代，以蛹越冬。在河北石家庄地区早春2～3月间即可见到成虫，10月中旬仍可见到成虫。

【防控措施】 发生量小时，可人工网捕成虫杀灭之。如发生量大，可于低龄幼虫期喷洒三苦素、烟碱等植物性农药或灭幼脲3号、敌杀死、速灭杀丁等。

10. 山楂叶螨

【又名】 山楂红蜘蛛、樱桃红蜘蛛、酢浆草叶螨。

【学名】 节肢动物，蛛蛛纲蜱螨目山楂叶螨 *Tetranychus viennensis*。

【寄主植物】 悬铃木、碧桃、泡桐、臭椿、槐、樱花、柳、杨、木槿、石榴、桃、李、杏、山楂、核桃、桃花、杜鹃、贴梗海棠、西府海棠、玫瑰、榆叶梅、樱桃、榛等。

【危害部位】 成、幼、若螨吸食花木的芽、叶、果的汁液。

【形态特征】

成螨 雌成虫体长0.5mm，宽0.3mm，前、后体部交界处最宽，体背前部稍隆起。体背面有刚毛26根。足黄白色。夏型初蜕皮时体红色，取食后变为暗红色；冬型体鲜红色，略有光泽。雄成虫体长0.4mm，宽0.25mm。体末端较尖削。初蜕皮时浅黄绿色，渐变为

9.1 小豆长喙天蛾，示成虫飞行态

9.3 小豆长喙天蛾，示飞行态，细长的喙吸食花蜜

10.1 山楂叶螨，示棕榈被害状

9.2 小豆长喙天蛾，示成虫展翅态

9.4 小豆长喙天蛾，示成虫访花吸蜜

10.2 山楂叶螨，示雄成虫

绿色及橙黄色。体背两侧有2条黑绿色斑纹。

卵 圆球形，黄白色至橙黄色。

幼虫 体圆形，黄白色至淡绿色。体背两侧出现深绿长斑。有足3对。

若虫 淡绿至浅橙黄色，体背出现刚毛，两侧有深绿长斑。有足4对。

【生物学特性】1年代数，甘肃5代，辽宁3～6代，山西6～7代，河北8代，河南12～13代，均以受精雌成螨在树体各种缝隙内以及干基附近土缝里、落叶、枯草中群集越冬。翌春日均温达到9～10℃，为出蛰盛期。自第2代后世代重叠现象明显。一般6月份以前，完成1代约需20天。6～7月份高温、干旱时，9～15天即可完成1代，数量猛增，花木受害重，使受害叶片失绿，出现密集灰黄色小点，造成叶片枯焦及早期落叶；受害嫩芽、花蕾发黄焦枯，不能展叶开花。进入雨季，虫口显著下降，9月上旬后虫口密度可再度回升，危害至10月陆续以末代受精雌成螨潜伏越冬。成、幼、若螨喜于叶背群集危害，吐丝结网，产卵于丝网上，可借丝随风传播。天敌主要有小花蝽、食虫盲蝽、草蛉、六点蓟马、小黑瓢虫、隐翅甲、捕食螨等数十种。

【防控措施】

①花木休眠期刮除树枝、干上的老皮，重点是主枝分叉以上的老皮，用一大块塑料薄膜铺在地面，收集老皮集中深埋。对幼树可在树干基部培土拍实，防止在土缝中的越冬螨出蛰上树。

②早春花木发芽前往枝、干上喷洒5°Be石硫合剂或45%晶体石硫合剂20倍液、含油量3%～5%柴油乳剂等。

③春季花木开花前药剂防控。可选用0.3～0.5°Be石硫合剂、45%晶体石硫合剂300倍液、10%浏阳霉素乳油1500倍液、15%扫螨净乳油3000倍液、25%三唑锡可湿性粉剂1000倍液、5%尼索朗乳油2000倍液、40%乐杀螨乳油2000倍液等。

④注意保护、引进和释放天敌。在生长季节，当天敌达到一定数量时，如达到草蛉1∶叶螨20时，可以不喷药或晚喷药；或在麦收前，每片紫叶李叶上雌成螨数少于2头时，可暂不喷药。有条件时人工饲养草蛉释放。

⑤以上措施注意综合应用。

147

10.3 山楂叶螨，示悬铃木叶片被害状

10.4 山楂叶螨，示大叶黄杨叶被害状（右上为健叶）

10.5 山楂叶螨，示碧桃叶被害状

10.6 山楂叶螨，示大叶黄杨新梢叶片被害状

10.7 山楂叶螨，示木槿叶被害状

10.8 山楂叶螨，示酢浆草被害状

10.9 山楂叶螨，示吐丝结网危害碧桃状

11. 中华蚱蜢

【又名】大尖头蜢。

【学名】昆虫,直翅目中华蚱蜢 *Acrida chinensis*。

【寄主植物】草坪草、杨、柳、榆、苹果、梨、桃、泡桐、茶等。

【危害部位】叶片、嫩茎。

【形态特征】

成虫 体长雌58～81mm,雄30～47mm;前翅长雌47～65mm,雄25～36mm。后足腿节长度雌40～43mm,雄20～22mm。体细长,头圆锥形,明显长于前胸背板,头顶突出,中央纵隆线明显,颜面极向后倾斜,颜面隆起极狭,全长具纵沟。复眼长卵形,触角剑状,较短。前翅发达,狭长,超过后足腿节顶端;后翅略短于前翅,长三角形。后足腿节细长。

卵 初产卵壳表面具有由小瘤状突起组成的近圆形而不封闭的小室,在小室中央有1个瘤状突起。随着卵的发育,卵壳表面的小瘤状突起呈不规则分布。卵囊长43～67mm,粗径8～9mm,形状多样,一般下端较粗,向上渐细。卵囊壁土质。在卵室内,卵粒与卵囊纵轴呈倾斜状或垂直状堆积排列。

若虫 形体似成虫,但小而无翅,共6龄。

【生物学特性】1年1代,以卵在土中卵囊内越冬。在河北南部平原6月上旬越冬卵孵化,初孵蝗蛹出现,10月上中旬成虫产卵。冬暖多雪,利于卵的越冬。干旱年份,管理粗放的草坪、园圃有利于发生危害。阴湿多雨土壤湿度大,不利于卵的孵化和蝗蛹发育。在草坪上,该虫常与黄胫小车蝗、黑翅雏蝗等混合发生。

【防控措施】

①加强草坪和绿化区管理,秋后挖翻其附近田埂、地边、土道两旁的土壤,破坏卵囊。

②保护麻雀等鸟类和蜘蛛、螳螂等天敌。

③人工网捕成虫、若虫。

④结合防控其他害虫,抓住2～3龄若虫期喷洒农药。可选用三苦素500倍液、20%速灭丁乳油3 500倍液、4%敌马粉剂1.5kg/667m²、3.5%甲敌粉剂1.5～2.0kg/667m²、50%马拉硫磷乳油1500倍液、40%氧化乐果乳油1000倍液等。

12. 中国黑芫菁

【又名】中华豆芫菁、中华芫菁、中国豆芫菁。

【学名】昆虫,鞘翅目中国黑芫菁 *Epicauta chinensis*。

【寄主植物】槐、紫穗槐、刺槐、锦鸡儿、胡枝子、柠条、向日葵、苜蓿等。

【危害部位】叶片。

【形态特征】

成虫 体长约18mm,黑色。头

11.2 中华蚱蜢,示成虫危害草坪状

11.4 中华蚱蜢,示若虫

11.1 中华蚱蜢,示成虫危害夹竹桃状

11.3 中华蚱蜢,示成虫头胸部形态

148

深橙色。触角丝状,雄虫触角中部数节膨大为栉状,第4、5节等长,宽为长的3倍。前胸背板有较密的刻点和短毛,前端狭窄如颈。跗节很长。雌虫鞘翅外缘和末端以及腹面均被灰白色毛。

幼虫 形态多样,复变态,1龄胸足发达,活泼;2龄胸足退化,体壁柔软,蛴形;越冬体体壁变暗坚硬,胸足更退化,成"假蛹";春季又成活动蛴形体。

【生物学特性】 1年1代,以"假蛹"在土中越冬。翌春化蛹,5月成虫羽化,上午、下午活动取食,有假死性、群集性,炎热的中午多在叶片、草丛等庇荫处栖息,受惊时足基分泌有毒黄色液体,成虫一直危害至8月,产卵于土中。

【防控措施】

①少量发生时,可利用其假死性,人工捕杀成虫。

②大面积发生时,可选喷:20%菊杀乳油3000倍液、2.5%溴氰菊酯乳油3000倍液、90%敌百虫乳油1000倍液、苦参素500倍液等。

12.中国黑芫菁

13. 六星吉丁虫

【又名】 串皮虫、溜皮虫、柑橘星吉丁、六斑吉丁虫。

【学名】 昆虫,鞘翅目六星吉丁虫 *Chrysobothris succedanea*。

【寄主植物】 梅花、木槿、樱花、桃花、五角枫、枣、核桃、栗、樱花等。

【危害部位】 幼虫蛀食枝干皮层、韧皮部和木质部,皮下有不规则虫道。成虫取食树皮和叶片。

【形态特征】

成虫 体长约13mm,全体紫褐色,有紫色闪光。复眼椭圆形,黑褐色。触角锯齿状,紫褐色。鞘翅上各有3个金绿色小斑点,近圆形,稍凹陷,肩角下方各有1个长形浅凹陷。腹面中间部

13.六星吉丁虫,示成虫形态,栖息于木槿上

分及腿节内侧翠绿色闪光明显。足其他部分紫褐色。

卵 椭圆形,乳白色,外附绿褐色粉状物。

幼虫 老熟幼虫体长16~26mm。体白色,扁。头小。前胸特别膨大,背板具黄褐色"人"字形纹。

蛹 乳白色,体型大小似成虫。

【生物学特性】 1年1代,以幼虫在木质部内越冬。翌年4月化蛹,蛹期约30天,5~6月间成虫羽化。成虫白天活动,觅偶产卵。雌成虫多选择主干分叉和树皮裂缝处产卵。卵期20天左右。6~7月间幼虫孵化,先钻入韧皮部取食,蛀道扁平不规则。8月下旬后钻入木质部蛀食并在其中越冬,树干外表不易发现。衰弱木、濒死木受害常重。

【防控措施】

①加强栽培管理,合理松土、浇水、施肥,促进花木健壮生长,增强树体抗虫性。对衰弱木要根据不同树种引起衰弱的不同原因,有针对性的采取措施,尽快恢复树势。对珍稀的濒死木,积极抢救,在抢救期内,于成虫发生期内喷洒2~3次杀虫剂,杀灭成虫。对一般的濒死木要果断伐除,并运出园外,剥掉树皮,防止吉丁虫滋生。

②在成虫羽化前的冬春季节,彻底剪除树上的枯枝,消灭枝内的幼虫或蛹。刮除粗树皮,刮杀幼虫。树干涂白,防止产卵。

③药剂防控。成虫羽化始盛期,结合其他害虫防控,选喷80%敌敌畏乳油1000倍液、40%氧化乐果乳油1200倍液等,每10天喷1次,共喷2~3次,杀灭成虫、卵或初孵幼虫。或用80%敌敌畏乳油的煤油20倍稀释液,点涂幼虫侵入孔,杀灭幼虫。

149

14. 双条杉天牛

【又名】柏双条杉天牛。

【学名】昆虫，鞘翅目双条杉天牛 *Semanotus bifasciatus*。

【寄主植物】侧柏、圆柏、扁柏、罗汉松、马尾松、杉等。

【危害部位】幼虫钻蛀新植树木和衰弱木。

【形态特征】

成虫 体长约14mm，宽约4.5mm。体型阔扁。头部、前胸黑色，触角及足黑褐色。触角短，雌虫为其体长的1/2，雄虫超过3/4。前胸两侧弧形，背面具5个光滑瘤突。鞘翅棕黄色及黑色带纹相间，基部及中部的后方为棕黄带，在中部及末端部为黑色带。腹部为巧克力色。

卵 椭圆形，乳白色，长约1.6mm。

幼虫 乳白色。老熟幼虫体长13～22mm，略呈圆筒形，由前部向后部渐扁。头部黄褐色，并有1个三角形斑纹。前胸背板前端有2个黄褐色横斑，腹部步泡突凸出较低。

蛹 淡黄色，长15mm。触角自胸背迂回到腹面，末端达中足腿节中部。

【生物学特性】河北中部多1年1代，少有2年1代，主要以成虫，个别以幼虫和蛹在坑道内越冬。翌春气温升到10℃以上，在3月底至4月初柳树吐出新芽时，越冬成虫把树皮咬个羽化孔爬出。成虫白天多藏在树皮裂缝、树干基部、土缝等阴暗处，夜晚活动。喜产卵于衰弱木、濒死木或伐倒木上。雌虫在树干树皮上咬较浅伤痕，产卵其中，亦在树皮缝里产卵，每处3～5粒。4月上中旬幼虫孵化，蛀入树皮下，蛀食树皮和木质部表面成不规则弯曲坑道。如幼虫蛀食树干1周，树木即枯死。8～9月老熟幼虫蛀入木质部深2～3cm处，在坑道末端作蛹室化蛹，10月羽化成虫，即在坑道内越冬。幼虫有茧蜂寄生。

【防控措施】

①在适地适树的基础上，加强管理，增强树势是根本。一是加强施肥、浇水、松土，在绿化区地面易板结的地方尤为重要。二是新植树木要随起随栽，大树要带土移植，加支柱防风，尽量缩短缓苗期。三是对大树实施复壮措施，增强抗虫性。

②冬季和早春及时伐除濒死木、枯立木以及受害严重已无培育前途的植株，并将伐倒的虫害枝干彻底进行灭疫处理。

③对柏树绿篱，可设饵木诱杀成虫。用直径4cm以上新鲜柏木，每段长1m，7～8根为一堆，堆集于虫害严重的绿篱附近阳光处，引诱成虫产卵，白天在木堆上捕杀成虫，成虫期结束后剥下柏木段的皮烧毁。

④在幼虫危害初期释放管氏肿腿蜂。

⑤注意保护啄木鸟、茧蜂等天敌。

⑥大树移植时，在缓苗期为防成虫到树上产卵，可在成虫发生期往枝、干上喷洒2～3次2.5%敌杀死乳油3000倍液或2.5%保得乳油2500倍液、2.5%功夫乳油3200倍液等。

14.双条杉天牛,示成虫形态

15. 双齿长蠹

【又名】日本双棘长蠹、槐树长蠹。

【学名】昆虫，鞘翅目双齿长蠹 *Sinoxylon japonicus*。

【寄主植物】槐树、刺槐等。

【危害部位】1～2年生枝条，致枝条折断。

【形态特征】成虫体圆筒形，长4.5～6.0mm，宽1.6～2.0mm，黑褐至黑色。前胸背板帽状，遮盖住头部；除中央部分外，密生灰白色细毛；前半部具很多小的齿状突起，前端两侧齿较大，向后缘渐小而稀，成为点刻。鞘翅密生灰白色绒毛；鞘翅在腹末部急骤倾斜，斜面上生1对大形棘齿，体下密生灰黄色细毛。

【生物学特性】1年1代，以成虫在被害枝条内越冬，翌年早春寄主发芽前越冬成虫出蛰。自寄主1～2年生枝条基部侵入危害，受害枝条极易风折，在石家庄市区，4月底5月初即可见到风折后掉在地面的被害枝条。成虫羽化盛期在6月下旬至7月上旬。幼虫仅钻蛀枯死枝条，不危害活立木。

【防控措施】

①加强树体管理。及时松土、施肥、浇水，促进树体健壮生长。每年冬季至早春进行修剪整枝，剪除病枝、虫枝、濒死枝及被压枝，疏除过密处的枝条，增强树冠透风透光性。

②对伐倒木、枯立木及时清理集中，并喷洒40%氧化乐果乳油(加1/3煤油)250倍液等。

15.3　双齿长蠹，示成虫

15.1　双齿长蠹，示被钻蛀一周后又生出愈伤组织的枝

15.2　双齿长蠹，示被钻蛀折断后的槐树枝

15.4　双齿长蠹，示槐树枝条被害折断状

16. 双齿绿刺蛾

【又名】棕边青刺蛾、棕边绿刺蛾、大黄青刺蛾、小青刺蛾。

【学名】昆虫,鳞翅目双齿绿刺蛾Latoia hilarata。

【寄主植物】海棠、月季、樱花、梅、核桃、梨、枣、杏、桃花、槭、桦、栎、李、柿、橘等。

【危害部位】幼虫取食叶片。

【形态特征】

成虫 体长7～12mm,翅展18～26mm。触角和下唇须褐色。触角雌蛾线状,雄蛾双栉状。头顶、胸背、前翅绿色。前翅前缘有黄褐色细边,外缘褐色宽带中内侧具深褐色细边,缘毛褐色。后翅苍黄色,外缘附近淡褐色,缘毛黄色有褐线。

卵 椭圆形,扁平,光滑。长0.9～1.0mm,宽0.6～0.7mm。初产时乳白色,近孵化时淡黄色。

幼虫 体长约17mm,蛞蝓型,头小,大部缩在前胸内,胸足退化,腹足小。体黄绿色至粉绿色,背线天蓝色,两侧有蓝色点线,亚背线宽杏黄色,各体节有4个枝刺丛,腹末有4个黑色绒球状毛丛。

蛹 长约10mm,椭圆形,肥大,初乳白至淡黄色,渐变淡褐色,复眼黑色。茧扁椭圆形,长11～13mm,宽6.3～6.7mm,钙质较硬,颜色常与寄主树皮色相近,一般为灰褐色至暗褐色。

【生物学特性】在河北中南部、陕西、山西1年2代,以前蛹在树体上茧内越冬。翌春4月中下旬开始化蛹,5月中旬开始羽化。成虫昼伏夜出,有趋光性。卵多产于叶背中部主脉附近,块生,每块有卵数十粒,每雌产卵100多粒。第1代幼虫发生期6月上旬。低龄幼虫群集危害,3龄后多分散活动,白昼静伏于叶背,夜间和清晨到叶面活动取食。老熟后爬到枝干上结茧化蛹。第2代幼虫发生期8月中旬到10下旬,10月上旬陆续老熟,爬到枝干上结茧越冬,常数头或数十头群集于树干基部或粗大枝杈处。幼虫天敌有刺蛾广肩小蜂、绒茧蜂和蠋敌等。

【防控措施】

①入冬至早春,结合其他病虫害防控和树体管理,刮除树干基部和枝杈处虫茧;生长季节摘除卵块和低龄群集危害的幼虫,集中深埋。

②抓住幼虫3龄前群集危害期喷药防控,可选用40%氧化乐果乳油1000倍液、80%敌敌畏乳油1500倍液、50%混灭威乳油1000倍液、2.5%功夫乳油3500倍液、2.5%敌杀死乳油3500倍液、20%速灭杀丁乳油3500倍液、10%天王星乳油5000倍液等。

16.1 双齿绿刺蛾,示幼虫形态

16.2 双齿绿刺蛾,示低龄幼虫及其危害白蜡叶片状

16.3 双齿绿刺蛾,示梨树叶片被吃光后二次发芽状

16.4 双齿绿刺蛾,示老熟幼虫下到树干寻找结茧化蛹场所,左下开口者为越代蛹茧

16.5 双齿绿刺蛾,示蛹茧

17. 双斑锦天牛

【学名】昆虫,鞘翅目双斑锦天牛*Acalolepta sublusca*。

【寄主植物】大叶黄杨、榆、桑等。

【危害部位】干、干基部、根部。

【形态特征】

成虫 体长11~23mm。栗褐色。体表密被棕褐色丝状绒毛,鞘翅上的绒毛浅灰色并具丝光。头部具细密刻点,正中有1条细纵线。

幼虫 圆筒形。老熟幼虫体长可达36mm,前胸背板上"凸"字形斑,表面密布颗粒。

【生物学特性】在河北、北京1年1代,以幼虫在寄主根部越冬。次年3月下旬继续危害。5月中下旬化蛹,蛹期1个月左右,6月上旬羽化,羽化盛期在6月中旬。成虫羽化后咬食嫩茎皮层或叶脉补充营养,卵产在距地面20cm以下的粗茎干上。初孵幼虫先取食刻槽周围皮层内部,2龄以后蛀入木质部,咬成不规则坑道。

【防控措施】

①经常检查,发现枯死枝、株上有排粪孔的,砍下死枝,挖出死株,杀死其内幼虫或蛹。此法应在成虫羽化前进行。

②发生严重地区可于成虫羽化始盛期喷药,可选用50%杀螟松乳油、溴氰菊酯乳油、灭扫利乳油等,每10天喷1次,连喷3次。主要喷洒部位为树冠叶片和枝干。

17.3 双斑锦天牛,示幼虫形态

17.1 双斑锦天牛,示大叶黄杨球受害枯死状

16.6 双齿绿刺蛾,示成虫展翅状

17.2 双斑锦天牛,示大叶黄杨树枝皮层被成虫补充营养啃食状

17.4 双斑锦天牛,示大叶黄杨干基被害状,孔洞为羽化孔

153

18. 斗蟋蟀

【又名】灶马蟋。

【学名】 昆虫，直翅目斗蟋蟀 *Gryllodes hemelytrus*。

【寄主植物】 多种禾本科草坪草、花卉、公路绿化树苗等。

18.1 斗蟋蟀，示成虫白昼活动于草坪内

18.2 斗蟋蟀，示低龄若虫危害草坪状

【危害部位】叶、根。

【形态特征】 成虫体长14mm左右，黑褐色。头圆球形，额宽，颜面圆形隆起。雄前翅的斜脉2条，镜区方形，分脉呈角度。雄生殖板略尖，雌产卵器向上弯曲。

【生物学特性】 在河北北部，成虫于8月初出现。白天常栖息于草丛、土石缝下。

【防控措施】

①育苗前细致整地，及时清除圃内及周围杂草，营造不利于害虫越冬、栖息的环境条件。

②结合防控南方油葫芦等，撒毒土、毒饵杀死若虫和成虫。

19. 无斑弧丽金龟

【又名】蓝紫金龟、墨绿丽金龟、黑绿金龟。

【学名】 昆虫，鞘翅目无斑弧丽金龟 *Popillia mutans*。

【寄主植物】 月季、紫薇、芙蓉、菊花、蜀葵、鸢尾、唐菖蒲、扶桑、柑橘、波斯菊、金盏菊、大丽花、栎等。

【危害部位】花冠、叶片。

【形态特征】

成 虫 体长9～14mm。椭圆形，蓝紫色或墨绿色，具强烈青铜色光泽。唇基近半圆形，前胸背板中央无明显的刻点。鞘翅短宽，后端明显收缩，翅面具纵刻点列，于小盾片后方有明显的横深凹。臀板外露无毛斑。本种似豆蓝丽金龟，应注意区分。

幼 虫 老熟幼虫体长约26mm，乳白色，俗称蛴螬、核桃虫。

【生物学特性】河南、河北一带1年1代。以幼虫在土中越冬。翌春土温回升，幼虫上移活动危害草根。5月下旬开始化蛹，蛹期约15天。6～7月为成虫危害期。成虫白昼活动取食。10:00前和16:00以后较为活跃，中午前后炎热，一般钻在花冠内不动，受惊吓后作短距离飞行后又选择花朵落下。每雌产卵约20粒，产卵对土壤选择性不强，卵期约15天，幼虫孵化后在土中取食植物细根和腐殖质，10月后随气温下

19.1 无斑弧丽金龟，示危害月季花冠状

19.2 无斑弧丽金龟，示成虫形态

降,幼虫逐渐向深土层移动越冬。

【防控措施】

①白天在花丛间人工捕捉成虫。

②绿化区附近,尽量不要堆积未经腐熟的厩肥以及垃圾等,以免滋生蛴螬。

③发生面积大、虫口密度高时,于成虫盛发期喷洒农药防控。可选用90%敌百虫晶体1000倍液、50%辛硫磷乳油2000倍液、20%速灭杀丁乳油3500倍液等。

20. 日本长白盾蚧

【又名】杨白片盾蚧、梨白片盾蚧、日本白片盾蚧。

【学名】昆虫,同翅目日本长

白盾蚧 *Lophoeucaspis japonica*。

【寄主植物】黄刺玫、皂角、榆、槐、杨、樱花、樱桃、李、柿、花椒、山楂等。

【危害部位】枝、干。

【形态特征】

成 虫 雌蚧壳长纺锤形,略弯或直,背面隆起,壳点1个,突出于头端,暗褐色,蚧壳表面具一层灰白色蜡质分泌物。雌成虫体长纺锤形,淡紫色,腹末黄色。体两侧各有1列小圆锥状齿突。臀板宽而浑圆,臀叶2对发达,臀叶两侧缘在中部有深缺刻。雄蚧壳似雌蚧壳,但略小,呈白色。雄虫紫褐色,翅白色透明,性刺黄色。

若 虫 1龄体圆形,前端稍狭,触角5节,第5节最长,生有7根长毛,腹

节边缘有腺孔及细毛。

【生物学特性】1年发生代数,华北2代,以若虫在枝干上越冬;湖南、浙江3代,以老熟若虫和前蛹在枝干上越冬。若虫孵化后在寄主枝干上爬行,寻找适宜场所固定危害。

【防控措施】在第1代若虫孵化盛期喷洒20号石油乳剂30倍液、50%久效磷乳油1000倍液、40%氧化乐果乳油1000倍液等。或在树干涂抹毒环毒杀成、若虫,可选用上述后2种药剂的10~15倍液等。

19.3 无斑弧丽金龟,示危害金橘花器状

19.5 无斑弧丽金龟,示危害木槿状

20.日本长白盾蚧,示危害刺玫致死状

19.4 无斑弧丽金龟,示成虫交尾状(体上白点为花粉)

21. 日本龟蜡蚧

【又名】枣龟蜡蚧壳虫、龟蜡蚧、日本蜡蚧、枣龟甲蜡蚧。

【学名】昆虫，同翅目日本龟蜡蚧 *Ceroplastes japonicus*。

【寄主植物】卫矛、枣、柿、石榴、悬铃木、苹果、梨、柑橘、无花果、山楂、桃、杏、李、樱花、梅、石榴等。

【危害部位】枝、叶、果实。

【形态特征】

成虫　雌成虫体长2.2～4.0mm，紫红色，扁椭圆形。背覆较厚的蜡质蚧壳。蚧壳中央隆起，表面有龟甲状凹陷，边缘蜡层厚且弯卷由8块组成。雄成虫体长1.0～1.4mm，淡红色，眼黑色，触角丝状。翅1对透明，具明显的两大翅脉。

卵　长0.2～0.3mm，椭圆形。初为橙黄色，半透明，近孵化时紫红色。

若虫　初孵若虫体扁椭圆形，淡红褐色；眼红色；触角、足淡灰白色；腹末有1对长毛。蜡壳边缘有12～15个星芒状蜡角。后期蜡壳加厚雌雄形态开始分化。雄虫蜡壳椭圆形，仍为星芒状；雌虫蜡壳卵圆形，周缘有7个圆突，状似龟甲。

【生物学特性】　1年1代，以受精雌成虫固着在寄主1～2年生枝条上越冬。翌春寄主萌芽时开始取食发育，成熟后产卵于腹下。产卵盛期：河北沧州地区6月上旬，南京5月中旬。每雌产卵1000～2000粒。初孵若虫爬至叶脉两侧或嫩枝、叶柄上吸食汁液，几天后产生白色蜡壳，固着不动。一般7月底8月初开始雌雄性分化。8月上旬至9月为雄虫化蛹期。羽化期在8月中旬至10月上旬。雄成虫，交尾后死亡。雌成虫在叶上危害一段时间后逐渐移到枝条上固着危害，至秋后越冬。在卵期和孵化期雨水多，湿度大，气温正常，孵化率和成活率均高，当年危害就重。若此时期干旱少雨，气温偏高，卵和初孵若虫就会大量死亡，当年发生较轻。天敌主要有红点唇瓢虫、蒙古光瓢虫、异色瓢虫、二星瓢虫、红蜡蚧扁角跳小蜂、长盾金小蜂、软蚧蚜小蜂、草蛉等。

【防控措施】

①加强苗木等繁殖材料的产地检疫和调运检疫，不购买，不栽植带虫苗。

②注意保护天敌。在天敌数量较多或其活动盛期，尽量不要喷农药。如需防控，应用根施法，在寄主根部埋放呋喃丹或涕灭威颗粒剂等，然后浇水。

③结合整形修剪剪除虫枝或用钢丝刷刷除虫体。

④落叶至翌春树木萌动前，如虫口密度大可喷洒10%柴油乳剂等。

⑤初孵若虫分散转移期可选喷40%水胺硫磷1000～1200倍液、40%氧化乐是乳油1000倍液、80%敌敌畏乳油1500～1800倍液等，每隔7天喷1次，连喷2～3次。

21.1 日本龟蜡蚧，示雌成虫危害枣树状

21.2 日本龟蜡蚧，示日本龟蜡蚧的天敌异色瓢虫

21.3 日本龟蜡蚧，示危害卫矛状

21.4 日本龟蜡蚧，示若虫蜡壳（寄主为悬铃木）

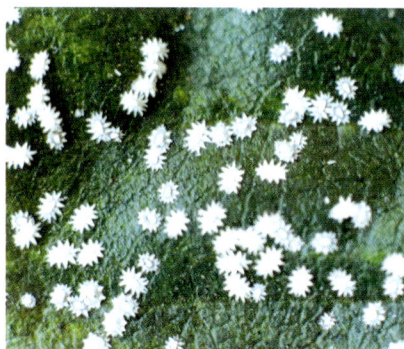

21.5 日本龟蜡蚧，示若虫蜡壳

22. 月季长管蚜

【学名】昆虫，同翅目月季长管蚜*Macrosiphum rosivorum*。

【寄主植物】月季、蔷薇、十姊妹等。

【危害部位】嫩叶、新梢、花梗、花蕾。

【形态特征】

成虫

无翅雌蚜：体长卵形，长4.2mm，宽1.4mm，草绿色，少数橙红色；头部土黄至草绿色；触角暗色，其长超过体长；腹管黑色较长，略超过尾部。

有翅雌蚜：比无翅雌蚜略小，体长3.5mm，宽1.3mm。

若虫　初孵时1mm左右，白绿色，渐变为淡黄绿色，复眼红色。

【生物学特性】1年10～20代，在江浙一带以成虫和若虫在茎干残茬的芽腋内越冬。翌春月季萌发后，越冬蚜在新梢嫩叶上繁殖危害。在石家庄，4月中下旬有翅蚜陆续发生。日平均气温20℃左右，相对湿度70%～80%，繁殖最快，危害亦最严重。生产上可见两个危害高峰，一是5～6月，二是9～10月。其天敌有草蛉、瓢虫、食蚜蝇等。

【防控措施】

①虫量不大时，可喷淋清水冲洗。虫口密度大时，可于休眠期喷洒3～5°Be石硫合剂。生长期结合防控其他害虫喷洒10%虫螨腈悬浮剂、50%丁醚脲可湿性粉剂、40%氧化乐果1000倍液或50%辛硫磷1000倍液、50%杀螟松1000倍液、20%杀灭菊酯2000～2500倍液、50%抗蚜威3000倍液等。

②注意保护草蛉、瓢虫、食蚜蝇等天敌。

23. 月季白轮盾蚧

【义名】拟蔷薇白轮蚧、黑蜕白轮蚧、月季白轮蚧。

【学名】昆虫，同翅目月季白轮盾蚧*Aulacaspis rosarum*。

【寄主植物】月季、玫瑰、七里香、蔷薇、黄刺玫、白玉兰、悬钩子等。

【危害部位】枝干、叶。

【形态特征】

成虫　雌蚧壳近圆形，直径2.0～2.4mm，银灰色，有2个壳点。第一壳点淡褐色，靠近蚧壳边缘，叠于第2壳点之上；第2壳点黑褐色，近蚧壳中心。雌成虫体长1.2mm，宽1.0mm，头胸部膨大，中胸处最宽，头缘突明显。后胸和臀前腹节侧缘呈瓣状突出，橙黄色至紫红色。雄蚧壳长0.8mm，宽0.3mm，白色，蜡质，两侧近平行，背面有3条纵脊线，壳点位于前端。

若虫　初孵若虫椭圆形，橘红色，固定后暗紫色，其上分泌有白色蜡丝。

【生物学特性】年发生代数，北京地区1年2代，南方各地1年2～3代，以受精雌成虫和2龄若虫在枝干上越冬，翌年4月上中旬开始产卵，卵产于壳下，每年5月上中旬和8月中下旬为孵化盛期。成虫、若虫常群集于2年生以上枝干或皮层裂缝处危害，严重时似盖有一层白色絮状物。若虫孵化后在枝干上缓慢爬行，蜕皮后固定危害。有世代重叠现象。

【防控措施】

①压低越冬虫口。秋季落叶后至早春植株萌动前，喷洒5°Be石硫合剂或松脂合剂8～10倍液。

②结合修剪等管理，及时剪除受害严重的枝叶，并集中深埋。

③在若虫孵化盛期后7天内，选喷20%灭扫利乳油3000倍液、40%氧化乐果1500倍液、菊乐合剂（溴氰菊酯1：氧化乐果5）2000～2500倍液、2.5%溴氰菊酯2500倍液、20%菊杀乳油2500倍液、40%速扑杀乳油1500倍液等，每7～10天喷1次，喷2～3次。

④大面积发生严重时，可用喷药车的高压喷枪喷射清水冲刷枝上的初孵若虫，水中加入0.5%的洗衣粉效果更好。

157

22.1　月季长管蚜之一　　　　22.2　月季长管蚜之二　　　　23.月季白轮盾蚧,示危害月季致死状

24. 古毒蛾

【又名】褐纹毒蛾、桦纹毒蛾、落叶松毒蛾、缨尾毛虫。

【学名】昆虫，鳞翅目古毒蛾 *Orgyia antiqua*。

【寄主植物】蜀葵、月季、蔷薇、杨、槭、柳、山楂、李、栎、桦、桤木、榛、鹅耳枥、云杉、松、落叶松等。

【危害部位】嫩芽、嫩叶、叶肉。

【形态特征】

成虫　雌雄异型。雄蛾体长10～12mm，翅展25～28mm。触角羽状，干浅棕灰色。体灰棕色微带黄色。前翅棕黄色，中室后缘近基部有一个褐色圆斑，不甚清晰；内线褐色，外弓；横脉纹新月形；外线褐色，较宽，微锯齿形，缘毛黄褐色有深褐色斑。雌蛾纺锤形，体长10～20mm，体被灰黄色茸毛，头、胸部小，复眼球形黑色；触角丝状，短，触角干黄色；翅退化，体被灰黄色细毛，腹部肥大粗壮，黑色。

卵　圆形稍扁，直径约0.9mm，白色或淡褐色，中央稍凹陷。

幼虫　体长25～36mm，头黑褐色，体黑灰色，有红色及黄白色花纹，腹面浅黄色，胴部有红色和淡黄色瘤。前胸盾橘黄色，其两侧及第8腹节背面中央各有1束黑而长的毛。第1～4腹节背面具黄白色刷状毛4丛。第1～2节侧面各有1束黑长毛。

蛹　体长：雄10～12mm，锥形，黑褐色；雌15～21mm，纺锤形，黑褐色。

【生物学特性】1年发生代数，北京地区3代，黑龙江北部1代，以卵在茧内越冬。雌蛾将卵产在茧内，偶有产于茧上或附近的。每雌产卵150～300粒。幼虫孵化后2天开始取食，群集于芽、叶上，能吐丝下垂借风力传播。稍大后分散取食。老熟后多在树冠下部外围细枝、粗枝分杈处或皮缝中结茧化蛹。寄生性天敌已知50余种，主要有小茧蜂、细蜂、姬蜂、寄生蝇等。

【防控措施】

①冬春结合修枝抚育管理，人工摘除卵块，并将其放入天敌保护器内，天敌羽化后，放走卵寄生天敌，杀死古毒蛾幼虫。

②药剂防控。越冬卵孵化盛期是施药的关键时期，可选喷三苦素500倍液、100亿活孢子/ml的Bt乳剂600倍液、50亿～70亿活孢子/ml白僵菌粉剂、灭幼脲3号、80%敌敌畏乳油1500倍液、20%速灭杀丁乳油4000倍液、10%天王星乳油5000倍液、2.5%功夫乳油3500倍液等。

24.1 古毒蛾，示幼虫危害蜀葵叶片状

24.3 古毒蛾，示幼虫危害月季叶片状

25.1 白粉蝶，示幼虫形态

24.2 古毒蛾，示雄成虫展翅态

24.4 古毒蛾，示幼虫形态

25.2 白粉蝶，示幼虫感染病毒死亡状

25. 白粉蝶

【又名】菜粉蝶、菜白蝶、菜青虫、白蝴蝶、菜花蝶。

【学名】昆虫，鳞翅目白粉蝶 *Pieris rapae*。

【寄主植物】羽衣甘蓝、醉蝶花、孔雀草、大丽花、旱金莲、一串红等。

【危害部位】叶片。

【形态特征】

成虫 体长15～19mm，翅展42～55mm。体翅大小及颜色随季节变化而异。一般体背黑色，被有白色绒毛。翅面及脉纹白色或黄白色；前翅基部和基半部前缘，密布黑色鳞片，顶角具1个较大黑斑，M₃和Cu₂室多具1个圆形黑斑。后翅前角内侧前缘有1个黑斑。翅反面，前翅前半部密布黄色鳞片，2个黑斑明显；后翅有的满布黄色鳞片。

卵 瓶状，长1mm左右，底直径0.4mm，表面长方格形脊纹。初产时淡黄色，后渐变为橙黄色。

幼虫 体青绿色，老熟幼虫体长28～35mm。体背密布细小毛瘤，上生细毛。体各节有细皱纹。背线淡黄色，沿气门线有1列黄色斑点，腹面绿白色。幼虫共5龄。

蛹 长18～21mm，纺锤形，中部膨大而有棱角状突起，体绿色至棕褐色，尾部和中部用丝连接在寄主上。

【生物学特性】1年发生代数，华北4～5代，南京7代，上海8代，长沙8～9代。世代重叠。均以蛹越冬，人多在花圃、菜地附近的树干、枯枝、杂草残株、墙角、屋檐、绿篱等的向阳处。在河北石家庄郊区翌年4月上旬至10月中下旬均可见成虫，以晴天无风的中午活动最盛。卵多散产于叶背，每雌产卵120粒左右。幼虫孵化后在叶背取食，稍大后取食叶片成孔洞，严重时仅剩叶脉。发育最适温度为20～25℃，相对湿度76%左右。天敌70多种，卵期有广赤眼蜂，幼虫期有微红绒茧蜂、菜粉蝶绒茧蜂、颗粒体病毒，蛹期有凤蝶金小蜂以及舞毒蛾瘤姬蜂等。

【防控措施】

①人工捕杀幼虫和蛹。

②低龄幼虫期喷洒青虫菌液、Bt乳剂的600倍液、20%灭幼脲3号胶悬剂、25%灭幼脲1号胶悬剂1000倍液等。

③保护利用天敌。尽量不用，必要时可少用化学农药，以利天敌的增殖繁衍。

④大面积突发成灾，为尽快压低虫口，可选喷5%锐劲特悬浮液2500倍液、50%辛硫磷乳油1000倍液、20%三唑磷乳油700倍液、25%爱卡士乳油800倍液、10%赛波凯乳油2000倍液、2.5%保得乳油2000倍液或0.12%天力2号可湿性粉剂1000倍液等。

159

25.3 白粉蝶，示蛹

25.4 白粉蝶，示成虫傍晚栖息于花丛间

25.6 白粉蝶，示成虫翅反面

25.5 白粉蝶，示成虫展翅态，左为雄成虫，右为雌成虫

25.7 白粉蝶，示成虫交尾状

26. 白粉虱

【又名】温室粉虱、通草粉虱、小白蛾。

【学名】昆虫，同翅目白粉虱 *Trialeurodes Vaporariorum*。

【寄主植物】一品红、一串红、倒挂金钟、月季、樱花、桃花、扶桑、茉莉、夜来香、桂花、杜鹃、马蹄莲、菊花、翠菊、向日葵、大丽花、紫薇、丁香、牵牛、牡丹、芍药等。

【危害部位】叶片。

【形态特征】

成虫　雌体长1.0～1.5mm，雄性略小。虫体和翅覆盖白色蜡粉。触角较短，丝状，末端有1根刚毛。喙呈粗针状，刺吸式口器，复眼赤红色，翅膜质，前、后翅上各具1条翅脉。足基节膨大短粗，跗节2节，端部均具2齿。

卵　长0.22～0.26mm，初产时淡黄绿色，微覆蜡粉，基部具柄，自叶背气孔中插入叶片，渐变为黑色。

若虫　体长约0.5mm，近圆形、扁平，周围有白色放射状蜡丝，淡黄或黄绿色。

伪蛹　长0.7～0.8mm（4龄后），扁平，长椭圆形，淡黄色，半透明，蛹壳背面布满白色絮状蜡丝，体侧有刺。

【生物学特性】　在河北中、南部露地栽培条件下，每年发生6～7代，世代重叠现象严重。翌春露地花木白粉虱的主要来源是由温室移栽的花卉和蔬菜传带以及飞出的成虫。露地花木白粉虱春末夏初数量上升，仅在夏季高温多雨及天敌抑制下虫口有所下降。入秋凉爽虫口又迅速上升达到高峰，发生严重时可致一些草本花卉不能开花，甚至死亡。成虫喜温暖和阳光充足的地方，初为点、片发生，其后迅速蔓延。发育最适温为18～24℃。两性生殖为主，亦有营孤雌生殖的。卵多散发在叶背，有时呈弧形排列。初孵若虫在叶背游走较短距离，后即固着寄生，直到成虫羽化。成虫飞翔力弱，选择嫩叶群集和产卵。成虫强烈趋向黄色。天敌有丽蚜小蜂等。

【防控措施】

①花木应避免与白粉虱喜食蔬菜如黄瓜、茄子、西红柿、菜豆等混栽。

②服务区小面积发生时，可用黄板诱杀。即在发生区放置均匀涂抹机油的黄板，高出植株，诱杀成虫。

③生物防控。工厂化生产丽蚜小蜂，按丽蚜小蜂3：白粉虱1的比例，释放于发生区，每10天左右放1次，共放3～4次。

④喷药防控。可选喷80%敌敌畏乳油1000倍液、25%扑虱灵或稻虱净可湿性粉剂2000倍液、2.5%天王星乳油2000倍液、50%爱禾散乳油1000倍液、40%乐果乳油800倍液、2.5%功夫

26.1　白粉虱，示一品红叶被害后期焦枯状

26.3　白粉虱，示地锦叶片被害状

26.5　白粉虱，示一品红叶被害初期

26.2　白粉虱，示扶桑叶背面成虫

26.4　白粉虱，示白粉虱被天敌寄生后呈黑色状

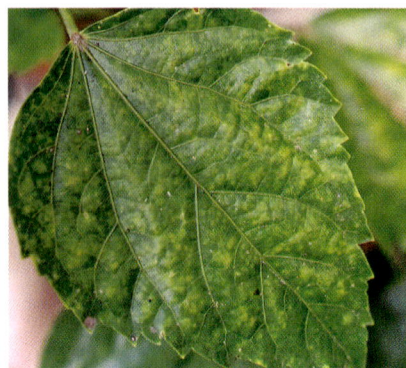

26.6　白粉虱，示扶桑叶被害后叶正面状

菊酯乳油2500倍液、20%灭扫利乳油3000倍液、2.5%敌杀死乳油2000倍液等,亦可敌敌畏烟剂熏杀。

27. 白三叶螨害

【又名】白车轴草螨害、三叶草螨害、白花三叶草螨害。

【寄主植物】白三叶、野火球、绛三叶、红三叶、杂三叶等。

【危害部位】叶片。

【症状】初期叶片背面沿叶脉附近出现许多细小失绿斑点,逐渐加重渐变为黄褐色至暗褐色,叶片失绿,呈现苍灰色并变硬脆,严重时叶片枯死。

【病原】节肢动物蜘蛛纲二斑叶螨 *Tetranychus urticae*。

【发生规律】二斑叶螨1年发生代数,北方12~15代,南方20代以上。北方以雌成螨在土缝、枯枝落叶下,或旋花、夏枯草等宿根性杂草的根际以及树皮裂缝等处,吐丝结网潜伏越冬。翌年2月均温达5~6℃时,越冬螨开始活动,3月均温达6~7℃时开始产卵,卵期10余天,成虫开始产卵到第一代若螨孵化盛期需20~30天,以后世代重叠。随气温升高繁殖加快,23℃时完成1代需13天,30℃以上时6~7天。6~7月为猖獗危害期。进入雨季虫口迅速下降,如后期干旱可再度猖獗,10月陆续越冬。两性生殖,亦可孤雌生殖。每雌产卵50~110粒。喜群集叶背主脉两旁吐丝结网于网下危害。大发生或食料不足时常千余头群集叶端成团,可吐丝下垂借风力扩散,高温、干旱利于发生。

【防控措施】

①冬季、早春人工清除白三叶下的枯叶、杂草,集中深埋。

②经常检查,及早发现,尽早喷药,可选用20%三唑锡胶悬剂1200~1500倍液加展着剂1500倍液、15%哒螨灵乳油2000倍液、10%浏阳霉素乳油1000倍液、50%溴螨酯乳油2000倍液等,每10天喷1次,连喷2~3次。

161

27.1 白三叶螨害,示被害叶正面

27.3 白三叶螨害,示公路分割带内的白三叶被害景观

27.2 白三叶螨害,示被害叶背面

28. 白皮松大蚜

【学名】昆虫，同翅目白皮松大蚜Cinara sp.。

【寄主植物】白皮松。

【危害部位】当年生枝条。

【形态特征】体型较大，头有背中缝，头与前胸分离。喙端节明显分为2节，触角6节，末节端部甚短。跗节第1节发达。翅脉正常。后翅有2斜脉。无蜡腺构造，但体表有蜡粉分布。

【生物学特性】主要生活在枝条上，而以1～2年生枝条上最多，10月上旬可见群集于树冠下部2年生枝条上。对白皮松幼苗、幼树危害性大。

【防控措施】

①结合抚育管理，修除严重带虫

28.1 白皮松大蚜，示虫体形态

枝。避免集中连片栽植白皮松。

②狠抓第1代若蚜防控。搞好虫情调查，在春季第1代若蚜发生始盛期喷药防控，可选喷40%氧化乐果乳油、20%氰戊菊酯乳油、10%天王星乳油等，以后视虫情再喷2～3次。

29. 白杨透翅蛾

【学名】昆虫，鳞翅目白杨透翅蛾Paranthrene tabaniformis。

【寄主植物】杨、柳，以毛白杨、银白杨受害较重。

【危害部位】苗木、幼树的主干、主枝。

【形态特征】

成虫 体长15～18mm，翅长32～36mm。头部半圆，头部间有橙黄色鳞片，下唇须基部黑色密布黄毛，触角棒状。胸部背面青黑色，两侧有橙黄色鳞片。前翅褐黑色，中室与后缘略透明；后翅透明。腹部各节有橙黄色鳞片组成的带。外形似胡蜂。

卵 黑色，椭圆形，长径0.62～0.95mm，短径0.53～0.63mm，有灰白色不规则多角形刻纹，精孔深黑色。

幼虫 老龄幼虫体长30mm，头

宽3mm，乳黄色，圆筒形。头部浅褐色，上唇弧形，上颚发达，触角短小，胸足发达，末端有褐色的爪。腹部第1～8节两侧各具气门1个，椭圆形，围气门片突起，深褐色，臀节背面有2个深褐色略向上前方翘起的刺。

蛹 近纺锤形，长20mm，胸宽5～7mm，褐色，表面疏生刚毛。腹末具有臀棘。

【生物学特性】在河南、北京、河北北戴河1年1代，偶有2代。以幼虫在隧道内越冬。翌年4月上旬越冬幼虫开始活动，5月中旬开始化蛹，5月下旬始见成虫，7月上旬为成虫羽化盛期。初孵幼虫于6月上旬出现，7月中旬为幼虫孵化侵入盛期。幼虫侵入寄主后，在树干内蛀食隧道，一直危害到越冬。成虫羽化全部集中在白天，性活泼，飞翔力强而迅速，喜在阳光充足的林缘或苗木较稀疏的地方飞翔、交尾和产卵。卵仅产于1～2年生苗木的叶柄基部、叶腋、旧虫孔、伤口、树皮缝、树皮上的棱角基下、有绒毛的枝干，极少产在叶片上。每雌蛾产卵48～393粒，幼虫孵化后在苗干上爬行，多选择组织幼嫩、易于咬破钻蛀处。1年生幼苗多自梢部叶腋或叶柄基部侵入，2～3年生幼树，

28.2 白皮松大蚜，示晚秋虫体群集于枝条状

除叶腋外多由顶芽、伤口、旧虫孔及树皮缝侵入。如在嫩芽上，可穿破整个组织，使嫩芽枯萎脱落，形成秃稍；如在主干和侧枝上，幼虫先在韧皮部与木质部之间围绕枝干蛀食，被害处逐渐膨胀形成瘤状虫瘿，易造成枝干折断。9月下旬左右幼虫停止排粪，吐丝作薄茧越冬。成虫羽化飞出后蛹壳仍一半留在羽化孔内，一半暴露于外，经久不落。天敌主要有斑啄木鸟、棕腹啄木鸟、透翅蛾姬小蜂等。

【防控措施】

①严格苗木检疫，不购置、不栽植带虫苗、被害苗。

②在成虫羽化产卵期和幼虫孵化期，不要对苗木实行打叶、除蘖等作业，以减少伤口。必须打叶、除蘖时，作业后应及时喷药预防。

③于成虫羽化期，在幼林或苗圃内，采用白杨透翅蛾性信息素(以橡皮塞为载体)黏胶涂干(高1.5m，涂胶面积为10cm×20cm)，在低虫口林地诱捕雄蛾效果显著。

④生长季节要经常检查，发现虫瘿及时剪除，或往排粪孔内塞入蘸有40%氧化乐果乳油15倍液等的脱脂棉球，毒杀幼虫。或喷洒50%杀螟松乳油1000倍液、50%辛硫磷乳油1000溶液、40%氧化乐果乳油800倍液等，毒杀初孵幼虫，每10天喷药1次，连喷3次。夏秋幼虫侵入后，用50%敌敌畏乳油、50%杀螟松乳油或50%辛硫磷乳油等的15倍液，点涂幼虫侵入孔。

⑤保护啄木鸟、姬小蜂等天敌。

适当保留幼树周围的大树，以利啄木鸟栖息。在姬小蜂寄生率高的幼树区，不喷或少喷农药。

29.4 白杨透翅蛾，示成虫栖息状

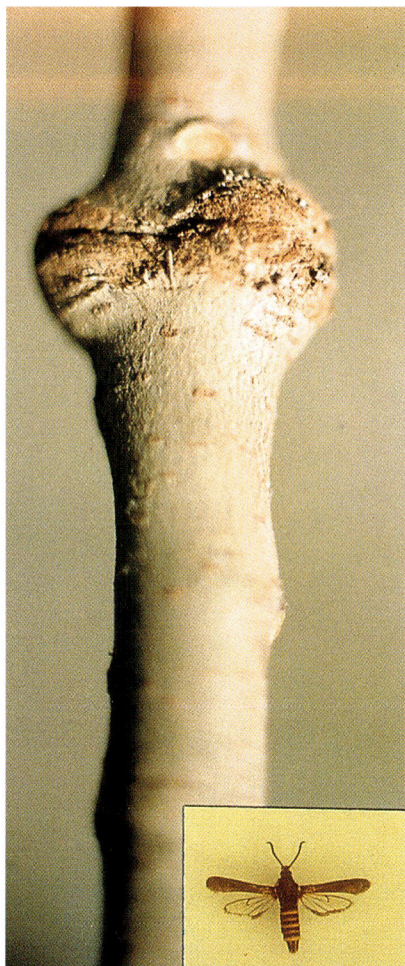

29.1 白杨透翅蛾，示杨苗干被害状，右下为成虫展翅态

29.2 白杨透翅蛾，示被害苗风折状

29.3 白杨透翅蛾，示幼虫

29.5 白杨透翅蛾，示苗干被害状

163

30. 白星花金龟

【又名】 白星滑花金龟、白星花潜、白星金龟子、白纹铜花金龟、铜克螂。

【学名】 昆虫，鞘翅目白星花金龟 *Liocola brevitarsis*。

【寄主植物】 月季、木槿、樱花、碧桃、海棠、芙蓉、榆、杨、柳、柏、栎、紫叶李、桃花、杏、樱花、苦楝、楮、向日葵等。

【危害部位】 成虫咬食花、花蕾和果实。成虫还群集取食榆树皮，可形成孔洞。

【形态特征】

成虫 体长19~24mm。黑紫铜色，闪光，前胸背板和鞘翅上有不规则的白色花斑。头部较长，触角10节，复眼大而突出。小盾片较窄长，顶端钝。鞘翅侧缘近基部显著向内弯曲。腹部腹面分节明显，近中央两侧及侧缘各节有对称的白斑。臀板横宽，具绒斑6块。

卵 椭圆形，灰白色，长1.5~2.0mm。

幼虫 体长30~40mm，短粗肥稍弯曲，头小，肛门孔为横裂状。

蛹 无尾角，末端齐圆，有边褶。

【生物学特性】 1年1代，以成虫或2、3龄幼虫在杂草丛中或土内越冬。5月上旬始见成虫，幼虫5~6月化蛹，6~8月为成虫活动期。7月上旬开始产卵，12天左右孵化为幼虫。成虫夜伏昼出，有假死性，对苹果、桃的酒醋味趋性较强，多产卵于腐殖质丰富的土壤里、肥堆旁及谷场边。幼虫以腐植质为食。

【防控措施】

①条件允许时，春季土壤解冻后，结合管理和消灭其他害虫，细致翻绿化区土壤，机械杀伤、人工捕杀或天敌取食暴露的幼虫。

②诱杀成虫。将成熟或近成熟的苹果、桃果实挖1个小洞，滴入40%氧化乐果乳油15倍液1~2滴，挂于花木间，离地高度1.0~1.5m，30个/667m²；或用小口大肚的瓶，内装2~3只活的雄性白星花金龟，挂于花木间，30个/667m²，诱集雌性白星花金龟掉入瓶中捕杀。

③加强农业措施。有机肥要充分

30.1 白星花金龟，示成虫群集危害状 I

30.2 白星花金龟，示成虫群集危害状 II

30.5 白星花金龟，示取食苹果果实状

30.3 白星花金龟，示成虫背面观

30.4 白星花金龟，示成虫腹面观

腐熟，细致耕翻整地，绿化区周围不堆积有机肥，尤其不要堆集未经腐熟的厩肥。

31. 白蜡绵粉蚧

【学名】昆虫，同翅目白蜡绵粉蚧*Phenacoccus fraxinus*。

【寄主植物】白蜡、核桃、椴、臭椿等。

【危害部位】若虫、雌成虫刺吸叶片、嫩芽、嫩茎，枝叶上布满虫体或灰白色卵囊，严重削弱树势。

【形态特征】

成虫 雌体长4～6mm，椭圆形，背面略隆起，紫褐色，被白色蜡粉。触角9节。足细长，爪下有齿。背裂2对，肛环刺毛6根。刺孔群18对，腹裂5个。三孔腺分布于背、腹面。五孔腺和小型多孔腺分布于腹面。成熟时分泌灰白色绵状卵囊，长4～7mm，表面光滑，或长7～55mm，表面有3道纵脊。雄体黑褐色，前翅透明；腹末圆锥形，具2根白色蜡丝。

若虫 椭圆形，淡黄褐色，各体节两侧有刺状突起。

【生物学特性】1年1代，以若虫在树皮缝、芽鳞等处越冬。翌年3月上中旬越冬若虫出蛰取食，3月下旬雌雄开始分化，雄虫分泌蜡丝结茧化蛹。4月上中旬成虫羽化交尾，雌成虫在叶片、嫩梢、枝干上分泌卵囊，4月下旬至5月初为产卵盛期。5月中旬为若虫孵化盛期。初孵若虫爬行至叶片背面叶脉两侧固定取食并越夏，树木落叶前若虫转移到枝干皮缝、芽鳞等隐蔽处越冬。

【防控措施】

①消灭越冬虫源。在冬季或早春树木发芽前，对枝干喷洒机油乳剂50～60倍液、50%蒽油乳膏10～17倍液、松脂合剂10～15倍液、50%煤油乳膏10～15倍液或5°Be石硫合剂等，或树干涂刷机油乳剂10～15倍液。

②在若虫孵化盛期喷药防控，可选用80%敌敌畏乳油1500倍液、50%杀螟松乳油1000倍液、50%辛硫磷乳油800～1000倍液、40%氧化乐果乳油1000倍液等。

165

31.1 白蜡绵粉蚧，示危害臭椿枝条状（卵囊）

31.2 白蜡绵粉蚧，示危害臭椿叶片状（卵囊）

31.3 白蜡绵粉蚧，示虫体危害白蜡叶片状

31.4 白蜡绵粉蚧，示虫体危害白蜡枝条状

32. 光肩星天牛

【又名】光肩天牛、柳星天牛、花牛。

【学名】昆虫, 鞘翅目光肩星天牛 Anoplophora glabripennis。

【寄主植物】梅、馒头柳、悬铃木、旱柳、榆、杨、苹果、梨、山楂、樱花、紫叶李、栾、元宝枫等。

【危害部位】幼虫蛀食枝、干。成虫取食叶和嫩枝的皮。

【形态特征】

成虫 体长20~36mm, 宽6.5~11.5mm。体色黑色带紫铜色, 有时微带绿色。前胸背板侧刺突较尖锐。鞘翅基部无颗粒, 光滑, 翅面刻点较密, 有细小皱纹, 白色毛斑大小及排列很不规则。

卵 白色, 长5.5~7.0mm, 两端稍弯, 近孵化时变为黄色。

幼虫 初孵幼虫乳白色, 老熟略带黄色, 体长55mm。前胸背板前端的飞鸟形斑纹不明显, 后区"凸"字形斑的前缘全无深褐色的细边。下颚叶短小。腹部背面可见9节, 第10节变为乳头状突起, 第1~7腹节背面各有1个步泡突, 背面的步泡突中央具横沟2条, 腹面的则为1条。

蛹 裸蛹, 乳白色至黄白色。体长30~37mm, 宽约11mm。附肢颜色较淡。触角前端卷曲成环形, 前胸背板两侧各有侧刺突1个。

【生物学特性】山西、河北2~3年1代, 辽宁、山东、河南、江苏2年1代或1年1代。以幼虫(在隧道内)、卵壳内发育完全的幼虫或卵(在树皮产卵刻槽内)越冬。多以幼虫越冬。在同一地区完成1代所需的时间, 以1~3龄幼虫越冬的, 需时较短, 而以卵及卵壳内发育完全的幼虫越冬的, 则需时较长。以老熟幼虫越冬则翌春直接化蛹。在华北中南部6月中下旬为化蛹盛期。成虫羽化后咬1个羽化孔于6月上旬开始出孔。成虫啃食寄主的嫩枝皮补充营养, 飞翔力不强, 夜晚多栖息在树冠上, 白天气温增高时, 才到树干上、大枝上交尾产卵。产卵前成虫以上颚在树干上咬成1个椭圆形刻槽, 深达木质部, 产卵其中。一般每个刻槽产卵1粒, 每雌产卵32粒左右。从树的根际直至直径4cm树枝处均有产卵刻槽, 而以树干

32.1 光肩星天牛, 示成虫形态

32.2 光肩星天牛, 示成虫交尾状 I

32.3 光肩星天牛, 示成虫交尾状 II

32.4 光肩星天牛, 箭杆杨被害状

32.5 光肩星天牛, 悬铃木被害状

32.6 光肩星天牛, 示大官杨被害干纵剖面

32.7 光肩星天牛, 示被害大官杨树干横断面

32.8 光肩星天牛, 示悬铃木主干上的截断性虫道

166

分杈处和有萌生条的地方较为集中。卵期在6月中旬至7月下旬，而9～10月产的卵直到翌年才孵化，有的幼虫孵化后在卵壳内越冬。幼虫孵化进度在杨树上最快，柳树上次之，榆树上最慢。幼虫坑道横向稍有弯曲，为横向截断型，遇有大风，极易折断。不同树种对光肩星天牛抗性不同，一般毛白杨、廊坊杨4号、苦楝、臭椿、刺槐、泡桐、白蜡、沙枣、苹果抗性最强；北京杨、沙兰杨、合作杨、健杨、欧美杨、I-214杨、I-69杨、I-72杨等次之；白榆、黄金柳、旱柳、加杨、小叶杨、小青杨、德杨、大官杨、小×黑杨再次之；而羽叶槭、糖槭、五角枫、美杨、箭杆杨、格氏杨、小×美12杨等最差。喜寄生于有萌条蔽荫的树干；立地条件好、生长旺盛健壮的受害较轻，而土壤瘠薄、树势弱、生长不良的受害重。及时修枝抚育、树干光滑、光照较好的受害轻，而树干萌蘖多的受害常重。成虫飞翔力不强。天敌有斑啄木鸟、黑绒坚甲、白僵菌等。

【防控措施】

①因地制宜选栽抗性强的树种，并要在较长的路段进行综合治理：一是在光肩星天牛发生严重的地区，要因地制宜选栽抗虫树种，并合理进行混栽，如在一般的树种中混栽一定比例的臭椿或苦楝等，对该虫都有较强的忌避作用。二是砍除虫源树。对受害较重已无培育前途的树木要砍伐，更新为抗虫性较强的树种。三是在易感树种周围，每隔30m栽1株糖槭或复叶槭，引诱害虫来此产卵，在引诱树上集中进行除治。四是适时修枝抚育。在每年天牛产卵盛期到来之前，修除树干萌条，减少天牛产卵蔽荫场所，降低虫口。五是加强水肥管理，及时施肥、浇水，增强树势，提高抗虫性。

②人工防控：人工用木锤锤击新鲜的产卵刻槽；人工捕捉成虫，以早晨凉爽时捕捉为好。

③生物防控：一是招引啄木鸟。其方法主要有：在进行树木更新时，有计划地保留部分高大的，或已有啄木鸟巢的树木，以供啄木鸟栖息、繁殖；制定乡规民约，保护、禁打鸟类；悬挂招引巢木。二是要利用、保护花绒坚甲、肿腿蜂等天敌。

④化学防控。一是要在卵期及初孵幼虫期，用40%乐果乳油(或80%敌敌畏乳油)1∶柴油9混合均匀，点涂产卵刻槽。二是要对已侵入木质部的幼虫，可将如下药堵入虫孔：磷化铝片、磷化锌熏蒸毒签、克牛灵胶丸，亦可用兽用注射器将40%氧化乐果乳油或80%敌百虫乳油的50倍液等注入虫孔。三是在大面积发生严重时，可于成虫羽化初期和盛期各喷洒1次残效期长、高效、低毒的拟除虫菊酯类农药。

32.9 光肩星天牛，示垂柳主干上的虫苞

32.11 光肩星天牛，示被害枯死悬铃木主干上的虫苞

32.10 光肩星天牛，示路旁悬铃木被害枯死状

32.12 光肩星天牛，示公路行道树北京杨严重被害枝干折断状

33. 合欢吉丁虫

【学名】*Chrysachma fulminans*。

【寄主植物】合欢（绒花树）等。

【危害部位】幼虫蛀食树皮和木质部边材部分，破坏树木输导功能，严重时可致树木死亡。

【形态特征】

成虫 体长3.5～4.0mm，铜绿色，稍带金属光泽，头顶平直。

幼虫 老熟时体长5 mm，头部很小，黑褐色，胸部宽阔，腹部较细，无足，体形"钉子"状。

【生物学特性】在北京地区1年1代，以幼虫在树干内越冬，翌年5月老熟幼虫在蛀道内化蛹。6月即合欢盛花期成虫开始羽化，爬出蛀道，在树皮上爬动，咬食叶片，补充营养，产卵于树干和树枝上，卵单产，卵期约10天。幼虫孵化后蛀入树皮危害韧皮部，于9～10月被害处常有黑褐色胶状物流出，至11月幼虫陆续越冬。

【防控措施】

①加强检疫，不栽带虫苗木。栽后强化养护。发现被害木及时防控，如受害严重，无培育价值，应及时砍除补栽健康木。

②在成虫羽化初期，树干涂白，防止成虫产卵；亦可往树冠、树枝、干上喷洒20%菊杀乳油1500～2000倍液、80%敌敌畏乳油1000倍液、40%氧化乐果乳油1200倍液等，每10天喷1次，连喷2～3次，毒杀成虫、卵及初孵幼虫。发现树皮流黑褐色胶状物时，可刮除树皮，涂以2.5%溴氰菊脂乳油与2倍煤油的混合液等，毒杀幼虫。

34. 同型灰巴蜗牛

【又名】蜒蚰螺、水牛。

【学名】软体动物，腹足纲同型灰巴蜗牛*Bradybaena similaris*。

【寄主植物】多种草坪草，以及菊花、鸡冠花、一串红、扶桑、美人蕉、八仙花、大丽花、蜡梅、金橘、柑橘、月季、紫薇、玫瑰、蔷薇、金银木、紫荆、芍药、牡丹、海棠、槐树、桑、刺槐、千头椿、圆柏、油松、侧柏、苹果、梨、碧桃等。

【危害部位】叶、茎、幼苗。

【形态特征】

成贝 体长2cm左右，爬行时

33.1 合欢吉丁虫，示合欢主干基部被害流胶状

34.1 同型灰巴蜗牛，示危害草坪状之一

33.2 合欢吉丁虫，示被害树皮下蛀道

34.2 同型灰巴蜗牛，示危害草坪状之二

2.5cm左右。头部和体前段背部淡灰黄色，体后段灰白色。体表有较密的略隆起的灰白色斑块。头部发达，头上有2对触角，前1对长1mm左右，后1对长4mm左右，灰黑色。眼生在后触角顶端，黑色。触角能伸缩，眼也能缩入体内。足在身体腹面，面宽，适于爬行。体外有螺旋形硬壳，呈扁圆球形，壳高12mm，宽16mm，有5～6层螺层。壳质较硬，黄褐色或红褐色。壳口马蹄形或卵形，脐孔呈圆孔状。平时体藏在螺壳内，活动及觅食爬行时，从螺口钻出。

幼　贝　体较小，体态似成贝，螺壳灰白色。

卵　圆球形，直径2mm，乳白色有光泽，渐变为淡黄色，近孵化时土黄色。

【生物学特性】1年1代，以幼贝和成贝在阴暗潮湿处、石块下、土缝里、落叶层、草堆等处越冬，螺壳口用一层白膜封闭。翌年3～4月花木开始发芽时越冬贝开始活动取食危害。一般夜间活动危害，白天则栖息于花木根茎部杂草、落叶、土缝等处。如遇阴雨天或在阴湿凉爽处白天亦活动危害。遇不良气候条件便隐蔽起来，常分泌黏液将壳口封住，不吃不动。蜗牛为雌雄同体、异体受精，亦可自体受精繁殖，任何个体均可产卵。5月间产卵于寄主的根部潮湿疏松土层中或枯叶下。成贝一生多次产卵。卵期约14～31天。若土壤过分干燥，卵不孵化，若将卵翻至

地面，接触阳光易爆破。幼贝孵出后，多群集于土层或落叶层下，不久即分散危害，7～8月为幼贝危害盛期。连阴天，空气和土壤湿度大时活动和危害严重。靠近建筑物阴面的花木、大树下的花木受害常较重。成贝一般存活2年以上。天敌有步行虫、沼蝇、蛙、蜥蜴等。

【防控措施】

①在草坪、绿化区及其附近，铲除杂草。傍晚在蜗牛常活动的地方，撒生石灰粉或茶枯粉等，毒杀成、幼贝。或人工捕捉成、幼贝，或用杂草、树叶、菜叶等做成诱集堆，引诱蜗牛潜伏其中，再捕杀。

②在活动危害期将氨水用水稀释70～100倍，夜间喷洒，可毒杀蜗牛兼施肥。

③药剂毒杀。可选用90%敌百虫原药1000倍液、50%辛硫磷乳油1000倍液、20%菊杀乳油1200倍液；撒施6%密达（四聚乙醛）颗粒剂，用量7～10kg/hm²并混沙土150kg；20%蜗牛敌1：磨碎豆饼或玉米粉20，配成毒饵，于傍晚撒入草坪或其他发生地进行诱杀；喷洒20%蜗牛敌液剂等，每15天喷1次，连喷2次。

34.4　同型灰巴蜗牛

34.3　同型灰巴蜗牛，示成贝圆孔状脐孔

35. 红天蛾

【又名】红夕天蛾，暗红天蛾。

【学名】 昆虫，鳞翅目红天蛾 *Pergesa elpenor lewisi*。

【寄主植物】 凤仙花、柳兰、金银花、金银木、茜草、葡萄、地锦、爬山虎等。

【危害部位】幼虫食叶。

【形态特征】

成虫 体长25～37mm，翅展55～70mm。体翅桃红色为主，有红绿色闪光。触角腹面黄色，背面粉红色。头顶、胸背及腹背均有黄绿色纵带，肩片外缘有白边。前翅基部后半黑色，由顶角有3条黄绿色纵带。后翅红色，靠近基半部黑色。翅反面较鲜艳，前缘黄色。

35.红天蛾，示成虫展翅形态

幼虫 老熟幼虫体长75～80mm。头和前胸小，后胸膨大。腹部第1～2腹节背有1对深褐色眼状纹，纹中间有月牙形、淡褐色斑。斑周围白色，各节背面有浅黄色横纹，体侧有浅色斜线。腹部末节有黑褐色尾角，另有绿色型，体上散布黑色细线条。第1腹节眼状斑的中心纹为黄灰色。胸足、腹足均为绿色，尾角基部棕褐色，尖端淡黄白色。

【生物学特性】1年2～3代，以老熟幼虫吐丝黏土作茧，在浅土层化蛹越冬。翌年4～5月成虫羽化。成虫有趋光性。卵散产于寄主嫩梢及叶端部。7～8月可见第2代成虫。6～10月均可见幼虫危害。

【防控措施】

①人工捕杀幼虫。

②早春耕翻圃地消灭越冬蛹。

③大面积发生严重时可于低龄幼虫期选喷三苦素、灭幼脲1号、灭幼脲3号、Bt乳剂、青虫菌等，控制使用菊酯类、有机磷等化学农药。

36. 红脂大小蠹

【又名】强大小蠹。

【学名】 昆虫，鞘翅目红脂大小蠹 *Dendroctonus valens*。

【寄主植物】 油松、白皮松和华山松。

【危害部位】干基0.5m以下。

【形态特征】

成虫 雄体长5.3～8.3mm，为体宽的2倍。雌体稍大，长7.5～9.6mm，平均8.3mm。初羽化时棕黄色，后变为红褐色，少数黑褐色。头窄于前胸背板。复眼长椭圆形。鞘翅前缘弧形突起，并有高起的堤，在堤上有齿1排。前足基节窝相接。足腿节、胫节横切面扁平，前足胫节外缘一般有齿或端距。前胸背板上刻点细小，均匀分布，前缘

36.1 红脂大小蠹，示油松主干被害流胶状

中部有凹陷。

卵 圆形至长椭圆形，乳白色，有光泽，长0.9～1.1mm，宽0.4～0.5mm。

幼虫 蛴螬形，无足，体白色。老熟时体长11.8mm，头宽1.8mm。尾部有臀棘。

蛹 平均体长7.8mm。

【生物学特性】 在河北中南部1年1代为主，部分个体2年3代。以成虫、老熟幼虫和3龄幼虫在树干基部或根部的皮下越冬，极少数个体以2龄幼虫或蛹越冬。以成虫形态越冬的群体是害虫传播和危害的主要群体。嗜食新鲜伐桩。一般危害胸径在10cm以上的油松活立木的主干的基部(50cm高)。侵入孔直径约5～6mm。成虫取食形成层，虫道向下钻蛀，长30～65cm，宽1.5～2cm。坑道内红褐色粒状虫粪和木屑混合物随松脂从侵入孔排出，形成中心有孔的红褐色漏斗状凝脂块，其颜色由深变浅，直至呈灰白色。幼虫亦取食形成层，形成扇形共同坑道，2～3龄幼虫即可环食树干一周，造成树木死亡。幼虫向下取食可达主根和侧根。幼虫老熟后，沿坑道外缘做彼此

36.2 红脂大小蠹，示胶块下的侵入孔

分离的肾形单独蛹室化蛹。

【防控措施】

①在适地适树的基础上,强化经营管理措施。不要过度修枝,以促进树木的健壮生长;有条件的地方适时浇水施肥,或留树盘蓄水;更新油松时要连根挖除,不留伐桩。

②树干喷药。在虫害发生严重的绿化区,可在成虫扬飞高峰期用40%氧化乐果乳油100倍液等喷洒树干60cm以下的基部,以保护健康树木不受侵害。

③树干密闭熏蒸法。对侵入孔较多的树,可用厚度≥0.1mm的聚氯乙烯薄膜(长和宽视被害树的粗细及被害部位的高低而定)围绕树干一周。在最高侵入孔15cm以上的部位,用胶带将塑料薄膜上端与树干贴实,塑料薄膜与树皮之间的空隙用细土密封,再用胶带把塑料薄膜顶端与树干贴实。用胶带把塑料薄膜接逢处粘牢,在塑料薄膜与树干之间投入磷化铝片3~5粒(每粒3.3g)。用土将地面的塑料薄膜边缘掩埋密实。如果一天以后,塑料布内有露水出现,说明密闭很好,防控效果可达95%以上。本方法应在成虫扬飞期结束后立即使用。

④对虫口密度较低的绿化区可用毒扦毒杀。即在侵入高峰过后,用改锥在侵入孔下方5cm左右的树皮上钻一倾斜的小孔,把毒扦插入红脂大小蠹蛀道内,然后用黄泥将侵入孔和给药孔堵死。

37. 红缘灯蛾

【又名】红袖灯蛾、红边灯蛾。

【学名】昆虫,鳞翅目红缘灯蛾 *Amsacta lactinea*。

【寄主植物】菊花、百日草、千日红、鸡冠花、梅花、凤尾兰、桑、柑橘、柿、紫穗槐、向日葵等百余种植物。

【危害部位】幼苗、叶、花器。

【形态特征】

成虫 翅展雌52~64mm,雄46~56mm。触角黑色。翅白色。下唇须红色,头顶、颈板后缘及肩角带红色。翅基片通常具黑点。前翅前缘区红色,中室上角通常有黑点。

卵 近球形,直径0.50~0.79mm,表面自顶部向周缘有放射状纵纹。初产黄白色,有光泽,后渐变为灰黄色至暗灰色。

幼虫 老熟体长40mm左右,头黄褐色,胸部深褐或黑色,全身密被红褐色或黑色长毛,胸足黑色,腹足红色,体侧具1列红点,气门红色。

蛹 纺锤形,22~26mm,宽9~10mm,黑褐色,有臀刺10根。

【生物学特性】 年发生代数,河北1代,江苏2~3代,均以蛹越冬。江、浙一带于5月下旬,6月上旬成虫羽化。成虫昼伏夜出,有趋光性。雌虫产卵于叶片背面,成块状,上面覆盖黄毛,每块40~50粒。初孵幼虫群集危害,3龄后分散危害。幼虫行动敏捷。老熟幼虫下树钻到浅土层,落叶等覆被物内吐丝结茧化蛹。

【防控措施】

37.2 红缘灯蛾,示成虫展翅形态

①搞好虫情监测,在发生严重的地区和年份,于3~4月份成虫羽化之前,组织人员在较大范围内的沟渠旁、树下和灌木丛下或沟坡处挖蛹,降低越冬虫口基数。

②成虫产卵期,结合园艺作业,仔细检查,剪除带卵块的叶片,集中深埋。

③幼虫扩散期选喷:1亿~2亿活孢子/g的Bt乳剂500倍液、90%敌百虫晶体1000倍液、50%马拉硫磷乳油800倍液、25%灭幼脲胶悬剂800倍液、80%敌敌畏乳油1000倍液等。

37.1 红缘灯蛾,示幼虫形态

38. 吹绵蚧壳虫

【又名】澳洲吹绵蚧。

【学名】昆虫，同翅目吹绵蚧壳虫Icerya purchasi。

【寄主植物】海桐等250多种蔷薇科、豆科、木犀科、天南星科、松科、杉科等绿化植物。

【危害部位】枝条及叶片。

【形态特征】

成虫　雌成虫橘红色，椭圆形，长4～7mm，宽3～3.5mm。腹面扁平，背面隆起，呈龟甲状。腹末有白色半卵形卵囊，其上有脊状隆起线15条。雄成虫体长2.9mm，小而细长，橘红色，翅黑色，长而狭，翅展6mm。口器退化。

卵　长椭圆形，初产时橙黄色，长0.29mm，渐变为橘红色。

若虫　初孵若虫卵圆形，橘红色。触角、足及体毛均甚发达，体被淡黄色蜡粉及蜡丝。2龄后雌雄异形。

蛹　雄虫第3龄为预蛹，具有成虫附肢和翅芽雏形，长3.6mm，宽1mm，口器退化。蛹橘红色，卵圆形，长2.5～4.2mm。茧白色。

【生物学特性】1年代数，我国南部3～4代，长江流域2～3代，以若虫、成虫或卵越冬。每年4～5月间发生数量最多，8～9月后发生较少。温暖高湿气候有利于发生，过于干旱气候及寒冷霜冻对其发生不利，株过密、潮湿、通风透光差的环境发生常重。天敌主要有飘虫、草蛉等。

【防控措施】

①保持植株合理密度，不要过密，科学修剪，注意通风透光，创造不利于害虫发生的条件。加强肥、水管理，增强植株抗虫能力。结合管理，剪除严重受害的虫枝。

②春季植株发芽前喷洒3～5°Be石硫合剂或机油乳剂等。若虫孵化盛期喷洒20%菊杀乳油1000～1500倍液，或50%马拉硫磷乳油800～1000倍液，或4.5%高宝乳油2500倍液等。

③注意保护飘虫、草蛉等天敌。

38.2 吹绵蚧壳虫，示卵囊后期形态

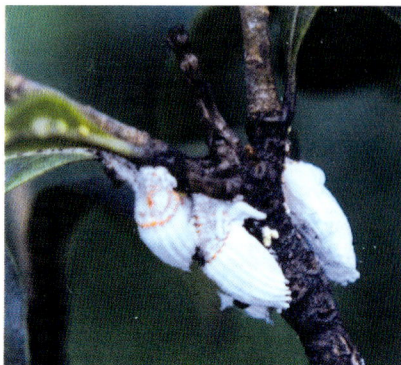

38.1 吹绵蚧壳虫，示雌虫卵囊形态

39. 杨柳叶螨

【学名】节肢动物，蜘蛛纲蜱螨目杨柳叶螨Eotetranychus populi。

【寄主植物】杨柳科多种树木，而以加杨、垂柳、馒头柳等受害最重。

【危害部位】叶片。

【形态特征】

成螨　雌成螨体椭圆形，长约0.4mm，淡黄绿色，体背两侧各有1纵行暗绿色斑，足淡黄白色。雄成螨体末端略尖，较雌成螨略小。

卵　球形，淡黄色，直径约0.14mm。

若螨　体长约0.17mm，短卵形，淡黄色，有足4对。形态似成螨，但体背两侧的暗绿色斑不明显。

【生物学特性】河北、北京一带1年10多代。在枝、干皮缝、芽痕等处越冬，翌年杨树发芽展叶时开展活动，5～6月间螨量明显增多，自贴近干、枝的树冠下部内膛叶片，逐渐向外、向上扩散，成、若螨多群集于叶背面、叶基部，也有在叶正面危害的，被害处形成许多褪绿的黄白小点。天敌主要有小花蝽、捕食螨、草蛉、飘虫等。

【防控措施】

①螨量较低时(加杨每叶有成、若螨和卵不超过1.5头，柳每叶不超过

39.1 杨柳叶螨，示垂柳叶被害状，左下方为健叶

1头），可喷清水冲刷或喷洒0.1～0.2°Be石硫合剂等。当螨量较多时，可于初发生始盛期喷洒20%螨克乳油、20%扫螨净可湿性粉剂、5%尼索朗乳油或40%克螨特乳油等。

②注意保护天敌。在天敌量较大时，可不喷洒农药。

40. 杨梢叶甲

【又名】咬把虫、杨梢金花虫。

【学名】昆虫，鞘翅目杨梢叶甲 *Parnops glasunowi*。

【寄主植物】旱柳、小青杨、小叶杨、美杨、加杨、毛白杨、银白杨、梨等。

【危害部位】叶柄和新梢。

【形态特征】

成 虫 体长椭圆形，体长6.0～7.5mm。头、前胸背板及鞘翅黑色至黑褐色，表面密被黄色或黄绿色绒毛。触角丝状。复眼黑色稍隆起，近椭圆形。前胸背板矩形。腿节粗大，爪褐色。小盾片舌形。鞘翅微宽于前胸背板，肩部显著，两侧几乎平行，体下的绒毛灰白色。

卵 乳黄色，长椭圆形，长径1.10～1.15mm，短径0.35mm。

幼 虫 老熟幼虫体长约6mm，乳黄色，向腹面微弯。上颚黄色。胸腹白色。

蛹 白色裸蛹，略呈纺锤形，体长5.5～6.2mm。主体疏生长毛。

【生物学特性】 1年1代，以幼虫在土壤中越冬。翌年4月开始化蛹，在河北石家庄地区5月下旬至6月上旬为羽化盛期，7月下旬羽化结束。但在河北北部地区8月份仍可见到成虫。成虫白天活动，7时前在树上静伏不动。成虫有假死性。产卵于树下杂草基部的土层内以及卷叶螟危害的叶片粘连处，而以树下茅草叶缝内及土壤中最多。幼虫老熟后在土中作一蛹室化蛹。

【防控措施】

①5月中旬，幼虫化蛹期，结合苗圃、幼林中耕锄草，细致锄翻土壤，破坏化蛹场所。

②成虫始盛期开始，连续喷药3次，每次相隔10～15天，可选用敌百虫、敌敌畏、速灭杀丁等。

39.2 杨柳叶螨，示垂柳叶被害状

40.1 杨梢叶甲，示旱柳嫩梢被害后折断枯死状

40.2 杨梢叶甲，示旱柳叶片被害状

40.3 杨梢叶甲，示成虫形态：左一侧面观，左二、三背面观，右一腹面观

41. 杨扇舟蛾

【又名】白杨天社蛾、白杨灰天社蛾、小叶杨天社蛾、杨树天社蛾。

【学名】昆虫，鳞翅目杨扇舟蛾 *Clostera anachoreta*。

【寄主植物】杨、柳等。

【危害部位】叶片。

【形态特征】

成虫　体长12～17mm，翅展27～38mm。触角褐色，双栉齿状。体色灰褐，头顶至胸背中央黑褐色。前翅灰褐色，顶角处有1个暗褐色扇形斑，外线通过扇形斑一段呈斜伸的双齿形，外衬2～3个黄褐带锈红色斑点。中室下、内、外线间有1条灰白色外斜线，亚端线由1列黑点组成。后翅暗灰褐色。臀毛簇末端暗褐色。

卵　扁圆形，直径约1mm，初产时橙黄色，以后逐渐变深，孵化前暗褐色。

幼虫　老熟体长32～39mm。头部黑褐色，体上具淡褐色细毛。胴部灰白色，侧面黑绿色。腹部背面灰黄绿色，两侧有灰褐色宽带，各节有横列的橙红色毛瘤8个，两侧各有1个较大的黑瘤，其上着生白色细毛1束，腹部第2、8节背面中央各有1个红褐色大肉瘤。

蛹　圆锥形，褐色，长约13mm，前端钝圆，末端削尖，尖端生有刺钩1束。

【生物学特性】东北1年3～4代，河南4代，安徽、陕西4～5代，江西5～6代，以蛹越冬；海南8～9代，无越冬现象。翌春羽化时间不一致。成虫有趋光性。越冬代成虫羽化时，卵多产于树木枝干上，个别产于石块或墙壁上，以后各代则主要产于叶背，少数产于叶面，排成单层块状，少数散产。每块卵几粒到600余粒不等，成虫白天静伏叶背不动，夜晚飞翔、寻偶、交尾、产卵。初孵幼虫有群集性。3龄以后分散取食。老熟幼虫在卷叶内化蛹，最后1代幼虫老熟后，多沿树干爬到地面，在落叶、墙缝、树干旁、粗树皮下、地被物上或表土内结茧化蛹越冬。天敌主要有毛虫追寄蝇、绒茧蜂、黑卵蜂、舟蛾赤眼蜂、跳小蜂、广大腿小蜂、颗粒体病毒等。

【防控措施】

①秋后彻底清扫地面落叶、枯

41.1　杨扇舟蛾，示大龄幼虫危害垂柳状

41.2　杨扇舟蛾，示低龄幼虫群集危害

41.3　杨扇舟蛾，示成虫产卵

41.4　杨扇舟蛾，示成虫形态

41.5　杨扇舟蛾，示初产的卵

41.6　杨扇舟蛾，示孵化前的卵

41.7　杨扇舟蛾，示大龄幼虫（左）

41.8　杨扇舟蛾，示老熟幼虫形态

枝、杂草，将其集中深埋或高温沤肥；耕翻园地；刮除树干虫茧，消灭越冬蛹。

②利用初龄幼虫吐丝缀叶群集危害的习性，及时摘除1～2代幼虫虫苞，对降低后期危害起着积极作用。对苗圃幼树，可于卵期摘除卵块，集中销毁。

③在1～3龄幼虫期喷洒灭幼脲3号、0.3亿芽孢/ml Bt乳剂、0.1亿孢子/ml青虫菌液、三苦素500倍液、80%敌敌畏乳油1500倍液或2.5%敌杀死乳油4000倍液等。

④注意保护和利用天敌。可将采集的蛹、幼虫、卵放于天敌保护器内，待天敌出现后放走天敌，杀死害虫。

41.9　杨扇舟蛾，示低龄幼虫危害状(只啃食叶肉)

41.10　杨扇舟蛾，示大龄幼虫将叶吃光，仅剩叶脉

42. 杨绵蚧

【学名】　昆虫，同翅目杨绵蚧 *Pulvinaria costata*。

【寄主植物】　青杨、加杨、北京杨、垂柳、白柳、旱柳等多种杨、柳树。

【危害部位】　当年生、多年生枝及主干。

【形态特征】

成虫　雌蚧体宽卵形，长6～7mm，宽4～5mm。触角黄褐色，胸足3对，发达。体背污黄色，渐变为灰褐、紫褐色。体背中间有1条纵脊，体缘生短毛。雄蚧壳蜡质，半透明，灰白色，约长2.5mm，宽0.9mm，虫体紫红色，长约1.8mm，触角黄褐色，念珠状，足约为翅长的1/2，中胸具1条黑色横带。

卵　淡红色，椭圆形，约长0.3mm。卵囊纯白色，绵丝絮状，长5～6mm，宽5mm，露出雌蚧体下，将其顶起，囊背上隐约可见纵沟多条。孵粒藏于囊内丝层中。

若虫　初孵若虫椭圆形，淡红色，体长0.3mm，具长尾丝1对。

【生物学特性】　在青海西宁1年1代，河北廊坊1年2代，以受精雌蚧在枝干上越冬，翌春出蛰，吸食树叶。以1年1代为例，4月上、中旬8月上、中旬为卵期，平均每雌产卵1174粒。初孵若虫爬至叶上，群集于叶脉两侧刺吸汁液。8月上旬成虫出现，交尾后雌虫受精即冬眠。1年2代区，卵期在4月上中旬和8月下旬至9月上中旬。盛卵期枝条卵囊密集，彼此叠垒，使嫩枝和主侧枝外裹一层白色蜡絮。

【防控措施】

①结合修枝，于卵期修除严重虫枝，集中深埋或作燃料。

②在若虫期及固定初期，选喷40%氧化乐果乳油200倍液、烟碱百部液等，翌春出蛰盛期再喷1次。

42.2　杨绵蚧，示柳树主干上的卵囊

42.1　杨绵蚧，示杨树侧枝被害状

43. 赤须盲蝽

【又名】赤角盲蝽。

【学名】昆虫，半翅目赤须盲蝽 *Trigonotylus ruficornis*。

【寄主植物】草坪草等。

【危害部位】成虫、若虫吸食叶、嫩茎、花蕾等汁液。

【形态特征】

成虫 体细长，长约6mm，宽约1.5mm，鲜绿色或浅绿色。头略呈三角形，顶端向前突出，头顶中央具1纵沟，前伸不达头部中央。触角4节，与体等长或略短，红色。喙4节。前胸背板梯形，具4条暗色条纹。小盾片黄绿色，三角形。前翅略长于腹部末端，革片绿色，膜片白色透明。足浅绿或黄绿色。

卵 口袋形，长约1mm，宽0.4mm，白色透明，卵盖上具突起。

若虫 5龄若虫体长5mm，黄绿色，触角红色，略短于体长，翅芽超过腹部第3节。

【生物学特性】华北1年3～4代，以卵在禾草茎、叶上越冬。翌年4～5月间多年生禾草返青时，越冬卵开始孵化，一般5月上旬为孵化盛期，5月下旬为第1代成虫羽化盛期。雌成虫成排产卵于叶鞘上端。每雌产卵量约20粒。6月中旬，第1代卵达到孵化盛期。从卵孵化到第2代成虫出现，约需15天。7月下旬第3代成虫出现。世代重叠现象明显，9月中旬河北石家庄市区草坪仍可见大量成虫。成虫9:00～17:00在草丛间活跃，傍晚或早晨气温较低时不活跃，阴雨天常隐藏于叶背面。9～10月间雌成虫陆续在茎、叶上产卵越冬。

【防控措施】

①狠治第1代若虫，是防控的关键。搞好虫情监测，掌握在越冬卵孵化盛期喷药防控，可选用25%速灭威可湿性粉剂400倍液、50%杀螟松乳油1000倍液、80%敌敌畏乳油1000倍液、50%辛硫磷乳油1000～1500倍液、3.5%甲敌粉2kg/667m²等。

②其他各代发生严重时，可于若虫孵化盛期选用25%速灭威可湿性粉剂400倍液等喷雾。

43.1 赤须盲蝽

43.2 赤须盲蝽，示草坪草叶片被害状

44. 沟眶象

【又名】 臭椿大沟眶象

【学名】 *Eucryptorrhynchus chinensis*。

【寄主植物】 臭椿(樗树、椿树、恶木)。

【危害部位】 幼虫钻蛀树干。

【形态特征】 成虫体长为15.0～18.5mm,宽7.5～10.0mm。体黑色、粗糙,头散布互相连合的大刻点。喙长于前胸,触角基以前较扁,端部放宽,刻点细小,触角基以后圆筒形。触角着生于喙中部,膝状,柄节达眼。额中间有一深窝。复眼上方有深沟眶。前胸背板满布大而深的刻点,中隆线纵贯全长;中部两侧各有一突起的胝,上被赭色鳞片;腹面有胸沟,休憩时喙可隐于沟内。眼叶发达,复眼部分被眼叶遮盖。小盾片圆形。鞘翅肩部最宽,肩很突出,被白色鳞片,基部中间覆赭色鳞片,端部1/3鳞片白色或赭色。

【生物学特性】 在河北、山东、北京、江苏、河南1年1代,以幼虫在虫道内越冬。翌年4月中下旬出蛰危害。老熟幼虫5～6月间在木质部作蛹室化蛹。6月中旬成虫羽化,产卵于衰弱木的皮层间。幼虫孵化后先在皮层下钻蛀与树体垂直的横向坑道,然后在蛀孔周围韧皮部和木质部之间钻蛀扁平不规则坑道,危害至10月下旬越冬。

【防控措施】

①强化栽培管理措施,增强树体抗虫力。臭椿深根性,主根明显,侧根发达,与主根构成庞大根系,耐干旱瘠薄,当土壤水分不足时以落叶相适应,遇雨又能长出新叶,不耐水湿,耐中度盐碱土,喜光,有一定的耐寒性。宜栽植于排水良好的沙壤土和中壤土,沙土次之,对微酸性、中性和石灰性土壤都能适应。播种苗分化现象明显,应分级选用1～2级苗木。植苗造林春、秋两季均可进行,关键要掌握"适时"和"深栽",适时主要在椿苗上部壮芽膨大呈球状时栽植成活率最高,在干旱地区,埋土深度超过根颈15cm,湿润地区超过根颈3cm为宜。栽植时灌足底水,有条件时施足腐熟有机肥,确保成活和促壮生长。

②发生严重时,可在幼虫危害期于根部附近土壤中打孔灌注80%敌敌畏乳油800倍液、50亿孢子/g白僵菌150倍液等,亦可在成虫羽化初期选喷40%氧化乐果乳油、5%来福灵乳油、10%安绿宝乳油等。

44.2 沟眶象,示成虫侧面观

44.4 沟眶象,示成虫背面观

44.1 沟眶象,示成虫羽化孔

44.3 沟眶象,示成虫整肢态

45. 侧柏毒蛾

【又名】刺柏毒蛾。

【学名】昆虫，鳞翅目侧柏毒蛾 *Parocneria furva*。

【寄主植物】侧柏、圆柏等。

【危害部位】幼虫咬食鳞叶。

【形态特征】

成虫 体长10～20mm，翅展19～34mm，体灰褐色。雌蛾触角短栉齿状，灰白色。前翅浅灰色，略透明。翅面有不显著的齿状波纹，近中室处有1个暗色斑点，外缘较暗，有若干黑斑。雄蛾触角羽毛状，体色较雌蛾深。

卵 扁圆形，直径0.7～0.8mm，初时绿色，有光泽，渐变为黄褐色，孵化前为黑褐色。

幼虫 老熟幼虫体长20～30mm，体绿灰色或灰褐色；体各节具有棕白色毛瘤，上着生黄褐色和黑色刚毛；背线黑绿色，亚背线与气门线有白色斑点；腹部第6、7节背面各有1个淡红色翻缩腺。

蛹 长10～14mm，青绿色，羽化前呈褐色，每一腹节有8个白斑。

【生物学特性】青海1年1代。河北南部1年2代，以卵在侧柏鳞叶或小枝上越冬，次年3月中下旬孵化，6月上旬幼虫老熟，在叶丛中吐丝作茧化蛹。6月下旬成虫羽化，并在鳞叶或小枝上产卵，7月上中旬孵化，9月上中旬幼虫老熟化蛹，9月下旬至10月中旬成虫羽化并产卵越冬。成虫白天静伏在树冠枝叶上，傍晚后飞翔交尾。一只雌蛾产卵40～193粒，平均87粒。卵产于侧柏鳞叶上，每一卵块有卵3～32粒。成虫的趋光性较强。初孵幼虫咬食鳞叶尖端和边缘成缺刻，3龄后取食全叶。幼虫多在夜间取食，白天隐藏在树皮裂缝、叶丛中，偶见白天栖息于幼树叶丛外围。

【防控措施】

①营造针阔叶树混栽，适当提高栽植密度，有利于控制害虫成灾。

②家蚕追寄蝇、狭颊寄蝇、广大腿小蜂、蠋蝽、蜘蛛、螳螂、胡蜂等天敌，应注意保护和利用。当天敌较多可控制虫灾时，不要喷药，喷药要避开天敌发生高峰期。

③化学防控。幼虫3龄前喷药，可选用90%敌百虫晶体1000倍液、25%灭幼脲1号3000倍液、2.5%敌杀死乳油3500倍液等。

45.1 侧柏毒蛾，示幼虫形态

45.2 侧柏毒蛾，示成虫展翅状

46.1 油松毛虫，示蛹茧

46. 油松毛虫

【学名】昆虫，鳞翅目油松毛虫 *Dendrolimus tabuldeformis*。

【寄主植物】油松、华山松、白皮松、樟子松等。

【危害部位】针叶。

【形态特征】

成虫 翅展雌57～75mm，雄45～61mm。主体灰褐至褐色，前翅的外缘呈弧形弓出，横线纹深褐色，内线与中线靠近，外线2条，亚端线斑列黑褐色，斑列常为9个斑组成，7、8、9三斑斜列，内侧衬有淡棕色斑，中室白斑较小。翅面没有白色斑纹是与赤松毛虫

46.2 油松毛虫，示蛹茧

最明显的区别。

卵 椭圆形,长径1.8mm,短径1.2mm。初产时色较浅,精孔淡黄色,另一端淡肉红色,孵化前紫红色。

幼虫 老熟体长54～72mm。头部黄褐至棕黑色,傍额区有蓝褐色斑。体灰黑色,体侧有长毛,花斑较明显,胸部背面有2条深蓝色、天鹅绒状毒毛横带,各体节有1对黑蓝色毛片,着生于背中央2个毛瘤上,毛片扁平,呈纺锤形,末端极少有齿状突起,体侧有不连续的灰蓝色纵带,每节前方由纵带向下有一斜斑伸向腹面;气门灰黑色,腹面棕黄色;胸足赭黑色,腹足黄褐色。

蛹 茧长椭圆形,灰白色,表面有黑色毒毛。蛹栗棕色,体表密被黄色短毛,臀短刺,钩刺状。

【生物学特性】 华北北部1年1代,华北南部1年1～2代,均以幼虫在树干缝及地面杂草、落叶层、石块下越冬。翌春平均气温升至5℃后上树取食。成虫产卵于树冠上部的针叶上,成虫有趋光性,幼虫有假死性。当日均气温下降至10℃以下,幼虫开始下树寻找越冬场所。绿化区为单纯的油松等纯林时发病常重。

【防控措施】

①加强预测预报,确定虫源基地,划分重点防控范围,及时开展防控。

②强化营林措施,改善绿化区的生态环境。注意营造针阔混交林,避免营造单纯林。合理修枝抚育,避免树冠太小。严禁过度间伐和修枝。

③在幼虫上、下树前,采用阻隔法、毒环法防控,注意每株必防,不要漏株。

④搞好生物防控,如喷洒白僵菌、释放赤眼蜂、保护益鸟和寄生蜂等。

46.5 油松毛虫,示石块下群集越冬的幼虫

46.3 油松毛虫,示成虫展翅状(左雌、右雄)

46.6 油松毛虫,示幼虫形态Ⅰ

46.4 油松毛虫,示幼龄油松针叶被吃光状

46.7 油松毛虫,示幼虫形态Ⅱ

47. 波纹斜纹象甲

【又名】白纹象甲、二黄星象甲。

【学名】昆虫，鞘翅目波纹斜纹象甲Lepyrus japonincus。

【寄主植物】杨、柳。

【危害部位】成虫咬食叶片，幼虫啃食根部表皮。

【形态特征】

成虫 体长8.5～13.0mm，宽3.5～4.9mm。体呈褐色，密被土褐色细鳞片，其间散布白色鳞片。触角膝状，棒卵形，黑褐色。前胸背板圆锥形，散布较深的皱刻，两侧各有1条黄白色斜纹。鞘翅肩较突，翅较发达，末端各呈一钝尖，翅面有成行的白色鳞片，中部有一明显的白色波状横带纹，肩部有白色短纵带。

【生物学特性】1年1代，以成虫、幼虫越冬。翌年4月中旬越冬成虫出蛰，5月中旬为成虫盛期，越冬幼虫则继续在土中危害。5月上旬成虫产卵于表土层中，卵期8～10天。幼虫孵化后啃食植株根部表皮，6月中旬危害最烈。越冬幼虫先于当年新孵化幼虫化蛹。8月上旬出现成虫，8月下旬开始交尾产卵。在河北涿州影视基地，9月底白昼可见成虫咬食柳叶。10月上中旬，新孵幼虫和未产卵成虫陆续入土越冬。

【防控措施】发生严重时，在幼虫危害期在树木根部附近土壤中扎孔灌注50亿孢子/g白僵菌150倍液或80%敌敌畏乳油500倍液等，防控幼虫。成虫危害初期喷洒药剂防控，可选喷：40%氧化乐果乳油、25%敌百虫乳油、5%来福灵乳油、10%安绿宝乳油等。

48. 爬山虎天蛾

【又名】雀纹天蛾、葡萄叶绿褐天蛾、葡萄斜纹天蛾、日斜天蛾、葡萄天蛾、雀斜纹天蛾。

【学名】昆虫，鳞翅目爬山虎天蛾Theretra japonica。

【寄主植物】麻叶绣球、常春藤、白粉藤、虎耳草、爬山虎、葡萄、野葡萄。

【危害部位】叶片。

【形态特征】

成虫 体长27～38mm，翅展68～72mm。体背棕褐色，触角背面灰色，腹面棕黄色。头、胸两侧有白色鳞片，肩片内缘有2条橙黄色纵纹，胸背中部有淡色纵带，两侧有橙黄色纵带。前翅灰黄色，后缘近基部白色，由顶角向右缘方向伸有6条暗褐色斜条纹，中室端有1个小黑点，外缘色较淡。后翅黑褐色，有黄褐色亚端带，后角附近有橙灰色三角斑，外缘灰褐色。腹部背线棕褐色，两侧有数条不甚明显的暗褐色条纹，两侧橙黄色，腹面粉褐色。

幼虫 老熟幼虫体长约75～80mm，青绿色或褐色，第1、2腹节背面各有黄色眼斑1对。

【生物学特性】1年1～4代，各地不同。以蛹在土中越冬。上海地区6～7月成虫羽化。成虫有趋光性。7～8月危害严重。

【防控措施】

①冬季或早春在花木下翻土，消灭土中越冬蛹。

②发生严重时喷药防控，可选喷三苦素500倍液、25%灭幼脲3号悬浮剂、50%敌百虫乳油1000倍液等。

47. 波纹斜纹象甲，示成虫形态

48. 爬山虎天蛾，示成虫展翅状

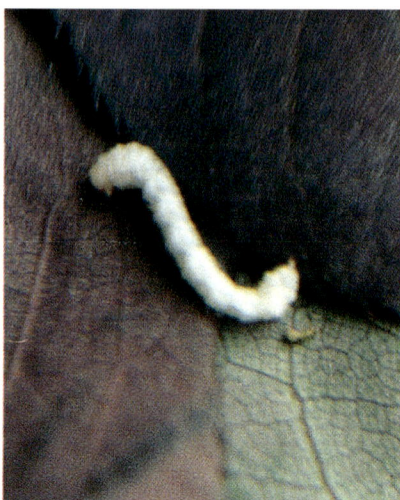

79.1 玫瑰茎蜂，示幼虫形态

49. 玫瑰茎蜂

【又名】 月季茎蜂、蔷薇茎蜂、钻心虫。

【学名】 昆虫,膜翅目玫瑰茎蜂 *Neosyrista similis*。

【寄主植物】 玫瑰、月季、蔷薇、十姊妹等。

【危害部位】 新梢、花梗。

【形态特征】

成虫 体长16 mm(不含产卵管)。翅展25mm。体黑色,有光泽,第3~5腹节和第6腹节基半部赤褐色,第1~2腹节背板两侧黄色。雌虫触角丝状,黑色;雄虫触角基半部翅毛状,端末部丝状。两复眼间有2个黄绿色小点。前翅散生蓝黑斑点,外缘有8个较大的蓝黑色斑点。后翅外缘有1列蓝黑色斑点,翅中部有1个较大蓝黑斑。雌虫腹部末端有3根尾刺,雄虫腹部细长。

卵 椭圆形,长径1mm左右,淡黄白色。

幼虫 成熟幼虫体长20mm,乳白色,头部淡黄色,胸足退化,尾端有褐色尾刺1根。

蛹 纺锤形,初为白色,渐变为棕红色。

【生物学特性】 1年1代,以幼虫在被害枝条内越冬,在河北石家庄地区,翌年4月初越冬幼虫开始活动,在原被害枝条内化蛹。4月中旬成虫出现。产卵于当年生嫩梢或花梗的皮层和木质部之间,尤喜产卵于自基部萌蘖的粗壮嫩梢上。一般每个嫩梢产卵1粒,每雌产卵500粒以上。4月底幼虫孵化后,钻入枝条的髓部向下或向上危害,把髓部蛀空,将棕色粟粒状虫粪和木屑堵满后边虫道。受害枝条嫩梢先萎蔫下垂,后发黑枯干。5月上旬绿化区可见月季萎蔫下垂的新梢和花梗,可见到卵。整个夏季和入秋后幼虫沿枝条髓部继续钻蛀,有的可钻至较粗的上年枝条髓部,入冬前在蛀道下端作薄茧越冬。越冬部位一般距地面10~20cm。天敌有金小蜂、蜘蛛等。

【防控措施】

①加强管理,结合花后枝条回缩、休眠期修剪、更新修剪等,剪除虫枝、枯死枝。剪除萎蔫嫩梢、花梗。4~5月在花圃经常检查,发现萎蔫下垂或已发黑的嫩梢、花梗及时剪除,要向下剪至无虫止,将其集中深埋。这是防控该虫最有效最根本的方法。

②保护利用天敌,在蛹期将剪下的带虫枝,置于天敌保护器内,让金小蜂等顺利羽化飞出。

③大面积发生严重时,可于成虫羽化初期和卵孵化盛期喷洒农药,可选喷40%氧化乐果乳油1000倍液、20%菊杀乳油1500倍液等。

49.3 玫瑰茎蜂,示月季被害茎内的幼虫

49.2 玫瑰茎蜂,示产卵孔(黑色小点)

49.4 玫瑰茎蜂,示月季花蕾被害后萎蔫下垂状

49.5 玫瑰茎蜂,示月季嫩梢被害后萎蔫下垂状

181

50. 苹毛丽金龟

【又名】苹毛金龟子、长毛金龟子、铜克郎。

【学名】昆虫,鞘翅目苹毛丽金龟Proagopertha lucidula。

【寄主植物】月季、牡丹、芍药、蜀葵、大丽花、苹果、梨、桃、李、杏、海棠、樱桃、核桃、栗、葡萄、杨、柳、榆以及豆科花卉等。

【危害部位】幼虫取食花木幼根。成虫危害花器、嫩叶、芽以及未成熟的果实。

【形态特征】

成虫 体长10.2~12.3mm。头、前胸背板、小盾片绿色带有紫色闪光。头顶多绿色刻点,复眼黑色。触角9节,红褐色,雌虫鳃叶部短小,雄虫则甚长大。胸腹板密生灰黄色长毛,腹部两侧生有明显的黄白色毛丛,分节线明显,腹部末端露在鞘翅外。鞘翅黄铜色带有闪绿,翅上有纵行点刻,肩瘤明显。

卵 椭圆形,长1.6~1.8mm,乳白色,产后10天左右表面呈现光泽,孵化前光泽逐渐消失,卵体增大。

幼虫 3龄幼虫平均头宽3.3mm。头部前顶毛每侧各7~8根,后顶毛各10~11根,臀节腹面复毛区具刺毛列,2列刺毛排列整齐。肛门孔横裂状。

蛹 裸蛹,长椭圆形,长14~16mm,深黄色,背中线明显,腹部末端稍尖,第8节最宽,呈梯形,第10节末端纵裂,边缘密生短毛。雌蛹腹部第9节腹面基部有扁三角形突起。

【生物学特性】1年1代,以成虫在土中越冬。翌春当日平均气温达到10℃以上,地表温度达到12℃时常在雨后有大量成虫出现,一般在3月下旬至4月上旬。成虫白天活动,气温越高越活跃。成虫有假死性。成虫无趋光性,喜食花器、嫩叶和未成熟的果实,并随寄主植物物候迟早而转移危害。在月季和蜀葵上很明显,先危害月季花,当月季花败后,即转移到盛开的蜀葵花。取食多在白天气温升高后进行,中午炎热多潜伏于叶背与叶丛间。成虫交尾多在午前,有隔日产卵习性,卵散产于植被稀疏、土质疏松的5~10cm表土层中。1龄幼虫生活在2~5cm土中,2龄在4~10cm土中,3龄在20cm土层,7~8月间老熟幼虫下迁到80~120cm深土层做长椭圆形蛹室,蛹期16~19天,成虫羽化后不出土而进入越冬。天敌有红尾伯劳、灰山椒鸟、黄鹂、朝鲜小庭虎甲、深山虎甲、粗尾拟地甲、寄生蜂、寄生蝇、寄生菌等。

【防控措施】

①苹毛丽金龟虫源来自多方,尤以荒地量多。故在公路绿化区,应以消灭成虫为主。可在成虫发生危害期,于早晚震落捕杀。亦可树上施药。可选喷0.3亿活孢子/ml青虫菌、50%敌敌畏乳油500倍液、50%杀螟松乳油1000倍液、10%氯氰菊酯乳油3000倍液、20%速灭杀丁乳油4000倍液、2.5%敌杀死乳油4000倍液等,于始花期结合防控其他害虫喷洒。

②地面施药,触杀潜土成虫。可撒施5%辛硫磷颗粒剂,用量3kg/667m²;25%对硫磷微胶囊剂或50%辛硫磷乳油,用量0.3~0.4kg/667m²,加细土30~40kg拌匀撒施,或稀释600倍均匀喷洒于地面。施用辛硫磷后及时浅耙,防止光解。

③注意保护各种天敌。

50.1 苹毛丽金龟,成虫危害梨花状

50.2 苹毛丽金龟

51. 苹掌舟蛾

【又名】舟形毛虫、苹果天社蛾、苹天社蛾、苹黄天社蛾、举肢毛虫、举尾毛虫、秋黏虫、黑纹天社蛾、黄天社蛾、举尾虫。

【学名】昆虫,鳞翅目苹掌舟蛾 *Phalera flavescens*。

【寄主植物】贴梗海棠、榆叶梅、梅花、樱花、樱桃、杏、梨、紫叶李、栗、榆、槲、山楂、海棠、杜梨、碧桃、核桃、栗等。

【危害部位】叶片。

【形态特征】

成 虫 体长18~24mm,翅展46~59mm。触角线状,雄蛾触角两侧具纤毛束。前翅淡黄白色,有4条黄色波状横线,翅基部有1个和近外缘有6个蓝灰色卵形斑,其内侧有红褐色和黑色月牙形纹。后翅近外缘有1条淡的黑褐色横带。腹部棕黄色。

卵 球形,直径约1mm,初产时淡绿色,孵化前灰褐色。

幼 虫 老熟幼虫体长50mm,红褐色,头部黑褐色,有光泽,全体生有黄白色长软毛。幼虫在静止或受惊吓时,头尾同时翘起,形似小舟。

蛹 纺锤形,长约23mm,紫黑色。腹部末端具有短刺6根。

【生物学特性】各地均1年1代,以蛹在土中越冬。越冬蛹多群集在一起,以距寄主干基0.5~1.0m的范围内较多。若土表过分坚硬,则潜入枯草、落叶、土块、瓦砾、石块下以及附近墙角、墙缝中越冬。越冬蛹的深度以4~8cm处密度最大。翌年7月上旬至8月上旬羽化。成虫白天隐藏在树叶丛、杂草丛中,傍晚至夜间活动,具有一定的趋光性。7月初开始见卵。8月上旬为产卵盛期,卵多产于树体东北面中、下部枝条的叶背面,常数十粒或百余粒排列成块。卵期6~13天。7月中旬始见幼虫,8月中下旬为危害盛期。初孵幼虫多群集叶背,不食不动。早晚、夜间或阴天则群集叶面,头向叶缘排列成行,由叶缘向内啃食。初龄幼虫如遇震动或惊扰则成群吐丝下垂。幼虫稍大后则逐渐分散取食并转移危害。老熟幼虫不吐丝下垂,受惊动亦不坠落。幼虫期约31天。9月下旬后幼虫老熟后,沿树干下爬入土,准备化蛹越冬。

【防控措施】

①于老熟幼虫下树越冬之前耕翻树盘,树盘大小应为距树干基部1m的范围,疏松土壤,诱集老熟幼虫入土化蛹。冬季至翌年6月前再细致耕翻树盘,捡出蛹杀之或将蛹暴露而死。

②在幼虫3龄以前集中危害尚未分散时,认真检查花木,及时剪除幼虫群居的枝条,消灭幼虫;或震动树干,捕杀吐丝下垂的幼虫。

③发生普通而严重时于低龄期喷药防控,可选用1亿~2亿活孢子/g青虫菌500倍液、灭幼脲3号、三苦素500倍液、20%速灭杀丁乳油3500倍液、2.5%溴氰菊酯乳油3500倍液、40%氧化乐果乳油1000倍液、90%敌百虫1000倍液等。

183

51.1 苹掌舟蛾,示幼虫形态

51.2 苹掌舟蛾,示成虫展翅状

52. 茄二十八星瓢虫

【又名】 酸浆瓢虫、酸浆臀裂瓢虫。

【学名】 昆虫,鞘翅目茄二十八星瓢虫*Henosepilachna sparsa orientalis*。

【寄主植物】 月季、蔷薇、枸杞、双色茉莉等。

【危害部位】 叶片。

【形态特征】

成虫 体长6mm,半球形,黄褐色,体表密生黄色细毛。前胸背板上有6个黑点,中间2个常连成一个横斑。每个鞘翅上有14个黑斑,其中第2列4个黑斑呈一直线,是与马铃薯瓢虫的显著区别。

卵 长约1.2mm,淡黄至褐色,弹头形。卵粒排列较紧密。

幼虫 初龄淡黄色,后变白色。老熟幼虫体长约7mm,体表多白色枝刺,其基部有黑褐色环纹。

蛹 长约5.5mm,椭圆形,背面有黑色斑纹,尾端包着末龄幼虫蜕下的皮。

【生物学特征】 广东1年5代,无越冬现象,每年5月份发生量最多,危害亦重;在河北秦皇岛至石家庄一带,每年5~9月都可见到成虫危害。成虫寿命25~60天。成虫白天在叶面取食,有假死性和自残性。雌成虫产卵块于叶背。卵期5~6天。幼虫群集危害,稍大后分散危害,幼虫期15~25天。老熟幼虫在叶面或枯叶中化蛹。蛹期4~15天。

【防控措施】

①利用成虫假死性,击打植株致虫坠落,用足踩杀之,或用塑料薄膜承接收集而杀之。人工摘集叶背卵块。

②利用低龄幼虫群集危害的有利时机,喷药防控,可选用50%辛硫磷乳油1000倍液、20%速灭杀丁乳油3500倍液、10%赛波凯乳油1000倍液、2.5%功夫乳油3000倍液、灭杀毙(21%增效氰·马乳油)3000倍液等。

184

52.1 茄二十八星瓢虫,示卵块

52.2 茄二十八星瓢虫,示幼虫及其危害状

52.3 茄二十八星瓢虫,示成虫危害状,后期叶片缺损扭曲状

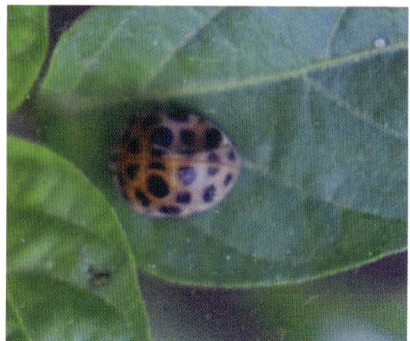
52.4 茄二十八星瓢虫,示成虫形态

53. 南方油葫芦

【又名】 褐蟋蟀、黄褐油葫芦、油葫芦。

【学名】 昆虫, 直翅目南方油葫芦Teleogryllus mitratus。

【寄主植物】 草坪草、刺槐、泡桐、杨、沙枣等。

【危害部位】 叶片、根。

【形态特征】

成虫 体长27mm左右。黄褐或黄褐带绛色。头黑色有反光, 口器和两颊赤褐色。前胸背板黑色, 有1对半月形斑纹, 中胸腹板后缘有"V"字形缺刻。雄性前翅黑褐色, 斜脉4条; 雌性前翅有黑褐色和淡褐色两型, 背面可见许多斜脉。雌雄两性前翅均达腹端, 而后翅超过腹端, 似两条尾巴。

卵 长筒形, 两端稍尖, 乳白微黄。

若虫 共6龄, 似成虫, 3龄后有翅芽, 低龄无翅芽。

【生物学特征】 北方1年1代, 以卵在土中2～3cm深外越冬。翌春4～5月孵化, 7～8月成虫大量出现。成虫、若虫白天、夜晚都可活动。9～10月间雌虫营土穴产卵, 多产于苗圃边、田埂、沟边、渠旁、坟地、草坪边杂草较多的向阳处。每雌产卵34～114粒。雄虫善鸣好斗。成虫、若虫白天在草丛蔽荫处活动, 夜晚有趋光性。喜食带香味和油质的作物, 如芝麻、大豆等。

【防控措施】

①在有条件的地方, 秋后或者早春精细耕翻土壤, 破坏越冬场所。

②及时清除草坪、苗圃及其周围杂草减少发生。

③有计划的在发生地每10～20m²堆放一堆杂草, 诱集成、若虫捕杀之。

④毒饵诱杀成、若虫。毒饵配比为: 一是90%敌百虫晶体1: 炒香的麦麸、豆饼或棉籽饼1000: 水1 200, 混合均匀, 撒施于草坪、苗圃(敌百虫晶体可先用两开对一凉的温水溶解)。二是46%辛硫磷乳油(或50%甲胺磷乳油)1: 炒香的麦麸等100: 水100, 混合均匀撒于草坪, 毒饵用量为1kg/667m²。

⑤毒土毒杀。毒土配比为: 一是50%甲胺磷乳油1: 细干土600, 拌匀, 撒入草坪, 毒土用量为30kg/667m²。二是20%甲基异柳磷乳油1: 干细土1500, 拌匀, 撒入草坪, 毒土用量为30kg/667m²。

185

53.1 南方油葫芦, 示雌若虫危害草坪状

53.2 南方油葫芦, 示雌成虫

52.5 茄二十八星瓢虫, 示成虫危害状

54. 扁刺蛾

【又名】 黑点刺蛾。

【学名】 昆虫，鳞翅目扁刺蛾 *Thosea sinensis*。

【寄主植物】 大叶黄杨、碧桃、桃、泡桐、樟、桑、栎、栗、柳、枣、柿、核桃、梧桐、油桐、杏、乌桕、枫香、苦楝、枫杨、银杏、白杨、紫叶李、橘、樱花等。

【危害部位】 叶片。

【形态特征】

成 虫 体长17～18mm，翅展31～36mm。体翅灰褐色。前翅外缘较直，臀角弧弯，内半部与外线以外带黄褐色并稍具黑色雾点，外线明显暗褐色与外缘略平行，横脉纹为1个黑色圆点。后翅灰褐色。

卵 扁平、光滑、椭圆形，长约1.1mm，初产时淡黄绿色，后变为灰褐色。

幼 虫 老熟幼虫体长21～26mm，宽16mm。体扁，椭圆形，背部稍隆起，形似龟背。全体绿色至黄绿色；背线白色，两边各有1列橘红色至橘黄色小点。体边缘每侧有10个瘤状突起，其上生有枝刺。

蛹 体长10～15mm，近椭圆形。初乳白色，后渐变为黄色、黄褐色。茧长约12～16mm，椭圆形，暗褐色，似鸟蛋。

【生物学特性】 1年发生代数，河北、山东1代，长江下游地区2代，少数3代。以老熟幼虫在寄主附近土中结茧越冬。翌年5月上中旬开始化蛹，5月下旬至6月上旬开始羽化为成虫，6月上旬至8月下旬为幼虫危害期。成虫多集中于黄昏时羽化。成虫昼伏枝叶荫蔽处，黄昏后活动。卵多单产于叶背。初孵幼虫停息在卵壳附近不取食，经第1次蜕皮后先取食卵壳，再啃食叶肉，留下一层表皮。幼虫昼夜取食，共8龄。自6龄起，取食全叶。老熟后即下树入土结茧，下树时间多在20：00至翌晨6：00最多。入土结茧部位的深度和距树干远近，富含腐殖质的壤土及砂壤土结茧位置离树干较近，入土较深也较密集；而黏重的土壤结茧位置离树干较远，入土较浅，较为分散。

【防控措施】

①在老熟幼虫下树作茧之前，疏松树干周围土壤，引诱幼虫集中化蛹，然后收集消灭之。或于入冬至翌年早春，结合管理，细致整翻周围土壤，机械杀伤蛹茧。

②幼虫期，特别是抓住3龄前喷药防控，可选用灭幼脲3号、辛硫磷、杀螟松、灭扫利、速灭杀丁、氧化乐果、敌杀死等。

186

54.1 扁刺蛾，示低龄幼虫形态

54.3 扁刺蛾，示低龄幼虫形态

54.2 扁刺蛾，示成虫展翅状

54.4 扁刺蛾，示大叶黄杨叶被害状

55.星天牛

【又名】 钻心虫、铁炮虫、倒根虫、白星天牛。

【学名】 昆虫，鞘翅目星天牛 Anoplophora chinensis。

【寄主植物】 月季、玫瑰、山茶、蔷薇、西府海棠、樱花、木芙蓉、悬铃木、杨、柳、榆、桃花、桑、梨、柏、杉、马尾松、枫杨、刺槐、核桃、香椿、油桐、青冈栎、栎、桦、板栗、桉、无花果、枇杷、茶、槐、楸、油橄榄、槭、木荷、栾、柳杉、龙眼、樟、乌桕、木麻黄、相思、苦楝、冬瓜木等。

【危害部位】 幼虫蛀食寄主的主干、主枝、干基部和主根。

【形态特征】

成虫 体长24.0～29.5mm，宽8.5～11.0mm。体漆黑色，略带金属光泽，具小白斑点。雌虫触角超出体长1～2节，雄虫超出4～5节。前胸背板中瘤明显，两侧另有瘤状突起，侧刺突粗壮，无明显毛斑。鞘翅基部颗粒大小不等，一般很密，约占翅长的1/4，排列整齐处显出2～3条隆纹，肩部下亦杂布粗刻点。每翅约有20个白色毛斑。

卵 椭圆形，长约3mm，乳白色，孵化前呈黄褐色。

幼虫 老熟幼虫体长60～70mm，圆筒形。头大而扁。体黄褐色。前胸背板的前端左右两边各有1个飞鸟形黄褐色斑纹，后区有1个明显的色较深的"凸"字形斑纹，其前方边缘有深褐色的细线。腹部背步泡突微隆，具2条横沟及4列念珠状瘤突。

蛹 纺锤形，长30～38mm。初淡黄色，后变为黄褐至黑色。

【生物学特性】 1年1代，少有滞育为2年1代或3年2代的。以幼虫在寄主木质部越冬，翌春4月上旬气温稳定在15℃以上时开始化蛹。5月上旬开始羽化，5月底至6月初为羽化高峰。成虫羽化后取食寄主幼嫩枝梢皮层补充营养，交尾后，雌虫用上颚在树干基部接近地面处或主侧枝下部咬成长约1cm的唇形刻槽，将卵产于刻槽内树皮下，一般每刻槽内产卵1粒。产卵高峰期在7月上旬左右。每雌产卵23～32粒。7月中下旬为孵化高峰。幼虫孵化后即自产卵处蛀入，向下蛀食于表皮和木质部之间，形成不规则的扁平坑道，坑道内充满虫粪，约30天后向木质部蛀食。蛀至木质部2～3cm深处即向上钻蛀，坑道逐渐加宽，并咬出排气孔，从中排出粪。9月中旬后幼虫大多转头向下，顺原坑道向下移动，至侵入孔再蛀新虫道向下钻蛀，并在其中危害，继而越冬。天敌有蚂蚁、螳螂、寄生蜂等。

【防控措施】

①在成虫期巡回检查，人工捕杀成虫。

②在成虫产卵前在树干和主侧枝下部刷白涂剂防止成虫产卵。或用40%氧化乐果乳油500倍液掺入适量黄泥成糊状，涂刷于树干和主侧枝下部，防止产卵。

③杀卵和初孵幼虫。可用木槌猛击产卵刻槽或用脱脂棉蘸40%氧化乐果乳油、80%敌敌畏乳油的20倍液等点涂刻槽。

④杀死蛀入木质部幼虫。用柔韧竹片探入虫洞刺杀，用磷化铝片塞入虫道或用磷化锌毒签插入虫道。

⑤释放肿腿蜂。于幼虫孵化期，晴朗天气，每株树释放管氏肿腿蜂50～60头，不要在阴雨天释放。

187

55.2 星天牛，示成虫形态

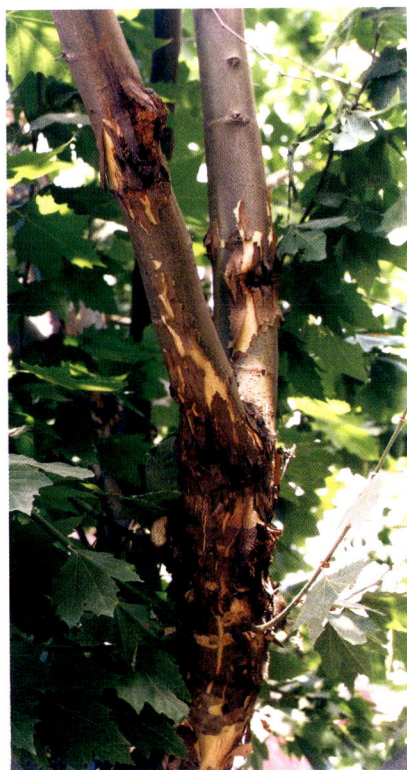

55.1 星天牛，示行道树悬铃木枝干被害状

56. 春尺蛾

【又名】沙枣尺蠖、榆尺蛾、杨尺蛾、柳尺蛾、苹果尺蛾、梨尺蛾。

【学名】昆虫，鳞翅目春尺蛾 *Apocheima cinerarius*。

【寄主植物】槐树、杨、柳、沙枣、槭、胡杨、苹果、梨、杏、枣、沙果、刺槐、柠条、酸刺、桑、榆、沙柳、葡萄、桃花、樱花、橡、桦等。

【危害部位】幼叶、嫩芽。

【形态特征】

成虫 雄蛾前翅长15mm，触角卵黄色，双栉状；体翅灰褐色，腹部背面有刺；前翅外线、内线均黑色明显，亚端线为1列黑点。雌蛾无翅，体灰褐色，触角丝状，复眼黑色。

卵 长约0.9mm，长圆形，有珍珠样光泽。初产时乳白色或赫色，孵化前深紫色。

幼虫 老熟幼虫体长22～40mm，灰褐色，腹部第2节两侧各有1个瘤状突起，腹线白色，气门线淡黄色。

蛹 纺锤型，长1.2～2.0mm，灰黄褐色，末端有臀刺，刺端分叉。

【生物学特性】1年1代，以蛹在土中越夏、越冬。翌春2～3月，当地表5～10cm深地温在0℃左右时，成虫开始羽化出土。3月上中旬见卵，4月上中旬幼虫孵化，4月中旬至5月上旬为食叶盛期，5月中旬后老熟幼虫陆续入土化蛹。卵多产于树干1.5m以下的树皮缝和伤疤处，堆集成块，每块数十粒至上百粒。成虫白天有明显假死性，夜间不明显，雄蛾有趋光性。老熟幼虫化蛹入土深度1～60cm，以16～30cm深处最多。蛹大多分布于树冠投影下，而以低洼处最多。天敌有小黄蜂等。

【防控措施】

①早春成虫羽化出土前，地面喷洒25%对硫磷微胶囊剂800倍液等，封杀出土成虫。

②毒杀雌蛾。搞好预测预报，于成虫羽化前在树干基部喷毒环或绑扎毒纸环，毒杀上树产卵的雌成虫。

③幼虫孵化前夕，在树干1.6m高处喷毒环，扎毒纸环，毒杀孵化后上树危害嫩芽，幼叶的幼虫。

④幼虫上树后喷洒Bt乳剂、青虫菌、卡死克、灭幼脲3号、90%敌百虫晶体、2.5%敌杀死乳油、20%速灭杀丁乳油、5%来福灵乳油等，大面积发生可用飞机进行低容量或超低容量喷雾。

56.1 春尺蛾，示杨叶被吃光状

56.2 春尺蛾，示雄成虫展翅状

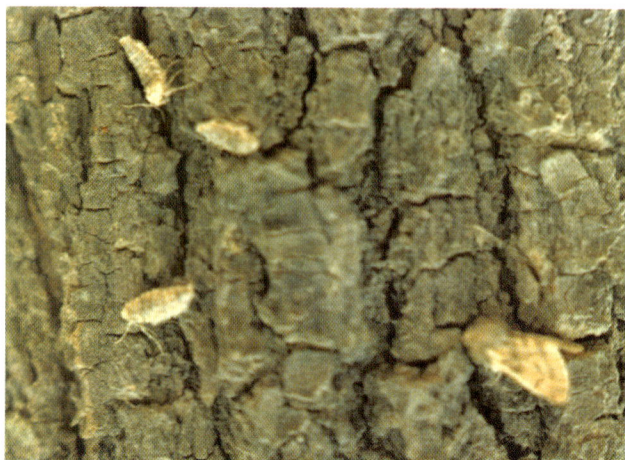

56.3 春尺蛾，示雌成虫(左三)和雄成虫(右一)

57. 枸杞负泥虫

【又名】十点叶甲、稀屎蜜、肉蛋虫、金花虫、背屎虫。

【学名】昆虫,鞘翅目枸杞负泥虫 *Lema decempunctata*。

【寄主植物】枸杞。

【危害部位】叶片和嫩梢。

【形态特征】

成虫 体长4.5~5.8mm,宽2.2~2.8mm。全体头胸狭长,鞘翅宽大。头部蓝黑色,有粗密刻点。触角粗壮,蓝黑色。前胸背板蓝黑色,近方形。小盾片舌形,蓝黑色。鞘翅黄褐至红褐色,每个鞘翅上有近圆形的黑斑5个,斑点常有变异,有的全部消失。足黄褐、红褐至黑色。

卵 橙黄色,长圆形,长约0.9mm,宽约0.3mm。

幼虫 老熟幼虫体长7mm,体灰黄色,头黑色,前胸背板黑褐色,胸节之间凹陷。2龄以后的幼虫背面覆盖黑色分泌物,仅头部露出。幼虫成熟后,黑色分泌物脱掉。

蛹 长约5mm,浅黄色,腹端有臀刺1对。蛹茧长约6mm,表面黏附土粒。

【生物学特性】1年发生5代,以成虫或幼虫在土壤中作茧越冬,世代重叠现象明显,成虫喜栖息在枝叶上,卵多产于叶面或叶背面,排成人字形。幼虫背负自己的排泄物,故名负泥虫。老熟幼虫入土吐白丝结成土茧,在茧中化蛹。

【防控措施】

①入冬后至翌年出蛰前,细致挖翻土壤,机械损伤或捡除越冬虫态集中杀死。

②药剂防控:在成虫、幼虫危害期,喷洒5%鱼藤精乳油1500~2 000倍液或2.5%敌杀死乳油3000~3500倍液、90%敌百虫1000~1500倍液、80%敌敌畏乳油1200~1500倍液、20%速灭杀丁乳油3000~3500倍液,或用500g鱼藤精粉与3 500g细土混合均匀配成药土,在早晨有露水时撒在植株上,每15天用药1次,连用2~3次。

57.4 枸杞负泥虫,示成虫形态Ⅲ

57.1 枸杞负泥虫,示幼虫危害叶片状

57.5 枸杞负泥虫,示幼虫危害新梢状

57.2 枸杞负泥虫,示成虫形态Ⅰ

57.3 枸杞负泥虫,示成虫形态Ⅱ

57.6 枸杞负泥虫,示幼虫危害状及蛹形态

58. 柏肤小蠹

【又名】柏木合场肤小蠹。

【学名】昆虫，鞘翅目柏肤小蠹 *Phloeosinus aubei*。

【寄主植物】侧柏、圆柏。

【危害部位】成虫在补充营养期危害枝梢。幼虫及繁殖期的成虫钻蛀树干、枝。

【形态特征】

成虫 体长2.1～3.0mm，赤褐或黑褐色，无光泽。头部小，藏于前胸下。触角球棒状，赤褐色。前胸背板宽大于长，前缘呈圆形，体密被刻点及灰色细毛。鞘翅前缘弯曲呈圆形，每个鞘翅上有9条纵纹，雄虫鞘翅斜面上有齿状突起。

卵 白色，圆球形。

幼虫 初孵幼虫乳白色，老熟幼虫体长2.5～3.5mm，乳白色，头淡褐色，体弯曲。

蛹 乳白色，体长2.5～3.0mm。

【生物学特性】河北、山东1年1代，以成虫在柏树枝梢内越冬。翌年3～4月间陆续飞出，雌虫寻觅生长势弱的侧柏、圆柏蛀成圆形侵入孔，侵入皮下，筑成不规则的交配室，交尾后雌虫向上咬筑单纵母坑道，并沿坑道两侧咬筑卵室在其中产卵。母坑道长15～45mm。4月中旬出现初孵幼虫，由卵室向外沿木质部表面的韧皮部咬筑细长弯曲的幼虫坑道，幼虫坑道30～40mm。幼虫发育期45～50天，5月中下旬幼虫老熟，并筑蛹室化蛹，6月上旬到7月中旬成虫陆续羽化，并蛀入枝梢补充营养，至10月中旬进入越冬状态。柏树受食叶害虫危害严重或立地条件较差、管理不善树势衰弱时，受害较重。

【防控措施】

①适地适树，加强管理，增强树势，是防控的根本。侧柏浅根性，抗风力弱，能适应干冷暖温的气候，能耐零下35℃的低温。在迎风地生长不良，对土壤要求不严，对pH值适应范围广，但以土层深厚、肥沃、排水良好的中性土壤生长旺盛，喜光，萌芽力强，耐涝能力弱，在地下水位高和排水不良的低洼地易烂根死亡。要因地制宜选栽，注意松土、除草、修枝、施肥，促进健壮生长。

②冬季或翌春4月前清除严重被害木，消灭幼虫。

③药剂防控。根埋呋喃丹，按树木直径每厘米施药10g，施后浇水。或于成虫羽化盛期，往树干、树枝上喷洒80%敌敌畏乳油、40%氧化乐果乳油100～200倍液等，杀灭成虫。

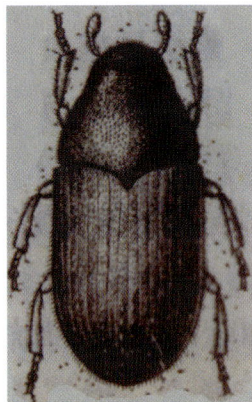
58.1 柏肤小蠹，示成虫形态

58.2 柏肤小蠹，侧柏被害枯死状

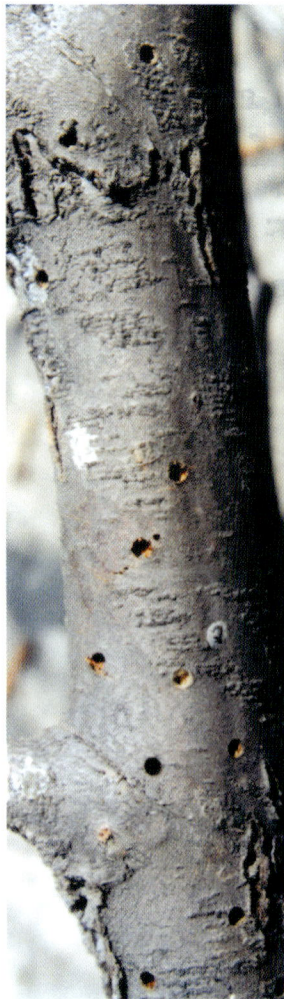
58.3 柏肤小蠹，示成虫羽化孔

59.1 柳肋尖胸沫蝉，示成虫

59.2 柳肋尖胸沫蝉，示若虫

59. 柳肋尖胸沫蝉

【又名】 吹泡虫、泡泡虫、柳沫蝉。

【学名】 昆虫,同翅目柳肋尖胸沫蝉*Aphrophora costalis*。

【寄主植物】 柳、刺槐、新疆杨等。

【危害部位】 若虫吸食枝条汁液,成虫产卵于新梢,致其枯死。

【形态特征】

成虫 体长约10mm,长菱形,浅褐色。头、前缘扁,呈一弧形黑纹,中脊明显,头顶密布淡色微毛和细刻点,颜面略突,两侧黑褐色,中线明显。复眼黑褐色,单眼红色。前胸背板两侧有赤褐色斑,中脊明显。小盾片色淡,端尖细。

卵 长1.7mm,长卵圆形,初产时乳白色,后变为淡黑褐色。

若虫 末龄若虫褐色或黄褐色。复眼赤褐色。第7、8节有泡沫腺,能形成大量泡沫,包藏虫体。

【生物学特性】 在河北张家口、青海、宁夏1年1代,以卵在当年生枝梢中越冬。翌年4月中下旬开始孵化。4月中旬至6月中下旬为若虫期。6月中旬至9月底为成虫期。7月中旬开始产卵,8月为盛期,成虫7月中旬逐渐由高大杨柳树上转移到幼树、苗圃产卵。卵产于嫩梢髓部,单产。成虫多栖息于苗木顶梢和嫩枝上,受惊时即行弹跳或作短距离飞翔。初孵若虫,爬行缓慢,喜群集。

【防控措施】

①当年秋季至翌年3～4月剪除有卵枯梢。

②在幼林若虫危害期,人工剪除带白色泡沫团的枝条,杀死若虫。

③大面积危害严重时(若虫和成虫期),可选喷90%晶体敌百虫1000倍液、40%氧化乐果乳油1000倍液、50%杀螟松乳油1000～1200倍液以及来福灵、敌杀死、敌敌畏等,7天1次,连喷2次。

59.3 柳肋尖胸沫蝉,示蝉体外的白沫

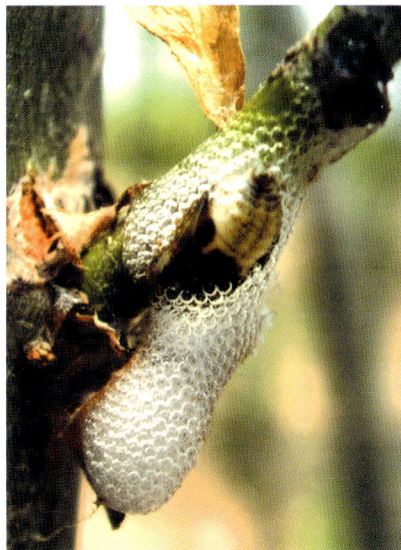

59.4 柳肋尖胸沫蝉,示若虫吐沫状

60. 柳蛎盾蚧

【又名】柳牡蛎蚧。

【学名】昆虫,同翅目柳蛎盾蚧
Lepidosaphes salicina。

【寄主植物】柳、杨、红瑞木、丁
香、蔷薇、核桃、白蜡、黄檗、忍冬、卫
矛、枣、银柳、胡颓子、桦、椴、稠李、榆
等。

【危害部位】枝、干。

【形态特征】

成虫 雌蚧壳前端尖,向后渐宽,
直或稍弯曲,长3.2~4.3mm,栗褐色,
边缘灰白色,外被薄层灰色蜡粉,背部
突起,表面有横向轮纹,腹面近端部分
裂成三角形缺口。壳点2个。雄蚧壳的
形状、色泽和质地均与雌蚧壳相同,仅
体形较小,壳点1个。雌成虫黄白色呈
纺锤形,臀前腹节略向两侧突出。雄成
虫黄白色,比雌成虫略小,长形,长约
1mm,头小,眼黑色。触角10节,念珠
状,淡黄色。

卵 长0.25mm,黄白色,椭圆形。

若虫 1龄若虫体椭圆形,扁平,
淡黄色,触角6节,末节细长有环纹,生
有长毛;腹末有1对细长尾毛。2龄若虫
体纺锤形。

蛹 雄蛹黄白色,长近1mm,口器
消失,具成虫器官的雏形。

【生物学特性】在华北、东北1年
发生1代,以卵在雌虫蚧壳内越冬,翌
年5月中旬越冬卵开始孵化,6月初为
孵化盛期,孵化较整齐。初孵若虫爬出
蚧壳,沿树干、枝条向上部迁移,寻找
适当位置固定危害,并分泌白色蜡丝
将虫体覆盖。6月中旬进入2龄,出现性
分化。若虫期30~40天。7月上旬若虫
蜕皮变为雌成虫。2龄雄若虫蜕皮变为
预蛹、蛹,然后羽化为雄成虫。交尾后
雌成虫8月初开始产卵,卵期长达
290~300天。一般纯林重于混交林,杨
树林又重于其他树林,青杨派树种又
重于黑杨派树种;树体的上部重于下
部,枝条重于主干,阴面重于阳面。在
卵孵化、若虫出现盛期,若遇大风或雨
水冲刷,虫口密度会显著降低。天敌主
要有蒙古光瓢虫、方斑瓢虫、桑盾蚧黄
金蚜小蜂等。

【防控措施】

①在公路绿化中,注意树种混
栽,避免树种单一,尤其是杨树的树种
单一。在该虫发生严重的地区,如果除
杨树外可选择树种不多,可采用杨树
与臭椿、刺槐等的隔株、隔行混交,以
创造不利于害虫发生的环境。

②加强检疫。严禁输出或引进带
虫苗木、接穗。伐除受害严重、虫口密
度极大的虫株。

③在若虫孵化盛期用高压喷枪
向树干、树枝喷洒洗衣粉50倍液或
40%氧化乐果乳油1000倍液、2.5%溴
氰菊酯乳油5000倍液、50%杀螟松乳
油800倍液等。

④若虫在树干、树枝固定后,在
树干涂药环防控:在树干便于操作处,
用利刃刮去树干粗皮成10cm宽的环,
选涂如下药剂:40%久效磷乳油15倍
液、50%丙丰磷乳油10倍液、40%氧化
乐果乳油10倍液、50%辛硫磷乳油10
倍液或40%氧化乐果乳油1:60%敌马
合剂2的混合液等。

192

60.1 柳蛎盾蚧,示小叶杨连年严重受害枯死状

60.2 柳蛎盾蚧,示杨树干部的雌蚧壳

61.1 柳蓝叶甲,示幼虫及其危害状

61. 柳蓝叶甲

【又名】柳圆叶甲、柳蓝金花虫、橙胸斜缘叶甲。

【学名】昆虫，鞘翅目柳蓝叶甲 *Plagiodera versicolora*。

【寄主植物】旱柳、垂柳、馒头柳、榛、毛榛等。

【危害部位】叶片。

【形态特征】

成虫 体长3～5mm，深蓝色，近椭圆形，有金属闪光，头宽大于长，后缘弧形。

卵 椭圆形，长径0.8～0.9mm，橙黄色。

幼虫 体长6mm左右，体扁平，灰黄色。头部黑褐色，胸部最宽，两端较窄，胸腹部褐色，体背每节有4个黑斑，两侧有乳头状突起。

蛹 体长4mm左右，椭圆形，黄褐色，腹部背面有4列黑斑。

【生物学特性】东北、内蒙古1年3代，宁夏银川3～4代，北京和河北中南部1年6代，以成虫在落叶、杂草里，以及土壤缝隙等处越冬。次年春柳树发芽期出蛰活动，白天多活动和栖息在枝叶上，有假死性。成虫多在叶片产卵，卵成堆而直立于叶面，每一雌虫产卵1000多粒。卵期一周左右。幼虫群聚危害，啃食叶肉，老熟后，以最后一次蜕皮粘连于叶片上化蛹。各世代不整齐，至10月中旬成虫开始越冬。

【防控措施】

①在发生严重地区，不要大面积集中连片栽植柳等寄主植物。

②选择早晨温度较低时，振落捕杀成虫。

③化学防控。在低龄幼虫期树冠喷洒灭幼脲3号800～1000倍液、1.8%阿维菌素8000倍液、1.2%烟·参碱2000倍液、5%高效氯氰菊酯1500～2000倍液等，常量喷雾。关键是防控越冬后第一代幼虫。

61.4 柳蓝叶甲，示成虫危害状和卵

61.2 柳蓝叶甲，示幼虫形态

61.5 柳蓝叶甲，示卵粒

61.3 柳蓝叶甲，示蛹

61.6 柳蓝叶甲，示成虫

62. 柳瘿蚊

【学名】 昆虫，双翅目柳瘿蚊 *Rhabdophaga salicis*。

【寄主植物】 旱柳、垂柳、馒头柳等。

【危害部位】 新芽和新梢。

【形态特征】

成虫 似蚊，紫红至紫黑色，体长3~4mm，翅展5~7mm。头小。复眼黑色，较大。触角灰黑色，念珠状。中胸背板隆起很高。翅1对，宽阔，翅只有3条纵脉。

卵 长约0.4mm，长椭圆形，橙黄色。

幼虫 纺锤形，老熟幼虫体长3~4mm，橙黄色，有暗色斑纹，头部有1块褐色骨片。

蛹 长3~4mm，椭圆形，橙黄色，裸蛹。

【生物学特性】 东北地区1年发生1代。河北、北京地区1年2代，以老熟幼虫在被害枝条的瘿瘤内越冬，翌年4月上中旬开始蛀食枝梢，4~5月间成虫羽化。卵产于新梢嫩芽基部、粗糙皮缝间、羽化孔中。每雌产卵150~200粒。产于嫩芽基部的卵孵化后幼虫蛀入新芽，形成新的瘿瘤。产于旧的瘿瘤内的卵孵化后幼虫蛀入树皮危害，使旧瘿瘤继续增大，连年危害，可在大枝、主干上形成巨大瘿瘤。6~7月间出现第2代成虫，产卵孵化为幼虫后继续危害。10月后以幼虫在枝条上的瘿瘤内越冬。

【防控措施】

①加强产地检疫和调运检疫。发现虫瘿后连同枝条剪除，集中深埋，不栽带虫苗木。

②结合冬季整形修剪，剪除有瘿瘤的枝条，消灭越冬幼虫。

③药剂防控。于幼虫在形成层危害期，对虫口密度大，受害严重的树木，可采用以下两种措施：一是树干涂抹40%氧化乐果乳油，方法是：在树干便于操作处轻刮皮（刮除老皮层，刚露出韧皮部），绕干一周，环宽约为树干直径的1/2，涂40%氧化乐果原液。二是用高压树干注射机向树体内注射40%氧化乐果乳油10倍液，树木干基直径每厘米用药水15ml。一般树干直径15cm以下可打2针，干径每增大7~12cm增打1针。打针位置在树干周围要分布均匀。

62.1 柳瘿蚊，示当年叶基部被害状

62.2 柳瘿蚊，示当年新枝被害状

62.3 柳瘿蚊，示2年生垂柳枝被害状

194

63. 柿绵粉蚧

【又名】 长绵粉蚧。

【学名】 昆虫，同翅目柿绵粉蚧 *Phenacoccus pergandei*。

【寄主植物】 柿、白玉兰、苹果、梨、无花果等。

【危害部位】 若虫、雌成虫吸食叶片和嫩枝的汁液。

【形态特征】

成虫 雌成虫体椭圆形，扁平，长约4～6mm。黄绿色至深褐色。触角丝状9节。体表被白色蜡粉，体缘具圆锥状蜡突10多对。成熟雌成虫后端分泌白色绵状长卵囊，形状似袋，长20～30mm。雄成虫体长2mm，淡黄色，似小蚊。腹部末端两侧各具细长白色蜡丝1对。

卵 淡黄色近圆形。

若虫 椭圆形，与雌成虫近似，足、触角发达。

雄蛹 长约2mm，淡黄色。

【生物学特性】 1年发生1代，以3龄若虫在枝条上结大米粒状白茧越冬，翌春花木萌芽时开始活动。若虫蜕皮成前蛹，再蜕皮1次变为蛹。雌虫不断取食发育，4月下旬，羽化为成虫。交尾后雌成虫转移至嫩梢和叶上取食，渐生出卵囊，5月初在石家庄市区可见雌成虫均生出白色卵囊，5月下旬至6月上旬产卵于卵囊内。每雌可产卵500～1500粒。卵期15～20天。6月中旬卵开始孵化，6月下旬至7月上旬为孵化盛期。初孵若虫爬至嫩叶上，多于叶背主脉附近固定取食汁液，至10月中旬陆续转移到树干上，多在阴面群集结茧越冬，常相互重叠堆集成团。天敌有大红瓢虫、黑缘红瓢虫、二星瓢虫、寄生蜂等。

【防控措施】

①在落叶后至发芽前的若虫越冬期，刮除老树皮，集中深埋；或用钢丝刷刷除虫茧；或喷药，可选用5°Be石硫合剂、5%柴油乳剂、45%晶体石硫合剂20～30倍液等。

②越冬若虫开始活动至若虫孵化盛期，可选喷50%倍硫磷、20%好年冬乳油、50%三硫磷、50%久效磷等的1000～1200倍液、2%柴油乳剂与90%敌百虫混剂300～500倍液等。

③注意保护各种天敌。

195

63.1 柿绵粉蚧，示寄生柿枝条、叶片状（卵囊）

63.2 柿绵粉蚧，示寄生柿叶片状

63.3 柿绵粉蚧，示寄生玉兰叶片状

63.4 柿绵粉蚧，示寄生朱蕉状

64. 点蜂缘蝽

【学名】昆虫，半翅目点蜂缘蝽 *Riptortus pedestris*。

【寄主植物】白花三叶草、柑橘、刺槐等。

【危害部位】叶、嫩芽、茎、花、蕾。

【形态特征】

成 虫 体长15～17mm，宽3.6～4.5mm，狭长，黄棕至黑褐色。触角第1节长于第2节，第4节长于第2、3节之和，第1、2、3节端部稍膨大，基半部色淡，第4节基部1/4处色淡。前胸背板前缘具领，后缘具2个弯曲，侧角成"刺状"。前胸背板及胸侧板具许多不规则黑色颗粒。腹部侧接缘黑黄相间。后足腿节具刺列，胫节弯曲，短于腿节。

卵 半卵圆形，附着面弧状，上面平坦，长约1.3mm，宽约1mm。

若 虫 1～4龄体似蚂蚁，5龄体长12～14mm，似成虫，仅翅较短。

【生物学特性】江西南昌1年3代，以成虫在草丛和枯枝落叶中越冬，翌年3月出蛰活动，4～5月间产卵。在河北石家庄市区，1月中旬晴天中午可见成虫在墙体上缓慢爬行。卵多单粒散产于叶背、叶柄和嫩茎处，少数2粒在一起，每雌产卵21～49粒。成、若虫极活跃，早、晚及阴天温度较低时活动稍迟缓。成虫飞翔能力很强。

【防控措施】

① 冬季结合园圃管理，清除花木下的枯枝落叶，清除杂草，集中深埋或高温沤肥，杀死越冬成虫。

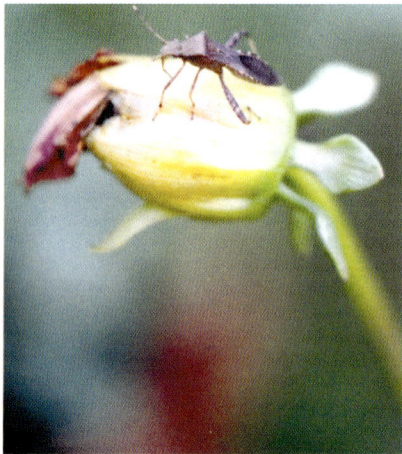

② 在成、若虫危害期喷药防控。可用50%敌敌畏乳油1000倍液、50%杀螟松乳油1000倍液、20%速灭杀丁乳油3500～4000倍液等。

65. 珀 蝽

【学名】*Plautia fimbriata*

【寄主植物】碧桃、梨等。

【危害部位】成虫、若虫刺吸幼嫩枝叶的汁液。

【形态特征】成虫体长8.5～11.0mm，宽5.5～6.0mm。体椭圆形，有光泽和黑色细刻点。触角淡黄绿色，第3、4、5节端部黑色。头部侧叶和中叶平齐。前胸背板鲜绿色，侧角末端常为肉红或淡黄红色，前侧缘光滑，后侧缘处刻点密而黑。小盾片鲜绿色。前翅革片外域鲜绿色，其上刻点同色，内域暗红褐色，刻点较大黑色，常组成不规则斑。侧接缘后角尖锐，黑色。腹面黄绿色，中央渐淡，各节后侧角有1个小黑点。臭腺沟缘弯曲，较长。足鲜绿色。

【生物学特性】 北京地区2年3代，以成虫在枯草丛中越冬。翌年4月出蛰，4月下旬至6月上旬产卵。第1代若虫出现在5月至6月中旬，6月中旬始见成虫羽化。第2代若虫7月出现，8月上旬开始羽化。第3代若虫9～10月出现，10～11月成虫羽化并逐渐进入越

64.1 点蜂缘蝽，示成虫危害状 I

64.2 点蜂缘蝽，示成虫危害状 II

64.3 点蜂缘蝽，示成虫危害状 III

65.珀 蝽

冬态。成虫趋光性较强。

【防控措施】

①发生数量少时，可结合其他管护作业，于早晚或阴雨天人工捕杀树冠外部叶、果上的成虫，或摘除虫叶和有卵块的叶片。

②发生面积大、数量多时，可选喷20%灭多威乳油1500倍液、20%好年冬乳油2000倍液、50%辛硫磷乳油1500倍液等，每10天喷1次，连喷2～3次。

③注意保护螳螂等天敌。

66. 茶翅蝽

【又名】　臭大姐、臭木蝽象、茶色蝽、茶翅蝽象、臭板子。

【学名】　昆虫，半翅目茶翅蝽 *Halyomorpha picus*。

【寄主植物】　丁香、石榴、无花果、梅、碧桃、杏、枣、山楂、刺槐、杨、柳、香椿、樱桃、海棠、柿、葡萄、李、桑、油桐、梧桐、榆等。

【危害部位】　叶片、嫩梢、果实。

【形态特征】　成虫：体长12～16mm，宽6.5～9.0mm。体色及大小变异极大，淡黄褐色，具黑刻点，或具金绿色闪光刻点，或多少带有金绿色或紫绿色光泽，或背面均为金绿色。触角黄褐色，第3节端部、第4节中段、第5节大半为黑褐色。头部侧叶与中叶平

齐，侧缘在近前端处成一明显的角度。小盾片基缘常有5个隐约的小黄点，其中基角的2个较清楚。翅烟褐色。侧接缘黄黑相间，腿部有锈色点。爪和喙末端黑色。

【生物学特性】　1年1代，以成虫在绿化区附近的空房、屋角、檐下、砖缝、树洞、草堆等处越冬。河北南部一般3月底出蛰，北京北部一般5月上旬陆续出蛰活动。初出蛰多集中在木槿、杨、柳、榆等树木上危害，梨、苹果等开花后，转移至梨、苹果上危害。成虫早晨不活泼，午后在枝间追逐交尾。卵多产于叶背，块产，每块20～30粒。6月上中旬开始孵化。初孵若虫先静止在卵壳周围或卵块上，以后分散危害。7月下旬成虫出现，发生期不整齐。9月下旬成虫陆续开始越冬。若虫和成虫受到触动或惊吓时，即分泌臭液逃逸。

【防控措施】

①越冬期防控是关键。可在发生严重的绿化区每相隔百余米左右搭建一个低矮简易土坯房，墙缝要多，不要用泥抹平，诱集成虫来墙缝内越冬。在冬季或早春成虫出蛰前将小屋用大塑料布盖严，再用741烟剂薰杀，24小时后打开，效果很好。或人工捕杀。或在绿化区附近成虫其他越冬处捕杀。

②生长季节成虫产卵期，及若虫孵化初期，查找卵块消灭，或捕杀群集

若虫。

③在越冬成虫出蛰结束和低龄若虫期选喷50%马拉硫磷乳油800～1000倍液、50%敌敌畏乳油800～1000倍液、40%氧化乐果乳油1500～1800倍液、90%敌百虫乳油800～1000倍液、40%乐果乳油1000～1200倍液、2.5%功夫乳油3000倍液、20%灭扫利乳油3000倍液、2.5%溴氰菊酯乳油3000倍液、50%辛敌乳油等。

④注意事项。在人工捕杀或喷药防控时，要对目的寄主和附近的非目的寄主都要防控。以早防为好，即在成虫出蛰后即防控。

197

66.3　茶翅蝽，示成虫形态

66.1　茶翅蝽，示大龄若虫形态

66.2　茶翅蝽，示低龄若虫形态

67. 美国白蛾

【又名】秋幕毛虫、秋幕蛾。

【学名】昆虫,鳞翅目美国白蛾 *Hyphantria cunea*。

【寄主植物】绣球、珍珠梅、芍药、连翘、丁香、樱花、雪柳、山桃、榆叶梅、五角枫、接骨木、南蛇藤、爬山虎、糖槭、白蜡、桑、杨、柳、悬铃木、臭椿、榆、栎、桦、刺槐、苹果、山楂、桃花、李、海棠、梨、樱桃、梧桐、枫杨、杏、葡萄等300多种绿化植物。

【危害部位】幼虫取食叶片。

【形态特征】

成虫 体长9～12mm,翅展23～44mm。雄体较小。体白色。复眼黑褐色,下唇须小,端部黑褐色。雄虫触角黑色双栉齿状;下唇须外侧黑色,内侧白色;多数前翅散生几个或多个黑褐色斑点,个别无斑。第1代雄成虫翅面密布斑点,第2代稀少。雌虫触角褐色,锯齿状;前翅纯白色,少数有斑点。

卵 圆球形,直径0.5mm,有光泽,初产时淡绿色,渐变为灰绿色、灰褐色。

幼虫 老熟幼虫体长28～35mm。体黄绿至灰黑色。头黑色,具光泽,蜕裂线和傍额缝色淡。后唇基、唇基、下唇、触角基节、下颚须基节均白色。体背两侧线间有1条灰褐色至灰黑色宽纵带,背中线、气门上、下线浅黄色,体侧面和腹面灰黄色。背部毛瘤黑色。体侧毛瘤多橙黄色,毛瘤上生白色长毛丛,气门椭圆形,白色,具黑边。

67.1 美国白蛾,示1～2龄幼虫网幕

67.2 美国白蛾,示3龄幼虫网幕

67.3 美国白蛾,示4～5龄幼虫危害状

67.4 美国白蛾,示5～6龄幼虫破网分散取食状

67.5 美国白蛾,示老熟幼虫吐丝结茧化蛹状

蛹　长8～15mm，最宽处3～5mm。暗红褐色。头、前胸、中胸具不规则细皱纹。

【**生物学特性**】辽宁、河北1年2代，以蛹茧在枯枝落叶、表土层、墙缝等处越冬。翌年4～5月间成虫羽化，羽化期可延至6月下旬，第1代幼虫发生期6月上旬至8月上旬，7月中旬开始化蛹，7月下旬至8月下旬成虫羽化。第2代幼虫发生期8月上旬至11月上旬，9月上旬开始化蛹，9～10月间为化蛹盛期。成虫羽化适宜的日均温度为18～19℃。成虫羽化后，多爬到附近墙壁或树干1.5m以下的高度，白天多静伏，夜间交尾产卵。每雌产卵200～2000粒，块产。卵的孵化，在15～32℃范围内，温度越高，发育越快，与湿度关系不大。幼虫期30～40天，幼虫孵化后不久即吐丝结网，群居，随虫体增大，网幕逐渐扩大，一般可达1.5m长，有的更大，似一块白纱罩在树冠上。幼虫5龄后食量大增，老熟幼虫具暴食性，幼虫耐饥饿。幼虫发育适温为24～26℃，相对湿度70%～80%。第1代蛹多集中在寄主树或近邻树干老皮缝隙，少数在树冠下枯枝落叶层、石块下或地面表层土内。因第2代幼虫多化蛹于建筑物缝隙中，附近其他树干及隐蔽处。该虫喜生活于阳光充足处，多发生在公路两边、公园、居民点、滨海渔村周围稀疏、阳光充足的树上，林缘亦有发生，但不深入森林内部。

【**防控措施**】
①严格检疫。划分疫区和保护区，严禁从疫区调运繁殖材料，必要时设立检疫哨卡。

②在疫区及其周围于幼虫1～3龄期经常检查，发现网幕立即剪除，杀死幼虫。剪除网幕后，再在发现疫情的树上及其周围喷晒杀虫剂。

③高大树木不便剪除网幕的，可于低龄幼虫期用高压喷雾器喷射药液冲破网幕，毒杀幼虫，药剂可选用Bt乳剂、多角体病毒、灭幼脲3号、三苦素或多来宝、灭扫利、杀虫双等。

67.6 美国白蛾，示低龄幼虫在网幕内群集危害状

67.7 美国白蛾，示低龄幼虫网幕

37.8 美国白蛾，示渤海湾海滨的高20m、胸径80cm的桑树叶片被吃光状

67.9 美国白蛾，示雌成虫产卵状

67.10 美国白蛾，示雄成虫形态

67.11 美国白蛾，示蛹形态

68. 草地螟

【又名】 草皮网虫、网锥额野螟、黄绿条螟、甜菜网螟、甜菜螟蛾、甜菜幕毛虫、草皮网虫。

【学名】 昆虫，鳞翅目草地螟 *Loxostege sticticalis*。

【寄主植物】 草坪草等200多种植物。

【危害部位】 叶片。初孵幼虫取食嫩叶叶肉，并结网躲藏，取食叶肉，3龄后食量大增，可将叶片吃成缺刻、孔洞，甚至造成光秃。暴食性，常常是吃光一块，集体迁移至另一块，在地区间大范围内可形成周期性大发生。

【形态特征】

成虫 体长9mm，翅展20～26

68.1 草地螟，示成虫栖息态

mm。头部黑褐色，触角基外方和后方白色。触角丝状，近黑色。前翅暗灰色，中室末端有1个近方形的淡灰黄色斑，前缘顶角内方有1个浅灰黄色三角形斑，端线为浅黄色带。后翅灰褐色，近外缘色深，端线淡灰黄色，外线为一浅灰色带；缘毛灰色，基部1/3色深，自顶角向后色渐淡。腹部背面前3节灰褐色，后部各节黑褐色。

卵 椭圆形，大小为0.5mm×1.0mm，乳白色，有珍珠样光泽。

幼虫 老熟幼虫体长16～25mm，头宽1.25～1.50mm，灰黑色或淡绿色。头黑色，有明显的白斑。前胸盾片黑色，有3条黄色纵纹，胴部黄绿色或灰绿色，背部有2条黄色的断线条，两侧有鲜黄色纵条，周身有毛瘤。

蛹 长14mm，淡黄色。土茧长40mm，宽13～14mm。

【生物学特性】 北方年发生2～4代，以老熟幼虫在表层土壤内吐丝结茧越冬，翌年5月份化蛹、羽化，成虫盛发期在5月中旬至6月中旬，6月中旬至7月中旬幼虫危害草坪。7月中下旬出现第1代成虫。一般越冬代成虫量大，卵量、幼虫量大，危害亦重，其后各代危害较轻。成虫飞翔力弱，喜食花蜜，昼伏夜出，低温、阴雨或风大天气多潜伏，遇惊只作短暂低飞。成虫趋光性很

68.2 草地螟，示成虫展翅态

强，卵多产于叶背面主脉两侧，排列成块，以离地面2～8cm的茎叶处为多。

【防控措施】

①抓好越冬前虫口基数调查，为下一代幼虫防控提供依据。

②清除草坪内及其周边杂草。

③于5～6月成虫盛发期采用拉网法捕捉成虫。

④关键是防控当年第1代幼虫。于2、3龄期（大约在6月中下旬）喷药防控，可选用25%鱼藤精乳油800倍液、Bt乳剂1000倍液、100亿活孢子/g杀螟杆菌粉2000～3000倍液、50%辛硫磷乳油1000倍液、2.5%保得乳油2000倍液、50%马拉硫磷乳油1000倍液、90%敌百虫结晶1000倍液（加少许碳酸纳）等。

69. 草坪蚜虫类

【又名】 草坪腻虫、草坪油汗。

【学名】 昆虫，同翅目禾谷缢管蚜 *Rhopalosiphum padi*、麦长管蚜 *Macrosiphum avenae*、麦二叉蚜 *Schizaphis graminum*、黍缢管蚜 *Rhopalosiphum padi*、苜蓿蚜 *Aphis medicaginis*、无网长管蚜 *Acyrthosithon dirhodum* 等。

【寄主植物】 各类草坪草的苗期至成草，还可传播黄矮病等病毒病害。

【危害部位】 茎秆、叶片、嫩穗。

【形态特征】

禾谷缢管蚜 有翅孤雌蚜：体长卵形，长2.1mm，宽1.1mm。头、胸黑色，腹部绿至深绿色，第2～4节有大形绿斑。腹管黑色，基部周围常有淡褐或锈色斑，常被薄粉。触角长1.6mm，第3节有圆形至长圆形次生感觉圈19～28个，分散于全长，第4节有次生感觉圈2～7个。无翅孤雌蚜：体宽卵形，长1.9mm，宽1.1mm。触角长1.2mm，第3节有瓦纹，橄榄绿至黑绿色，杂以黄绿色纹，常被薄粉。触角黑色，喙及足淡色。腹管灰黑，顶端黑色，尾片及尾板灰黑色。表皮有清晰网纹。气门圆形开放，缘瘤指状。

黍缢管蚜　有翅孤雌蚜:体长约1.6mm,卵圆形,深绿色,腹部后端有赤色至深紫色横带。触角比体短,第3节如瓶颈。尾片圆锥形,中部缢入,有3~4对长毛。无翅孤雌蚜:浓绿至紫褐色,腹部后端常带紫红色。触角仅为体长的1/2,第3节无感觉孔,第6节鞭部长为基部长的2倍。

麦长管蚜　有翅孤雌蚜:体长2.4~2.8mm,椭圆形,淡绿至绿色。头部额瘤明显外倾。触角比体长,第3节有6~18个感觉孔。腹管甚长,全部黑褐色,端部有网状纹。尾片管状,甚长,黄绿色,有3~4对长毛。无翅孤雌蚜:体长2.3~2.9mm,淡绿至黄绿色,背侧有褐色斑点。触角黑色,第3节有0~4个感觉孔,第6节鞭部长为基部的5倍。

麦二叉蚜　有翅孤雌蚜:体长1.8~2.3mm,卵圆或椭圆形,淡绿至黄绿色,背面有绿色纵带。触角比体短,第3节有5~8个感觉孔。腹管淡绿色,端部暗褐色,长约0.25mm,末端缢缩向内倾斜。尾片黑色,圆锥状,有长毛2对。无翅孤雌蚜:体长1.4~2.0mm,淡黄绿至绿色,背面有1条深绿色的纵线。触角为体长的1/2或稍长。

69.1 草坪蚜虫类,示单株草坪草被害状

苜蓿蚜　有翅孤雌蚜:体长约2mm,卵圆形,黑绿、黑褐或黑色,有光泽。触角暗褐色,约与体等长,第3节有4~7个感觉孔。腹管细长,末端黑色。尾片圆锥形,明显上翘,有长毛3对。无翅孤雌蚜:体长约1.9mm,黑色或紫黑色,少数墨绿色,有强烈光泽,被甚薄蜡粉。触角各节端部黑色,第3节上无感觉孔。

无网长管蚜　有翅孤雌蚜:体长约2.2mm,长椭圆形,白绿色或淡赤色,背部有绿色或褐色纵带。触角第3节有10~20个感觉孔。腹管长圆筒形,有瓦纹,端部绿色无网状纹。尾片舌状,有长毛4对。无翅孤雌蚜:体长约2.5mm,白色。触角比体短。

【生物学特性】　1年发生代数因地因种而异,一般10~20代以上。越冬虫态亦因种因气候而异。这6种蚜虫,除禾谷缢管蚜、黍缢管蚜在我国北方以卵在榆叶梅等蔷薇科植物上越冬,其余以成虫、若虫或卵在禾草、冬麦等寄主上越冬,越往北地区,以卵越冬率越高,发生代数越少。一般天气干旱,土壤瘠薄,草坪瘦弱,管理粗放,蚜虫发生严重。天敌主要有草蛉、瓢虫、食蚜蝇、蚜茧蜂、花蝽、食蚜螨、蚜霉菌等,其中最重要的是瓢虫和蚜茧蜂。

【防控措施】

69.2 草坪蚜虫类,示草坪被害状

①园艺防控。改良土壤,建坪前清除土壤中的石块、树木残根、建筑垃圾等,整耙成疏松肥沃、排水良好的沙质壤土;合理施肥,氮、磷、钾适当搭配,注重磷、钾肥,避免偏施氮肥;合理灌溉,多采用喷灌(要在晴天无露水的10:00~15:00进行),搞好冬灌;清除田边杂草;建坪前全面规划设计,尽量将榆叶梅等越冬蚜虫寄主在远离草坪处栽植,合理密植,加强管理,改善草坪的小气候,增强草坪抗蚜力。

②药剂防控。选用40%硫酸烟碱800~1000倍液喷雾,或加入0.3%的肥皂以增加防效;三苦素500倍液等。或自行配制烟草石灰液,配比为烟草2:生石灰1:水120,分别制成烟草水和石灰水。在喷雾前将两者掺在一起,加水到60kg搅拌均匀即可喷用。此药可防控各种蚜虫而保护天敌。还可喷洒50%辛硫磷乳油1500~2000倍液、50%灭蚜松乳油1000~1500倍液。

③注意保护和利用天敌。选用植物性杀虫剂,以及选择性强的内吸性杀虫剂。施药时机应掌握在蚜虫从越冬卵孵化(或越冬虫态开始活动)至有翅蚜发生和迁飞扩散之前进行,或选在天敌数量少,不足以控制蚜虫时进行,在天敌数量足以控制蚜虫危害时不要喷洒农药。

70. 草坪蝽类

【学名】昆虫，半翅目稻黑蝽 *Scotinophara lurida*、斑须蝽 *Dolycoris baccarum*、稻绿蝽 *Nezara viridula*、麦根土蝽 *Stibaropus formosaus* 等。

【寄主植物】草坪禾草，一些花卉、绿化植物。

【危害部位】稻黑蝽、斑须蝽、稻绿蝽吸食叶片、茎秆、花穗、未成熟籽

70.1 草坪蝽类，示斑须蝽成虫形态

70.2 草坪蝽类，示被害状

上或穗上取食，产卵于叶鞘上。在河北石家庄市区，8～9月间为当年第1代成虫出现盛期。生长茂盛，叶色浓绿的草坪发生较重。

斑须蝽 成虫：体椭圆形，长8.0～13.5mm，宽约6mm，黄褐或紫褐色，密被白绒毛和黑色小刻点。触角黑白相间。喙细长，紧贴于头部腹面。小盾片末端钝而光滑，末端黄白色。1年发生代数，内蒙古2代，河北中、南部2～3代。以成虫在草坪草根际、杂草、枯草层下、树皮缝、土缝、屋檐下越冬。翌年寄主发芽时开始活动。卵多产于叶片正面、花序上。白天活动、取食、交尾。

稻绿蝽 成虫：体长雌12.5～15.5mm，雄12.0～14.0mm。分4型。全绿型，全体青绿色。黄斑型，两复眼间

之前以及小盾片两侧角间之前，均为黄色，其余为青绿色。点斑型，体背黄色，小盾片前半部横列3个小绿点，基部亦有3个小绿点，端部的1个小绿点与前翅革片的1个小绿点排成1列。综合型，头前半部黄色，后半部橘红或深黄色。前胸背板前半部黄色，后半部橘红或深黄色，中央有3个深绿色斑。小盾片橘红或深黄色，基缘有3个横列绿斑，末端有1个绿斑。1年发生代数，北方地区、浙江1代，四川、江西3代，广东4～5代。以成虫在草坪草根际、土缝、灌丛等处越冬。卵成块产于叶片上。1～2龄若虫有群集性。成虫、若虫有假

死性。成虫有趋光性和趋绿性。

麦根土蝽 成虫：体长约5mm，近椭圆形，橘红色或深红色，有光泽。头顶前缘具1排短刺横列。前胸宽阔，小盾片三角形。前足腿节短，胫节略长，跗节黑褐色变为"爪钩"；中足腿节较粗壮，胫节似短棒状，外侧前缘具1排扫帚状毛刺；后足腿节粗壮。北方2～3年发生1代。常年栖息于土壤中，以成虫及若虫混生在土中30～60cm深处越冬。翌年4月越冬虫态逐渐上升出土危害并交尾。有世代重叠现象。成虫有假死性，在土中交尾，卵散产于20～30cm深潮湿土层里。6～8月土温高于25℃或雨后，灌溉后天气闷热，成虫常出土晒太阳，体稍干即可爬行或低飞。干旱年份以及高燥岗地、山坡地发生较重。天敌主要有黑卵蜂、虻类、蚂

70.3 草坪蝽类

蚁、白僵菌、猎蝽、蜘蛛、青蛙、鸟类等。

【防控措施】

①冬春季节彻底清除草坪附近杂草。

②在稻绿蝽等发生严重的地方，可于春季出蛰盛期或卵孵化盛期、1～2龄若虫期喷洒80%敌百虫乳油1500倍液、40%氧化乐果乳油1000倍液、50%辛硫磷乳油1000倍液等。

③在麦根土蝽发生严重的地方，雨后或灌水后于中午喷撒2.5%甲基异柳磷颗粒剂3kg／667m²或40%甲敌粉2kg／667m²，4%敌马粉2kg／667m²等。

粒等的汁液。麦根土蝽刺吸根部营养。

【形态特征和生物学特性】

稻黑蝽 成虫：体长雌约9mm，雄约4.5～8.5mm。长椭圆形，黑褐色至黑色，头中叶与侧叶长相等，复眼突出，喙长达后足基节间，前胸背板前角刺向侧方平伸。小盾片舌形。末端稍内凹或平截，几达腹部末端，但宽度不能全盖腹侧。1年发生代数，河北南部、江苏、浙江、四川、贵州1代，江西2代，广东2～3代。以成虫及少数高龄若虫在草坪草根际、土缝、树皮缝、石块下越冬。翌年初夏出蛰群集危害。一般白天潜伏于草丛内，阴天或早晨、傍晚到叶

71.草履蚧

【又名】 日本履绵蚧、柿裸蚧壳虫、草鞋蚧壳虫、草履硕蚧、桑虱、树虱子。

【学名】 昆虫，同翅目草履蚧 *Drosicha corpulenta*。

【寄主植物】 月季、柿、核桃、刺槐、槐、悬铃木、泡桐、杨、枣、樱桃、桃花、柳、白蜡、香椿、杏、桑、乌桕、栎等。

【危害部位】 若虫和雌成虫吸食嫩芽和枝条的汁液。

【形态特征】

成　虫　雌体长7.8～10.0mm，椭圆形，背面有皱褶，隆起似草鞋，故名。体黄褐色，周缘和腹面淡黄色，触角、口器、足为黑色，全体被白色蜡粉和微毛。雄体长5～6mm，体紫红色，头、胸淡黑色，触角黑色，10节；前翅淡黑色，具多条伪横脉，停落时呈"八"字形。

卵　长圆形，黄色。卵囊为白色绵絮状，长15mm左右。

若　虫　似成虫，但体较小。长卵形，体长2mm左右，灰褐色。

【生物学特性】 1年1代，多以卵在卵囊中树木附近的建筑物缝隙、碎土块下、砖石堆里、树皮缝等处越冬，极少数以1龄若虫越冬。在河北石家庄，越冬卵于翌年2月上旬至3月中旬孵化，若虫留在卵囊内，2月中旬后开始上树，4月上旬达盛期。若虫出土后爬上树干，在皮缝及背风处隐蔽，当柳树吐新芽5mm左右时，取食嫩枝、幼芽。1龄若虫末期，虫体分泌大量白色蜡粉，蜕皮后虫体增大，活动性增强。4月下旬至5月上旬雌若虫蜕皮后变为成虫，并在树干及附近建筑物上留有大量灰白色虫皮。5月上中旬为交尾盛期。6月中旬雌成虫开始下树，钻入树干周围石块下、土缝等处，分泌白色绵状卵囊，在其内产卵，越夏越冬。天敌有黑缘红瓢虫、红环瓢虫等。

【防控措施】

①秋冬季结合松土、施肥等田间管理，检净白色卵囊，2月初刮老树皮，消灭卵囊内的卵和若虫。

②在当地柳树吐新芽前，即若虫上树前，对有明显主干的寄主，可在树干下部涂宽10cm闭合的黏虫胶带，阻杀若虫上树，10～15天再涂1次，共涂2～3次。黏虫胶配方：松香1：蓖麻油1，混合加热溶化搅拌均匀；黄油10：机油10：氧化乐果1；黄油5：机油2：80%敌敌畏乳油1。

③雌虫下树产卵时，在树干周围30cm处挖深20～30cm、宽30cm的沟，沟内放草诱杀。或于树干根颈周围撒毒土毒杀下树雌虫，毒土可按细土10：敌百虫1的比例配成。

④3月中下旬若虫上树后喷药，树木发芽前可选用3～5°Be石硫合剂、5%柴油乳剂等。发芽后可选用：50%倍硫磷乳油、25%爱卡士乳油、80%敌敌畏乳油1000倍液加入0.1%洗衣粉、40%氧化乐果乳油加0.1%洗衣粉等。

⑤注意保护和利用红环瓢虫、黑缘红瓢虫等天敌。

71.1　草履蚧，若虫

71.2　草履蚧，雌成虫

71.3　草履蚧，雄成虫

71.4　草履蚧，成虫初羽化

71.5　草履蚧，若虫上树受阻，成干上万头聚集于黏虫胶下部

71.6　草履蚧，蛹壳

71.7　草履蚧，示柳树干上的虫皮

72. 圆盾蚧

【又名】常春藤圆盾蚧。

【学名】昆虫，同翅目圆盾蚧 *Aspidiotus hederae*。

【寄主植物】苏铁、棕榈、常春藤、紫玉兰、广玉兰、含笑、桂花、丁香、夹竹桃、山茶、女贞、小叶女贞、紫叶李等。

【危害部位】枝条或叶片。

【形态特征】

成虫　雌蚧壳圆形，直径约2mm，较薄，扁平或稍隆起，白色或淡灰色，壳点淡褐色，位于蚧壳中央或近中央。雌成虫卵圆形，长约0.9mm，黄色。触角呈小突起，上生刚毛1根。雄蚧壳仅比雌蚧壳略小，稍狭。雄成虫体黄褐色，眼黑色，触角长，约等于体长。翅极大，卵形，长度超过体长。

若虫　初龄若虫体卵形，淡黄色。触角5节，基节粗短，末节最长。2龄以后雌雄体形分化，雌若虫形态与雌成虫相似，雄若虫逐渐变长，眼点明显。

【生物学特性】1年代数，南方3～4代，北方2～3代，以受精雌成虫在蚧壳内越冬，翌春产卵孵化为若虫。每雌产卵150～200粒。世代重叠现象明显。

【防控措施】

①严格检疫。搞好产地检疫，带虫株须经灭疫处理，灭疫处理不合格不得出圃和调运。不栽植带虫苗。

②加强管理。定植时保持合理的密度，不要过密，保持良好的通风透光环境。及时摘除虫叶，剪去虫口密度大的虫枝，或刮除枝、叶、果面的蚧虫，集中清理或作燃料，不要随地丢弃。

③药剂防控。若虫孵化期选喷40%氧化乐果乳油1 000倍液、50%久效磷乳油1500倍液、40%杀螟松乳油1000倍液、2.5%敌杀死乳油4000倍液、蚧螨灵200倍液等。

④注意保护和利用瓢虫、寄生蜂等天敌。

72.1 圆盾蚧,示危害苏铁状

72.3 圆盾蚧,示危害散尾葵状

72.2 圆盾蚧,示小叶女贞被害状

73. 桃蚜

【又名】桃赤蚜、烟蚜、菜蚜、波斯蚜、油虫。

【学名】昆虫，同翅目桃蚜 *Myzus persicae*。

【寄主植物】桃花、碧桃、紫叶李、杏花、梅、樱花、山楂、柿等300多种植物。

【危害部位】叶、芽、嫩梢。

【形态特征】

成虫　有翅胎生雌蚜：体长1.6～2.1mm，翅长6.6mm。头胸部、腹管、尾片均为黑色，体色因寄主不同而变化很大，多为淡绿、黄绿、红褐至褐色，在桃树上多为赤褐色。触角丝状6节，黑色。腹背中央及两侧有淡黑色斑纹。第8节背中央有1对小突起。无翅

73.1 桃蚜,示叶背面的蚜体

73.2 桃蚜,示碧桃叶片被害状 I

73.3 桃蚜,示碧桃叶片被害状 II

胎生雌蚜:体长1.4~2.6mm,宽约1.1mm。绿、青绿、黄绿、淡粉红至红褐色,额瘤显著,其他特征同有翅胎生雌蚜。

卵 长椭圆形,长0.7mm,初为淡绿色后变为黑色。

若虫 似无翅胎生雌蚜,淡粉红色,仅体较小。有翅若蚜胸部发达,具翅芽。

【生物学特性】1年发生20余代,以卵在桃花、樱花、杏等的芽鳞、皮缝等处越冬。翌春桃芽萌发时孵化。3~4月展叶期群集于新梢嫩叶背面危害。5月上中旬大量产生有翅蚜,陆续转移到烟草、棉花、十字花科植物等夏季寄主上危害繁殖,10月产生有翅蚜迁回到桃树上,产生有性蚜交尾产卵越冬。发育适温为24℃。天敌有瓢虫、草蛉、蚜茧蜂、食叶蝇等。

【防控措施】

①卵孵化期防控,在春季桃芽萌动期喷药,可选用40%氧化乐果乳油或速灭杀丁、敌杀死等。同时要在卷叶前喷药,用药可参照卵孵化期防控用药。

②有条件时注意夏寄主上的防控。

74. 桃 粉 蚜

【又名】桃粉大尾蚜、桃粉绿蚜、桃大尾蚜。

【学名】昆虫,同翅目桃粉蚜 *Hyalopterus amygdali*。

【寄主植物】碧桃、榆叶梅、紫叶李、杏等。

【危害部位】叶片、新梢和果实。

【形态特征】

成虫 无翅孤雌蚜:体长2.3mm,宽1.1mm。体表光滑,绿色被白粉。头与触角末端黑色,复眼红褐色,腹管黑色较短,尾片黑色较长。有翅胎生雌蚜:体长2mm,翅展6.6mm,头胸部暗黄至黑色,腹部黄绿色,体被白色蜡粉,触角丝状6节,腹管短小黑色。

卵 椭圆形,长0.6mm,初产时黄绿色,后变黑色,有光泽。

若虫 体形似无翅胎生雌蚜,但较小,绿色,被白粉。有翅若蚜胸部发达,有翅芽。

【生物学特性】1年发生10~20多代,由南到北递减。生活周期属乔迁式。以卵在枝条皮缝隙和芽腋间越冬,

芽萌发时开始孵化,群集于嫩梢和叶背面危害,5~6月繁殖最快,7~8月产生有翅迁移蚜迁移到夏寄主上危害。到10~11月产生有翅蚜又迁回桃、李、杏上产生有性蚜,交尾产卵,以卵越冬。

【防控措施】

①于萌芽期,在越冬卵孵化高峰喷药防控。可选用50%抗蚜威2000倍液、50%辛硫磷乳油2000倍液、5%来福灵乳油4000倍液等。

②在桃粉蚜寄主周围不宜种植白菜、烟草等作物,以减少蚜虫夏季繁殖场所。

③注意保护天敌。避免在瓢虫、草蛉、食蚜蝇、寄生蜂等天敌多的时候喷药,少用广谱性杀虫剂。

74.3 桃粉蚜,示紫叶李背面密集的蚜虫

74.4 桃粉蚜,示紫叶李叶片被害状

74.1 桃粉蚜,示碧桃叶被害状

74.2 桃粉蚜,示桃树的叶被害状

75. 桑天牛

【又名】桑刺肩天牛、刺肩天牛、桑褐天牛、粒肩天牛。

【学名】昆虫，鞘翅目桑天牛 *Apriona germari*。

【寄主植物】毛白杨、山核桃、桑、柳、刺槐、榆、构、朴、枫杨、樱花、海棠、栎、悬铃木、核桃等。

【危害部位】侧枝、主枝、主干。

【形态特征】

成虫　体长32～48mm，宽10～15mm，体黑色，密被黄褐色或青棕色绒毛。前胸背板前后横沟之间具不规则横脊线，两侧中部各具尖状刺突。鞘翅基部密布黑色光亮的瘤状颗粒，翅端内、外角均呈刺状突出。

卵　长6～7mm，长椭圆形，淡黄色，近孵化时变为淡褐色，前端微曲。

幼虫　圆筒形。老熟幼虫体长76mm左右，乳白色。前胸发达，前胸背板骨化区近方形，背板后半部密生赤褐色颗粒状小点，其中夹有3对白色尖叶状凹陷纹。腹部背步泡突扁圆形，具2条横沟；腹面步泡突具1条横沟，沟前方细刺突远多于沟后方的中段。

蛹　纺锤形，长约50mm。黄褐色。第1～6节背面各有1对刚毛区。翅芽达第3腹节。

【生物学特性】在长江沿岸及其以北许多地方2年1代或3年1代，以幼虫在树干坑道内越冬。一般6月上中旬化蛹，7月上中旬成虫羽化。成虫羽化后飞翔寻找桑科植物，在华北地区如

桑、构、无花果、柘、印度橡皮树(盆栽)等，啃食其1～2年生枝、干皮层、嫩芽和叶进行补充营养，交尾后飞到另外的寄主，在河北如毛白杨、苹果等树种上产卵。多产卵于直径10～15mm粗的枝条上。产卵前先以上颚咬破皮层和木质部，呈"U"字形刻槽，每个刻槽产卵1粒。成虫在桑科植物上补充营养，则寿命长，产卵量多，孵化率也高，而在其它植物上补充营养寿命短，产卵量少，孵化率也低。幼虫在坑道内，每隔一定距离向外咬1个圆形排粪孔。排粪孔的位置除个别遇有分杈或枝结木质坚硬而向另一边回避外，一般均在树干的同一方位依序向下排列。幼虫一生蛀道的长度，在苹果上1.7～2.0m，而在毛白杨上可达5m多。幼虫

75.1 桑天牛，示成虫整肢态

75.2 桑天牛，示毛白杨干基被害状

75.3 桑天牛，示毛白杨主干被害状

75.4 桑天牛，示毛白杨苗木被害后风折状(苗干上的小孔为啄木鸟新凿)

75.5 桑天牛，示构树枝条皮层被成虫啃食状

多位于最新排粪孔的下方,冬前幼虫多向上移至自下向上数第3个排粪孔的上方,然后越冬。成虫羽化后常在蛹室内静伏5～7天。成虫寿命80天左右。河北易县10月上旬仍可见到成虫。成虫迁飞扩散能力较强,18天可自然扩散至800m以外。

【防控措施】

①加强对桑、构、柘等桑科植物的管理是防控桑天牛的根本性措施。一是全面规划,在以毛白杨、苹果等为主的绿化区不栽植桑、构等桑科植物。在桑园附近不栽植毛白杨等桑天牛易感树种。二是清除无培育价值的桑科植物。在毛白杨为主的绿化区内及其附近,将没有观赏价值、经济价值的桑、构等彻底清除。三是在毛白杨等为主的绿化区内,对有观赏、经济、生态等价值的桑科植物加强管理:第一在整个成虫期,每天早晨到树上捕捉成虫杀死。第二在不妨碍桑科植物利用的前提下,在桑科植物树冠、枝条上喷洒农药毒杀成虫,可选喷2.5%敌杀死乳油2000倍液、40%氧化乐果乳油600倍液、80%敌敌畏乳油1000倍液等,每10～15天喷1次,视虫情连喷3～5次。

②清除虫源树。对受害严重,已无培育价值的植株,彻底清除,按规划合理混栽新的无病虫树木。

③加强检疫。对新绿化区的树木,栽植前严格进行产地检疫和复检,确保新植花木不带桑天牛等重要病虫害。

④保护利用天敌。保护、招引啄木鸟。将被桑天牛长尾啮小蜂寄生的桑天牛卵收集起来,置于室内保护越冬,翌年6月中下旬挂于绿化区释放。在春季幼虫开始活动后,用2亿～3亿活孢子/ml白僵菌悬浮液或青虫菌,自倒数第2个排粪孔注入,寄生幼虫。

⑤化学防控幼虫。药液注射法,用兽用注射器配12号针头,将50%敌敌畏乳油、20%速灭杀丁乳油、40%氧化乐果乳油等的20倍液注入天牛最新排粪孔,每孔5ml。将磷化铝片、磷化铝可塑性丸剂、磷化锌毒签或Ⅱ号毒签插入天牛最新排粪孔。用与天牛排粪孔粗细相当、长15cm左右的鲜树枝蘸上杀虫剂,自最新排粪孔向下(老熟幼虫化蛹期向上插入)插入,直至插不动为止,直接杀死幼虫。

207

75.6 桑天牛,示桑天牛成虫补充营养的寄主之一,印度橡皮树

75.7 桑天牛,示成虫补充营养寄主之三无花果

75.9 桑天牛,示成虫形态

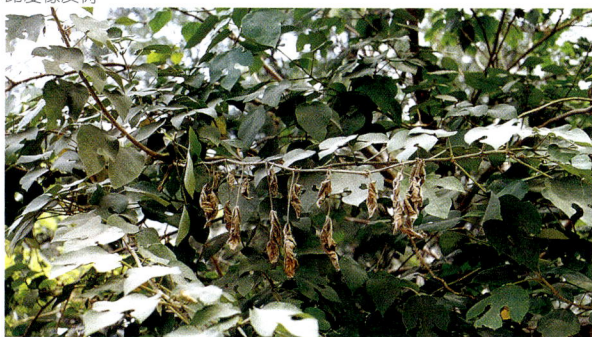

75.8 桑天牛,示成虫补充营养寄主之二构树(枝条枯死)

76. 桑褶翅尺蛾

【又名】 桑刺尺蛾、核桃尺蛾

【学名】 昆虫，鳞翅目桑褶翅尺蛾 *Zamacro excavata*。

【寄主植物】 小叶女贞、女贞、桑、刺槐、槐、杨、核桃、栾、枫、白蜡、金银木、丁香、海棠等

【危害部位】 叶、花。

【形态特征】

成虫 前翅长20cm，触角，雄蛾双节齿状，雌蛾如线状，仅有小锯齿。体灰褐至黑褐色，头丛生鳞毛，胸部粗状被长毛。成虫静止时翅纵折扭曲，前翅竖起呈S形，后翅向后贴于体旁呈W形。

卵 椭圆形，大小为0.3mm × 0.6mm。初产时深灰色，后渐变为深褐色，孵化前灰黑色。

幼虫 老熟体长30～35mm。体色黄绿。头褐色至淡褐色。腹部1～4节背面有刺突，第8腹节背面有1对刺突。腹部第2～5节各节两侧各有淡绿色刺1个。

蛹 长14～17mm，纺锤形，红褐色，末端有2个坚硬的刺。

【生物学特性】 在河北、北京、陕西1年1代，以蛹在树干基部土下紧贴树皮的茧内越冬。在河北石家庄市公路小叶女贞绿篱下，翌年3月中旬开始羽化，3月下旬为羽化盛期，成虫产卵于枝梢光滑部位。卵经20天左右孵化。幼虫4龄，1～2龄幼虫一般晚间活动取食，白天停于叶缘不动，3～4龄昼夜取食，老熟幼虫4月下旬开始下树入土化蛹，多集中在树干基部附近3～15cm深土内。

【防控措施】

①在蛹期，结合松土、锄草、施肥等园艺技术管理，细致翻动干基部15cm深的土壤，捡除贴于干基部的蛹茧，杀死蛹。捡蛹时务必认真、仔细、捡净。

②搞好虫情监测，在当年发生严重的地块，于翌年成虫始见期后30天左右，即1～2龄幼虫期选喷：25%灭幼脲悬浮液2000倍液、2.5%敌杀死乳油、5%功夫乳油、20%灭扫利乳油3000倍液等。

76.1 桑褶翅尺蛾，示僵死的幼虫

76.3 桑褶翅尺蛾，示小叶女贞被害状之二

76.2 桑褶翅尺蛾，示小叶女贞被害状之一

76.4 桑褶翅尺蛾，示幼虫侧面观

76.5 桑褶翅尺蛾，示幼虫背面观

77. 梨小食心虫

【又名】梨小蛀果蛾、梨姬食心虫、桃折梢虫、东方蛀果蛾，简称"梨小"。

【学名】昆虫，鳞翅目小卷叶蛾科梨小食心虫 *Grapholitha molesta*。

【寄主植物】紫叶李、梅、杏、樱花、碧桃、桃、海棠、山楂、梨等。

【危害部位】幼虫钻蛀成树嫩梢和幼苗主干，还钻蛀果实。

【形态特征】

成 虫 雌虫体长7mm，翅展13～14mm；雄虫体长6mm，翅展12～13mm，灰黑至暗褐色。触角丝状，前翅灰黑，前缘有13～14条白色较细的钩状斜纹，翅面散生灰白色鳞片，足灰褐，腹部灰褐色。

卵 扁平椭圆形，直径约0.5～0.8mm。初产时白色，渐变为淡黄色，中央有一黑点。

幼 虫 老熟幼虫体长10～14mm，桃红色，头褐色，前胸盾不明显，臀板铅黑色，有臀栉4～7个。

蛹 体长6～7mm，纺锤形，黄褐色。腹末有4对齿和4对钩刺。茧白色，长椭圆形，长10mm左右。

【生物学特性】华南1年发生6～7代。辽南及华北大部1年3～4代，以3代和部分4代幼虫在寄主根颈、枝干老翘皮下、裂缝处及土中做茧越冬。翌年4月上中旬开始化蛹，成虫发生期为4月中旬至6月中旬，不整齐。卵主要产于中部叶背和嫩枝条上，散产，每头雌虫平均产70～80粒，每个叶片1～2粒。3、4代幼虫主要钻蛀梨果。

【防控措施】

①休眠期刮除老皮、翘皮集中深埋。绿化区少量发生时，可于当年首次最早发现萎蔫嫩梢时，及时剪除（连同折断处以下6～10cm），消灭其中幼虫，连续剪除。

②在整个卵期释放赤眼蜂4～5次，每亩每次用蜂2万～3万头。

③于卵孵化初期选喷50%杀螟松乳油1000倍液、2.5%敌杀死乳油2000～3000倍液、20%杀灭菊酯乳油2000～3000倍液、2.5%天王星乳油2000倍液、30%桃小灵乳油2000～2500倍液等。视虫情连续喷药2～3次，间隔15天左右。

76.6 桑褶翅尺蛾，示公路绿化隔离带的一段，中间为小叶女贞被吃光状，下部为小叶女贞尚未被食，上部绿叶为大叶黄杨

77.1 梨小食心虫，示碧桃新梢被害状

77.3 梨小食心虫，示紫叶李新梢被害状

76.7 桑褶翅尺蛾，示成虫展翅态

77.2 梨小食心虫，示幼虫形态

78. 梨网蝽

【又名】梨冠网蝽、梨军配虫、梨花编虫、梨斑花编虫、小臭大姐、梨花网蝽。

【学名】昆虫，半翅目梨网蝽 *Stephanitis nashi*。

【寄主植物】茶花、月季、含笑、扶桑、紫藤、贴梗海棠、西府海棠、垂丝海棠、碧桃、蜡梅、梅花、樱花、山楂等。

【危害部位】成虫和若虫刺吸叶片汁液。

【形态特征】

成虫 体长3.5 mm左右。体扁平，黑褐色，翅宽。无单眼。头部有5个锥状突起。触角4节，第3节最长。前胸发达向后延伸盖于小盾片上。前胸背板两侧有2片圆形环状突起向两侧扩展。胸部及前翅均有网状脉纹。腹部金黄色，上有黑色斑纹。足黄褐色。

卵 长约0.6mm，椭圆形，半透明，淡黄色，一端弯曲。产于叶肉组织内，从叶片正面看，只能见到黑色的小斑点，即为卵的开口处。

若虫 初孵若虫体长约0.7 mm，5龄体长2.0 mm，翅长约为体长的1/3。初孵若虫体白色透明，复眼红色，经几个小时后体变为淡绿色。2龄时腹部背板变黑，3龄出现翅芽，腹部两侧有8对刺状突起。5龄腹部黄褐色，体宽阔扁平。

【生物学特性】在河北1年3～4代，陕西关中4代，河南4～5代，均以成虫在落叶、树干翘皮裂缝、土块裂缝、杂草丛、灌木丛中越冬，翌春花木发芽后，成虫出蛰，多集中于叶背危害。成虫产卵于叶背组织内，并分泌褐色黏液和排泄黑褐色的粪便，覆盖其上。卵期10～15天。若虫孵化后群集于叶片背面主脉两侧危害，使受害叶片呈现苍白色。1～3龄若虫在叶背危害，不常活动。4龄以后行动逐渐活泼。叶背面由于成虫分泌的黏液而呈现黄褐色的锈斑，叶片早期脱落。一般5月份以后各世代发生不整齐，8月份危害严重。10中旬以后进入越冬状态。管理粗放的绿化区以及干旱的年份危害常重。

【防控措施】

①防控策略。重点防控越冬成虫至第1代若虫。

②秋季成虫下树越冬前，在树干绑草把，诱集成虫进入其中，冬季取下草把烧掉。冬季彻底清扫花园，清除园内及其周围的落叶、杂草、刮除树干翘皮，集中深埋。早春耕翻树盘，打碎土块，平整园地。

③在越冬成虫出蛰盛期（一般在4月中旬左右）至第1代若虫盛期（一般在5月中下旬）喷药防控。杀成虫、若虫可选喷：25%对硫磷微胶囊剂1500倍液、80%敌敌畏乳油1800倍液、20%速灭杀丁乳油3000倍液、40%氧化乐果乳油1800倍液等，分别进行树干根际

78.1 梨网蝽，示贴梗海棠叶片严重被害状

78.2 梨网蝽，示危害贴梗海棠状（虫体及排泄物）

78.3 梨网蝽，示叶正面被害状

喷洒防控成虫、树冠喷洒防控若虫。杀卵可选用50%杀螟松乳油2000倍液、50%三硫磷2000倍液、50%马拉硫磷1500倍液等。

79. 梧桐木虱

【又名】青桐木虱、梧桐裂头木虱。

【学名】昆虫，同翅目梧桐木虱 *Thysanogyna imbata*。

【寄主植物】中国梧桐(青桐)。

【危害部位】嫩梢和枝叶。

【形态特征】

成虫　体长5.6~6.9mm，黄绿色。复眼半球形，棕褐色，单眼橙黄色。前胸背板横条形，中央、后缘和凹陷处均为黑色。中胸隆起，前盾片有1对褐斑，盾片中央有6条黑褐色纵纹，两侧有圆斑。前翅透明，翅长为宽的2.5倍。腹部褐色。

卵　略呈纺锤形，一端稍尖，长约0.7mm。初产时淡黄色，孵化前为深褐色。

若虫　末龄若虫体长3.4~4.9mm。近圆筒形，黄褐色或微带绿色，体覆白色絮状蜡质物。

【生物学特性】北京、河北石家庄、陕西武功1年2代，以卵在枝干基部阴面越冬，翌年4~5月间开始孵化，若虫爬至嫩梢、叶背吸食汁液，并分泌绵絮状蜡丝，常数十个若虫藏在絮状蜡丝中危害。嫩梢上、树杈处、叶背面布满白色绵絮状蜡丝。6月上中旬成虫羽化，6月下旬为羽化盛期。成虫可爬行、跳跃、飞翔，并可借风力而传至远处。成虫多产卵于叶背、叶柄基部，第2代成虫多产卵于主、侧枝粗皮缝或主枝基部阴面。卵散产，每雌可产卵约50粒。天敌主要有寄生蜂、草蛉、绿姬蛉、深山姬蛉、食蚜蝇、瓢虫等。

【防控措施】

①加强检疫。带虫苗不外调，不引进，不栽带虫苗。

②冬季结合修枝整形，消灭枝、干上的越冬虫卵。

③于若虫发生盛期，用高压喷枪向枝叶上喷射清水，冲掉白蜡丝团及其中的若虫。亦可药剂防控。根施农药，第1代若虫发生盛期(绵絮状蜡质物最多时)，在树干周围挖沟埋施15%铁灭克颗粒剂或3%呋喃丹颗粒剂，树干地径每厘米用药1~2g，覆土后浇足水。或喷洒农药，可选用：早春用65%石油肥皂乳剂6倍液防控越冬卵，或15倍液防控初孵若虫，或40%氧化乐果乳油1000倍液、50%灭蚜松乳油1100倍液等。

④注意保护和利用天敌。

211

78.2 梧桐木虱，示栖息于叶柄上的成虫

78.4 梧桐木虱，示若虫

79.1 梧桐木虱，示危害叶柄状

78.3 梧桐木虱，示叶片被害状

78.5 梧桐木虱，示危害当年生新枝状

80. 绣线菊蚜

【又名】苹果黄蚜、苹叶蚜虫、油汗、腻虫、蜜虫。

【学名】昆虫，同翅目绣线菊蚜 *Aphis citricola*。

【寄主植物】贴梗海棠、绣线菊、樱花、榆叶梅、木瓜、桃花、紫叶李、山楂、杏等。

【危害部位】成虫、若虫吸食新梢、嫩芽和新叶的汁液。

【形态特征】

成虫 有翅胎生雌蚜：体长约1.5mm，翅展约4.5mm。头部、口器、胸部、腹管、尾片均为黑色。腹部绿色，第2～4腹节两侧具大型黑缘斑，第1～8腹节具短横带。复眼暗红色。触角丝状，6节。无翅胎生雌蚜：体长约1.6mm，宽约0.9mm。长卵圆形。多为黄色，头部浅黑色。口器黑色，触角丝状，6节，短于体躯。体侧缘瘤馒头状。腹部各节具毛1对，腹板、尾片黑色。

卵 椭圆形，长0.5mm，初产淡黄至黄褐色，后黑色具光泽。

若虫 鲜黄色，复眼、触角、足、腹管黑色。有翅若蚜胸部较发达，具翅芽。无翅若蚜体肥大，腹管短。

【生物学特性】1年10多代，以卵在芽腋、皮缝及枝杈粗皮缝越冬。翌春寄主萌动后，越冬卵孵化。初孵幼蚜群集于叶或芽上危害，10余天后发育成干母，干母胎生无翅雌蚜，以孤雌生殖方式继续进行繁殖。5月下旬前后出现有翅胎生雌蚜并迁飞扩散。6～7月繁殖加快，危害严重，树梢、叶背、叶柄布满虫体，并扩散到其他植株。8～9月数量渐少，10月份出现性母，迁飞后产生有性蚜，交尾产卵，以卵越冬。主要天敌有草蛉、瓢虫、蚜茧蜂、食蚜蝇等。

【防控措施】

①植株休眠期，可结合螨类、蚧虫防控，喷洒机油乳剂(95%30号机油和5%乳化剂混合)50～60倍液，或用其10～15倍液涂干和主枝。亦可用50%煤油乳膏10～15倍液喷洒树体，杀死越冬蚜卵。

②结合管理，生长季节剪除被害枝梢，集中深埋。

③生长期成虫、若虫防控，可选喷40%氧化乐果乳油2 000倍液、30%桃小灵乳油2500倍液、50%抗蚜威超微可湿性粉剂2 000倍液、2.5%功夫乳油3 000倍液等。亦可树干涂药，即在蚜虫发生初期，刮去老树皮，用毛刷蘸40%氧化乐果乳油或50%久效磷乳油15倍液，在树干涂5～8cm宽的闭合环。涂药后用塑料布包扎，以促进吸收，延长药效。

④在蚜虫始盛期于晴天喷洒蚜霉菌400～500倍液，应注意保护和利用自然天敌，有条件的可人工饲养和释放草蛉等。

80.绣线菊蚜，示危害贴梗海棠状

81. 臭椿皮蛾

【又名】椿皮灯蛾、旋皮夜蛾。

【学名】昆虫，鳞翅目臭椿皮蛾 *Eligma narcissus*。

【寄主植物】臭椿、桃。

【危害部位】叶片。

【形态特征】

成虫 体长22～26mm，翅展69～72mm。头部及胸部淡灰褐微带紫色；胸背有3对黑点。前翅前缘区黑色，其余部分紫褐灰色；翅基部有4个黑点，外线双线白色，亚端线为1列黑点。后翅大部分杏黄色，端区为蓝色宽带，缘毛白色。腹部杏黄色。

卵 乳白色，近圆形。

幼虫 老熟幼虫体长38～42mm，头黑色。前胸背板及臀板褐色。背面淡黄至淡红色，各体节背面具有不规则的褐色横斑，背线和亚背线由不连续的褐点组成。刚毛白色，极长，着生于稍隆起的毛瘤上，每体节气门上方都有毛瘤。

蛹 长25～27mm，宽8～9mm。

81.臭椿皮蛾，示成虫展翅状

体稍扁，侧面观似纺锤状，暗红褐色至黄褐色。茧似臭椿树皮色，半纺锤状，紧贴树皮，长51～63mm。

【生物学特性】在苏北、河北、陕西1年发生2代，江西1年3～4代，以蛹在树干下部的茧内越冬。成虫白天静伏于树干、叶下等阴暗处，夜间飞行交尾产卵，有趋光性。幼虫多栖息于叶背残食叶片，苗木、幼树、大树均可受害，以苗木、幼树受害最重。老熟幼虫吐丝并连结咬起的树皮，在干、枝的皮部作茧，化蛹其中。茧色似树皮。蛹期有蝇和蜂寄生。

【防控措施】

①化蛹季节，尤其是越冬期认真检查树体，剥取蛹茧，将其放入寄生蜂（蝇）保护器内，使寄生物继续繁衍；或用木锤直接将蛹击毙。

②幼虫期猛击树干，震落幼虫捕杀之。

③大面积发生严重时，可于2～3龄时喷药防控，可选喷：100亿活孢子/g青虫菌200倍液、25%灭幼脲3号悬浮剂、100亿活孢子/ml的Bt乳剂500倍液或90%敌百虫乳油1000倍液、80%敌敌畏乳油1000倍液、20%速灭杀丁乳油3000倍液等。

82. 臭椿沟眶象

【又名】椿小象

【学名】昆虫，鞘翅目臭椿沟眶象*Eucryptorrhynchus brandti*。

【寄主植物】臭椿。

【危害部位】树干。

【形态特征】

成虫　体长平均为11.5mm，宽均4.5mm。黑色。头部布有小刻点。前胸背板及鞘翅上密被粗大刻点。前胸前窄后宽。鞘翅坚厚，左右紧密结合，肩部略突出。前胸全部、鞘翅肩部及其端部1/4处（除翅瘤以后的部分）密被白色鳞片，掺杂少数赭色鳞片，鳞片叶状。

卵　长圆形，黄白色。

幼虫　长10mm～15mm，头部黄褐色，胸、腹部乳白色，每节背部两侧多皱纹。

蛹　长10mm～12mm，黄白色。

【生物学特性】在河北、陕西1年1代，以幼虫在树干内越冬的，成虫6～7月间活动；以成虫在树干基部周围1～2cm深的表土中越冬，成虫寿命可达7个月。成虫具假死性。4～10月都可见成虫交尾，在石家庄以8月份较多且个体集中。产卵时先用口器咬破韧皮部，产卵于其中，再用喙将卵推到韧皮部内层，卵期8～9天。初孵幼虫先取食皮层，稍大即蛀入木质部危害，随虫体增大，蛀食坑道也增大。老熟幼虫在树干上咬一个圆形羽化孔，然后以蛀屑堵塞侵入孔，头向下在蛹室中化蛹。蛹期10～15天行道树、林缘以及稀疏人工林的臭椿受害较重。

【防控措施】

①强化检疫。认真检查苗木，严防带虫苗木进入绿化区。

②早春细致挖翻根际周围土壤，杀死越冬成虫。

③成虫发生期选喷40%氧化乐果乳油1000倍液、2.5%溴氰菊酯乳油3000倍液、80%敌敌畏乳油1000倍液等。

④在幼虫发生盛期，用40%氧化乐果、80%敌敌畏乳油等点涂产卵孔。

213

82.2 臭椿沟眶象，示成虫群集交尾状

82.1 臭椿沟眶象，示成虫形态

83. 旋目夜蛾

【又名】 并巴蛾。

【学名】 昆虫，鳞翅目旋目夜蛾 *Speiredonia retorta*。

【寄主植物】 合欢、苹果、梨、葡萄等。

【危害部位】 叶片、果实。

【形态特征】

成虫 体长约21～23mm，翅展50～62mm。雄小雌大。雄蛾头部及胸部黑棕色带紫，下唇须基部红色，前翅黑棕带紫色，中部有黑色"，"状大斑。后翅黑棕色，有2条黄褐色横线，线内侧黑色。

卵 近球形，底部平，灰白色。卵孔圆形稍内陷，卵的表面有纵棱和横

83. 旋目夜蛾，示成虫展翅状

棱形成的方格。

幼虫 老熟幼虫体长60～67mm，第1～2腹节弯曲呈尺蠖形。头部褐色。体灰褐至暗褐色，布满黑色不规则斑点。背线、亚背线和气门线黑褐色，气门上、下线灰褐色，亚腹线和腹线黑褐色。

蛹 长22～26mm，下腭与前翅末端平，达第4腹节，腹末臀部有网纹，着生4对红色钩刺，第7腹节有腹足疤。

【生物学特性】 在冀西北山区7月下旬可见成虫。幼虫食叶，栖息时体紧贴枝干或树皮。老熟幼虫在枯碎叶中化蛹。成虫吸食果汁。

【防控措施】

①在绿化区，避免合欢与碧桃、桃花、苹果、梨混栽。

②防控幼虫。大面积受害严重时，于低龄幼虫期选喷：25%杀虫隆胶悬剂1000倍液、三苦素500倍液、Bt乳剂700倍液、90%敌百虫晶体1100倍液、80%敌敌畏油剂1000倍液等。

③诱杀成虫。可选用：一是在绿化区悬挂有香味的烂果，诱集成虫，每日22:00后捕杀。二是用糖醋液（果醋或酒糖液加适量红糖调配）加入其量0.1%的敌百虫晶体或敌百虫乳油调匀，放入浅盘内，悬挂于绿化区内。三是用早熟的去皮果实扎孔洞浸泡在80%敌百虫可溶性粉剂50倍液中，1天后取出晒干，再放入蜂蜜水中浸泡12小时，晚上挂在发生区内。

84. 淡剑袭夜蛾

【学名】 昆虫，鳞翅目淡剑袭夜蛾 *Sidemia depravata*。

【寄主植物】 多种草坪草。

【危害部位】 叶片。

【形态特征】

成虫 雄体长13.0mm，翅展26.5mm。触角羽毛状；前翅褐色，内横线和中横线黑褐色，翅面上有1个由内缘、内横线、中横线及Cu脉围成的近梯形暗褐色区域。剑纹暗褐色较明显，在Cu脉和R脉之间。外缘线上有1列黑点。环纹淡黄色，肾纹暗褐色亦较明显。后翅较前翅阔，淡灰褐色，前缘及外缘处色较深。雌体长10.9mm，翅展23.5mm。体色较雄蛾为淡，触角丝

84.1 淡剑袭夜蛾，示雌成虫栖息态

84.3 淡剑袭夜蛾，示雄成虫栖息态

84.2 淡剑袭夜蛾，示蛹体（乔建国稿）

84.4 淡剑袭夜蛾，示蛹茧

214

状。

卵 馒头形,直径0.3~0.5mm,有纵条纹,初产时淡绿色,后颜色渐变深,孵化前呈灰褐色。

幼虫 初孵幼虫灰褐色,头部红褐色,取食后体变为绿色。老熟幼虫呈圆筒形,头部椭圆形,沿蜕裂线有黑色的"八"字形纹;背中线肉粉色;亚背线白色,各体节在亚背线内侧各有1个近似三角形黑斑,共13对;气门8个,围气门片黑色;趾钩为中带。

蛹 长13.0mm,宽4.1mm。臀棘2根,平行。初化蛹时青红色,后渐变为红褐色。

【生物学特性】 在河北中南部1年发生3~4代,以老熟幼虫在草丛中近地表处越冬。翌年早春当白昼气温

大于20℃时,幼虫出蛰危害,4月中下旬老熟幼虫开始入土化蛹。蛹室呈椭圆形,常化蛹于草坪绿地边缘。5月中下旬成虫出现。成虫一般昼伏夜出。成虫产卵于叶片正面近叶尖处集产成块,70~80粒至几百粒,卵块外被绒毛。每个卵块的卵孵化整齐且孵化率高。幼虫昼夜取食,6龄,个别7龄。初孵幼虫群集于卵壳附近取食,并逐渐向四周扩散。1~2龄只取食嫩叶叶肉,留下透明的叶表皮。3龄以后将叶片吃成缺刻。4龄前食量较小,进入5龄后食量大增,为暴食期,可将整个叶片吃光。以第2代幼虫(7月中下旬至8月下旬)危害最烈。幼虫世代重叠现象明显,受惊后有假死性。入秋后当白昼气温低于20℃时,大约10月下旬,老熟幼虫逐

渐进入越冬状态,直至翌年2月下旬。低龄幼虫不能越冬,逐渐死亡。

【防控措施】

①结合草坪修剪,于5~6月间卵块大量出现时剪除草尖上的卵块,集中深埋。草坪面积较小时,亦可于卵期经常检查,人工剪除卵块销毁。可明显降低虫口密度,减轻危害。

②药剂防控。可选用生物制剂绿浪的烟·百·素乳油1 500倍液、天力2号1000倍液、一利杀的1%齐·高氯乳油1000倍液、环业2号(40亿PIB／g小菜蛾颗粒体病毒)可湿性粉剂500倍液、Bt乳剂400倍液等。

③保护、利用天敌。如白僵菌,在温湿度适宜时,在纳苏草坪中,自然状态下,该菌对淡剑袭夜蛾幼虫的寄生率可达90%。可在病害已被控制,鳞翅目害虫为主要灾害的草坪施用。

④在淡剑袭夜蛾发生危害较严重的地区,建冷季型草坪可选用猎狗高羊茅、多年生黑麦、瓦巴斯早熟禾,或者将它们混播,不要选用本特剪股颖。

84.5 淡剑袭夜蛾,示卵块内卵粒排列状

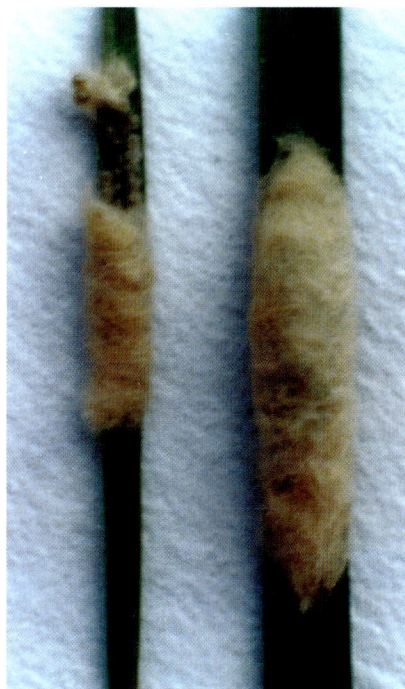

84.7 淡剑袭夜蛾,示叶片上的卵块

84.6 淡剑袭夜蛾,示低龄幼虫

84.8 淡剑袭夜蛾,示老熟幼虫

85. 银纹夜蛾

【又名】菜步曲、豆银纹夜蛾、黑点银蚊夜蛾。

【学名】昆虫,鳞翅目银纹夜蛾 *Argyrogramma agnata*。

【寄主植物】菊花、一串红、美人蕉等。

【危害部位】叶片。

【形态特征】

成 虫 体长15~17mm,翅展32~36mm。头部及胸部灰褐色。前翅深褐色,外线以内的亚中褶后与及外区带金色,基线银色,内线银色;Cu₂脉基部有1个褐心马掌形银斑,其外后方有1个近三角形实心银斑;肾纹褐色。后翅暗褐色。腹部灰褐色。前足暗褐色,中、后足淡褐色。体色深浅变化较大。

卵 半球形,直径约0.5mm,初产时乳白色,渐变为淡黄绿色,表面具网纹。

幼 虫 老熟幼虫体长约30mm,淡黄绿色。虫体前部较细,后部较粗,腹足2对,第1~2对腹足退化。

蛹 长约16mm,体较瘦,初期背面褐色,腹面绿色,末期整体黑褐色。腹部第1、2节气门孔明显突出,尾刺1对,外包白色薄茧。

【生物学特性】 1年发生4(杭州)~7(广州)代,以蛹越冬。翌年4月中旬可见成虫羽化。成虫夜间活动,有趋光性。成虫羽化后4~5天即进入产卵盛期。卵多单粒产于叶背。每雌平均产卵311.2粒。幼虫共5龄,3龄前在叶背取食,留下表皮,进入4龄后食量大增,可取食全叶或嫩荚,有假死性。老熟幼虫在叶背吐白丝结薄茧化蛹。

【防控措施】

①冬季结合清园,彻底清理绿化区及其附近的落叶、残茬、秸秆,集中深埋或沤肥,消灭越冬蛹。

②在幼虫期,结合其他害虫防控,选喷100亿活孢子/ml青虫菌500倍液、20%杀灭菊酯乳油2000倍液、50%马拉硫磷乳油1000倍液等。

85.1 银纹夜蛾,示成虫白昼栖息于花丛中

85.2 银纹夜蛾,示成虫展翅状

86.1 麻皮蝽,成虫

86.2 麻皮蝽,示若虫危害紫薇状

86. 麻皮蝽

【又名】 黄斑蝽、黄霜蝽、麻纹蝽、麻蝽象、黄斑蝽象、臭虫母子。

【学名】 昆虫,半翅目麻皮蝽 *Erthesina fullo*。

【寄主植物】 梅、山茶、花椒、柳、悬铃木、合欢、槐树、梓、臭椿、榆、杨、刺槐、泡桐、梧桐、桑、梨、苹果、桃、海棠、葡萄、李、杏、枣、柿、山楂、石榴、樱桃等。

【危害部位】 以若虫、成虫吸食的叶或嫩枝、果实的汁液。

【形态特征】

成虫　体长21.0~24.5mm,宽10mm左右。黑色,密布刻点,并具细碎的不规则黄斑。触角末节基部,腹部各节侧接缘中央、胫节中段为黄色。从头端至小盾片基部有1条黄色细中纵线。头长,侧叶与中叶末端约平齐,侧叶的末端狭尖,使侧缘成一角度。喙细长伸达第3腹节中部。前胸背板前侧缘略呈锯齿状。腹部腹面中央有凹下的纵沟。前足胫节加宽,略扩大成叶状。

卵　初产时淡黄色,近孵化时黄白色。

若虫　体灰黑色。

【生物学特性】 1年发生1代,以成虫在房屋门窗、土坯缝内、树皮缝内等隐蔽处越冬。4月下旬至5月中旬陆续出蛰危害。5月下旬开始产卵,卵成块,每块12粒左右。若虫5龄,连续危害,8月底以后成虫陆续越冬。

【防控措施】

①成虫越冬前,在绿化区附近搭建简易土坯房,诱集成虫群集墙缝内越冬,然后捕杀或薰杀。

②在成虫产卵期,结合其他田间管理,摘除卵块杀之。

③在越冬成虫出蛰结束和若虫期喷药防控。可选喷40%氧化乐果乳油1500~1800倍液、90%敌百虫乳油800~1000倍液、2.5%溴氰菊酯乳油3000倍液、20%灭扫利乳油3000倍液等。

86.3 麻皮蝽,示成虫形态之一

86.5 麻皮蝽,示若虫危害白榆叶片状

86.4 麻皮蝽,示成虫形态之二

86.6 麻皮蝽,示若虫形态

87. 黄杨绢野螟

【又名】黄杨绢螟、黑缘透翅蛾、黄杨黑缘螟蛾。

【学名】昆虫,鳞翅目黄杨绢野螟Diaphania perspectalis。

【寄主植物】大叶黄杨、小叶黄杨、雀舌黄杨、北海道黄杨、朝鲜黄杨、卫矛等。

【危害部位】叶片。

【形态特征】

成虫 翅展32～48mm,体长约23mm。白色,头部暗褐色,头顶触角间鳞毛白色。胸部白褐色有棕色鳞片。腹部白褐色,末端深褐色。翅白色有闪光,前翅前缘褐色,中室内有2个白斑,外缘和后缘有一褐色带。后翅外缘墨褐色。

卵 椭圆形,初产时黄绿色,近孵化时黑褐色,长0.70～0.80mm,宽0.35～0.40mm,表面微隆。

幼虫 老熟幼虫体长约40mm,绿色,背线深绿色,两侧为黄绿色及青灰色带,每个体节有黑色瘤状突起。

蛹 褐色。

【生物学特性】河北秦皇岛地区1年3代,少数1年2代或1代,以幼虫吐丝缀叶结茧越冬。1年1代的6月份第1代幼虫即滞育越冬;1年2代的7月份第2代幼虫直接越冬。成虫于夜间飞翔于花木间,白天停留于叶背。产卵总量153～222粒。产卵于叶片背面,排列成块。

【防控措施】

①加强检疫。从外地引进黄杨苗时,不要带有疫情。

②细致检查,发现缀叶虫苞,即剪除,杀死其中幼虫或蛹。

③发生面积大时喷药防控,可选用灭幼脲3号、50%杀螟松乳油、80%敌敌畏乳油、速灭杀丁、敌杀死等。

87.1 黄杨绢野螟,示新梢被害状

87.2 黄杨绢野螟,示成虫栖息状

88. 黄连木尺蛾

【又名】木橑尺蛾、木橑尺蠖、吊死鬼、小大头虫、木橑步曲、刺槐尺蠖、核桃尺蠖。

【学名】昆虫,鳞翅目黄连木尺蛾Culcula panterinaria。

【寄主植物】向日葵、碧桃、合欢、山樱桃、菊芋、李、桃、黄栌、黄连木、柳、核桃、花椒、杏、苹果、梨、山楂、柿、君迁子、酸枣、臭椿、泡桐、楸、槐、槭、桑、榆、苦楝、栎、皂角、漆树、杨、紫荆、山葡萄等。

【危害部位】叶片。

【形态特征】

成虫 前翅长30～35mm。触角雌蛾线状,雄蛾锯齿状丛生纤毛。头部橙黄,体黄白色,胸背和腹端有橙黄色毛,肩片有长毛束。翅底色白,上有灰色和橙色斑点。一般在前翅和后翅的外线上各有一串橙色和深褐色圆斑;前翅基线为一弧形的橙色带;前、后翅中室端有一大灰斑,暗色型体呈黄褐色,翅上散布大小不等的灰色斑点和短纹,短纹密集甚至连成一大片灰褐色。

卵 椭圆形,长约0.7mm。翠绿或黄绿色,孵化前变暗绿色。

幼虫 老熟幼虫体长65～85mm。体色变化较大,多随寄主及环境而变化,如在绿色植物上取食则偏绿,在红色植物上取食则偏红色,通常为黄褐色或黄绿色。头部红褐色,两颊突起成峰,密生小颗粒;体表粗糙,从中胸至腹末各体节有灰白色小点4个,腹面色较深。胸足棕褐色,腹足与体色同。

蛹 长17～27mm,呈纺锤形,黑褐色有光泽。

【生物学特性】在冀、豫、晋交界的太行山区1年1代,以蛹在土中越冬。

翌年5～8月成虫陆续羽化出土,7月中旬为羽化盛期,8月中下旬为末期。7月上旬开始出现幼虫,7月下旬和8月上旬为幼虫孵化盛期,8月下旬为末期。8月中旬至10月下旬为老熟幼虫下树化蛹期,9月为盛期。成虫羽化的适宜温度为24.5～25.3℃,成虫白天静伏于树叶、树干、草地或岩石上,夜间则特别活跃。有趋光性和趋水性。卵多产于树皮缝里或石块上,块产,排列不规则并覆盖一层厚厚的黄色绒毛,每雌蛾产卵5～8块,共1000～3000粒。卵历期9～12天。幼虫孵化适宜温度为26.7℃,相对湿度50%～70%。幼虫孵化后即迅速分散。初孵幼虫一般在叶尖先食叶肉,以后渐及叶缘,将尖、缘吃成半透明网状,静止时多在叶尖端或叶缘处用臀足攀住叶边缘,身体向外直立伸出,如小枯枝,不易发现;3龄以后幼虫行动较为迟缓,一般将1片叶食尽后才转移危害,静止时用臀足和胸足攀架在两叶或两小枝间和寄主构成一个三角形。虫体颜色与寄主颜色相似。初孵幼虫对寄主的选择性严格,取食黄连木、蓖麻、臭椿的幼虫成活率高,取食花椒、桃、楸及泡桐的幼虫成活率低,而取食柿、君迁子、谷子及玉米的幼虫不能成活;幼虫老熟后坠地,选择土壤疏松、潮湿阴暗处化蛹,多在花木周围、荒坡杂草下及石缝等处,化蛹深度一般3cm左右。大发生年份常几十头至几百头幼虫聚集在一起化蛹。

【防控措施】

①人工挖蛹。在大发生年份虫口密度较大的地区,晚秋或早春可在树冠投影再向外大1m范围的堰跟、石块下及4cm内的土层挖掘越冬蛹,将蛹仔细捡拾干净杀死。

②捕杀成虫。在成虫羽化期的早晨趁露水未干成虫飞行不便时,捕捉成虫,或在河边、池边堆火诱杀成虫。慎用黑光灯诱杀。

③喷洒生物农药。在2、3龄幼虫期喷洒Bt乳剂、青虫菌、红铃虫杆菌等。

④在低龄幼虫期喷洒25%灭幼脲3号胶悬剂、20%灭幼脲1号胶悬剂或三苦素等植物性杀虫剂。必要时,可选用2.5%敌杀死乳油3500倍液、25%马拉松乳油1000倍液等。

219

88.1 黄连木尺蛾,示幼虫形态及危害状 I

88.2 黄连木尺蛾,示幼虫形态及危害状 II

88.3 黄连木尺蛾,示幼虫形态及危害状 III

88.4 黄连木尺蛾,示成虫展翅态

89. 黄刺蛾

【又名】洋辣子、八角子、刺蛾。

【学名】 昆虫,鳞翅目黄刺蛾 *Cnidocampa flavescens*。

【寄主植物】月季、悬铃木、黄刺玫、紫荆、石榴、海棠、碧桃、紫叶李、杏、梅、柿、枣、栗、核桃、樱花、山楂、枫杨、榆、杨、梧桐、桤木、乌桕、楝、茶、桑、柳等。

【危害部位】叶片。

【形态特征】

成虫 体长 8~14mm,翅展 26~34mm。触角线状,下唇须线状弯过头顶。头、胸背面黄色。前翅内半部黄色,外半部黄褐色,有2条暗褐色斜线。后翅黄褐色无斑,缘毛褐色。腹背黄褐色。

卵 长径约1.4mm,短径约0.9mm,扁平,椭圆形,淡黄色。

幼虫 老熟幼虫体长16~25mm,略呈长方形,体色鲜艳,基色为黄绿色。头小,淡褐色。前胸宽大,黄绿色,前胸盾半月形,有黑褐点1对,体背有1个紫褐色大斑,前后两端宽钝,中部狭窄,似哑铃。体侧各节有瘤状突起,上有黄毛。腹足退化,仅具吸盘。

蛹 长11.5~14.5mm,椭圆形,石灰质,灰白色,具数条黑褐色条纹,似麻雀蛋,质地坚硬,紧贴于枝干上。

【生物学特性】年发生1~2代,1代区在我国北部,如东北、河北北部;2代区位于中部地区,如河南、陕西、四川、河北中南部;中部稍南仅为1~2代。

均以老熟幼虫在茧内越冬。1代区成虫于6月上旬至7月上旬出现,2代区成虫分别于5月上旬和8月上中旬出现。成虫昼伏叶背,夜间活动,交尾产卵于叶背,单粒散产,卵期7~10天。初孵幼虫在叶背啃食叶肉,形成白色圆形半透明小斑,几日后小斑连接成斑块,稍大后将叶片吃成缺刻,严重时仅剩叶柄。

【防控措施】

①夏季(1代区)和冬春季(1~2代区)结合修剪等生产作业,剪除或掰掉虫茧。在低龄幼虫群集危害时剪除虫叶,杀死幼虫。

②在幼虫低龄期喷洒20%敌灭灵悬浮剂、20%灭幼脲3号悬浮剂或于整个幼虫期喷洒Bt乳剂、青虫菌等。必要时喷洒灭扫利、辛硫磷、杀螟松等杀虫剂。

③注意保护利用广肩小蜂、姬蜂、螳螂等天敌。

220

89.1 黄刺蛾,示初孵幼虫群集危害石榴状

89.3 黄刺蛾,示结在梨叶脉上的蛹茧

89.5 黄刺蛾,示成虫展翅状

89.2 黄刺蛾,示月季叶被吃光状

89.4 黄刺蛾,示已羽化过剩下的蛹壳

89.6 黄刺蛾,示结在石榴枝上的蛹茧及茧内的蛹

90. 黄胫小车蝗

【学名】昆虫，直翅目黄胫小车蝗 *Oedaleus nfernalis*。

【寄主植物】草坪草等禾本科植物。

【危害部位】叶片。

【形态特征】

成虫　体长雌35mm，雄25mm；前翅长雌34mm，雄24mm。体褐色带绿，有深色斑。触角丝状。前胸背板略呈屋脊状，顶端有小刻点，中部压缩，上具淡色"×"形纹，有时不明显；侧片高长于宽，背板后缘为钝角。前翅长于腹端及后腿节顶端，翅面有大褐斑，翅端透明部分有四角形网孔。后翅中部具较窄的黑色月形带纹。雌虫后腿节底侧黄色。雄虫后足腿节底侧红色。

卵　长圆筒形，多个卵被泡沫状胶质物包被成卵囊。

若虫　与成虫相似，仅翅为翅芽。

【生物学特性】1年1代，以卵囊在土中越冬，在河南北部9月上中旬仍可见成虫。若虫共5龄。

【防控措施】

①人工挖除地边、田埂、绿化区周围等处的卵块，或翻土，将卵块暴露而死。

②在3龄前人工捕杀若虫或喷药防控。可选用三苦素500倍液、2.5%敌杀死乳油3000倍液、40%氧化乐果乳油1000倍液等。

③注意保护麻雀等鸟类、蜻蜓、蜘蛛等天敌。

91. 斐豹蛱蝶

【学名】昆虫，鳞翅目斐豹蛱蝶 *Argyreus hyperbius*。

【寄主植物】孔雀草、柳、栎、柏、松等。

【危害部位】叶片。

【形态特征】成虫体长20～24mm，翅展71～76mm。体背暗黄褐色，被有红褐色绒毛。雌雄二型，雄性翅橙黄色，前翅较深，中室附近微带红色，斑纹黑色，中室内具横纹4条；顶角圆形，明显外突；端线双线；端线内侧有2列并行的圆形斑；中室外各脉室除最前和最后2个室2个斑外，其余均1个斑。后翅色略淡，基部暗褐，中室中部具1个横纹，端部1个小斑；翅外半部有3列斑；端线双线与脉端斑串连。雌性前翅端半部紫黑色，顶角内有几个小白点，内侧有1条宽的白斜带；沿外缘具2列蓝白色短线纹，其内列呈新月形。其他斑纹同雄性。

【生物学特性】在江苏、河南的北部10月中下旬可见成虫。

【防控措施】

①在幼虫发生期结合其他害虫的防控，喷洒三苦素500倍液、80%敌敌畏乳油1500倍液、50%倍硫磷乳油1500倍液、2.5%敌杀死乳油4000倍液、20%速灭杀丁乳油4 000倍液等。

②人工网捕成虫。

91.1 斐豹蛱蝶，示雌成虫

90.1 黄胫小车蝗，示危害草坪

90.3 黄胫小车蝗，示蝗虫感病（翅下生绿色瘤，瘤体内为绿色液体，后翅发育不正常）

91.2 斐豹蛱蝶，示成虫栖息态

90.2 黄胫小车蝗，示成虫

91.3 斐豹蛱蝶，左为雄成虫，右为雌成虫

221

92. 斑衣蜡蝉

【又名】樗鸡、斑蜡蝉、红娘子、斑衣、臭皮蜡蝉。

【学名】昆虫，同翅目斑衣蜡蝉 *Lycorma delicatula*。

【寄主植物】月季、地锦、珍珠梅、香椿、千头椿、刺槐、榆、女贞、李、桃、葡萄、花椒、山楂、海棠、苹果、杏、苦楝、杨、悬铃木、楸、三角枫、五角枫、栎、梧桐、黄杨、合欢等。

【危害部位】幼嫩枝干。

【形态特征】

成 虫 体长：雌18～22mm，雄14～17mm。翅展：雌50～52mm，雄40～45mm。体黑色，体上附有白色蜡质粉。前翅基部2/3淡灰褐色，散布20余个大小不等的黑斑；端部1/3深褐色，脉纹部分颜色同翅基部。后翅基部红色，散布20余个大小不等的黑斑，中部白色，端部1/3黑色。

卵 长圆形，排列成块状，表面盖有一层灰褐色粉状物，似黄土泥。

若 虫 体似成虫但较小，体扁平，头尖长，足长。1～3龄体黑色，布许多白色斑点。4龄体背面红色，布有黑色斑纹和白点，具明显的翅芽于体侧。老熟时体长6～7mm。

【生物学特性】 1年1代，以卵在树木枝、干上或附近建筑物上越冬。越冬卵开始孵化时间，陕西关中为翌年4月中旬，山东为5月中下旬，北京为4月下旬(臭椿发芽期、黄刺玫花初开)。若虫喜群集于嫩茎、叶背危害，受惊即跳跃逃逸，跳跃迁移距离1～2m。成虫亦具群集性。成虫跳跃性更强，可高达1m以上，飞翔力不强，少有飞出3～4m的。多白天活动危害。成虫寿命达4个月。直至10月中下旬产卵后死去。卵多产于树枝，干向阳面。喜食臭椿，在臭椿上产的卵孵化率大大高于在榆、槐上产的卵。卵和若虫期都有寄主蜂。

【防控措施】

①在冬春季刮除越冬卵块，或用木槌击碎卵粒。

②在若虫孵化盛期选喷菊酯类、有机磷制剂或其复配剂均可，加入黏土柴油乳剂或含油量0.3%～0.4%的柴油乳剂效果更好。

③发生严重地区，最好不栽或少栽臭椿，以减少虫源。

④注意保护天敌。

92.1 斑衣蜡蝉，示4龄若虫形态(白色为白蜡绵粉蚧的卵囊)

92.2 斑衣蜡蝉，示4龄前若虫形态

92.3 斑衣蜡蝉，示成虫栖息态

93. 朝鲜球坚蚧

【又名】朝鲜毛球蚧、杏球蚧、杏球坚蚧、朝鲜球蜡蚧、朝鲜球蚧、杏毛球蚧、桃球坚蚧。

【学名】昆虫,同翅目朝鲜球坚蚧 *Didesmococcus koreanus*。

【寄主植物】梅花、紫叶李、杏、桃、樱花等。

【危害部位】枝干。

【形态特征】

雌成虫 蚧壳半球形,直径3mm左右,最初柔软,黄褐色,以后变硬,深紫褐色有光泽,表面覆被极薄的白色蜡层,背面有纵裂凹下小点3~4行或不成行列。雌成虫体近球形,前面和侧面下部凹入,后面垂直。幼体时体壁软,呈黄褐色,老熟时体壁硬化,红褐色至黑褐色。触角6节,第3节最长。足较粗大。体缘有细刺,体背毛粗。

雄成虫 蚧壳长扁圆形,背面为白色,隐约可见分节,两侧有2条纵斑纹。末端为钳状,钳形背上方有黑褐色斑点1个,蚧壳前端也有2个黑褐色小斑点。雄成虫体长2mm。头淡褐色,略似三角形。复眼黑色。触角丝状10节,淡粉红色或淡棕色。口器完全退化。腹部赤褐色,中胸色最深。胸部末端有1对白色蜡质长毛。

卵 长椭圆形,半透明。腹面稍向内弯,背面略隆起。初产时为白色,后渐变为粉红色。

若虫 初孵若虫长扁圆形。全体淡粉红色,触角5节,黄白色。足黄褐色颇发达。体表被有白色蜡粉,腹部末端有白色尾毛1对。固着后的幼虫体色较深,体两侧有白色丝状蜡质物覆盖于背面。越冬后的若虫,雌雄两性,异形。雌虫卵圆形,背面隆起,淡黄褐色,有数条紫黑色横纹。雄虫椭圆形,体瘦小,背面稍隆起,身体背面臀板前缘有2个黄白色斑纹。

蛹 雄蛹体长1.8mm,赤褐色,长扁圆形,腹末有1个黄褐色刺状突。裸蛹。触角、足及翅芽为淡褐色。

【生物学特性】在山西、山东、河北、辽宁等地1年1代,以2龄若虫在小枝条上覆盖于蜡质层下越冬。翌年3月中下旬开始出蛰活动,群集于枝条上危害。固着后的若虫雌雄逐渐分化。3月底,雌虫又蜕皮1次,体背逐渐膨大成半球形蚧壳。雌雄交尾后,雌虫体迅速膨大。5月上中旬开始产卵,卵期7天左右。5月下旬至6月上旬为幼虫孵化盛期。初孵幼虫爬行活泼,在枝条上爬行1~2天,寻找枝条裂缝、当年新梢基部的叶痕中,群集固着,并从身体两侧分泌白色弯曲的丝状蜡质物覆盖于体背,至6月中下旬渐溶化为白色蜡层,包在虫群周围。至10月中旬以后以2龄若虫越冬。有孤雌生殖现象。天敌主要有黑缘红瓢虫,其若虫、成虫均可捕食蚧虫;还有红点唇瓢虫、寄生蜂等。

【防控措施】

①主要应抓住2个环节,即寄主休眠期防控和寄主生长期的若虫大量孵化转移或越冬若虫大量出蛰活动时防控。

②休眠期防控。冬春季节,剪除带虫枝条,集中销毁。或人工刷除枝条上的越冬蚧虫。在春季寄主发芽前选喷:3~5°Be石硫合剂、松脂合剂15倍液、15%柴油乳剂1000倍液、蒽油乳剂等。

③寄主生长期防控。选喷:40%毒死蜱乳油1000倍液、40%氧化乐果乳油1500倍液、80%敌敌畏乳油1000倍液、50%久效磷乳油1800倍液、0.3~0.5°Be石硫合剂等。

④保护和利用天敌。特别是对黑缘红瓢虫的保护和利用,调整施药时期和方法,避免杀伤天敌。在天敌活动盛期可采用树干注射机打孔注入40%氧化乐果乳油等方法防控。

⑤发生量少时,可在若虫、成虫固着危害期用细钢丝刷刷除。

223

93.1 朝鲜球坚蚧,示危害梅花

93.2 朝鲜球坚蚧,示危害紫叶李

94. 棉 蚜

【又名】 石榴棉蚜、蜜虫、油汗、腻虫。

【学名】 昆虫，同翅目棉蚜 *Aphis gossypii*。

【寄主植物】 木槿、石榴、碧桃、梅花、白兰、锦葵、蜀葵、大丽花、美人蕉、紫荆、木瓜、鸡冠花、花椒、鼠李等越冬寄主和扶桑、菊花、瓜叶菊等夏季寄主。

【危害部位】 嫩梢、叶片和花器。

【形态特征】

成虫 无翅胎生雌蚜：体长1.5～1.9mm，夏季为绿色、淡黄色，春、秋季为黄褐色、深绿、棕色、黑色。外表常被有薄层蜡粉。复眼暗红色。腹管较短，圆筒形。有翅胎生雌蚜：体长1.2～1.8mm。夏季淡黄色或绿色，春秋季多为黑蓝色，头胸部黑色。翅透明。腹部两侧有3～4对黑斑。

卵 长椭圆形，长0.5 mm。初产时橙黄色。渐变为黑色。

若虫 无翅若蚜：夏季黄色至黄绿色，春秋季蓝黑色。复眼红色。有翅若蚜：夏季淡黄色，秋季灰黄色，2龄后出现黑褐色翅芽。腹部第1、6节的中侧和第2、3、4节的两侧各具1个白色圆斑。

【生物学特性】 辽河流域1年10～20代，北京地区20多代，黄河、长江流域及华南20～30代。北方以卵在木槿、石榴等的芽腋及枝杈处越冬。翌年3～4月间越冬卵开始孵化，多集中于叶背、嫩梢等部位刺吸汁液。6月份产生大量有翅蚜，迁飞到扶桑、茉莉、菊花等花卉上危害，孤雌繁殖。晚秋又迁回到木槿、石榴、碧桃等交尾后产卵越冬。天敌主要有草蛉、瓢虫、猎蝽、蜘蛛、捕食螨、食蚜蝇、寄生蜂等。

【防控措施】

①注意铲除绿化区及其周围杂草。早春往越冬寄主上喷洒40%氧化乐果乳油等，消灭越冬寄主上的蚜虫。

②保护和人工助迁天敌。

③喷洒植物性杀虫剂。可选用2.5%鱼藤精800倍液、3%除虫菊酯1200倍液或40%硫酸烟碱1000倍液等。

④大面积发生严重时，可选喷20%菊杀乳油2000倍液、50%辛硫磷乳油1500倍液、2.5%天王星乳油3000倍液、2.5%功夫乳油3000倍液、20%灭扫利乳油2500倍液、20%速灭杀丁乳油2000～3000倍液等。

94.1 棉蚜，示发生在花椒上的无翅胎生雌蚜

94.2 棉蚜，示有翅胎生雌蚜危害石榴新梢和叶片

94.5 棉蚜，示有翅胎生雌蚜孤害石榴花蕾

94.3 棉蚜，示木槿新梢被害状

94.4 棉蚜，示晚秋群集与花椒树干状

95.1 棉铃实夜蛾，示幼虫危害紫穗槐

95. 棉铃实夜蛾

【又名】棉铃虫。

【学名】昆虫，鳞翅目棉铃实夜蛾*Helicoverpa armigera*。

【寄主植物】紫穗槐、月季、菊花、秋葵、大叶楸葵、香石竹、万寿菊、一串红、木槿、向日葵、大丽花、泡桐等250多种植物。

【危害部位】蕾、花、果、叶、芽和嫩梢。

【形态特征】

成虫　体长14～18mm，翅展30～38mm。头、胸部及腹部淡灰褐色或青灰色。前翅淡红褐色或淡青灰色，基线双线不清晰；内线褐色双线，锯齿状；环纹褐边，中央有1个褐点；肾纹褐边，中央有1个深褐色肾形斑；中线褐色；外线褐色双线；亚端线褐色，端区各脉间有黑点。后翅黄白色或淡褐黄色。

卵　半球形，初产时乳白色，渐变为黄白色或淡绿色，高约0.51～0.55mm，宽0.44～0.48mm。

幼虫　初孵幼虫青灰色。老熟幼虫体长32～42mm；头部黄绿色；体色变化很大，可分为：①体色绿色，背线与亚背线深绿色，气门黄绿色，背线一般有2条或4条，气门上线可分为不连续的3～4条。②体色淡绿，背线及亚背线淡绿，但不甚明显，气门线白色，毛片绿色。③体色黄白，背线及亚背线绿色，气门线白色，毛片黄白色。④体色淡红，背线及亚背线淡褐色。

蛹　纺锤形，长17～21mm，黑褐或黄褐色，腹部末端有1对臀棘。

【生物学特性】年发生代数，由北向南逐渐递增，一般3～7代。在华北地区，以蛹在土室内越冬，翌年羽化，羽化多在夜间进行。成虫白天潜伏，日落后3小时最活跃。成虫对黑光灯有趋光性，对糖醋液趋性弱，对新枯萎的杨树枝叶有趋集性，对草酸和蚁酸有强烈的趋化性。雌成虫产卵有趋向花、花蕾和生长高大茂密植株上部的习性。在月季上，卵散产于嫩枝、嫩叶的叶面上，每头雌蛾产卵100～500粒。初孵幼虫吃掉卵壳后，大部分转移到心叶处取食嫩叶，或钻蛀花蕾，咬食花朵，造成孔洞，每年以7～9月危害严重。在石家庄市区，6月下旬至7月中旬幼虫严重危害月季花蕾。老熟幼虫吐丝下垂，爬到土壤中做土茧化蛹，入土深度2.5～6.0cm。完成1个世代约需35～45天。

【防控措施】

①结合冬季施肥深翻土地，并将土块打碎，消灭越冬虫蛹。

②少量发生时，可结合园艺管理，人工捕捉幼虫将其杀死。或将杨树枝扎把插于绿化区诱集成虫，早晨清除杀死。

③大面积发生严重时，可于幼虫孵化盛期或低龄幼虫期选喷：30%灭铃灵乳油1300～3000倍液、20%杀铃脲悬浮剂1500倍液、20%菊杀乳油2000倍液、50%辛硫磷乳油1000倍液、40%菊马乳油2000倍液等。

225

95.3 棉铃实夜蛾，示不同色型的幼虫之一

95.5 棉铃实夜蛾，示幼虫形态

95.4 棉铃实夜蛾，示幼虫危害月季花冠状

95.6 棉铃实夜蛾，示5龄幼虫

95.2 棉铃实夜蛾，示幼虫钻蛀月季花蕾状

95.7 棉铃实夜蛾，示成虫展翅形态

96. 短额负蝗

【又名】中华负蝗、尖头蚱蜢、呱嗒板、圆额负蝗。

【学名】昆虫，直翅目短额负蝗 *Atractomorpha sinensis*。

【寄主植物】多种禾本科草坪草、鸡冠花、迎春、茶花、柳、柿、泡桐、梧桐、竹等。

【危害部位】叶片。

【形态特征】

成虫 雌体长32mm，前翅长26.5～28.0mm。体绿色，冬型为褐色。体形细长。头呈长锥形，较短，短于前胸背板，自复眼前缘至头顶长度约等于复眼最大直径的1.0～1.3倍。触角粗短，剑状。前翅狭长，超出后足腿节顶端的长度为全翅的1/3，顶端较尖。后翅短于前翅，基部玫瑰色。雄体明显较小。

卵 长2.9～3.8mm，长椭圆形，黄褐色至深黄色，表面有鱼鳞状花纹。

若虫 共5龄。1龄体长3～5mm，草绿稍带黄色，全体布满颗粒状突起。2龄体色渐变绿，翅芽可辨。3龄，前、后翅芽未合拢盖住后胸一半至全部。4龄前翅翅芽在外侧盖住后翅芽，开始合拢于背上。5龄翅芽增大到盖住腹部第3节或稍超过，形似成虫，雌雄个体相差较大。

【生物学特性】1年发生代数，华北1代，江西2代，以卵囊在潮湿的土壤中越冬。5月下旬至6月中旬为孵化盛期，7～8月成虫羽化，一般沟渠两边湿度较大的地方，地被物多、双子叶植物茂密的地方、水旁花丛发生较多。

【防控措施】

①在该虫发生严重的地区，于秋、春季铲除田埂、地边5cm以上深度的土及杂草，将卵块暴露于地面晒干或冻死，亦可结合平整土地、修渠打埂，增加盖土厚度，使新孵跳蝻不能出土。

②抓住初孵跳蝻集中危害抵抗力和扩散力均较弱时，选用2.5%敌百虫粉剂、3.5%甲敌粉剂、4%敌马粉剂等喷粉，用量2000g/667m²，亦可用20%速灭杀丁乳油3000～3500倍液、40%氧化乐果乳油1000～1500倍液、50%马拉硫磷乳油1500倍液等喷雾。

③毒饵诱杀，方法有二：一是麦麸（或米糠、马粪、高粱糠等）100：1.5%敌百虫粉2（或40%氧化乐果乳剂0.15）：水100混合拌匀；二是碎鲜草100：1.5%敌百虫粉剂2：水100混合拌匀。随配随用，不过夜，用量为10～15kg/667m²，阴雨、大风及温度过高过低时不宜使用。

④注意保护利用寄生蝇、青蛙、鸟类等天敌。

96.1 短额负蝗，示危害凤仙花

96.3 短额负蝗，示雌成虫形态

96.2 短额负蝗，示若虫形态

96.4 短额负蝗，示秋型成虫形态

97. 紫薇长斑蚜

【又名】紫薇棘尾蚜。

【学名】昆虫,同翅目紫薇长斑蚜 Tinocallis kahawaluokalani。

【寄主植物】紫薇。

【危害部位】嫩叶、嫩梢、花蕾、花萼。

【形态特征】

成虫 有翅孤雌蚜:体长2.1mm,宽1.1mm,黄色,宽三角形。体背有黑色斑纹。触角顶端及鞭节黑色。腹部淡黄色,各节都有1对隆起的黑色中瘤。无翅胎生雌蚜:体长1.5mm,黄绿色,浑圆形,布有黑点。复眼橘黄色。有翅胎生雌蚜:似无翅胎生雌蚜,虫体稍长,其背面有黑褐色斑纹,腹部第2节有1个黑色横斑。

【生物学特性】 在长江下游1年发生10多代,以卵在芽腋、皮缝、枝杈等处越冬。翌春当紫薇萌发,新梢抽出后,产生无翅胎生蚜,6月份以后虫口密度不断上升,并随气温的增高而不断产生有翅蚜,有翅蚜再迁飞扩散。干旱少雨有利于该虫发生和蔓延,大雨过后虫口急骤减少。7~8月份如少雨干旱,虫口密度较6月份明显增多,单叶有虫可达110头,并诱发严重的煤污病,造成叶片萎黄脱落。天敌有七星瓢虫、异色瓢虫等。

【防控措施】

①加强栽培管理,增强抗虫性。紫薇喜阳光充足的环境,宜栽植于湿润肥沃、排水良好的土壤中。早春要施1次基肥,肥料应以腐熟的人畜粪尿、饼肥为主,生长季节追施稀薄液肥2~3次,这是紫薇孕蕾多、开花繁茂的关键。冬季修剪整形。常用播种、扦插法繁殖。

②冬季剪除严重病虫枝、枯枝,清除地面枯枝落叶,集中深埋。

③紫薇休眠期喷洒1次3~5°Be石硫合剂。

④斑蚜发生期,如天气干旱,结合浇水,用高压喷枪向树体喷水,喷落虫体,减少危害。或结合紫薇绒蚧的防控,选喷40%氧化乐果乳油1000~1500倍液、50%杀螟松乳油1000~1500倍液、20%速灭杀丁乳油3000倍液等。

227

97.1 紫薇长斑蚜,示危害紫薇状

97.2 紫薇长斑蚜,示瓢虫若虫扑食紫薇长斑蚜状

96.5 短额负蝗,示成虫交尾状

98. 紫薇绒粉蚧

【又名】紫薇绒毡蚧、袋蚧、石榴毡蚧、石榴绒蚧、石榴囊毡蚧。

【学名】昆虫，同翅目紫薇绒粉蚧 *Eriococcus agerstroemiae*。

【寄主植物】紫薇、石榴等。

【危害部位】若虫和雌成虫群集吸食枝、干及叶上汁液。

【形态特征】

成虫 雌成虫卵圆形，头端较尾端稍尖，体长3mm左右，最宽处2 mm左右，紫红色，老熟时被包于白色毛毡状卵囊中。雄成虫体长1.2mm左右，紫褐色，翅半透明，触角10节，上有轮生毛，长为体长之半，色稍淡。腹末有2根灰白色蜡丝。

98.1 紫薇绒粉蚧

卵 椭圆形，淡紫红色，长0.3mm左右。

若虫 初孵若虫椭圆形，体长0.5mm，宽0.25mm，淡黄色，渐变为淡紫红色，体背及体缘有刺突。2龄若虫开始分泌白色蜡粉和体缘蜡丝。越冬若虫体长1mm左右，紫红色。足3对，黄色。体背有少量白色蜡丝。

蛹 体长1.8mm左右，长椭圆形，紫褐色，包于白色蜡囊中。雄蜡囊长1.4mm左右，灰白色。

【生物学特性】1年发生代数，南方3～4代，河北、北京2代。在河北、山东以2龄若虫在枝、干皮缝下或空卵囊中越冬，在上海地区则以成虫越冬。在河北中南部，翌年3月下旬越冬若虫出蛰，4月中下旬雌雄分化，5月初成虫羽化，6月上旬为成虫产卵盛期，6月中旬为1龄若虫出现盛期。8月中旬至9月末为第2代若虫孵化期，发育至2龄后于10月下旬开始越冬。初孵若虫自卵囊爬出，沿寄主枝条爬行，在枝干隙缝中定居刺吸危害。雌虫均将卵产于绒毡状卵囊(蜡质蚧壳)下面的母体后方，每雌产卵115粒左右。天敌有瓢虫、草蛉等。

【防控措施】

①严格检疫。带虫苗木不出圃。不栽带虫苗木，或将带虫苗木严格处理确认已灭疫后再引进栽植。

②合理施肥、浇水、修剪，增强树体抗虫性。发现白色卵囊即用细的钢丝刷将其刷去。紫薇耐修剪，可结合冬季整形，剪除带虫多的枝条，消灭越冬虫态。

③药剂防控。早春树木发芽前选喷3～5°Bé石硫合剂、30号机油乳剂

98.2 紫薇绒粉蚧，示紫薇绒粉蚧与煤污病复合侵害，紫薇植株衰弱状

10～20倍液等。若虫孵化到大量分泌蜡粉、蜡丝前选喷：20%好年冬乳油1000～1500倍液、20%菊杀乳油1000～1200倍液加1/1000中性洗衣粉、80%敌敌畏乳油1000倍液、50%杀螟松1000倍液等。亦可在受害株周围埋施15%涕灭威颗粒剂，单株干基径每1cm用药1.5g左右，覆土后浇足水，或开沟浇40%氧化乐果乳油1000倍液，单株干基径每厘米浇药水1.5～2kg等。

④注意保护和利用天敌。

99. 紫藤否蚜

【学名】昆虫，同翅目蚜科紫藤否蚜 *Aulacophoroides hoffmanni*。

【寄主植物】紫藤。

【危害部位】若虫和成虫吸食幼叶、嫩梢。

【形态特征】

成虫 有翅孤雌蚜：体卵圆形，长约3.3mm，宽约2.0mm。头、胸黑色。腹部褐色有黑斑。触角长于体，腹管端部有网纹2～3排。无翅孤雌蚜：体卵圆形，棕褐色，大小似有翅孤雌蚜。中额隆起，触角稍长于体。头及前、中

99. 紫藤否蚜，示危害紫藤花序状，左下为龟纹瓢虫扑食蚜虫并交尾状

228

胸黑褐色,后胸有零星斑纹。体表有不规则粗糙纹。腹管长筒形,有瓦纹。

【生物学特性】1年发生7~8代,在河北中、南部,每年4月下旬开始在紫藤上零星发生,5~6月危害最重,7~8月上中旬危害较轻,8月下旬后虫口密度又有增加,一直危害至10月上中旬。天敌主要有龟纹瓢虫等。

【防控措施】

①适当修剪紫藤棚架,保持良好的通风透光。

②必要时喷药防控,可选用20%灭扫利乳油3000倍液、50%抗蚜威可湿性粉剂3000倍液等。

③注意保护龟纹瓢虫等天敌。

100.1 落叶松毛虫,示雄成虫展翅态

100.2 落叶松毛虫,示雌蛾形态

100.3 落叶松毛虫,示老树幼虫吐丝结茧状

100. 落叶松毛虫

【学名】昆虫,鳞翅目落叶松毛虫Dendrolimus sibiricus。

【寄主植物】落叶松、红松、油松、黑松、樟子松、云杉、冷杉等。

【危害部位】针叶,影响树木正常生长,连年大发生可至树木死亡。

【形态特征】

成虫 雌蛾体长28~45mm,翅展70~110mm,触角栉齿状;雄蛾体长略小于雌蛾,触角羽毛状,体色灰白色、灰褐、赤褐色、黑褐色。前翅有深褐色花纹,里面有1个白斑,外缘有8个黑斑。

卵 椭圆形,长2.5mm,宽1.8mm。初产时淡绿色,后变为粉黄色至红褐色。

幼虫 老熟幼虫体长60~80mm,灰褐色,有银白色或金黄色毛,背面有2条深黑色毒毛,后面有两束暗蓝色长毛。

蛹 长30~45mm,深褐色,茧灰褐色。

【生物学特性】一般1年1代,河北坝上地区3年2代或2年1代。以幼虫

100.4 落叶松毛虫,示幼虫形态及危害状

在枯枝落叶下越冬。在河北北部越冬幼虫4月中下旬上树危害。6月下旬幼虫老熟后在树冠上结茧化蛹。7月中下旬羽化盛期,卵产于小枝梢或针叶上。8月上中旬幼虫孵化,取食针叶。9月下树越冬。

【防控措施】

①混栽,根据当地的立地条件合理地选择和搭配混栽树种,公路绿化不要单纯栽植落叶松。

②保护天敌昆虫,保护鸟类,人工繁育、释放赤眼蜂3万~5万头/亩。

③化学防控。一是阻隔法:用2.5%溴氰菊酯乳油或4.5%高效氯氰菊酯和柴油按1:15~20的比例混合后,浸泡纸绳或2~3cm宽的纸条,浸透后将纸绳或纸条取出,于幼虫下树越冬前

100.5 落叶松毛虫,示幼虫形态

或春季幼虫上树前捆绑在树干上,阻杀下树越冬及上树危害的幼虫。二是喷烟、熏烟法:用喷烟机喷菊酯类农药与柴油的混合液或喷烟机专用药剂;用烟雾剂熏烟,如烟参碱等。三是喷雾法:用灭幼脲3号或高渗苯氧威进行喷雾或飞防。

229

101. 十星大圆叶甲

【又名】葡萄金花虫、十星瓢萤叶甲、十点宽卵萤叶甲、葡萄十星叶虫、葡萄土黄叶虫、黄盖子虫。

【学名】昆虫，鞘翅目十星大圆叶甲 *Oides decempunctacta*。

【寄主植物】爬山虎、葡萄、野葡萄等。

【危害部位】芽、叶。

【形态特征】

成虫　体长11～13mm，宽8～9mm，宽椭圆形，黄色，鞘翅具5个黑斑，头部甚小，部分缩入前胸内，两复眼间有凹陷，中央纵沟伸达头顶。触角丝状。前胸背板宽大于长，刻点细小而非常稀疏。小盾片三角形，端角圆纯光

101.十星大圆叶甲，示成虫及其危害状

滑。后胸除边缘外黑色。腹部的腹板两侧各具1个黑色斑。

卵　椭圆形，直径约1mm。初产时草绿色，后渐变为褐色以至黄褐色。相聚成块。

幼虫　老熟时体长8mm。体长椭圆形，略扁，土黄色。胸部背面有褐色突起2行。腹部各节后端有横列的刺毛数根。

蛹　金黄色，长约12mm，腹部两

侧具齿状突起。

【生物学特性】　长江以北1年1代，江西2代，少数1代，四川2代，均以卵在寄主茎基部附近土中或落叶下越冬，南方有以成虫在各种缝隙中越冬的。在北方，翌年5月下旬卵开始孵化，6月上旬为盛期。初孵幼虫群集在近地面的叶片上危害，以后逐渐分散。幼虫白天静伏，早、晚活动，食害幼芽、嫩叶。6月下旬入土化蛹，成虫有假死性。白天取食，但食量很小。成虫产卵在距植株30cm左右以内的土表，以接近茎基部地表为多。河北涿州10月初可见成虫。2代区越冬卵于翌年4月中旬孵化，5月下旬化蛹，6月中旬羽化，8月上旬产卵，8月中旬孵化，9月上旬化蛹，9月下旬羽化，交尾、产卵，以卵越冬。以成虫越冬的，翌年3月下旬至4月上旬出蛰，并交尾产卵。管理粗放的绿化区，一般容易发生，往往只是局部植株受害较重。

【防控措施】

①在卵越冬期，清除园内枯枝、落叶及杂草，及时深埋。并将寄主茎基部半径50cm范围内的土壤细致耕翻，消灭越冬卵。

②加强预测预报。在幼虫初孵群集于近地面叶片期摘除虫叶，杀灭幼虫。组织人力，早晚震落捕杀成虫和幼虫。

③大面积严重发生时，可选喷80%敌敌畏乳油1000倍液、25%喹硫磷乳油1500倍液、5%氯氰菊酯乳油3000倍液、2.5%功夫乳油3000倍液、20%氯马乳油2000倍液、30%桃小灵乳油2500倍液、10%天王星乳油6000～8000倍液等。

102. 爬山虎天蛾

【又名】车天蛾、葡萄轮纹天蛾、葡萄红线天蛾、葡萄天蛾。

【学名】昆虫，鳞翅目爬山虎天蛾 *Ampelophaga rubiginosa*。

【寄主植物】爬山虎、葡萄、蛇葡萄等。

【危害部位】叶片。

【形态特征】

成虫　体长31～34mm，翅展85～100mm。触角线状，背面黄色，腹面棕色。体翅黄褐至棕褐色；体背自头顶到腹部末端有1条灰白色纵线。前翅顶角较突出。各横线均为暗茶褐色，顶角有较宽大的三角形斑1个。后翅黑褐色，外缘及后角附近色稍淡。

102.1　爬山虎天蛾，示成虫展翅态

102.2　爬山虎天蛾，示幼虫背面观

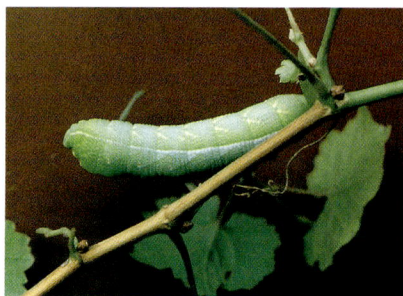

102.3　爬山虎天蛾，示幼虫危害葡萄

卵 球形，直径1.5mm左右，表面光滑。淡绿色，渐变为淡黄绿色。

幼虫 老熟幼虫体长80mm，绿色。体表布有横条纹和黄色颗粒状小点。头部有2对近于平行的黄白色纵线。前、中胸较细小，后胸和第1腹节较粗大。第8腹节背面中央具1个锥状尾角。中胸至第7腹节两侧各有1条由前下方斜向后上方的黄白色线，与体背两侧的亚纵线相接。臀板边缘淡黄色。

蛹 体长49～55mm，长纺锤形。初为绿色，渐变为背面棕褐色，腹面暗绿色。

【生物学特性】1年1～2代，以蛹在表土层内越冬。在河北中南部翌年5～6月间开始羽化，6月中下旬为羽化盛期。成虫白天潜伏，夜晚活动，有趋光性。卵多单粒散产于叶背和嫩梢上。每雌产卵400～500粒。6月中旬始见幼虫。幼虫孵化后多在叶背主脉或叶柄上栖息，夜晚取食，白天静伏。大龄幼虫常栖息于叶柄、细枝上。幼虫活动迟缓，1个枝条上的叶被食光后转移到临近枝继续危害。幼虫期42～53天。老熟幼虫入土化蛹，蛹期12天左右。

【防控措施】

①挖除越冬蛹。结合花木管理，从入冬前至早春挖除越冬蛹。

②幼虫期，结合绿化作业，按叶片被害状和地面大粒虫粪寻找幼虫捕杀。

③幼虫易患病毒病。采集田间自然病死的幼虫，研细加水200倍喷洒。

④农药防控，可于低龄幼虫期选喷盖虫散、灭幼脲3号、三苦素、敌百虫、敌敌畏、敌杀死等。

103. 鸢色虎蛾

【又名】葡萄修虎蛾、葡萄虎子、葡萄虎蛾。

【学名】昆虫，鳞翅目鸢色虎蛾 *Seudyra subfiava*。

【寄主植物】爬山虎、葡萄等。

【危害部位】叶片、嫩芽。

【形态特征】

成虫 体长18～20mm，翅展45mm，头胸紫棕色，颈板与后胸部端部暗蓝色，足与腹部杏黄色，腹背中央有1纵列紫棕色毛簇达第7节后缘。前翅灰黄色，中央有肾形纹和环形纹各1个。后翅橙黄色，外缘紫黑色，臀角透出黄褐斑，中部有一黑点。

卵 圆形，直径约1mm，乳白色。

幼虫 老熟体长40mm，头桔黄色有黑斑。胸、腹背面淡绿色，每节有大小黑色斑点，疏生白色长毛。

蛹 体长18～20mm，暗红褐色，尾端齐，左右有突起，背、腹处有短刺3对。

【生物学特性】1年2代，以蛹在葡萄根部附近土内越冬。次年5月中旬开始羽化为成虫，将卵散产于叶面和叶柄上，6月下旬幼虫发生，取食嫩叶，

7月中旬入土化蛹，7月下旬至8月中旬出现当年第1代成虫。8月中旬至9月中旬为第2代幼虫危害期，幼虫老熟后于10月上旬入土化蛹越冬。成虫白天隐蔽在叶背或杂草丛内，夜间交尾产卵，有趋光性。幼虫白天静伏于叶背，受触动时常从口中吐出黄水。

【防控措施】

①消灭越冬蛹。在秋末至早春结合整地挖除寄主根附近及其架下的越冬蛹，集中消灭。也可在幼虫入土化蛹前在架下地面上堆积腐木，诱其化蛹，于成虫羽化前集中杀蛹。

②在幼虫发生期，虫量较少时，可进行人工捕捉。

③药剂防控。在6月和8月两代幼虫危害初期，选喷90%敌百虫1000倍

103.2 鸢色虎蛾，示成虫形态

液、2.5%溴氰菊酯乳油3000倍液、50%杀螟松乳油1000倍液、灭幼脲3号等。

102.4 爬山虎天蛾，示幼虫危害地锦

103.1 鸢色虎蛾，示幼虫形态

104. 蛴螬

【又名】核桃虫。

【学名】昆虫，蛴螬是金龟子科 *Scarabaeidae* 昆虫幼虫的总称。

【寄主植物】170多种绿化植物。

【危害部位】根茎部。

【形态特征】虫体为圆筒形，臀部肥大，常弯曲成"C"形，乳白色，有胸足3对，体背隆起多皱。因种类不同，其体形大小、颜色有差异。

【生物学特性】蛴螬1年发生代数，因种类和地域不同而异。如铜绿金龟子在北京地区1年发生1代，以幼虫在土中越冬。华北大黑金龟子2年发生1代，以幼虫和成虫越冬。蛴螬喜发生于有机质多的土壤中，通常在春季和夏末秋初危害严重，冬季低温和夏季高温潜入深土层。

【防控措施】

①实行综合治理，在蛴螬发生严重的地区，要注意大面积除治成虫，沤制有机肥处要远离草坪、绿化区，有机肥要充分腐熟后再施用。

②药剂防控。草坪、花圃地可根灌90%敌百虫晶体800倍液或50%辛硫磷乳剂1000倍液等。

104.1 蛴螬，示侧面观

104.2 蛴螬，示背面观

105. 蛞蝓

【又名】野蛞蝓、鼻涕虫。

【学名】软体动物，腹足纲蛞蝓 *Agriolimax agrestis*。

【寄主植物】月季、菊花、仙客来、洋兰、朱顶红、一串红、鸢尾、瓜叶菊、海棠、唐菖蒲等。

【危害部位】成体、幼体取食和污染植株的幼苗、嫩梢、叶片。

【形态特征】

成体　长约22mm，爬行时约35mm，宽4～6mm。长梭形，暗灰色、灰红色或黄白色，柔软、光滑无外壳。触角2对，黑色，下边1对为前触角，长约1mm，有感觉作用；上边1对为后触角，长约4mm，端部具眼。口腔内有角质齿舌。体背前端具外套膜，为体长的1/3，边缘卷起，上有明显的同心圆纹。黏液无色。

卵　椭圆形，直径2.0～2.5mm，白色透明，近孵化时色深。

幼体　初孵时体长约2mm，淡褐色，形态似成体。

【生物学特性】1年1代，以成体或幼体在花木根部湿土中越冬。翌年5～7月潮湿季节活动危害，多将幼嫩叶片咬成孔洞或缺刻。酷热干燥活动减弱。入秋变凉爽后又活动危害。雌雄同体，异体受精。多产卵于湿度大、隐蔽的土中，每处产卵数粒至10多粒，多黏在一起成串。畏光，怕热，强日照下2～3小时即死亡，所以从傍晚开始活动，22:00～23:00达到高峰。阴雨后地面潮湿或夜晚有露水时出来最多，气温超过25℃时活动较少。黎明前陆续潜入土中或阴沟、潮湿避光处等阴暗场所。夏季阴雨连绵，在潮湿阴暗处，有时白天亦出来活动。耐饥力强。隐蔽潮湿的环境易于发生，气温11.5～18.5℃、土壤含水量为20%～

105.1 蛞蝓，示成体爬行态

30%时对其生长发育最有利。蛞蝓爬过的地方留有黏液,干燥后发亮。

【防控措施】

①合理浇水,采用喷灌、滴灌,不要大水漫灌,雨季注意排水,防止积水。花木保持合理密度,不要过密。注意修枝整形,及时修除过密枝、徒长枝,保持园林、花圃良好的通风透光。

②蛞蝓活动危害期,在被害植物附近阴暗潮湿处人工捕捉成、幼体。

③诱杀。于活动危害期,在花木周围堆放些鲜菜叶、杂草,每100kg杂草菜叶喷洒适量水与1kg90%敌百虫粉混合均匀,诱成、幼体藏匿取食,毒杀之。

④在花木周围或蛞蝓经常栖息的阴暗潮湿场所,于傍晚撒少量生石灰粉,或喷洒氨水100倍液,或撒80%灭蜗灵颗粒剂、10%多聚乙醛颗粒剂,用量为1.5g/m²。

105.2 蛞蝓,示虫体在象牙红叶面爬行后留下的发光黏液痕迹

106. 黑星麦蛾

【又名】 苹果黑星卷叶麦蛾、星黑麦蛾。

【学名】 昆虫,鳞翅目黑星麦蛾 *Telphusa chloroderces*。

【寄主植物】 碧桃、紫叶李、桃、紫叶李、杏、梨、苹果、樱花等。

【危害部位】 幼虫危害叶片。

【形态特征】

成 虫 体长5~6mm,翅展16mm。前翅黑褐色,靠前缘近顶角处有一个三角形黄褐色斑纹,翅中央有2个不十分明显的黑色圆点,后翅灰褐色。

卵 椭圆形,淡黄色。

幼 虫 体长10~12mm。头部、前胸背板、臀板及臀足均黑褐色。全身有黄白色与淡紫褐色纵条纹。

蛹 体长6mm,红褐色。

【生物学特性】 河北、河南、陕西1年2代,以蛹在杂草及落叶等处越冬,次年5月羽化,在新梢顶端叶丛的叶柄基部产卵,单粒或数粒成堆。幼虫于未展叶的叶丛中潜伏,啃食叶肉,稍大时常数十头吐丝将一小枝上的叶片缀在一起成团,潜于其中取食叶肉,残留叶表皮,并将粪便黏附在卷叶团上。幼虫

106.1 黑星麦蛾,示幼虫形态

性极活泼,受震动后即吐丝下垂。老熟幼虫在卷叶团内化蛹,经10余天后羽化为第1代成虫。7月下旬,第2代成虫开始发生,交配产卵。幼虫危害至9~10月间,随落叶在地面或杂草丛中化蛹越冬。

【防控措施】

①秋冬季节,彻底清除绿化区落叶、杂草,消灭越冬蛹。春季人工剪除有虫苞的嫩梢,集中深埋。

②农药防控。5月上中旬,幼虫危害初期,喷洒50%杀螟松乳油、25%辛硫磷乳油或90%敌百虫等。

106.2 黑星麦蛾,示碧桃嫩梢被害状

107. 黑翅雏蝗

【学名】昆虫，直翅目黑翅雏蝗 *Chorthippus aethalinns*。

【寄主植物】草坪草、月季等。

【危害部位】叶片、嫩梢。

【形态特征】成虫体长雌22.0～25.8mm，雄17.0～19.6mm；前翅长雌16.0～19.2mm，雄15.5～19.0mm。体具稀疏绒毛。头侧窝呈狭长四角形。头顶宽短，顶端呈钝角。颜面隆起具纵沟。前胸背板的中隆线较低，侧隆线在沟前区呈弧形弯曲，后缘弧形。前翅前缘脉和亚前缘脉颇弯曲，呈"S"形，亚前缘脉域较宽。

【生物学特性】1年1代，以卵块在土中越冬。一般冬暖或雪多，地温较高，利于蝗卵越冬。4～5月温度偏高，卵发育速度较快，孵化早。秋季气温偏高，利于成虫繁殖危害。多雨年份，土壤湿度大，蝗卵和跳蝻死亡率高。干旱年份，管理粗放的草坪，蝗虫发生危害常严重。成虫活动时间较长，在山东西南部、河南北部10月上旬仍可见成虫危害。天敌主要有鸟类、青蛙、螳螂、螨类和病毒等。

【防控措施】

①冬、春季节大面积组织人工挖卵，或翻耕田埂、路边，将卵块暴露而死。

②人工捕捉跳蝻。

③发生面积大，虫口密度高时于3龄前喷撒农药防控，可选用2.5%敌百虫粉剂、3.5%甲敌粉剂、4%敌马粉剂等，用量30kg/hm²，喷粉。如喷雾，选用50%马拉硫磷乳油1 500倍液、75%杀虫双乳油1000倍液、40%氧化乐果乳油1200倍液等。

④毒饵诱杀。毒饵配比：1.5% 敌百虫粉剂1：麦麸（米糠）50：水50，混合均匀，撒于地面，用量22.5kg/hm²；40%氧化乐果乳油1：碎鲜草600：水200，混合均匀，撒于地面，用量112.5kg/hm²。现配现撒，不要过夜。阴雨大风和温度过高过低时不宜使用。

⑤注意保护鸟类等天敌。

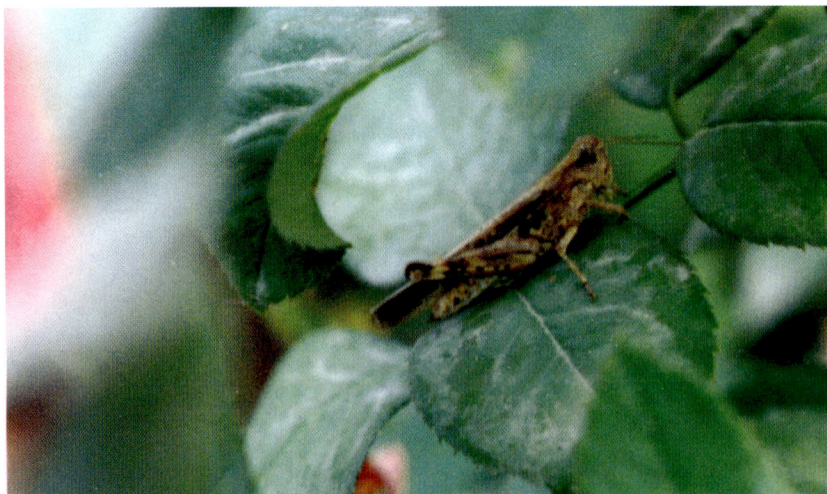
107.黑翅雏蝗

108. 榆凤蛾

【又名】粉笔虫、榆长尾蛾、榆燕蛾。

【学名】昆虫，鳞翅目榆凤蛾 *Epicopeia mencia*。

【寄主植物】榆树。

【危害部位】叶片。

【形态特征】

成虫 体长19mm，翅长72mm左右。体黑色，下唇须及肩片基部的斑纹均为桃红色。前翅黑色，无斑纹。后翅后角有尾状突起，外缘有2行红斑，新月形或圆形，腹部背面黑色，节间红色（雌），或橙黄色（雄）。

卵 圆球形，黑色，有光泽。

幼虫 老熟幼虫体长44～58mm。头黑色。全身覆被较厚的白色蜡粉，在寄主上只见一白色条状物，故名"粉笔虫"。

蛹 黑褐色，外被椭圆形土茧。

【生物学特性】在河北燕山山区和辽宁1年发生1代，以蛹在土中越冬。翌年6月上中旬成虫羽化，白天活动，在林间飞舞似黑凤蝶。产卵于榆树叶

108.1 榆凤蛾，示成虫展翅状

面,卵单产。初孵幼虫仅食叶肉,稍大后啃食全叶,梢端嫩叶被食最多。7~8月危害最甚,可将叶片全部吃光。9月中旬以后幼虫老熟,陆续入土做土茧化蛹越冬。

【防控措施】

①在榆凤蛾发生严重的地区注意榆树与其他花木的混栽,避免大片单独栽植榆树。

②低矮树木,人工捕杀幼虫。高大树木,可人工震落,捕杀幼虫。

③大面积严重发生时喷药防控,可选喷25%杀虫双水剂1000倍液、5%来福灵乳油3000倍液、80%敌敌畏乳油1000倍液、50%辛硫磷乳油2000倍液、2.5%溴氰菊酯乳油3000倍液、90%敌百虫原药1000倍液等。

109. 榆毒蛾

【又名】榆黄足毒蛾。

【学名】 昆虫,鳞翅目榆毒蛾 *Lvela ochropoda*。

【寄主植物】榆。

【危害部位】叶片。

【形态特征】

成虫 体长12~15mm。翅展雌38~40mm,雄25~30mm。触角栉齿状,黑色,体与翅纯白色。前足腿节前半部至跗节以及中、后足胫节前半部及跗节均为橙黄色。

卵 灰黄色,椭圆形,外被灰黑色分泌物,成块状。

幼虫 老熟幼虫体长30mm。头褐色,体灰黄色,背线黑色。亚背线与

108.2　榆凤蛾,示幼虫及其危害状

气门上线各具白色毛瘤。腹部腹面灰黄色,腹部第6、7节背面中央各有1个黑褐色翻缩腺,体毛束灰褐色。

蛹 体长15mm,淡绿色,体表有稀疏长毛。

【生物学特性】 辽宁沈阳1年2代,以初龄幼虫在树皮缝、树洞等处结白色薄茧越冬。翌年4月下旬出蛰取食,6月中旬老熟幼虫于树叶背面或树下灌丛、杂草上吐丝连缀毒无结茧化

蛹。蛹期10天左右。成虫于6月下旬出现,有趋光性。卵产于叶背或嫩枝上,成串排列,卵期12~16天。7月中旬幼虫孵化。初龄幼虫群集啃食叶肉,以后则吃成孔洞或缺刻,严重时可将叶片吃光。8月中旬化蛹。下旬成虫产卵,9月中旬幼虫孵化,逐渐以幼虫越冬。在河北石家庄,8月下旬可见大量初孵幼虫群集危害。

【防控措施】

①强化虫情监测,经常检查,于初龄幼虫群集危害时剪除虫叶,杀死幼虫。

㈡在低龄幼虫期选喷灭幼脲3号、速灭杀丁乳油、三苦素等。

109.1　榆毒蛾,示低龄幼虫群集危害状

109.2　榆毒蛾,示成虫形态

110. 榆蓝叶甲

【又名】榆绿毛萤叶甲、榆绿叶甲、榆毛胸萤叶甲、榆绿金花虫。

【学名】昆虫，鞘翅目榆蓝叶甲 *Pyrrhalta aenescens*。

【寄主植物】榆。

【危害部位】叶片。

【形态特征】

成虫 体长7.0~8.5mm，宽约3mm，近长方形。头淡黄褐至黄褐色，刻点略粗于前胸刻点。触角线状，第1~6节黄褐色，其余各节黑色；前胸背板淡黄褐至黄褐色，刻点细小，小盾片与鞘翅同色，略呈方形，具毛。鞘翅绿色，具金属光泽，有时此光泽为蓝色，刻点细密，略呈横皱状。

卵 梨形，长1.0mm，宽0.6mm，初产时白色，渐变为黄色至灰土黄色。

幼虫 老熟幼虫10mm，体长形微扁平，深黄色，头、足及胴部所有的毛瘤均呈漆黑色。中、后胸及腹部第1~8节背面漆黑色。前胸背板近中央有一四方形黑斑。臀板深黄色，疏生刚毛。

蛹 椭圆形，长7.5mm，乌黄色，背面生有黑褐色刚毛。

【生物学特性】辽宁、河北1年2代，山东3代，以成虫在屋檐、墙缝、坯垛、树皮缝、砖石堆、杂草间及土缝内越冬。翌春3~4月间，日均温达到11℃以上时越冬成虫出蛰。4月下旬始见幼虫，5月中旬开始化蛹，5月下旬第1代成虫出现，6月上旬第2代幼虫出现，7月下旬开始下树化蛹，7月上旬第2代成虫出现，8月上旬成虫开始寻找越冬场所。成虫羽化后爬到树冠上取食，产卵多选择完整无缺的叶片，产于叶背面近叶脉处，每块1~28粒，每雌平均产卵214粒。个别成虫寿命较长，可以越冬2次。越冬成虫死亡率很高，一般第1代危害不严重，第2代危害较重。初龄幼虫仅食叶肉，残留叶脉，受害部呈网眼状，逐渐变为褐色。2龄以后将叶食成孔洞。幼虫一般栖息于树冠下层，以东面及东北面较多。老熟幼虫爬到树干枝杈的下面或树洞及树皮缝等处，群集化蛹。天敌有草蛉、壁虱、黄僵菌等。

【防控措施】

①道路绿化时注意榆树与其他阔叶树种混合栽植，株间混栽或行间混栽，榆树的比例宜相对较小，避免成片栽植榆树纯林。

②狠治第1代蛹。在幼虫群集于树干化蛹时，将蛹扫集杀死，或喷洒90%敌百虫晶体1000倍液、50%爱乐散乳油、2.5%保得乳油等毒杀。

③涂药环。幼虫孵化始盛期，在树干涂药环，方法是在树干胸高处，将老树皮刮去1周，其宽度为胸高直径的2/3，再涂以40%氧化乐果乳油15倍液等，药液涂到即将流下为度，涂后用塑料薄膜包扎。

110.1 榆蓝叶甲，示成虫形态（中下叶柄基部）、卵块（上左、上右叶片上）及危害状

110.2 榆蓝叶甲，示蛹的形态

111. 榆锐卷象

【又名】榆卷象、榆卷叶象甲。

【学名】昆虫,鞘翅目卷榆锐卷象 *Tomapoderus ruficollis*。

【寄主植物】榆树。

【危害部位】成虫、幼虫均取食叶片。

【形态特征】

成虫　体长6mm,黄褐色,惟鞘翅深蓝色,带金属光泽。复眼黑褐色,突出呈半球形;触角着生于喙的中部,第1节黄褐色,其余各节为赤褐色。前胸背板,有亮光,前窄后宽,呈弧形拱起若半球形,表面有不甚明显的浅刻点。

卵　椭圆形,长1.5mm,橘黄色。

幼虫　老熟幼虫体长5mm,头黑褐色,体淡黄褐色,有稀疏刚毛。

蛹　裸蛹,近似纺锤形,长约5mm,深黄褐色,头部较阔圆,腹末较尖,被稀疏刚毛。

【生物学特性】1年1代,以成虫在榆树附近枯枝落叶下、砖石土块下或土缝内越冬。翌年6月下旬越冬成虫出蛰取食和繁殖。雌成虫产卵于卷折的叶苞内,一般1个叶苞内仅产卵1粒,每个雌虫一生产卵20~50粒。卵期5~6天。卵、幼虫、蛹期都生活在叶苞内。成虫羽化后,咬破叶苞从一端钻出爬上枝梢,选择老嫩适当的叶片取食,经7~10天的补充营养,寻找配偶和产卵。食性单一,成虫期食量较大,除产卵危害叶片外,一生中可咬食30~50片叶。

【防控措施】

①在卵、幼虫和蛹期,摘除树上虫苞,杀死虫体。

②成虫期,利用成虫假死性,震动树干,捕杀落地成虫。

③严重大面积发生时喷药防控。可选喷50%敌百虫乳油500倍液、90%敌百虫晶体800~1000倍液等。

111.1 榆锐卷象,示卷叶内的卵粒

111.2 榆锐卷象,示成虫及危害状

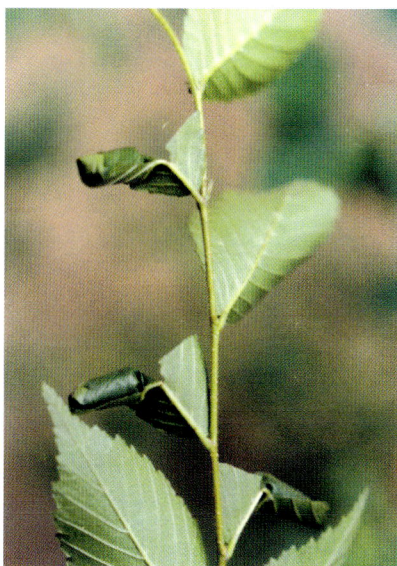

111.3 榆锐卷象,示卷入卵粒的榆叶

112. 榆紫叶甲

【又名】 密点缺缘叶甲、榆紫金花虫。

【学名】 昆虫，鞘翅目榆紫叶甲 *Ambrostoma guadriimpressum*。

【寄主植物】 黄榆、白榆等。

【危害部位】 成虫、幼虫取食叶片。

【形态特征】

成虫 体长10~11mm，宽约6mm。卵圆形，背面弧形隆起，腹面平。前胸及鞘翅有紫红色及金绿色相间的光泽，也有蓝绿色具紫红色或铜绿色具金属光泽的个体。触角蓝紫色具光泽，第1节粗壮，棒状，第2节短于第3节，端部5节略扁阔。头部刻点明显，复眼内侧各有一凹洼，中纵沟线伸达头顶。前胸背板宽不超过长之2倍，前侧角纯圆前伸；前缘平直，侧圆弧弯，侧区刻点较盘区粗大，深刻，盘区刻点细密，基部无边缘中央略向后弧弯。小盾片略呈半圆形。鞘翅肩后有一不达翅缘的横凹，刻点列间的刻点大而较密，折缘具纤毛。后翅红色。腹下常为金绿色闪紫光，前胸侧板前、后缘具灰白色毛，腹部各节腹板具稀疏的刻点。足蓝紫色有光泽，前足基节窝开放，后足第3跗节下面全被绒毛。雌虫较大，腹部末端较钝圆。

卵 长1.7~2.2mm，宽0.8~1.1mm，长椭圆形，颜色有咖啡色、茶褐色、淡茶褐色等，初产时有光泽，渐变暗。

幼虫 老熟幼虫头宽2.3mm，体长10.7mm，乳黄色。初孵化时全体棕黄色，密被微细的颗粒状黑色毛斑，其上生淡黄色刺毛。稍大后，头部渐变为黑色，腹部褐黄色，气门周围黄色。2龄幼虫体灰白色，头顶有4个黑色斑点。

【生物学特性】 辽宁、河北张家口1年1代，以成虫越冬。翌春4月上中旬开始出蛰，5月上旬为盛期。5月中旬为交尾产卵盛期，6月下旬为卵孵化盛期。幼虫期20天左右。老熟幼虫于6月中旬为入土化蛹盛期，蛹期约10天。新羽化成虫于6~7月间最盛。补充营养后群集树干荫蔽处夏眠。8~9月气温转凉时出蛰，交尾，但不产卵。10月初相间下树钻入土中越冬，入土深2~11cm，多在距树干60cm的范围内。成虫不能飞翔，有假死性。在展叶前产卵于枝梢的末端，展叶后产卵于叶背，块状。

【防控措施】

①在公路绿化设计时，注意榆树与其他树种的合理搭配，避免栽植大面积集中连片的榆树纯林或长路段单一栽植榆树。

②幼虫、成虫在树上取食危害期，尤其是成虫上树初期喷药防控，可选用：40%氧化乐果乳油1000倍液、2.5%溴氰菊酯乳油超低容量喷雾等，低龄幼虫期喷洒灭幼脲3号等。

③入冬后至早春成虫出蛰前，翻动树干周围土壤，消灭越冬成虫。

113. 蓝目天蛾

【又名】 柳天蛾、柳蓝目天蛾、内天蛾、柳目天蛾、蓝目灰天蛾。

【学名】 昆虫，鳞翅目蓝目天蛾 *Smerinthus planus*。

【寄主植物】 梅花、海棠、碧桃、樱花、杏、李、桃花、梅、旱柳、垂柳、龙爪柳、加杨、美杨、钻天杨、毛白杨、小叶杨、青杨等。

【危害部位】 叶片。

【形态特征】

成虫 体长27~37mm，翅展

112. 榆紫叶甲，示成虫群集危害状

113.1 蓝目天蛾，示低龄幼虫

80～90mm。体翅灰蓝至淡褐色,触角淡黄色,胸部背板中央褐色。腹部有模糊的中带。前翅外缘波状,外缘自顶角以下至外缘中部色深略呈"弓"形大褐斑。后翅浅黄褐色,近中部有1个大蓝目斑,圆形,蓝色圈相连,周围黑色,目斑上方粉红色。

卵 椭圆形,长径1.2～2.1mm,绿色,有光泽。

幼虫 老熟体长60～90mm。头绿色近三角形,两侧淡黄色。胸部青绿色,每节有较细横褶,前胸有6个横排的颗粒状小突起。腹部色偏黄绿,1～8腹节两侧有白色或淡黄色斜纹,最后1条直达尾角。围气门片黑色,前方常有紫色斑1块。胸足褐色,腹足绿色,端部褐色。

蛹 长柱状,长33～46mm,黑褐色。

【生物学特性】 北京、兰州1年2代,西安3代,江苏4代,均以蛹在寄主附近土中越冬。成虫羽化多在晚间,飞翔力强,有趋光性。产卵于叶、枝、干、土块上,而以叶背、枝条上为多,卵单产,偶有产成一串的。每雌可产卵200～400粒。初孵幼虫大多可将卵壳吃去一半,然后分散取食嫩叶,将叶吃

113.2 蓝目天蛾,示初孵幼虫

成缺刻,4～5龄后食量骤增,尤其是5龄后食量极大,常将树叶吃尽,仅剩光秃树枝。幼虫体色似寄主叶色。老熟幼虫在化蛹前2～3天,体背暗褐红色,自树上爬下钻入土中85mm左右,做成椭圆形蛹室,化蛹其中。越冬蛹多在寄主附近土中60～100mm深处。

【防控措施】

①初冬或早春,结合管理耕翻花木附近土壤,机械损伤或捡拾越冬蛹。

②根据幼虫危害状、粪粒大等特点,捕杀树上幼虫。

③发生面积大,危害严重时,于幼虫3龄前喷药防控,可选喷:三苦素500倍液、80%敌敌畏乳油1000倍液、20%速杀灭丁乳油3000倍液、2.5%溴氰菊酯乳油3000倍液等。

113.3 蓝目天蛾,示卵

113.4 蓝目天蛾,示成虫展翅状

114. 鼓翅皱膝蝗

【学名】 昆虫,直翅目鼓翅皱膝蝗Angaracris barabensis。

【寄主植物】 结缕草、野牛草、钝叶草、狗牙根等草坪草。

【危害部位】 叶片。

【形态特征】 成虫体长,雄22～27mm,雌28～34mm。体较匀称,具粗大刻点和短隆线。头短,头顶宽短。前胸背板前端较狭,后端较宽,短的隆线很明显。中隆线全身明显,但较低,被2条横沟所割断。前、后翅均很发达。前翅中脉域较狭,狭于肘脉域,中脉域的中闰脉粗而隆起。后翅略短于前翅,无暗色横带纹,基部淡绿色。后足胫节的基部上侧有细的横皱纹。

114. 鼓翅皱膝蝗

【生物学特性】 在河北北部城市的草坪上,每年6月下旬至8月上旬均可见到成虫。

【防控措施】

①发生量较少时,人工网捕。发生量较大时喷粉,可选用3.5%甲敌粉剂、4%敌马合剂等,用量2.5kg/hm²;或喷雾,如40%氧化乐果乳油1500倍液、20%敌杀死乳油4000倍液等。

②注意保护鸟类、蛙类等天敌。

239

115. 槐 蚜

【又名】刺槐蚜、槐树蚜。

【学名】昆虫，同翅目槐蚜*Aphis robiniae*。

【寄主植物】刺槐、槐树、龙爪槐、紫穗槐等。

【危害部位】嫩枝叶和花序。

【形态特征】

成 蚜 有翅胎生雌蚜：体长1.5 mm左右，翅长2.8mm。体长卵形，黑至黑褐色。体侧有显著的乳状突起，额瘤不显。复眼暗红色。触角6节，与体等长。腹管细长，黑色，尾片黄色。无翅胎生雌蚜：体长1.8mm左右，卵圆形，黑至黑褐色，触角较体短，尾片圆锥形。

卵 长约0.5mm，初产淡黄色，渐变为黑绿色。

若 蚜 体长1mm左右，黄褐至黑褐色，腹管较长。

【生物学特性】 陕甘宁地区1年发生10多代，以卵在鼠李和牛膝草等上越冬。翌年4～5月孵化为干母，孤雌生殖，在鼠李上繁殖1～2代后产生有翅蚜，迁飞到刺槐、槐树上大量繁殖，使嫩梢、嫩叶卷缩成团，妨碍生长。5～6月干旱季节危害最重，9～10月产生雌、雄成虫，交尾产卵，以卵越冬。北京地区1年发生20多代，主要以无翅胎生雌蚜在地丁等杂草的根际等处越冬，少量以卵越冬。翌年4月上旬在越冬寄主上繁殖，后生有翅胎生雌蚜，5月初迁飞到槐树上危害，喜危害枝、干上的萌蘖芽、嫩梢嫩叶和花穗，被害嫩梢枯萎卷缩弯垂，严重时花穗枯萎不能开花，大量排泄物诱发煤污病。5月下旬至6月上旬多数迁飞到杂草等其他寄主上，但7月中下旬仍可在龙爪槐花穗上见到不少若蚜。8月下旬后，如雨水少，又从杂草、农作物上迁飞至槐树上危害一段时间，然后飞回杂草上越冬。天敌主要有瓢虫、草蛉、蚜茧蜂、印度食蚜蝇、斑腹蝇、小花蝽、寄生菌等。

【防控措施】

①消灭越冬寄主。槐树落叶后，在绿化区及其他可能的范围内清除牛膝草、地丁、野苜蓿等杂草，集中深埋或沤制肥料。

②在有翅蚜迁飞到槐树尚未大量繁殖时，随时剪除带虫的萌芽、新梢，集中深埋或沤肥，防止扩散。必要

115.1 槐蚜，示危害紫穗槐状

115.2 槐蚜，示危害槐树状Ⅰ

115.3 槐蚜，示危害槐树状Ⅱ

时喷药防控,可选喷50%辟蚜雾可湿性粉剂、25%灭蚜威乳油、40%氧化乐果乳油1500倍液、20%甲氰菊酯乳油4000倍液等。

③注意保护和利用天敌。

116. 槐花球蚧

【又名】皱大球蚧、皱球坚蚧。

【学名】昆虫,同翅目槐花球蚧 *Eulecanium kuwanai*。

【寄主植物】杨、槐、刺槐、柳、合欢、白榆、栾、紫穗槐、栎、复叶槭、紫薇、紫叶李、玫瑰、合欢、杏等。

【危害部位】初孵若虫吸食叶片、嫩枝汁液,2龄后若虫和雌成虫群集固定在枝条上吸食汁液。

【形态特征】

成 虫 雌虫半球形,体光滑,体长12.5~18mm,宽11~15mm,高9.5~11mm;体壁黑褐至红褐色。产卵后或虫枝被剪下失水干燥后则体壁皱缩。雄虫头黑褐色,胸腹部褐色;腹末有2条白色长蜡丝,体长1.8~2.0mm,前翅膜质乳白色,后翅小棍棒状。

卵 长圆形,乳白色或粉红色。

若虫 初孵若虫椭圆形,肉红色,体长0.3~0.5mm。2龄若虫椭圆形,黄褐至栗褐色,体长1.0~1.3mm,体被一层灰白色半透明呈龟裂状的蜡层,蜡层外附少量白色蜡丝。

雄蛹 预蛹近梭形,体长1.5mm,宽0.5mm;黄褐色。蛹体长1.7mm,宽0.6mm。

【生物学特性】山东、河北、宁夏1年1代,以2龄若虫固定在当年生枝条上群聚越冬。翌春继续危害。雌虫脱皮为成虫,雄虫经蛹期于5月初羽化为成虫。6月上中旬卵孵化。初孵若虫爬行转移到叶片和嫩枝上刺吸危害,10月若虫转移到新枝上越冬。

【防控措施】

①行道树注意槐与其他树种混栽,隔株、隔行混栽均可。有条件时,选用抗性较强的新疆杨、银白杨、北京杨等。

②结合抚育,剪除虫枝。

③化学防控。喷洒50%杀螟松乳油、40%氧化乐果乳油、0.5~1°Be石硫合剂等。

241

116.1 槐花球蚧,示雌虫形态Ⅰ

116.2 槐花球蚧,示雌虫形态Ⅱ

116.3 槐花球蚧,示雌虫产卵后体皱缩状

117. 槐庶尺蛾

【又名】吊死鬼、槐尺蠖、槐尺蛾。

【学名】昆虫，鳞翅目槐庶尺蛾 *Semiothisa cinerearia*。

【寄主植物】槐树、龙爪槐、刺槐。

【危害部位】幼虫啃食叶片。

【形态特征】

成虫 前翅长18～22mm。触角线状，雄蛾具微毛。体翅灰白、黄褐至灰褐色，翅上密布小点。前翅外缘褐色，前缘近顶角处有一黑色条；外线双线，中线、内线褐色；翅顶角及外线以内至翅基颜色较淡。后翅外缘褐色，波状；外线双线较直，与前翅外线相连，中室端有黑点；内线颜色较浅较直。

卵 钝椭圆形，一端较平截，大小为0.58～0.67mm×0.42～0.48mm。初产时绿色，孵化前灰黑色。

幼虫 春夏季发生的春型：老熟幼虫体长38～42mm。体色粉绿，气门线黄色，气门线以上密布黑色小点，气门线以下至腹面深绿色，气门黑色，老熟时体色变为紫粉色，气门线枯黄色。秋季发生的秋型：老熟幼虫体长45～55mm。体色粉绿稍带蓝色，两端黄绿色，背部线条黑色，腹部黄绿色。

蛹 雌蛹16.5mm×5.8mm，雄蛹16.3mm×5.6mm。初产时粉绿色，渐变为紫色。臀棘具钩刺2枚。

【生物学特性】1年发生3～4代，因地而异。均以蛹在树干周围土壤里越冬，翌年4～5月间陆续羽化。在石家

242

117.1 槐庶尺蛾，示预蛹

117.2 槐庶尺蛾，示幼虫（春型）

117.5 槐庶尺蛾，示成虫展翅态

117.6 槐庶尺蛾，示蛹

117.3 槐庶尺蛾，示老熟幼虫下树寻找化蛹场所

117.4 槐庶尺蛾，示群集于墙角化蛹

117.7 槐庶尺蛾，示虫粪污染路面

庄5月初始见第1代幼虫,第2、3、4代幼虫分别出现在6月下旬、8月初、9月中旬。10月中下旬陆续开始入土化蛹越冬。成虫趋灯光性强,白天多在墙壁上或灌木丛里停落,夜晚活动。卵散产于叶片、叶柄和小枝上,以树冠南部最多。各代卵孵化整齐,幼虫孵化后即开始取食,4～5龄食量最大,严重时可将整株叶片吃光。老熟幼虫化蛹前体背由灰绿色变为灰红色,直接落地或吐丝下垂落地,向树干周围爬行,入土化蛹,其深度一般3～6cm,最深10cm。越冬场所多数在树冠投影范围内,以树冠东南面最多,可数10头或上千头聚集在一起。天敌有胡蜂、土蜂、小黄蜂、麻雀、病毒、白僵菌、卵寄生蜂、赤眼蜂等。

【防控措施】

①各代蛹期在树冠下及其周围松土中挖蛹。在各代老熟幼虫吐丝下垂准备入土化蛹时,扫集幼虫杀死。

②幼虫期主要是抓好1～2代幼虫的防控。低龄期可喷洒20%灭幼脲1号胶悬剂1000倍液或25%灭幼脲3号胶悬剂1000倍液,3龄期喷洒100亿以上孢子/ml的Bt乳剂1000倍液或青虫菌粉;或喷洒75%辛硫磷乳油2000倍液、50%亚胺硫磷乳油2000倍液、50%杀螟松乳油1500倍液、80%敌敌畏乳油1000～1500倍液、20%菊杀乳油4000倍液、20%灭扫利乳油4000倍液等,毒杀幼虫。

③注意保护天敌。

117.10 槐庶尺蛾,示感染病毒病垂吊而死的幼虫

117.8槐庶尺蛾,示槐树叶被吃光后第二次发出新叶

117.11 槐庶尺蛾,示槐树叶被吃光状(右下浓绿色为悬铃木)

117.9 槐庶尺蛾,示幼虫形态及其危害状

118. 褐刺蛾

【又名】桑褐刺蛾、桑刺毛、红绿刺蛾、毛辣虫、痒辣子。

【学名】昆虫,鳞翅目褐刺蛾 *Setora postornata*。

【寄主植物】牡丹、芍药、月季、紫叶李、常青藤、女贞、山茶、木槿、一串红、枸骨、月桂、桑、樱花、玉兰、紫薇、海棠、蜡梅、冬青、梅、李、核桃、柿、樱桃、苹果、金橘、板栗、枣、葡萄、银杏、枫杨、无患子、重阳木、垂柳、杨、悬铃木、喜树、乌桕、七叶树、杜仲、苦楝、麻栎、香樟、木荷等100多种花木。

【危害部位】叶片。

【形态特征】

成虫 体长约14mm,翅展约

118.1 褐刺蛾,示成虫展翅态

39mm。触角雌蛾线状,雄蛾单栉齿状。体灰褐色。前翅灰褐带紫色,散布雾状黑点;2条暗褐色横线,中线外拱,内侧较暗似影状,外衬灰白边,外线较直,外线与臀角间有1个紫铜色梯形斑;前缘内半部和外缘较灰白。前足腿节基部有一横列白色毛丛。

卵 扁长椭圆形,长径约1.5mm,短径约1.0mm,初产时黄色,半透明,后渐变深。

幼虫 老熟幼虫体长24~35mm,宽7~11mm,体色黄绿。背线蓝色,每节上有蓝黑色至深蓝色点4个,排列近棱形。亚背线分黄色型和红色型2类。黄色型枝刺黄色。红色型枝刺

紫红色,背线与亚背线之间有黄色线条,侧线黄色,每节以暗色斑构成近棱形黑框,内为蓝色。中胸至第9腹节,每节于亚背线上生枝刺1对,其中中胸、后胸、第1、5、8、9腹节上的特别长,其余腹节上的特别短。从后胸至第8腹节,每节于气门上线上着生枝刺1对,每根枝刺上着生带棕褐色呈放射状的刺毛。

蛹 卵圆形。长约14mm,宽约9mm。初为黄色,后转为褐色。茧灰白色或灰褐色,表面有褐色点纹。广椭圆形,长约15mm,宽约12mm。

【生物学特性】江浙1年2代,以老熟幼虫在茧内越冬。翌年5月上旬左右越冬幼虫开始化蛹,6月上旬,为羽化产卵盛期,7月下旬老熟幼虫结茧化蛹。8月上旬成虫羽化,8月中旬为羽化产卵盛期,8月下旬出现幼虫,大部分幼虫在9~10月间老熟结茧越冬。如夏季气温过高,气候过于干燥,部分第1代老熟幼虫在茧内滞育,翌年6月再羽化。成虫寿命为4~5天。卵常散产于叶片上。老熟幼虫从树干上爬下或直接坠下,寻找疏松表土层中、草丛、土缝

等适宜场所入土1cm左右结茧化蛹或越冬。成虫具强趋光性。天敌主要有黑小蜂、上海青蜂、赤眼蜂、小茧蜂等。

【防控措施】

①消灭越冬虫茧。冬季至翌年早春,结合土肥管理,在花木冠投影下再扩大1m,细致挖翻土壤,机械损伤蛹茧或捡出蛹茧销毁。

②利用褐刺蛾老熟幼虫多于晚上或清晨下地结茧习性,于早晨将其捕杀。

③结合管理,及时摘除初龄幼虫群集危害的叶片,集中消灭幼虫。

④在幼虫孵化盛期喷洒100亿活孢子/g青虫菌粉1000倍液或灭幼脲3号等。

⑤大面积发生严重时可喷洒90%敌百虫晶体1 000倍液、50%杀螟松乳油800~1 000倍液、40%氧化乐果乳油1000倍液、2.5%敌杀死乳油4 000倍液等。

⑥保护和利用天敌。将捡回的蛹茧放入天敌保护器内让其羽化,寄生蜂可飞出,而刺蛾成虫不能飞出。

119.1 霜天蛾,示不同色型的幼虫

119.2 霜天蛾,示不同色型的幼虫

118.2 褐刺蛾,示红色型幼虫

244

118. 霜天蛾

【又名】梧桐天蛾、泡桐灰天蛾。

【学名】昆虫,鳞翅目霜天蛾 *Psilogramma menephrom*。

【寄主植物】女贞、丁香、梧桐、梓、楸、泡桐等。

【危害部位】叶片。

【形态特征】

成虫 体长40mm,翅展90～130mm。头灰褐色。胸部背面灰褐色,肩板两侧有黑纵带,后缘有黑斑1对,腹部背线两侧有棕色纵带。前翅内线呈不显著的波状纹,中线呈双行波状棕黑色,顶角有1个黑色线条向前缘弯曲。后翅棕色,后角有灰白色斑,缘毛白色。

卵 球形,初产时绿色,渐变为淡黄色。

幼虫 老熟幼虫体长75～96mm。有2种色型。绿色型,体上有黄白色的细小颗粒,腹部第1～8节两侧各有1条白色斜纹,斜纹上缘绿紫色,尾角绿色。褐色型,在腹部第1～7节背面两侧各有2个三角形的褐色斑块,尾角褐色。

蛹 纺锤形,长50～60mm,喙在头部弯曲成环,末端与蛹体接触。

【生物学特性】1年发生1～3代,北京等1代区成虫6～7月出现,河南1年2代,南昌等3代区成虫4～5月、8月、11月上旬出现。均以蛹在土室内越冬。翌年4～5月羽化。成虫夜间活动,趋光性强。卵散产于叶背。卵期20天。幼虫孵化后先啮食叶表皮,随后蚕食叶片,咬成大缺刻或孔洞。在河北石家庄市区,8月份危害最重。幼虫老熟后入土化蛹,位置多在树冠下松土、土层裂缝处。

【防控措施】

①人工捕捉幼虫。根据地面虫粪位置,往上方寻找被咬食叶片枝条上的幼虫。幼虫颜色与绿色枝叶颜色相近,注意寻找。

②冬前翻土,捕杀越冬蛹。

③生长期幼虫大量发生时,于低龄期喷洒灭幼脲3号、杀虫隆或Bt乳剂,亦可喷洒90%敌百虫粉1000倍液等。

④广腹螳螂为霜天蛾的重要天敌,应注意保护和利用。

119.3 霜天蛾,示不同色型的幼虫

119.4 霜天蛾,示不同色型的幼虫

119.5 霜天蛾,示低龄幼虫危害栀子花叶片片状

119.7 霜天蛾,示成虫展翅态

119.6 霜天蛾,示成虫栖息态

245

120. 黏 虫

【又名】 行军虫、夜盗虫、剃枝虫、五彩虫、麦蚕。

【学名】 昆虫，鳞翅目黏虫 *Pseudaletia separata*。

【寄主植物】 黑麦草、早熟禾、剪股颖、结缕草、高羊茅等草坪草共100余种植物。

【危害部位】 叶片。

【形态特征】

成 虫 体长15～17mm，翅展36～40mm。头、胸部灰褐色。前翅灰黄褐色、黄色或橙色，内线只几个黑点，环纹、肾纹褐黄色，外线为1列黑点，亚端线自顶角内斜至M2脉，端线为1列黑点。后翅暗褐色，向基部渐淡。

120.1 黏虫，示成虫展翅状

卵 馒头形，长约0.5mm，初产时白色，渐变为黄色，近孵化时变为黑色。

幼 虫 体色由淡绿色至浓黑色。老熟幼虫体长38mm 左右。头部淡黄褐色，沿蜕裂线有褐色纹，呈"八"字形。胴体背面有5条纵线。腹面淡污色。腹足外侧有黑褐色宽纵带，趾钩半环式，黑褐色。

蛹 红褐色，长约19mm，腹部5～7节背面前缘各有1列齿状点刻；臀棘上有刺4根。

【生物学特性】 年发生代数，内蒙古、东北2～3代，华北中、南部3～4代，江淮流域4～6代，华南6～8代。世代重叠，季节性南、北往返迁飞。其越冬分界线在北纬33°一带，此带以北任何虫态不能越冬，以南的江西、湖南一带，以幼虫和蛹在麦田表土下、绿肥田、稻茬、田埂杂草等处越冬。广东、福建南部无越冬现象。北方春季出现的大量成虫系南方迁飞而来。成虫嗜食花蜜、糖类及带有酸甜气味的发酵米浆等，有远距离飞翔的能力。喜产卵于禾本科植物的枯黄叶上。幼虫白天潜伏，夜间出来危害。老熟后常钻入根部附近松土4～10cm深处做土室化蛹。成虫取食花蜜产卵量高。幼虫取食禾本科植物发育快。成虫喜于茂密的禾本科草丛产卵。草坪黏虫的大发生，与周围禾谷类作物等适宜寄主的集中与否、迁飞入本地的成虫量多少有直接关系。天敌主要有寄生蜂、寄生蝇、步

120.2 黏虫，示成虫白昼栖息于花丛中

行虫、蛙类、鸟类等。

【防控措施】

①建草坪前预防。土壤消毒，选用50%辛硫磷乳油1000倍液等。草坪卷植入前严格检疫，不引进、不购买带有检疫对象或黏虫等危险性病虫害的草坪卷。

②加强栽培措施，提高草坪抗病虫性。因地适草，合理施肥、灌溉，适时修剪。黏虫重灾区，尽量避免种植黑麦草、三叶草，已种的及时清除枯叶，以防虫产卵。对阔叶草坪，清除禾本科杂草。

③加强疫情监测。面积为500m²以上的草坪，应设立5～10块面积为1m²的定点观测样方，每3～5天检查一次黏虫的发生动态。亦可设置糖醋盆诱捕成虫。根据蛾量、雌雄性比、孕卵量等，结合当地黏虫的系统观察资料和气象资料等，预测黏虫的发生期和发生量。

④诱杀。用糖醋诱杀剂诱杀成虫，诱杀剂配方：蔗糖15：醋15：白酒5：水150：80%可溶性敌百虫1，混合均匀。于雌虫产卵前，将诱杀剂盛于瓦盆或其他广口容器内诱杀成虫。亦可用10～15根稻草、麦秆捆于竹杆上做成草把，上端散开，插于草坪上高出草高10cm，诱集成虫产卵，每10m²插1个，每5天查卵1次，视卵量更换新草把，集中将草把烧毁，以降低虫口密度。

⑤喷洒农药。可选喷生物农药绿浪的烟·百·素乳油1500倍液、1%齐·高氯乳油一利杀1000倍液、2.4%阿巴丁2500倍液、苏脲1号2000倍液、20%灭幼脲3号1500倍液；化学农药90%敌百虫晶体1500倍液与40%乐果乳油1500倍液的混合液、2.5%敌杀死乳油3000倍液等。防控时应查清虫源中心，再扩大2m的半径范围内，喷洒20%速灭杀丁或2.5%敌杀死3000倍液等以防扩散。应抓住2、3龄抵抗力较弱且较集中时进行防控。

120.3 黏虫，示成虫形态

参考文献

1.戴芳澜.中国真菌总汇.北京:科学出版社,1979

2.魏景超.真菌鉴定手册.上海:上海科学技术出版社,1979

3.邢来君等.普通真菌学.北京:高等教育出版社,1999

4.袁嗣令等.中国乔、灌木病害.北京:科学出版社,1997

5.方中达.植病研究方法.北京:农业出版社,1979

6.陆家云等.植物病害诊断.北京:农业出版社,1997

7.李传道.森林病害流行与治理.北京:中国林业出版社,1995

8.萧刚柔.中国森林昆虫(第二版).北京:中国林业出版社,1991

9.邵景文等.森林昆虫分类与鉴定.北京:中国林业出版社,1996

10.张广学等.中国经济昆虫志·同翅目蚜虫类.北京:科学出版社,1983

11.王子清.常见蚧虫鉴定手册.北京:科学出版社,1980

12.中国科学院动物研究所.中国蛾类图鉴.北京:科学出版社,1981

13.王绪捷,徐志华,董绪曾,周锡华等.河北森林昆虫图册.石家庄:河北科学技术出版社,1985

14.[美]P·P·庇隆,沈瑞祥等译.花木病虫害.北京:中国建筑工业出版社,1987

15.韩烈保等.草坪全景.北京:中国林业出版社,1999

16.[英]M·E·所罗门.种群动态.北京:科学出版社,1982

16.邱强等.中国果树病虫原色图鉴.郑州:河南科学技术出版社,2005

17.徐志华.果树林木病害生态图鉴.北京:中国林业出版社,2000

18.徐志华.园林花卉病虫生态图鉴.北京:中国林业出版社,2006

19.邱强,徐志华等.原色苹果病虫图谱(第二版).北京:中国科学技术出版社,1996

20.邱济民,徐志华等.林果花药病虫害防治.石家庄:河北人民出版社,2005

20.屠予钦.农药科学使用指南(第二版).北京:金盾出版社,2000

22.中国科学院动物研究所等.天敌昆虫图册.北京:科学出版社,1980

23.中华人民共和国林业部林政保护司.中国森林病虫普查名录(内部铅印本)　1988

24.萧刚柔等.拉汉英昆虫蜱螨蜘蛛线虫名称.北京:中国林业出版社,1997

25.赵儒林.植物生态学概要.南京:江苏科学技术出版社,1983

26.邹钟琳.昆虫生态学.上海:上海科学技术出版社,1980

27.郑汉业,夏乃斌.森林昆虫生态学.北京:中国林业出版社,1995

28.郑万钧.中国树木志(1～3卷).北京:中国林业出版社,1997

29.贺士元.河北植物志(1～3卷).石家庄:河北科学技术出版社,1991